제2판

환경정책론

정회성 · 변병설

박영사

제 2 판 머 리 말

2003년 저자들은 국책연구원에서의 환경정책에 대한 오랜 연구경험을 담아 「환경정책의 이해」라는 책을 저술한 바 있다. 통합적이면서도 구체성을 지녀야 하는 환경정책에 대한 이해를 돕기 위한 교과서로서의 책이었다. 저자들이 저술한 책은 방대한 내용을 담고 있음에도 불구하고 그동안 많은 학교에서 교재로 선택되어 적지 않은 사랑을 받아 왔다. 독자들에게 항상 감사하는 마음이다.

그런데 책을 발간한 지 수년이 지나면서 이 책의 아쉬운 부분들에 대한 독자들의 지적도 적지 않았다. 어떤 장은 강의교재로는 너무 어렵다는 지적도 있었고 어떤 부분은 중요도에 비해 너무 많은 지면을 할애한 것이 아니냐는 저자들의 평가도 있었다. 뿐만 아니라 21세기에 들어 지난 몇 년 동안에도 환경정책은 그 여건과 내용면에서 많은 변화가 있었다. 우선 환경정책의 운영수단 등에 있어서도 적지 않은 변화가 있었다. 그리고 지구환경문제를 해결하기 위해서 환경-사회-경제를 통합하는 지속가능한 발전을 하자는 논의도 기후변화 대응문제가 보다 심각한 과제로 등장하면서 새로운 녹색전략이라는 개념으로 대체되는 모습을 보이고 있다. 여기에 더하여 2009년에 발생한 세계 금융위기는 지구를 하나의 경제권역화 하자는 세계화의 문제에 보다 신중한 분석과 문제인식을 요구하게 되었다. 특히 세계화가 지니는 지구환경에 미치는 영향에 대한 평가와 적절한 대응은 향후 국제사회의 커다란 화두로 남을 것이다.

이러한 변화들은 환경정책에 대한 새로운 시각과 접근을 요구하기 때문에 시급한 책의 수정과 보완의 필요성이 수년 전부터 제기되었다. 그래서 저자들도 수년 전부터 책의 개정을 위한 준비에 착수하였으나 생각보다 쉽지 않았다. 여러 가지 다른 일들이 많아서 집중할 수가 없었기 때문이다. 그러다가 더는 미룰 수가 없다는 생각에서 작년부터 부분적으로 보완하는 작업을 시작하였다. 작업을 하면서 현재의 환경정책을 이해하는 데 부분적인 보완 정도로는 어림도 없다는 생각을 하게 되었다.

즉 좀더 적극적으로 변화하고 있는 여건을 담은 새로운 환경정책론을 저술하는 것이 독자에 대한 도리라고 믿게 되었다. 그래서 기존의 「환경정책의 이해」의 많은 장들을 통폐합하고 새로운 장들을 추가하여 「환경정책론」이라는 새로운 책으로 출판하게 된 것이다. 물론 이 책의 많은 부분은 기존 책의 내용에서 그동안의 변화를 담아 기술되었다. 이와 함께 환경정책의 핵심주제로 등장하고 있는 것들을 적극적으로 수용하여 현실에 적합한 환경정책에 관한 책으로 탈바꿈시킨 것이다.

특히 크게 변화를 준 부분은 기후변화 등 환경문제가 이제는 지역과 지구 문제로서 공간적으로 확대된 것에 대한 이해를 돕기 위한 부분이다.

이 책의 내용은 다음과 같이 구성되어 있다. 제 1 편에서는 환경문제의 실상과 발생원인을 고찰한다. 환경문제 등장의 문명사적인 측면과 현대적인 환경문제 등장 배경을 우선 살펴보았다. 그리고 현대 환경문제의 실상을 파악하고 환경문제의 특성 및 환경영향의 결정변수들을 살펴본다.

제 2 편에서는 환경문제를 학제적 시각에서 발생원인과 대응방안에 대해 고찰한다. 생태학, 경제학, 그리고 철학윤리적인 관점에서 보는 환경문제의 발생원인과 대응정책의 근본적인 접근원리를 논의한다.

제 3 편에서는 환경정책의 개념과 추진원칙을 알아본다. 환경정책의 개념을 공공정책의 일반적인 맥락에서 살펴보고 이와 함께 환경정책이 가지는 특수성, 환경정책을 운영하는 데 있어서의 다양한 원칙과 기준, 그리고 환경정책의 중요한 내용 중 하나인 환경계획에 대해 살펴본다.

제 4 편에서는 환경정책이 목적하는 바를 달성하기 위한 도구와 수단을 살펴본다. 환경정책 수단으로는 지시 및 통제방식의 직접규제와 경제적 유인장치, 그리고 정보규제와 자율관리 등이 있다. 그리고 환경정책이 실행력을 가질 수 있도록 하는 오염원 감시와 규제 집행체계에 대해 기술하였다.

제 5 편에서는 환경정책에 대한 평가기법으로 비용-편익분석, 환경성 평가제도 등을 고찰한다. 비용-편익분석은 환경개선이나 보전에 따르는 경제적인 손익을 현재의 가치로 평가하며, 환경성 평가제도는 환경문제의 특성상 경제적 평가제도가 가지는 한계를 고려하여 개발 사업이나 정책이 초래할 다양한 환경변수에 대한 영향을 점검해보는 제도이다.

제 6 편에서는 정부가 환경정책을 추진하는 데 있어서 제기되고 있는 몇 가지의 쟁점들에 대해 살펴본다. 여기서는 1980년 이래 새로운 환경정책상의 과제가 되고 있는 규제완화 또는 규제개혁, 환경정책 기능의 분권화·집권화, 환경문제에 대한 환경 분쟁과 조정, 환경정책에 대한 주민참여와 환경운동 등을 다룬다.

제 7 편에서는 지구·지역 환경문제와 환경협력에 대해서 다룬다. 특정구역 또는 국가의 문제를 벗어나 여러 국가간 그리고 범지구적인 과제가 되고 있는 지구 환경정치의 행위자를 우선 살펴본다. 이어서 국제환경 규제, 국제무역과 환경문제 규제를 통한 규제, 동아시아 환경문제와 환경협력 등에 대해 논의한다.

제 8 편에서는 세계화와 기후위기시대를 주요 이슈로 다룬다. 세계화의 확대가 초래하는 지속가능발전에 대한 영향, 1992년 리우정상회의 이후 강조되는 지속가능한 발전과 추진전략 그리고 기후변화 문제와 이에 대응하는 녹색발전의 과제 등에 대해 살펴본다.

이 책의 출판에는 적지 않은 분들의 노력과 협력이 있었다. 우선 저자들이 그동안 연구하였던 것들에 대해 오류를 지적하고 비평하여 주신 수많은 환경 선후배에 감사드린다. 특히 국제환경규제와 관련된 사항에 대해 귀중한 자료와 코멘트를 해준 박수국 위원님, 김태용 소장님께 감사드린다. 그리고 자료정리와 교정을 성실하게 해준 인하대 전하나, 채정은, 유상민 대학원생, 어려운 여건에도 불구하고 이 책을 출판해 주신 박영사의 안종만 회장님과 꼼꼼하게 편집과 교정을 하여 주신 임직원 여러분께 감사드리고자 한다.

이 책의 내용상의 어떠한 오류나 잘못은 저자들의 몫이며 이에 대한 선배제현들의 기탄없는 질책과 지도를 부탁드린다.

차 례

인류문명과 환경위기
PART 1

chapter 01 **문명발달과 환경문제**

제 1 절 개 관 ···2

제 2 절 **수렵채집사회와 환경문제** ···3

　　1. 수렵채집시대의 인간생활 3

　　2. 불의 발명과 환경생태문제 4

제 3 절 **농경문화 발달과 환경문제** ···4

　　1. 정착생활과 농경사회의 형성 4

　　2. 농경사회의 환경문제 6

　　3. 숲의 파괴와 환경재난 7

제 4 절 **산업혁명과 산업사회의 대두** ···8

　　1. 산업혁명과 인간사회 8

　　2. 산업혁명과 환경문제의 전개 9

　　　1) 대기오염 9　　　　　　2) 수질 및 토양오염 11

　　　3) 폐기물 문제 12　　　　4) 화학물질 13

제 5 절 **지구환경 위기의 경고** ···14

chapter 02

환경문제의 특성과 영향변수

제 1 절 환경문제의 특성 ··· 18

　　1. 복 잡 성 18

　　2. 감축불가능성 19

　　3. 시 · 공간적 가변성 19

　　4. 불확실성 20

　　5. 집합적 특성 20

　　6. 자발적 특성 20

제 2 절 환경피해의 형태 ··· 21

　　1. 환경피해의 공간적 범위 21

　　2. 환경피해함수의 형태 21

　　3. 환경파괴의 복구가능성 22

제 3 절 환경영향의 결정변수 ··· 23

　　1. 인구증가와 도시화 23

　　2. 경제개발과 저개발 26

　　3. 생태파괴적 기술개발 27

환경문제와 정책의 학제적 이해 PART 2

chapter 03　생태이론과 환경문제

제 1 절 생태계의 구조와 기능 ··· 32

　　1. 생태계의 구성인자 32

　　　　1) 생태계의 구성과 균형 32　　　　2) 생산자 · 소비자 · 분해자 32

　　　　3) 비생물적 요소 33

2. 생태계의 기능 33

　　1) 먹이사슬과 영양단계 33　　　2) 에너지 이동 34

　　3) 물질의 순환 34

제 2 절 **열역학의 법칙에 따른 환경문제 해석** ························· 35

1. 질량불변의 법칙 35

2. 엔트로피 법칙 36

3. 열역학 법칙의 환경정책상의 시사점 36

제 3 절 **지구환경의 기능** ··· 37

제 4 절 **생태학과 환경정책** ······································ 40

1. 환경용량의 개념 40

　　1) 자원의 지속가능생산량 40　　　2) 지역의 수용용량 40

　　3) 생태계의 자정능력 41

2. 환경문제에 대한 생태학적 처방 41

chapter **04**　　**경제이론과 환경문제**

제 1 절 **개　관** ··· 46

제 2 절 **경제학설과 환경문제** ··································· 46

1. 고전학파 경제학 46

2. 신고전학파 경제학 48

3. 생태경제학 49

제 3 절 **환경문제의 발생원인: 시장의 실패** ··················· 51

1. 외부효과 51

2. 공 공 재 52

3. 정보의 부재 53

제 4 절 **환경문제에 대한 처방** ································· 53

1. 적정환경오염 53

2. 정책결정기준: 경제성 평가 55

3. 환경정책 수단: 경제적 유인 56

chapter **05** **철학윤리이론과 환경문제**

제1절 개 관 ···59

제2절 환경문제의 발생원인: 물질주의 팽배와 사회정의의 부재 ······60

1. 서구의 물질주의적 가치관 60

2. 환경피해의 역진성 61

제3절 환경정의와 환경정책 ··62

1. 환경정책과 사회적 형평성 62

2. 환경정의의 개념화 63

3. 분배적 정의의 관점에서의 본 환경정의 64

제4절 윤리적 관점에서의 환경보전 대안 ·····························66

1. 서구의 대안적 환경윤리관 67

1) 생태 및 생물중심주의 67

2) 사회생태주의와 생태여성주의 68

2. 환경정의 구현을 위한 환경권의 보장 69

부록 동양적 자연관의 재발견 ···70

1. 도가사상 70

2. 불교사상 71

3. 유가사상 72

4. 한국의 전통적 자연관 72

환경정책의 구조와 추진원칙 **PART 3**

chapter **06** **환경정책의 개념과 구조**

제1절 환경정책의 의의와 내용 ···78

1. 환경정책의 내용과 발달 79

2. 환경정책의 목표 81

제 2 절 **환경정책과정** ··· 82

1. 의제설정 83

2. 정책수립 84

3. 정책집행 84

4. 정책평가 85

5. 환류과정 85

제 3 절 **환경정책의 특수성** ··· 86

1. 환경재의 특성과 환경정책 86

2. 환경정책의 특수성 88

1) 본질적인 불확실성 89   2) 여타 정책과의 갈등관계 89

3) 정책수요자의 불명확성 90   4) 정책효과의 비가시성 90

5) 정책논의의 지역성 91

제 4 절 **환경정책의 구조** ··· 92

1. 환경규제 수단의 선택: 이행규제 94

1) 명령과 통제 94   2) 경제적 유인 95

3) 사회적 수단 96

2. 오염배출원 감시·감독과 불이행 제재 96

1) 오염감시의 중요성 96   2) 오염배출원 감시·감독 97

3) 배출규제 위반행위 제재 98

chapter **07**　　**환경정책의 추진원칙**

제 1 절 **오염자부담의 원칙** ··· 101

1. 오염자부담의 원칙 개요 101

2. 전통적 오염자부담의 원칙과 구성요소 101

3. 새로운 오염자부담원칙과 구성요소 103

제 2 절 **사전예방의 원칙** ··· 104

1. 사전예방의 원칙의 의의 104

2. 환경오염예방의 경제성 104

제 3 절 공동부담의 원칙 ……………………………………………………… 105

　　1. 일반적 공동부담의 원칙 105

　　2. 수익자부담의 원칙 106

제 4 절 환경용량 보전의 원칙 ……………………………………………… 107

제 5 절 협력의 원칙과 중점의 원칙 ……………………………………… 108

　　1. 협력의 원칙 108

　　2. 중점의 원칙 109

제 6 절 평 가 ………………………………………………………………… 109

chapter 08　환경정책과 환경계획

제 1 절 환경계획의 개념 ……………………………………………………… 113

제 2 절 환경계획의 발달과정과 쟁점 …………………………………… 115

　　1. 환경계획의 발달과정 115

　　2. 환경계획에 대한 이론적 · 실천적 쟁점 116

제 3 절 환경계획의 정책방향 ……………………………………………… 116

　　1. 환경계획과 공간계획의 연계 116

　　2. 환경계획의 체계화 117

　　3. 참여적 환경계획 118

제 4 절 국토환경조사와 정보체계 ………………………………………… 120

부 록 우리나라 환경계획의 추진동향 ………………………………… 122

　　1. 환경계획의 유형과 구조 122

　　2. 법정계획으로서의 환경계획 124

　　3. 환경계획의 실효성 제고 방안 125

환경정책의 수단과 도구

PART
4

chapter 09 직접규제와 통합관리

제1절 직접규제의 의의 ·· 132

제2절 직접규제의 종류와 평가 ···································· 132

　　　1. 배출허용기준과 기술기준 133

　　　　　1) 배출허용기준 133　　　　　2) 기술기준 133

　　　2. 배출시설의 설치 및 운영에 대한 규제 134

　　　　　1) 시설부문에 대한 인·허가 134

　　　　　2) 원료·제품에 대한 인·허가 135

　　　　　3) 환경관련사업 인·허가 135

　　　3. 특정행위의 금지 135

　　　4. 토지이용의 규제 136

제3절 직접규제에 대한 평가 ·· 137

　　　1. 직접규제의 장점 137

　　　2. 직접규제의 문제점 138

제4절 통합오염예방과 통제 ·· 139

　　　1. 목적과 구성요소 139

　　　　　1) 목 적 139　　　　　　2) 구성요소 141

　　　2. 환경오염통합관리 방법 141

　　　　　1) 통합오염물질관리 141　　　2) 배출원 통합관리 142

　　　　　3) 지역통합관리 143　　　　　4) 통합관리 촉진수단 144

chapter 10 경제적 유인제도

제1절 경제적 유인제도의 의의와 특성 ······················· 148

　　　1. 경제적 유인제도의 의의 148

　　　2. 경제적 유인제도의 특성 148

제 2 절 부과금 제도 ……………………………………………………………149

1. 부과금제도의 의의 149

2. 부과금제도의 유형 150

  1) 배출부과금 150   2) 제품부담금 150

3. 부과금의 요율결정 150

4. 부과금제도의 운영사례 151

  1) 폐수배출부과금 151   2) 대기배출부과금 152

  3) 폐기물배출부과금 152   4) 제품부담금 153

5. 부과금제도의 평가 153

  1) 배출부과금제도의 장점 153

  2) 배출부과금제도의 단점 154

제 3 절 예치금제도 ………………………………………………………………154

1. 예치금제도의 의의 154

2. 예치금제도의 유형 155

3. 예치요율의 결정 155

4. 예치금의 운영 156

5. 평 가 156

제 4 절 환경오염배출권 거래제도 …………………………………………157

1. 개념 및 의의 157

2. 환경오염배출권의 종류 159

  1) 권리의 내용에 따른 분류 159

  2) 배출권의 인정기준에 따른 분류 159

3. 운영절차 160

4. 배출권 거래제도 적용사례 161

  1) 미국 환경보호처의 배출권 거래제도 161

  2) 기타 사례 162

5. 환경오염배출권 평가 163

  1) 장 점 163   2) 단 점 164

chapter ⑪ 환경정보규제와 자율환경관리

제1절 개 요 ·· 167

　　1. 환경정보규제의 의의 167

　　2. 자율환경관리제의 개념 168

제2절 환경정보규제 ··· 169

　　1. 유해화학물질 배출량보고제도 169

　　2. 환경표지제도 170

　　3. 전생애평가제도 171

제3절 자율환경관리 ··· 172

　　1. 자율환경관리의 유형 172

　　　　1) 특성에 따른 분류 173　　　　2) 참여주체에 따른 분류 174

　　2. 자율환경관리의 설계변수 176

　　　　1) 기업의 참여방식 176

　　　　2) 참여대상의 지역적 범위 결정 177

　　　　3) 법적 구속력의 유무와 정도 177

　　　　4) 참여제도의 개방성 정도 177

　　　　5) 환경오염저감목표의 설정유무 178

제4절 운영사례 ·· 178

chapter ⑫ 환경감시와 규제집행

제1절 환경감시와 이행강제의 중요성 ································· 182

제2절 환경감시의 유형과 감시방법 ··································· 183

　　1. 환경감시의 유형의 의의와 유용성 183

　　2. 정책수단과 준수감시 185

　　3. 배출행위 감시방법 185

제3절 환경감시의 행태 분석과 결정인자 ························· 186

　　1. 관련행위자의 행태적인 측면 186

1) 규제당국 측면 187   2) 배출업소 측면 188

2. 배출업소 관리정책에 대한 시사점 189

1) 환경규제개혁 190   2) 지방자치와 환경규제 190

제 4 절 배출원 감시와 규제집행의 정책설계 ·······································192

1. 일반적인 고려사항 192

2. 최적정책결합 및 집중관리의 원칙 193

1) 최적결합의 원칙 193   2) 집중관리의 원칙 194

3. 불이행 제재수단의 선택 195

환경정책의 평가와 분석 PART 5

chapter 13 비용 · 편익분석

제 1 절 발달과정과 이론적 구조 ···200

1. 발달과정 200

2. 이론적 구조 201

제 2 절 비용과 편익의 구조 ···202

1. 비용과 편익의 개념과 측정 202

2. 할인율의 결정 202

1) 할인의 기본원리와 기능 202   2) 할인율 결정이론 203

3. 판단기준 206

1) 순편익법 207   2) 편익 · 비용비 207

3) 내부수익률 207   4) 평가 및 활용 208

4. 소득분배효과 및 감응도 분석 209

1) 소득분배효과 209   2) 감응도분석 209

제 3 절 환경문제와 비용 · 편익분석 ···210

1. 환경문제에 대한 비용편익분석의 구조 210

2. 환경개선의 편익과 비용 210

　　　1) 환경개선사업에서의 편익과 비용　210

　　　2) 환경서비스와 가치측정　211

　　　3) 가치측정기법　212

　　3. 할인율의 문제　213

　　　1) 환경문제와 할인율 딜레마　213

　　　2) 환경문제에 대한 할인율 결정이론　215

제 4 절　환경정책 결정기준으로서의 비용·편익분석 평가 ·············216

chapter 14　환경영향평가제도

제 1 절　환경영향평가제도 ··219

　　1. 환경영향평가의 도입 배경　219

　　2. 환경영향평가의 의의와 기능　220

제 2 절　각국의 환경영향평가제도 ····································222

　　1. 미 국　222

　　2. 일 본　223

　　3. 독 일　224

　　4. 캐 나 다　224

　　5. 한 국　225

제 3 절　전략환경평가제도와 수행절차 ······························228

　　1. 필요성과 의의　228

　　2. 절 차　229

　　　1) 스크리닝　229　　　　　　2) 목적과 목표의 설정　229

　　　3) PPP의 대안 확인　229　　　4) PPP에 대한 기술　230

　　　5) 평가항목의 선정　230　　　6) 환경지표의 설정　230

　　　7) 환경기준에 대한 기술　230　　8) 영향예측　231

　　　9) 영향평가 및 대안의 비교　231　　10) 저감방안　231

　　　11) 사후관리　231

　　3. 기대효과　233

제 4 절 환경영향평가제도의 한계와 발전방향 ···234

1. 환경영향평가제도의 한계 234

2. 환경영향평가제도의 발전방향 235

   1) 누적영향평가제도 235   2) 건강영향평가제도 236

환경정책 추진상의 제 문제 PART 6

chapter 15 환경정책 실패와 환경규제 개혁

제 1 절 환경정책 실패와 규제개혁 ···240

제 2 절 정부 및 정책 실패 이론 ···242

1. 개 관 242

2. 신제도주의 243

3. 공공선택론 244

제 3 절 환경규제 실패론에 대한 비판적 고찰 ·····························244

1. 환경정책의 수요 측면 244

   1) 국민과 미래세대 245   2) 기 업 245

2. 환경정책의 공급 측면 245

   1) 정책수립 과정 246   2) 정책집행 과정 246

3. 환경정보 248

제 4 절 환경규제 정치에 대한 비평 ···249

chapter 16 지방자치와 환경정책

제 1 절 지방자치와 환경정책 ···253

제 2 절 지방분권화의 환경정책상 영향 ···254

1. 지방분권화의 환경정책상 의의 255

   1) 환경관련정보의 공개 255   2) 환경행정능률의 증진 255

3) 주민참여의 증대 256   4) 정부의 책임성 증대 256

5) 환경정책의 실험장 제공 256   6) 지역 간 갈등의 완화 257

  2. 지방분권화의 환경정책상 문제점 258

1) 개발우선주의의 팽배 258   2) 국보적 자연환경의 파괴 260

3) 지역 간 갈등의 격화 260   4) 환경정책상 불평등의 초래 261

제 3 절 환경친화적 지방자치제의 운용 ·······························261

  1. 환경정책에 관한 정부 간 관계모형 261

  2. 정부 간 행정기능의 분담기준 263

1) 합리적 기능 배분의 중요성 263

2) 기능배분에 대한 기존 이론 263

3) 기능배분 기준 264

chapter 17 환경분쟁과 환경조정

제 1 절 환경분쟁의 개념 ···270

제 2 절 지역환경분쟁의 발생원인 ···································272

  1. 일반적 원인 272

  2. 정부·정부간 환경분쟁 발생의 주요원인 274

  3. 정부·주민간 환경분쟁 발생의 주요원인 274

제 3 절 환경분쟁의 특성과 유형 ···································275

  1. 환경분쟁의 특성 275

  2. 환경분쟁의 유형 276

제 4 절 환경분쟁의 관리 및 조정 ·································278

  1. 환경분쟁의 예방과 해소원칙 278

  2. 전통적 분쟁해결 방법과 대안적 분쟁해소기법 280

1) 전통적 분쟁해결 방법 280   2) 대안적 분쟁해소 기법 280

  3. 환경조정의 의의와 목표 282

chapter 18 주민참여와 환경운동

제 1 절 환경정책과 주민참여 ··286

1. 주민참여의 중요성 286

2. 주민참여의 의의와 목적 287

제 2 절 주민참여의 방법과 유형 ···288

1. 주민참여의 수단 288

2. 투입유형별 주민참여 방식 288

3. 정책단계별 주민참여 방식 289

4. 주민참여의 확대과정 290

제 3 절 환경문제와 환경운동 ···291

1. 환경운동의 역할과 동인 291

2. 환경운동의 형성과 발전 293

1) 환경운동의 형성과정 293   2) 환경운동의 발전단계 293

제 4 절 지방의제 21 운동 ··295

1. 지방의제 21의 의의 295

2. 지방의제 21의 성격 296

1) 사회운동으로서의 지방의제 21 296

2) 계획으로서의 지방의제 21 297

3) 보고서로서의 지방의제 21 297

3. 지방의제 21 추진절차 298

4. 지방의제 21에서 지방행동 21로 299

지구 · 지역환경문제와 환경협력 PART 7

chapter 19 지구환경정치와 행위자

제 1 절 개 관 ··306

제 2 절 지구환경문제에 대한 국제적 대응 ·····································307

1. '스톡홀름 회의(UN인간환경회의)' 이전 308

    2. '스톡홀름 회의(UN인간환경회의)' 시대 308

    3. '리우회의(환경과 개발에 관한 UN회의)' 시대 309

제 3 절 주요 국제환경기구와 그 역할 ·······················310

    1. 국제연합 총회 310

    2. 유엔환경계획 311

    3. 지속가능발전위원회 312

    4. 지구환경기금 313

제 4 절 주요 환경관련 비정부기구 ·······················314

    1. 지구제일운동 314

    2. 세계자연보호기금 315

    3. 지구의 친구 315

    4. 그린피스 316

    5. 세계자연보전연맹 317

    6. 지구위원회 318

    7. 세계기업지속발전위원회 318

    8. 지구감시연구소 319

    9. 지속가능 생태계 연구소 320

    10. 세계자원연구소 320

chapter 20 국제환경규제와 지구환경레짐

제 1 절 국제환경규제와 환경레짐 ·······················323

제 2 절 국제환경규제의 원천과 이행 ·······················325

    1. 국제환경규제의 원천 325

    2. 국제환경규제의 이행 326

제 3 절 주요 지구환경협약과 내용 ·······················327

    1. 기후변화협약 327

    2. 몬트리올 의정서 328

    3. 생물다양성협약 330

    4. 멸종위기 야생동식물종의 국제거래에 관한 협약 330

5. 람사협약 331

6. 사막화 방지협약 332

제 4 절 지구환경레짐 형성과정: 주요 사례 ·····················332

1. 오존층 보호 332

2. 기후변화방지 334

1) 기후변화 문제의 전개 334

2) 기후변화협약과 후속조치 336

3) Post-2012 체제 논의과정 336

4) 신기후체제의 출범 337

5) 파리협정의 내용 337

3. 생물종 다양성 보호 340

chapter 21 국제무역과 환경문제

제 1 절 개 요 ···344

제 2 절 자유무역과 지구환경 ···345

1. 자유무역 옹호론 345

2. 자유무역 비판론 346

제 3 절 환경관련 무역장벽 ···346

1. 환경상계관세 348

2. 공정 및 생산방식 규제 349

3. 환경경영국제규격 350

4. 개별국가에 의한 환경규제 350

5. 제품환경규제 강화와 국제표준화 351

제 4 절 환경·무역연계와 국제기구의 역할 ·······················353

1. 국제연합 354

2. 세계무역기구 354

1) GATT/WTO 체제의 출범 354

2) 세계무역기구체제 내의 녹색규정 355

3) 도하개발의제 협상중단과 자유무역협정의 증가 356

　3. 경제협력개발기구　358

　4. 국제표준기구　359

chapter ㉒ 동아시아 환경문제와 환경협력

제 1 절　개　요 ·· 364

제 2 절　동아시아의 국가별 환경 · 자원문제 ······················· 365

　1. 개　관　365

　2. 국가별 환경 · 자원문제 현황과 전망　366

　　1) 한　국　366　　　　　　　　2) 북　한　367

　　3) 중　국　368　　　　　　　　4) 일　본　369

　　5) 몽　골　369

제 3 절　동아시아지역의 부문별 환경 · 자원문제 ················· 370

　1. 월경성 대기오염 문제　370

　2. 수질 및 수자원 문제　371

　3. 해양오염과 수산자원 문제　371

　4. 기후변화 문제　372

제 4 절　동아시아 환경문제와 한반도 ································· 373

　1. 개　관　373

　2. 월경성 대기오염 문제　374

　3. 에너지 자원문제　375

　4. 해양오염 및 수산자원 문제　376

　5. 식량자원 문제　377

　6. 기후변화에 따른 문제　378

세계화 · 기후위기 시대의 녹색발전 PART 8

chapter 23 세계화와 지구환경문제

제1절 개 관 ··· 384

제2절 세계화의 지구환경 영향 ·· 386
  1. 총1차 생산량의 이용과 생산기반 386
  2. 생물종 다양성 측면 387
  3. 자연자원의 고갈 388

제3절 세계화와 경제성장 ··· 389
  1. 개 관 389
  2. 공해천국가설 390
  3. 기술이전 효과 391

제4절 세계화와 민주적 사회발전 ·· 392
  1. 민주적 지역사회 발전 측면 392
  2. 공정한 자원분배 가능성 측면 393

제5절 바람직한 세계화의 방향 ··· 394

chapter 24 지속가능한 발전과 추진전략

제1절 배경과 발달과정 ·· 400

제2절 지속가능한 발전의 의의 ·· 403
  1. 빈곤 극복을 위한 개발의 불가피성 403
  2. 환경용량의 범위 내에서의 개발 404

제3절 지속가능성의 기준과 조건 ·· 406
  1. WCED의 시각: 경제사회학적 관점 406
  2. 생태경제학적 조건 407
    1) 하딩의 생태경제학의 최고 전제 407

　　　2) 델리의 지속가능성과 환경거시경제학의 운영원칙　408

　　3. 경제학적 관점: 타이텐버그의 지속가능성 원리와 기준　409

　　　1) 지속가능개발의 원리　409

　　　2) 지속가능성 기준　411

제 4 절　지속가능발전의 전략 ···412

　　1. 경제개혁　412

　　　1) 경제와 환경 관계의 재정립　412

　　　2) 개발성과에 대한 정당한 평가　413

　　　3) 녹색국민총생산(Green GNP)　414

　　　4) 환경오염을 유발하는 산업분야별 보조금 폐지　414

　　　5) 제품 및 서비스 가격에 환경오염비용의 반영　415

　　2. 지속가능한 생산 및 소비정책　416

　　　1) 지속가능한 생산과 소비양식의 구축　416

　　　2) 지속가능한 생산정책　416

　　　3) 지속가능한 소비정책　419

　　3. 환경경영에서 지속가능성 경영으로 확대　423

chapter ㉕　기후변화와 녹색발전

제 1 절　개　관 ···427

제 2 절　기후변화의 역사적 배경과 향후 전망 ································428

　　1. 기후변화의 결정요인과 주요 기후변혁기　428

　　　1) 기후변화의 결정요인　428

　　　2) 지구역사상의 주요 기후변혁기와 특징　429

　　2. 기후 및 환경변화의 추이와 향후 전망　431

　　　1) 기후 및 환경변화의 추이와 전망　431

　　　2) 기후변화의 환경ㆍ경제ㆍ사회적 영향 전망　433

제 3 절　지속가능한 녹색문명으로의 발전전략과 과제 ·····················436

　　1. 개　관　436

　　2. 지구생명지원기능의 보전과 복원　437

　　　1) 환경용량의 한계 인식　437

2) 생태적 순환의 복원 438

3) 생물종 다양성의 보전 439

3. 자연친화적이며 효율적인 생산 및 소비활동 439

1) 자연에너지 시대로의 발전 439

2) 생산 활동의 생태 효율 개선 440

3) 자연 친화형 음식 문화의 창출 441

4. 문명 발전과 진보의 방향 재정립 444

1) 행복한 삶을 위한 절제의 문명 444

2) 자연 친화적 정주형 문명 446

3) 공정성과 책임성에 기반한 상생과 협력의 문명 446

제 4 절 결 론 ···447

찾아보기 ···453

PART 01

인류문명과 환경위기

제 1 장 문명발달과 환경문제

제 2 장 환경문제의 특성과 영향변수

제1절 개   관

우리가 살고 있는 우주는 광활(廣闊)하다. 우주는 소우주를 비롯하여 우리 은하와 수많은 다른 은하로 이루어져 있다. 우주 속에서 존재하는 별들은 셀 수 없을 정도로 많다. 지구는 수많은 별들 중의 하나이며, 지구가 속해 있는 곳은 우리 은하 내의 태양계이다. 태양계는 태양과 수성·금성·지구·명왕성 등 모두 9개의 행성으로 구성되어 있다. 태양계 내는 물론 은하계 내에서도 아직까지 지구 이외에 생명체가 존재하였거나 존재하고 있다는 증거가 밝혀진 바는 없다. 따라서 여타 혹성에도 생명체가 존재하리라는 주장은 많으나 지구는 생명체 및 고등생명체가 존재하는 현재까지 밝혀진 유일한 별이다. 지구에 생명체가 등장한 이후 지구 자체의 환경도 많은 변화를 경험했다. 몇 차례의 큰 기후변동과 지각변동이 있었으며 대륙이 이동하기도 하였다. 이러한 과정 속에서 지구생태계는 끊임없이 변화하여 왔다.

인류의 문명은 구석기 시대의 유목생활로부터 시작하여 신석기 및 청동기시대를 거쳐 농경생활로 발전하였다. 농경생활이 등장하면서 인간은 정주여건이 좋은 곳에 거주지를 형성하고 정착생활을 하게 되었다. 이어 청동기 및 철기시대를 거치면서 도시가 생겨나고 국가가 형성되기 시작하였다. 고대국가 및 봉건시대를 지나 19세기 후반에는 산업혁명이 일어나 농업사회에서 산업사회로의 전환이 이루어졌다. 산업사회의 등장은 인간과 자연의 관계에 큰 변화를 가져왔다. 농업사회가 자연에 대하여 비교적 순응적이었다면 산업사회는 자연을 지배의 대상으로 여겼다. 이러한 산업사회의 자연 및 지구환경에 대한 지배적인 태도는 인간의 편익을 위한 자연의 파괴와 환경오염은 불가피한 희생이라는 인식을 가져왔다.

그러나 현재 지구환경오염이 심화되면서 인류의 생존 그 자체가 중대한 위기에 처해 있다. 환경문제의 심화와 자연생태계의 파괴는 자연을 지배의 대상으로 인식하는 인간의 태도에 근본적인 변화를 요구하고 있다.

제 2 절 수렵채집사회와 환경문제

1. 수렵채집시대의 인간생활

현생 인류 최초의 조상으로 여겨지는 호모에렉투스(homo erectus)는 대략 200만 년~150만년 전에 출현한 것으로 추정되고 있다. 그러나 오늘날과 같은 인류의 직계조상은 약 13만 년 전에 출현한 호모사피엔스(homo sapiens)이며, 이에 대한 고고학적인 증거들이 많이 발견되고 있다.[1] 호모사피엔스는 완전한 형태의 석기를 제작하여 사용(구석기시대)하였다. 약 1만 년 전까지 인간사회는 식량을 따라 유랑하는 수렵채집사회(a hunter-gatherer society)였다. 인간은 다른 맹금류가 죽인 고기를 먹거나 약한 동물을 포획하고 식물을 채취해서 먹으며 생활하였다.

그러면서 인간은 점차 자연으로부터 식량을 얻거나 다른 동물이나 인간으로부터 자신을 보호하는 기술을 축적해 갔다. 유랑민 사회에서의 인간은 물질의 소유에 크게 관심을 보이지 않았으며 사유재산권이 존재하지 않았다. 식량은 누가 구입하였는지와 무관하게 공동체 구성원 간에 균등하게 분배되었다. 수렵사회에서 인류는 다른 동물들과 마찬가지로 자연생태계의 한 구성원으로서 생태계의 기능을 유지해 주는 한 생물종에 불과했다.

---

1) British Broadcasting Company, 2000, "Ape Man : Adventures in Human Evolution," http://www.bbc.co.uk/science/apeman/chronology/200.shtml

2. 불의 발명과 환경생태문제

인간의 자연환경과의 관계를 논함에 있어서 가장 중요한 초기의 사건은 불의 발견과 이용이다. 인공적으로 불을 사용하기 시작한 것은 70만 년 전으로 추정되고 있다. 북경원인이 약 30만 년 전에 불을 사용하기 시작한 흔적이 있다. 불의 이용은 지구 생태계에서 극히 평범한 존재에 불과했던 인간이 특수하면서도 우월한 지위를 확보하는 획기적인 계기가 되었다. 불을 이용하게 되면서 인간은 최초로 자연에의 완전한 예속에서 벗어나 자연에 대한 지배력을 가지게 되었던 것이다.

불의 사용은 인류의 조상들이 완전한 인간으로 진화하는 데도 결정적인 공헌을 하였다. 불을 이용한 "익혀먹기"를 발명하면서 영양을 섭취할 수 있는 유기물의 범위가 크게 늘었고 인간들이 살 수 있는 지역과 기후대도 대폭 확장되었다. 인간의 몸에도 커다란 변화가 일어났는데 자신보다 큰 동물을 사냥할 수 있게 되고 짧은 시간에 충분한 영양분을 섭취할 수 있게 되면서 뇌가 발달했으며 여가시간이 증가했다. 그러나 불의 발명으로 인간은 보다 손쉽게 자연생태계에 영향을 줄 수 있는 힘을 갖게 되었다. 약 10만 년 전부터 수렵군단이 등장하여 대형 초식동물을 사냥할 수 있게 된 것도 불의 발견 덕분이다.

그러나 수렵채집시대의 생산부문은 사냥과 낚시 두 가지로 최종소비를 위한 식량을 제공하였다. 사냥과 낚시의 환경영향은 생물자원의 사용과 유기물질을 통한 대기와 물의 오염이 있었으나 극히 지엽적이고 소규모였다. 이 시대는 기술진보와 인구증가의 부재로 이에 따른 생태계 영향은 미미하였을 것이다.

제 3 절 농경문화의 발달과 환경문제

1. 정착생활과 농경사회의 형성

수렵채취사회는 다량의 식량을 장기간 보관하는 기술과 신석기라는 도구혁신 등을 이룩하면서 발전을 지속하였다. 신석기 혁명과 청동기, 철기 등 도구 이용기술의 발달은 농업으로의 변천, 안정된 사회의 성장, 도시형성과 기능분업, 정치·종교적 지배계급의 부각 등 인간생활에 있어서의 혁신적인 개편을 가져왔다. 이 모든 변화의 핵심은 수렵생활에서 농경생활로의 전환이다. 특히 식량저장기술의 발전이 10,000~12,000년 전에 이루어진 농업혁명(green revolution)의 배경이 되었다. 농경사회의 출범은 정주사회의 대두를 의미하며 이는 필연적으로 사유재산제도의 등장을 가져왔다.

[그림 1-1] **농경사회의 형성**

작물재배2), 가축사육3) 등 농경에 따른 생산성의 증가는 늘어나는 인구의 수용을 가능케 하고 아울러 노동의 분업과 전문화를 가져왔다. 노동의 분업과 전문화는 다시 생산성의 증가로 이어졌고 이는 잉여생산물의 교역을 야기했다. 이렇게 인간사회는 정주사회로 이전하면서 인구가 증가하고 종교·정치·군사엘리트와 전체사회를 통솔하는 권력층이 출현하는 등 사회 내 분업이 발달하였다. 이와 함께 토지 및 식량의 불균등한 소유 등을 포함하는 사회제도가 형성되었다.

---

2) 벼는 기원 3,500년 전부터 작물화되어 서남아시아전역 밀·보리처럼 건지 재배되었다. 기원전 500년 경부터 논농사가 시작되었다.
3) 개·양·염소·소 등은 기원 전 8,000년 경에, 돼지는 기원 전 6,500년 경에 가축으로 사육된 것으로 알려지고 있다.

2. 농경사회의 환경문제

인구의 증가와 농업활동 그리고 정주활동을 위한 도시의 형성은 농경지의 확보, 연료·건축 목적의 벌목 등으로 주변 산림의 황폐화를 초래하였다. 농업기술의 발달과 함께 대두한 관개기술은 농업생산성의 향상에 공헌하였으나 지속적인 관개는 토양의 염분화를 촉진시켜 결국 토지황폐화와 농업생산성의 감소를 가져왔다. 이 경우 관개기술 등으로 새로운 혁신을 이룩하지 못하면 특정지역에서의 인간활동은 쇠퇴하고 결국에는 거주지를 뜰 수밖에 없었다.

농경사회 환경문제의 특징은 그 영향이 지역에 한정되고 이에 따라 복원이 가능했다는 점이다. 비록 중세 유럽에서 대대적인 숲의 파괴로 혼란과 침체가 거듭되긴 했어도 아프리카나 남아메리카, 시베리아 등에서는 울창한 숲이 건재하여 지구적인 문제로 발전하지는 않았으며 인류문명은 계속 발전할 수 있었다.

4대문명의 흥망성쇠

4대문명 즉 메소포타미아(티그리스·유프라테스)의 수메르족 문명(기원 5,000년 전), 인도의 인더스계곡지역(기원 3,500년 전), 이집트의 나일강 유역의 문명(기원 2,950년 전), 중국 황하지역의 문명(기원 1,750년 전)이 보편적으로 유사한 과정을 거쳐서 생성되고 멸망하였다.

즉, 농지개발과 건축 및 연료를 위한 산림벌목, 생산성 증진을 위한 지속적인 관개는 토양의 염분화를, 토양의 염분화는 농업생산성의 감소를, 농업생산의 감소는 인구감소와 국력 쇠약(군대감축, 사회분열)을 초래하였고, 종국에 가서는 자체분열 또는 외부의 침입으로 인하여 몰락하였다.

3. 숲의 파괴와 환경재난

고대 로마시대나 중세유럽, 중국 등에서는 삼림의 파괴가 원인이 되어 기후가 변하거나 심지어는 전염병의 창궐로 인구가 감소하는 현상도 있었다. 로마시대의 막대한 목재 수요는 이탈리아 반도뿐 아니라 스페인, 소아시아, 북아프리카 등 지중해 연안의 숲을 거의 황폐화시켰다. 지중해에서 로마의 지배가 400년간 지속된 후 이 지역의 삼림은 거의 사라지고 기후와 식물도 점차 바뀌어 갔다.

14세기 경 중세 유럽에서는 숲의 파괴와 기상이변으로 곡물 수확이 크게 감소하여 기근이 되풀이되었다. 사람들은 영양실조에 걸리고 마침 흑사병4)이 창궐하자 유럽 전체 인구의 1/4 이상이 희생되었고 이후 150년 가까이 피폐한 상태가 지속되었다. 이 파탄의 직접적인 원인은 전염병의 창궐이지만보다 근본적인 원인은 숲의 파괴에 의한 자원감소와 기상이변이다. 중국에서는 인구가 증가할수록 연료소비가 늘어나고 농업과 군사적 목적 등에 의해 나무의 수요가 급격히 증가하여 숲이 파괴되었다. 숲의 파괴는 나무 부족뿐 아니라 대규모 황사현상도 수반하였다. 파괴된 숲은 건조한 시기에 강풍이 몰아치면 흙먼지가 함께 날려 올라가 황사로 변했던 것이다.

그러나 농업을 통한 잉여생산은 육상 및 해양 수송기술의 발달에 힘입어 지역간 교역 증가로 이어졌고 교역을 통한 생산물과 기술정보의 교류는 다시 기술발전을 촉진시키는 역할을 하였다. 무역은 지역간의 분업은 물론 지역 내 개인간의 분업도 가능하게 하였다. 또한 교역거점으로서의 도시의 발달을 촉진시켰다. 인간은 점차적으로 동, 철 등 재생불가능한 광물자원을 이용하는 기술을 개발하기 시작하였다. 기술발전과 시장의 확대는 산업혁명의 초석이 되었다.

---

4) 유럽에서의 흑사병은 1,346년부터 창궐하기 시작하여 수세기 동안 일정한 간격을 두고 지속되었다. 흑사병은 페스트균에 감염된 벼룩을 지닌 쥐에 의하여 옮겨진다고 보는 것이 일반적이다. 유럽에서 흑사병의 창궐은 중국·몽골 등지의 풍토병이었던 페스트가 몽고제국의 대상무역과 기병대에 의해 유럽에 전해지면서이다. 특히 지중해를 넘나드는 무역선에 숨어든 페스트균에 감염된 쥐와 벼룩을 통해 이탈리아에 상륙한 뒤 유럽 전역으로 퍼져 나갔다. 한편 유럽에서 페스트가 점차 소멸하게 되는 배경은 유럽인의 생활양식과 관계가 깊다. 즉 서유럽의 많은 지역에서 나무가 부족해지면서 돌이나 벽돌로 집을 짓기 시작했는데, 이것이 페스트에 감염된 쥐와 인간을 멀어지게 하였다. 그 후 쥐와 인간간의 접촉이 줄어들면서 흑사병 감염이 급속하게 감소했다.

숲의 주요기능

숲은 다양한 기능을 통해 인간의 삶을 풍족하게 지원해 준다. 숲의 주요 기능에는 기후조율, 홍수통제, 토양보전, 물순환, 영양염류저장과 재순환, 여가·휴식 등이 있다. 사실 경제의 기초적인 부분을 모두 포함하고 있다고 할 수 있다.

역사를 통해서 보면 우리는 산림의 가치를 숲이 훼손된 이후에야 알게 되는 경우가 많은데 그 중 대표적인 것이 숲의 홍수통제기능이다. 20세기 후반 이후 잦은 대규모 홍수로 어려움을 겪고 있는 중국 양자강, 방글라데시, 북한 등은 모두 상류지역의 울창한 산림지대가 파괴된 데에 그 피해원인이 있다.

숲의 영양염류저장 기능은 특히 열대우림 지대에서 중요하다. 열대우림생태계에서는 모든 영양염류를 산림 자신이 저장하고 토양은 유기 물질을 거의 보유하지 않고 저장능력도 없다. 그리하여 열대우림을 제거하면 그 지역은 몇 년이 지나지 않아 불모지로 변하게 된다.

숲은 유기물질을 토양에 제공해 주고 물의 흐름을 느리게 하여 토양침식을 억제하는 기능도 한다. 바닥에 떨어진 나뭇잎은 강우에 의해 녹은 토양을 보호해 주며 토양과 식물간의 탄탄한 연결고리를 제공한다. 숲은 빗물의 흐름을 느리게 하여 땅속으로 스며들게 함으로써 지표와 지하수로 연결되는 물순환 체계를 공고하게 한다.

숲은 물을 정화하여 음용수로 활용할 수 있게 하고 국지적인 기후를 안정시키고 밤과 낮의 극단적인 기후변화를 억제하는 등 다양한 부차적인 기능도 한다.

자료 : 정회성, 2008, 전환기의 환경과 문명, 도서출판 지모, pp. 110-111.

제 4 절 산업혁명과 산업사회의 대두

1. 산업혁명과 인간사회

19세기 후반 영국에서 처음 시작된 산업혁명은 인간생활의 경제적·사회적 측면은 물론 지구생태계에도 혁명적인 변화를 초래하였다. 가장 큰 변화는 인간의 에너지 이용 행태에서 발견된다. 즉 산업혁명 이후 인간은 화석연료 등 다른 재생 불가능한 연료에 전적으로 의존하게 되었다. 이 같은 변화는 향후 범지구적인 에너지·환경 문제의 원인이 되었다.

산업혁명 이후 인류문명은 농경사회에서 산업사회로 급속히 전환되었다. 농경
사회에서 산업사회로의 전환은 인간 생활의 기초가 되는 생산력의 기반이 삼림과
토지 중심에서 삼림과 토지뿐만 아니라 지하자원의 채취, 수자원의 이용 등 자연
자원 전반을 이용하는 단계로 다원화됨을 의미한다. 산업사회의 기술문명은 자연
환경의 많은 부분을 훼손하는 방향으로 생산기술과 생산방식을 변화시켰다. 그리
고 산업혁명으로 인한 새로운 생산기술과 방식의 대두는 환경문제를 지구적인 문
제로 확대시켰다.

과거에도 어느 한 지역에 치명적인 환경파괴가 발생하여 그 사회가 몰락한 경
우가 있었다. 그러나 이것은 어디까지나 지역적 재앙이었지 지구전체의 문제는 아
니었다. 왜냐하면 이때까지만 해도 지구가 부양해야 할 인구규모가 적었을 뿐만
아니라 인류의 생산기술이나 생산방식이 자연의 거대한 규모와 자정능력이 감당
하기에 전혀 부담이 되지 않는 수준이었기 때문이다. 그러나 산업혁명은 이러한
흐름을 송두리째 바꾸어 놓았다.

따라서 환경오염문제는 사실상 산업혁명과 함께 진행되었다고 할 수 있다. 산
업혁명 초기부터 지역적으로 환경오염의 폐해가 발생하였다. 20세기에 산업화가
전 세계적으로 확산되고 심화되면서 환경오염도 국지적 현상에서 점차 지구적 차
원의 문제로 확대되었다. 환경문제가 지구적 차원으로 확산되었음에도 불구하고
장차 지구환경문제가 지구생태계 및 인류에게 어떤 영향을 미칠 것인가에 대해서
는 인식이 부족하였다.

2. 산업혁명과 환경문제의 전개

1) 대기오염

우리가 숨 쉬는 공기에는 질소, 산소, 이산화탄소와 지구상의 모든 원소가 미
량이나마 다 들어 있다. 이렇게 구성된 대기는 지구상의 생물들이 살아가기에 적
합한 환경을 제공하고 있다. 특히 수증기와 이산화탄소는 태양광선 중 적외선이
지표에 반사되면서 바뀐 열을 흡수하여 기온을 따뜻하게 하는 기능을 해준다. 하
지만 오염된 공기는 인체의 건강뿐만 아니라 생물체의 생존에도 나쁜 영향을 미
치며 인공적인 구조물을 부식시키기도 한다. 즉 공장이나 자동차의 매연에서 나오

는 아황산가스, 질소산화물, 불화수소 등 각종 유해물질은 그 주변지역의 생물체
나 인체에 직접적인 피해를 준다.

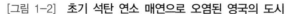
[그림 1-2] 초기 석탄 연소 매연으로 오염된 영국의 도시

산업혁명 이후 산업시설이 도시에 집중되면서 도시는 오염된 공기로 인한 문
제에 봉착하게 되었다. 도시의 대기오염은 도시의 규모, 밀도, 산업 활동의 형태,
사용연료 등에 따라 다른 양상을 보였다. 도시발전의 초기 단계에서는 목재를 연
료로 사용하였으나 점차 보다 연소효율성이 높고 보관이 용이한 석탄을 사용하기
시작하였다. 석탄을 연료로 한 산업화(coal-fired industrialization)는 환경오염을 심화
시켜 런던, 피츠버그 등 초기 산업도시에서는 1900년을 전후하여 심각한 대기오염
현상이 발생하였으며 수많은 사망자가 발생했다.

1920년대 자동차의 발명은 다른 차원에서 대기오염 확산의 주요한 계기가 되
었다. 자동차는 20세기에 있어서 가장 큰 사회·경제적 영향을 준 기술로 평가받
고 있다. 그러나 자동차 시장의 성장은 대기오염이라는 문제를 수반했다. 자동차
배기가스에는 인간의 건강과 동식물 성장에 피해를 입히는 미세먼지, 일산화탄소,
질소산화물, 이산화탄소 등의 유해성분이 들어있다. 자동차 배기가스로 인한 대기
오염은 오늘날까지 심각한 문제를 야기하고 있다. 2008년 세계보건기구(WHO)는
매년 약 200만여 명이 대기오염으로 조기 사망한다고 보고하였다.

런던 스모그와 LA 스모그

산업혁명으로 인한 화석연료 사용량 증가는 대기오염을 초래하였다. 산업혁명 이후 발생한 다양한 대기오염사고 중 유명한 것이 런던 스모그와 LA 스모그 사건이다.

1952년 12월 영국 런던에서 발생하였던 스모그 사건은 당시 약 10도 이하의 낮은 온도와 짙은 안개로 인해 습도가 거의 100%에 이르고 바람이 거의 불지 않은 상태에서 석탄의 연소 시 배출된 아황산가스와 먼지가 높은 농도로 축적되어 발생한 사건이었다. 이러한 상태가 약 9일간 지속됨으로써 당시 약 4천명의 사망자가 발생하였다. 런던 스모그는 산업용 그리고 가정용 연료로서 석탄을 사용하여 발생한 대기오염 현상이다.

스모그 발생 당시 런던(좌)과 LA(우) 모습

자료 : http://www.pastreunited.com, http://www.wired.com

런던 스모그와는 다른 유형으로 1954년 이후 로스엔젤레스에서 나타난 LA 스모그가 있다. LA 스모그는 자동차 배기가스 물질이 강한 태양광선에 의해 광화학 반응을 일으켜 오존과 알데히드 등 2차 오염물질이 발생하면서 나타난 현상이다. 이 스모그는 눈을 따갑게 하고 기관지를 자극하며 폐수종을 가져오기도 한다. 그리고 식물의 생장을 억제하여 농업과 산림 등에 피해를 주게 된다.

공장, 가정 등에서의 석탄의 감소, 그리고 고정 오염원에서의 공해방지기술의 발달로 런던 스모그형 대기오염은 감소하고 있다. 그러나 자동차 이용의 보편화와 진전은 LA 스모그형 대기오염문제를 심화시키고 있다.

2) 수질 및 토양오염

수질오염과 토양오염은 화학비료의 발명과 관련되어 있다. 1842년 영국의 농부 로즈(John Lawes)는 황산을 인산에 투입하여 과인산비료를 생산하였는데 이것이

화학비료의 효시이다. 이후 1909년 하버(Fritz Haber)는 암모니아 합성을 통해서 대기 중에서 질소를 추출하는 방법을 개발하고 보쉬(Karl Bosch)는 이러한 방법으로 질소를 대량생산하는 기술을 창안하였다. 이른바 하버-보쉬 암모니아 합성술 (Harber-Bosch ammonia synthesis)이 화학비료의 시대를 열었다. 화학비료의 발명과 함께 농약의 보급·이용이 확산되면서 농업생산성은 급격히 향상되었다. 그러나 이러한 농업용 화학물질의 과도한 사용은 토양의 생산성을 저하시킬 뿐만 아니라 토양오염과 수질오염을 야기하게 되었다.

3) 폐기물 문제

새로운 기술의 발달과 막대한 화석연료의 사용은 전례 없는 소비재의 생산을 가져왔다. 소비재 생산의 증대는 폐기물의 폭발적인 증가를 초래하여 다시 지구 폐기물 처리능력의 고갈을 가져왔다.

특히 조립대를 이용한 일괄생산방식인 포디즘(Fordism)에 의한 대량생산과 대량판매, 그리고 대량소비는 산업사회의 지구환경문제를 심화시키는 계기가 되었다. 즉 포디즘에 의한 대량생산은 에너지 및 자원의 고갈과 대량의 산업폐기물 발생을 초래하였으며, 대량소비는 생활폐기물의 엄청난 증가로 이어져 결국 에너지와 환경의 위기를 가져왔다.

러브캐널 사건

러브운하(Love Canal)는 1836년 뉴욕주 나이아가라강 부근 동북부 공업지대의 운송을 원활히 하기 위하여 건설이 추진되었으나, 경기침체로 공사가 중단되었다. 중단 이후, 약 1마일의 빈 운하가 그대로 방치되었다.

1942년 이 지역에 입주하고 있던 염소 제조업체인 Hooker Chemical 회사가 이 지역에 자체 폐기물을 투기하기 시작하였다. 이때 투입된 폐기물들은 드럼통으로 11만 개 분량에 달했다. 이후 이 지역은 복개되고 주택을 건설되었다. 그런데 1973년부터 1978년 사이 이 지역 주변에서 심장질환자가 속출하고 정신박약아, 선천적 기형아가 이상적으로 많이 출산되고 있는 것이 확인되었으며 임산부의 유산율이 타지역에 14배에 이르는 것으로 조사되었다.

결국 이 지역은 1980년 카터 대통령에 의하여 재난지역으로 선포되었고 유해폐기물 처리장 정화를 규제하기 시작한 미국 「슈퍼펀드(Super Fund)법」 제정의 결정적인 계기가 되었다.

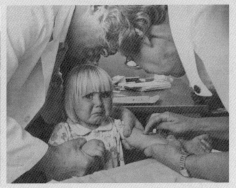

자료 : http://www.pacificspirit.org, http://www.chej.org

4) 화학물질

지난 20세기 동안에 급속하게 진행된 산업화에 힘입어 인간의 생활수준은 현저히 높아졌으며, 이러한 생활수준의 향상에는 화학물질이 공헌한 바가 크다. 그러나 유해화학물질은 공기, 물, 토양, 음식 등에 함유되어 인간의 건강 및 생물체의 기능에 이상을 일으킨다. 뿐만 아니라 일부 화학물질은 잔류성, 생체누적성, 독성을 가지고 있거나 발암성, 성변이성, 재생산영향(CMR) 등을 가지고 있어 특별한 관리가 필요하다. 특히 2차 세계대전 이후 수많은 합성화학물질이 등장하여 제품과 제조공정에 광범위하게 사용됨에 따라 환경에 대한 영향이 더욱 커지게 되었다.

최근에는 인체의 호르몬 작용을 교란시켜 성의 변이를 가져올 수 있는 내분비계교란물질(indoctrine disrupters), 일명 환경호르몬 문제가 등장하였다.[5] 환경호르몬은 수컷의 정자 수 감소 및 암컷의 난소에 기형을 유발시키며, 극단적인 경우 암

---

5) 환경호르몬이란 환경 속에 존재하면서 생체 안에 들어가 여성호르몬(에스트로겐)과 유사한 작용을 하거나 항(抗)남성호르몬(안드로겐) 작용을 하여 내분비계를 교란시키고 생체에 이상작용을 유발하는 물질을 말한다. 소각장에서 발생하는 다이옥신, 변압기의 절연유 등으로 사용되는 PCB, 살충제로 사용되었던 DDT, 합성세제원료인 노닐페놀, 플라스틱원료인 비스페놀A 등 70여 종의 화학물질은 내분비계를 교란시키는 원인물질이 된다고 추정되고 있다.

컷을 수컷으로 변화시키기도 하고, 생식이상, 불임 등으로 종의 소멸도 유발할 수
있다. 환경호르몬은 난분해성 물질로 먹이사슬을 통해 동물 및 사람의 체내에 흡
수된다. 환경호르몬은 극히 적은 농도라 하더라도 인체에 치명적인 영향을 미치게
되며, 임신 중인 여성의 체내에 환경호르몬이 축적되면 탯줄을 통해 태아에게 전
달되어 아이가 성장한 이후에도 영향을 미친다. 환경호르몬은 고환암이나 요도하
열과 같은 기형을 유발시키며, 여성에게 유방암을 일으킨다고 알려져 있다.

DDT와 환경위해성

　역사적으로 화학물질로 인한 편익과 해악의 양면성을 극명하게 보여주는 물질로
DDT(dichloro-diphenyl-trichloroethane)를 꼽을 수 있다. 말라리아 구제에 놀라운
효능을 보여준 DDT는 기적의 농약으로 불리며 전세계적으로 다량 사용되었다. 그러나
잘 분해되지 않고 생물에 농축되어 악영향을 끼치는 등 그 해악이 밝혀지기 시작하면서
1970년대부터는 사용이 금지되고 있다.
　DDT의 위험성은 1963년 레이첼 카슨(Rachel Carson)의 저서 「침묵의 봄(Silent Spring)」
을 통해 세상에 알려지기 시작했다. 이 책은 잔류농약이 동물조직에 축적되어 질병을
발생시키고, 식물에게도 연쇄작용을 일으켜 그 피해를 확산시키며, 발암성 물질의 경우
인류에게도 피해를 준다는 것 등을 다루어 인류가 잘못된 삶의 방식을 취하였을 때 멸
망할 수 있음을 경고하였다. 카슨은 그 당시 농약으로 사용되던 DDT를 지속적으로 사
용할 경우, 조류가 멸종되어 봄이 와도 새소리가 들리지 않을 것이며, 더 나아가 인간을
포함한 전세계에 치명적인 영향을 미칠 것이라고 경고하였다.

제 5 절　지구환경 위기의 경고

　현대 산업사회에서의 환경문제에 대한 지구적 경각심을 불러일으킨 경고는
「침묵의 봄(Silent Spring)」을 계기로 1960년대 초반부터 제기되었다. 인류의 장래
에 대한 이 같은 비관적인 전망은 1970년 로마클럽의 「성장의 한계(Limits to Growth)」
라는 책이 발간되면서 전 세계로 확산되었다.6) 이 책은 "현재 추세대로 인구증

---

6) Donella H. Meadows et al., The Limits to Growth, 김승한 역, 1974, 인류의 위기, 삼성
　문화재단.

가·자원고갈·자연훼손이 지속될 경우 2100년 경에는 성장이 멈출 것"이라고 경고했다.

이어 1991년 세계환경보호연맹(World Conservation Union: WCU)은 「지구를 위한 배려(Caring for the Earth)」7)라는 책에서, "지구의 한계를 벗어난 자연자원의 남용으로 인류문명은 위기에 직면해 있다"고 선언하고, "우리는 현재 문명의 존립을 걸고 도박을 하고 있다"고 경고했다.

21세기를 맞이하여 인류사회는 그간에 경험하지 못했던 새로운 형태의 위기를 맞고 있다. 종래의 위기는 해당 국가 또는 지역에 다소 국한된 문제였으며 자연계의 변화에 따른 측면이 강하였다. 그러나 21세기의 환경위기는 보다 심각하고 광범위하며 그 뿌리도 복잡하고 깊다.

가장 큰 지구적 규모의 환경문제는 기후변화이다. 이는 산업혁명 이후 인류가 무분별하게 사용한 화석연료가 원인이다. 화석연료의 연소과정에서 발생되는 이산화탄소의 급격한 증가로 21세기 지구는 기후변화라는 거대한 도전에 직면해 있다. 기후변화는 자연생태계를 변화시키며 인간의 자원이용 가능성에도 영향을 준다. 또한, 지구 생태계의 안전망이자 생명진화의 핵심요소인 생물종 다양성이 급격하게 감소되고 있다. 지구상의 생물종은 매년 1만여 종씩 감소하고 있으며, 2020년까지 15%에 이르는 지구상의 생물종이 멸종할 수 있다고 세계자원연구소는 보고했다.

보다 직접적인 위기는 인간생활에 필요한 각종 자원의 공급가능성에 대한 위협이다. 인구증가와 경제성장 등으로 자원수요는 급격하게 증가하고 있지만 지구의 자원공급능력은 향상되지 못하고 있다. 한편 자연훼손과 환경파괴로 식량, 물 등의 생산기반도 약화되고 있다.

또한, 기후변화에 따른 수자원의 고갈, 도시화와 산업폐수로 인한 수질오염 등으로 물 부족 현상이 갈수록 심화되고 있다. 현재 세계인구의 약 1/3이 물 부족 상태이며 2025년에는 그 비율이 2/3로 증가할 전망이다.

이와 같은 지구환경문제는 국제적인 협력과 공조 없이는 해결될 수 없다. 지구사회가 인류역사 발전의 환경적인 측면을 깊이 성찰하고 공생 공영을 위한 협력을 모색해야 할 시점이다.

---

7) WCU et al., 1991, Caring for the Earth.

레이첼 카슨과 「침묵의 봄」

레이첼 카슨(Rachel Carson)은 1907년 펜실베이니아주 스프링데일에서 태어났다. 1925년에 그녀는 펜실베이니아 여자 대학에 들어갔으며 이후 존스 홉킨스 대학을 졸업하고 1936년부터 1952년 은퇴할 때까지 16년 동안 어류 및 야생생물청(Fish and Wildlife Service)에서 근무하였다. 레이첼 카슨은 1941년 11월 해양의 자연사에 관한 책인 "해저-바람(Under the Sea-Wind)"을 시작으로 「우리 주변의 바다(The Sea Around Us, 1951)」나 「바다의 가장자리(The Edge of the Sea, 1955)」와 같은 고전들을 저술하면서 바다에 대한 전기작가로 유명해졌다.

그러나 그녀의 이름이 널리 알려지게 된 저술은 자신의 전공분야가 아닌, DDT와 같은 살충제의 환경적 영향을 다룬 「침묵의 봄(Silent Spring)」이었다. 그녀는 이 책에서 인간이 지구상의 다른 생명들에 대해 거만하고 조작적인 태도를 취함으로써 스스로를 위험에 빠뜨리고 있다고 주장하고, 모든 생명을 존중하고 우리가 그들에 의존하고 있음을 깨닫는 방향의 윤리적 변화가 필요함을 역설하였다.

1964년 4월 14일 카슨은 56세의 나이로 메릴랜드주 실버 스프링에 위치한 자신의 집에서 암으로 세상을 떠났다. 1980년 당시의 지미 카터 대통령은 미국 정부가 민간인에게 수여하는 가장 영예로운 상인 '자유 훈장(Presidential Medal of Freedom)'을 카슨에게 추서했다.

참|고|문|헌

문태훈, 1999, 환경정책론, 형설출판사.

정회성·강만옥·임현정, 2002, 「지속가능성 평가를 위한 지역＋생태－경제모형개발연구 Ⅰ」, 한국환경정책·평가연구원.

정회성, 2008, 전환기의 환경과 문명, 도서출판 지모.

정회성, 2008, "환경변화와 인류문명 그리고 지속가능발전," 서울대학교 환경대학원, 환경논총, 제47호(2008년 8월호), pp. 3-23.

British Broadcasting Company, 2000, "Ape Man : Adventures in Human Evolution," http : //www.bbc.co.uk/science/apeman/chronology/200.shtml

Brown, Lester R., 1996, *Tough Choice : Facing the Challenge of Food Scarcity*, New York; W.W. Norton & Company.

Brown, Lester R., 2001, *Eco-Economy : Building an Economy for the Earth*, New York; W.W. Norton & Company.

Carson, Rachel, 1962, *Silent Spring.*

Cohen, Mark N., 1992, "The Epidemiology of Civilization," Judith E. Jacobson and John Firor, *Human Impact on the Environment : Ancient Roots, Current Challenges*, Boulder; Westview Press, pp. 51-70.

Hughes, J. Donald, 1975, *Ecology in Ancient Civilizations*, 표정훈 옮김, 1998, 고대문명의 환경사, 서울 : 사이언스북스.

Kahn, Herman, *The Next 200 Years*, 이동진 역, 1979, 미래의 확신, 자유문화사.

McNeill, J. R., 2000, *Something New Under the Sun : An Environmental History of the Twentieth-Century World*, New York; W.W. Norton & Company.

Meadows, Donella H. et al., The Limits to Growth, 김승한 역, 1974, 인류의 위기, 삼성문화재단.

Mesarovic, Mihajlo and Pestal, Edward., 1974, *Mankind at the Turnning Point; The Second Report to the Club of Rome*, New York; E.P. Dutton & co. lnc, 권태준 역, 1976, 전환기에 선 인류, 을유문화사.

Ponting, Clive, 1991, *A Green History of the World : The Environment and the Collapse of great Civilization*, Penguin Books.

Redman, Charls L., 1992, "The Impact of Food Production : Short-Term Strategies and Long-Term consequences," Judith E. Jacobson and John Firor(eds.), *Human Impact on the Environment : Ancient Roots, Current Challenges,* Boulder; Westview Press. pp. 35-49.

Tyler. Jr., Miller, G., 1996, *Sustaining the Earth : An Integrated Approach*, Belmont; Wadsworth Publishing Company.

WCU et al., 1991, *Caring for the Earth.*

World Bank, 1992, *Development and the Environment : World Development Report,* Oxford; Oxford University Press.

World Commission on Environment and Development, 1987, *Our Common Future,* London : Oxford University Press.

제 1 절 환경문제의 특성

20세기 이후의 급속한 과학기술의 발달과 함께 인구의 급증, 도시화·공업화 등으로 인간의 생활터전인 환경이 위협받고 있으며, 환경보전을 외면한 경제개발 정책은 장래에 인류의 생존기반마저 허물어뜨릴 것이라는 환경위기의식이 대두되고 있다. 이러한 환경위기를 불러일으키는 환경문제는 개별 문제들의 단순한 혼합물이 아닌 상호연결된 문제들의 복합체로 파악될 수 있으며 독특한 특성을 지니고 있다. 이러한 특성은 환경문제의 해결을 복잡하고 어렵게 만드는 요인으로 작용하는데, 드라이잭(Dryzek)은 환경문제가 지니는 특성으로 복잡성, 감축불가능성, 시·공간적 가변성, 불확실성, 집합적 특성, 자발적 특성을 제시하고 있다.[1]

1. 복 잡 성

환경문제의 가장 중요한 특성의 하나는 복잡성(complexity)이다. 환경적인 선택과정은 매우 많은 행위자와 다양한 인자의 상호작용을 통해 이루어진다. 환경오염은 오염물질간의 상승작용으로 오염현상이 심화되는 경우가 빈번하며, 인과관계의 규명이 어려운 경우도 많다. 환경오염은 여러 가지 요인들이 복합적으로 작용하며

---

1) John S. Dryzek, 1987, Rational Ecology : Environmental and Political Economy, New York, NY; Basil Blackwell Inc., pp. 28-33.

시차를 두고 발생하기 때문에 직접적인 피해의 원인을 단정짓기는 매우 어렵다. 오염 배출에 따른 환경영향 및 인체영향의 과학적 규명은 물론 대책의 영향도 평가가 매우 어렵다.

2. 감축불가능성

환경문제는 부분을 통해서 전체를 볼 수 없는 비감축성의 특성(non-reducible)을 지니고 있다. 환경문제의 경우 하부체계의 특성을 분석하여 전체체계의 문제를 분석할 수 없다. 생태계가 지니고 있는 상호침투성(interpenetration)과 우발적 특성(emergent properties)에서 수반되는 것이기 때문이다. 현대의 과학적 연구방법의 특징인 환원주의(reductionism)가 부정되기 때문에 환경문제에 대한 연구는 항상 통합적이고 동태적이어야 한다.

3. 시·공간적 가변성

환경문제는 생태계의 동적인 속성 때문에 시간적·공간적인 가변성(temporal and spatial variability)을 지니고 있다. 환경오염으로 인한 영향이 실제로 나타나기까지는 상당한 시차가 존재하게 된다. 환경문제는 일단 표면화된 후에 규제를 하거나 조치를 취하여도 유해한 영향이 최종적으로 감소할 때까지는 긴 시간이 소요된다. 따라서 문제가 드러난 후에는 통제할 수 없거나 원상회복이 불가능한 상태가 되는 경우가 많다. 또한, 대부분의 오염물질은 배출원을 벗어나면 주변환경으로 흘러나가지 못하도록 가둬둘 수 없다. 오염물질은 바람이나 흐르는 물과 함께 막힘 없이 이동하기 때문이다.[2]

---

2) 예를 들어 중국에서 발생된 황사현상이 우리나라는 물론 일본 그리고 멀리 미국에까지 영향을 미친다. 낙동강 페놀유출사고로 인해 경상남북도 및 부산시민의 수돗물 공급이 중단된 것 역시 환경문제의 광역성을 보여주는 구체적인 사례라고 할 수 있다.

4. 불확실성

환경문제는 현재와 미래의 상태 그리고 인간활동의 환경영향 등에 있어서 매우 높은 불확실성(uncertainty)을 지니고 있다. 높은 불확실성 때문에 환경문제가 장차 미래의 인간 및 자연생태계에 어떤 영향을 미칠 것인가를 정확하게 예측하는 것은 매우 어렵다. 어떤 체제가 보다 복잡해지면 알기가 어려워지며, 보다 우발적인 성향을 지니면 이를 단순한 부분체계로 분해하기가 어려워지며, 보다 동적이면 현재의 상태나 미래의 변화과정을 이해하기가 어려워지게 마련이다. 환경문제의 불확실성은 생태계의 이같은 상호침투성·우발성·동태성 등이 개별적으로 또는 복합적으로 결합하여 나타나는 현상이다.

5. 집합적 특성

환경문제는 많은 경우 다수의 행위자들이 일정한 이해관계를 지니는 집합적인 성격(collective)을 지닌다. 집합적 행위의 문제는 통상 개인의 합리적인 행동이 사회 전체로서의 측면에서 합리적인 결과를 가져오지 못할 때 발생하는 문제이다. 환경문제와 관련되어 발생하는 대표적인 집합적 행위에는 공유재의 비극(tragedy of the common)과 공공재의 과소공급 문제(the under-provision of public goods)가 있다.

공유재적 자원에는 하천의 자정능력, 해양어업, 이주성 야생동물, 지하수대의 생산적 이용, 자연환경의 보호적 기능(후술하는 규율기능), 크게 지구생태계 전체로서의 수용용량 등이 있다. 그리고 공공재로는 생태계의 통합성, 저엔트로피의 지구적 공급, 지구 대기의 질, 생물종 다양성 등 다양한 예가 있다.

6. 자발적 특성

생태계는 인간의 간섭 없이 스스로의 문제를 해결할 수 있는 자발적 특성(spontaneity)이 있다. 이는 생태계가 지니는 자기조절능력(homeostasis)과 적응성(adaptiveness)의 결과이다. 환경파괴가 있더라도 생태계의 자정능력 이내에서 발생하면 인위적인 간섭이 없이 스스로 원상을 회복해가는 것이 환경문제의 성격이다. 이러한 환경문제의 자발적 특성 때문에 일부 생태학자들은 자연이 제일 잘 안다(Nature knows best)라는 원칙에 의해 생태문제에 접근할 것을 주장한다.

제 2 절 환경피해의 형태

환경오염 피해는 피해의 공간적 범위, 피해함수의 특성, 피해의 불가역성 등의 다양한 측면에서 분석해 볼 수 있다.

1. 환경피해의 공간적 범위

환경오염 피해는 피해의 공간적 범위가 국제적이냐 광역적이냐 등에 따라 제1세대와 제2세대로 나눌 수 있다.

제1세대 환경문제는 환경오염 물질의 지역적인 집중에 의해 발생하는 국지적인 환경오염과 자연파괴를 초래하는 경우로 빈곤과 저개발에 관련된 산업활동으로부터 발생하는 수질, 대기, 토양오염문제가 있다. 제1세대 환경문제는 공해방지기술의 발달에 따라 선진국에서는 다소 극복되고 있는 상황이나 경제개발에 뒤늦게 착수한 후진국에서는 심각한 문제로 대두되고 있다.

제2세대 환경문제는 범지구적 또는 지역적 생태계 파괴위협을 지칭한다. 이는 산성비, 오존고갈, 지구온난화, 산림 벌채와 황폐화, 생물다양성, 유해폐기물의 국가 간 이전 등 지구적 공공재의 파괴와 고갈에 대한 문제이다. 개발과 보전에 대한 남북문제를 제기하고 있는 사항으로 지구환경파괴를 초래한 경제성장의 선발국이자 현재의 과소비국가인 선진국의 책임문제와 관련되어 있다.

2. 환경피해함수의 형태

환경오염에 따른 피해는 오염물질의 피해함수 형태 즉 임계치(threshold effects)의 유무에 따라 다음과 같이 나누어 볼 수도 있다.

첫째, 임계치 효과가 뚜렷한 오염물질의 경우이다. 독극물, 유해화학물질 등의 피해는 특정농도를 넘어서면 즉각적이고 급격한 피해를 초래한다. 이 같은 임계치가 있는 오염물질의 국지적인 집중은 사회경제적 영향력의 차이 정도와 무관하게 심각한 피해를 초래한다. 때문에 각국은 환경기준을 설정하거나 토지이용규제를 통해서 이를 적극적으로 관리하여야 한다. 임계치 효과가 뚜렷한 물질에 대한 관리에는 직접적인 사용규제가 효과적이다.

둘째, 임계치 효과가 미약한 오염물질의 경우이다. 어떤 오염물질이 초래하는 피해는 농도에 비례하여 증가하며 장기적인 누적에 의해 피해가 발생한다. 이러한 오염물질은 그 피해를 즉각적으로 느끼지 못하기 때문에 정책적인 관심도도 낮아 저소득층이나 미래세대에 그 피해가 집중될 가능성이 높다. 예를 들어 특정 화학물질이나 중금속의 경우 임계치 효과는 낮으나 소량의 오염물질이 장기간 축적되어 그 피해가 후세대에 나타날 수 있어 세대 간의 정의논쟁을 불러올 수 있다.

3. 환경파괴의 복구가능성

환경오염이나 자연훼손을 사후에 복원할 수 있느냐 하는 측면도 중요하다. 첫째, 환경오염이나 자연훼손에 있어서 사후에 복구 또는 복원이 가능한 경우이다. 복원이 가능한 환경오염이나 자연훼손은 경제적 자원 배분상 효율성의 문제로 접근하는 것이 정의측면에서의 문제해결에 보다 용이하다. 이러한 문제의 경우 정의측면에서 부담이 다소 적으며 경제적 효율성을 기준으로 파악할 수 있다. 최근에는 생태효율(eco-efficiency)의 개념으로 이러한 문제에 접근하고 있다.

둘째, 희귀 생물종의 멸종, 수려한 경승지의 파괴 등 일단 피해나 훼손이 발생하면 복구나 복원이 불가능한 환경파괴도 있다. 이러한 경우 의사결정이 잘못되었을 때 그 손실비용이 막대하기 때문에 세대간의 형평성 문제를 심각하게 야기할 우려가 있다. 통상 이러한 경우에는 예방적 조치의 원칙(precautionary principle)을 준수하도록 요구하기 마련이다. 생물종과 관련하여서는 생태정의의 문제가 제기된다. 인간이 자신의 활동에 의해 특정 생물의 멸종을 초래하는 것은 정의롭지 못하다는 것이다.

제 3 절 환경영향의 결정변수

위기에 대한 인식은 자연스럽게 위기의 원인에 대한 분석과 검토로 이어져 1970년대 이후 날로 악화되고 있는 환경파괴와 오염의 원인에 대해서 많은 논의와 분석이 있어 왔다. 초기 환경학자들은 환경악화의 원인을 'I=P×A×T [3]'라는 하나의 공식으로 표현했다. 여기에서 I는 환경영향이며, P는 인구, A는 부(富)[4]와 관련된 물질산출량이며, T는 기술로서 물질산출량을 생산하는 데 사용되는 에너지 단위당 환경영향을 뜻한다.

공식을 보다 정확하게 표현하면 아래와 같다. 이 공식은 환경영향이 인구증가, 물질적 산출량으로 표현되는 부의 증가, 그리고 기술변화에 따라 달라진다는 것을 표현한다.

환경영향＝인구×{(자본스톡/인구)×(산출량/자본스톡)}×{(에너지/산출량)×(환경영향/에너지)}

1. 인구증가와 도시화

자원고갈과 환경오염, 즉 환경영향을 결정하는 결정적인 변수의 하나는 인구이다.[5] 자연환경이 지니고 있는 수용능력은 유한한데 그것을 이용하는 인구의 수가 너무 많아 환경이 파괴되고 오염된다는 것이다. 인구가 증가하면 기본적인 의식주를 해결하기 위해 더 많은 재화와 서비스가 요구된다. 이러한 재화와 서비스를 생산하기 위해서는 더 많은 자원이 필요하며, 자연적으로 자원고갈과 환경문제를 일으키게 된다.

서기 1년의 전세계 인구는 2억 5천만 명에 불과하였는데 1700년경에는 5억 명으로 두 배가 되었다. 150년 후인 서기 1850년에는 다시 두배인 10억 명으로 늘어났고 그로부터 80년 후인 1935년에는 20억 명이 되었다. 배증기간은 계속 단축

3) Foster Daniel, 1999, Just Trading, Abingdon Press.
4) 1인당 자본스톡으로 정의될 수 있다.
5) Paul R. Ehrlich and Anne H. Ehrlich, 1970, Population, Resources, Environment : Issues in Human Ecology, San Francisco; W. H. Freeman & Co.

되어 40년 후인 1975년에는 40억 명으로 증가하였고 1987년에는 50억 명, 1997년
에는 59억 명, 2007년에는 67억 명, 2017년에는 75억 5천만 명으로 증가하였다.
이와 같은 전례없는 증가속도로 인해 전 세계 인구는 지구 한계수용용량에 근접
해 있다고 볼 수 있다.

배증기간과 인구증가

　인구증가에 대한 논의에서 고려해야 할 중요한 요소는 배증기간(doubling time)이다.
배증기간은 인구가 두 배로 증가하는 기간으로 산술평균이 아닌 기하평균에서 나온 개
념이다. 인간이 정착생활을 시작한 초기에는 평균 1500년에 인구가 두 배로 되었다. 그
러나 의식주 등 생활환경의 개선, 의료기술의 발달 등으로 배증기간은 점점 짧아지게
되었다.
　즉 인구가 5억 명에서 10억 명이 되는 데는 200년이 소요되었으나, 그 10억 명이
20억 명이 되는 데에는 불과 80년 밖에 걸리지 않았다. 이에 앞서 기원 전 8,000년에
500만 명이었던 세계 인구는 1650년에 5억 명으로 100배 늘었는데 이것은 계속 배가
되는 과정을 단지 6~7회 되풀이 한 결과이다.

　유엔인구기금(UNFPA)[6]의 「2019년 세계인구 상황 보고서」에 의하면, 2019년 현
재 전세계 인구가 약 77억 1,500만 명으로 1년 사이에 약 8,700만 명이 증가했다.
2019년 현재 중국의 인구가 14억 2,010만 명으로 가장 많은 것으로 나타났다. 다
음으로 인도가 13억 6,870만 명으로 두 번째로 많으며, 인구가 1억 이상인 국가들
중 미국, 인도네시아, 브라질, 파키스탄, 나이지리아, 방글라데시, 러시아, 멕시코,
일본, 이디오피아, 필리핀이 차례로 중국과 인도의 뒤를 잇고 있다.

　2050년에는 세계인구가 90억 명을 넘어서고 인구가 1억 이상인 국가도 17개
로 증가하고, 인도가 중국을 추월하여 세계에서 인구가 가장 많은 국가가 될 것으
로 예측되고 있다. 이러한 인구증가 현상은 환경문제 해결능력이 부족한 개발도상
국에 집중되어 있어 지구환경에 많은 부담을 주고 있다.

---

6) www.unfpa.org.

[그림 1-3] **인구를 기준으로 작성된 세계지도(2018)**

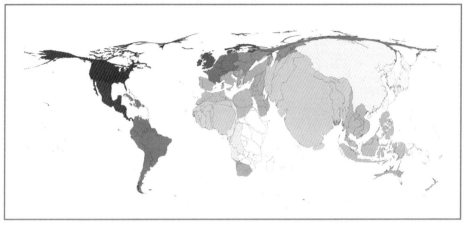

자료 : http://www.worldmapper.org

또한 인구가 도시지역으로 집중되고 있어 환경오염과 자원고갈을 심화시키고 있다. [그림 1-4]에 의하면 2016년 전세계 도시화율7)은 54%에 달하고 있다. 단순한 인구증가보다는 도시지역의 인구 집중이 그 지역의 환경문제를 더욱 악화시킨다.

[그림 1-4] **세계 도시화율 변화 추이**

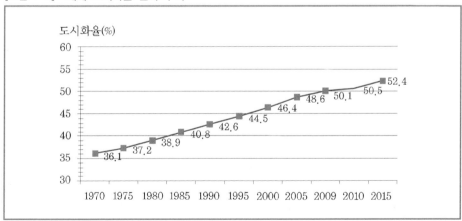

자료 : UN, 2017(http://esa.un.org/wup2017/unup).

---

7) 도시화율은 전체인구 중에서 도시지역에 거주하는 인구비율을 의미한다. 단, 각 국가마다 도시개념은 상이하며 각 국가의 도시인구는 각국의 인구총조사에 의한 자료이다.

농업기술의 발달로 농업의 생산력이 증가하면 보다 적은 농업인구로 보다 많은 인구의 부양이 가능해진다. 이에 따라 농촌의 인구는 취업기회와 편리한 생활을 위해 도시로 몰려든다. 농촌으로부터 이동한 가난한 사람들은 특별한 기술도 없고 생계자금도 부족하여 도시 빈민가로 몰리게 된다. 한 지역에 인구가 집중되면 새로운 일자리와 함께 주택, 학교, 도로 등의 시설이 적절하게 확대되어야 한다. 이러한 인프라가 제때 마련되지 않을 때 교통혼잡과 수질오염, 대기오염, 쓰레기 등의 환경문제가 야기된다.

2. 경제개발과 저개발

인간이 지구환경에 미치는 영향의 대부분은 인간의 경제 활동량의 급격한 증가에서 그 원인을 찾을 수 있을 것이다.[8] 그러므로 환경오염과 파괴는 인간의 경제활동규모의 확대, 즉 경제성장에서 그 원인을 찾을 수도 있다. 어떤 국가의 경제규모가 팽창하면 그 경제체제는 보다 많은 재화를 생산하고 소비하게 되며, 자연으로부터 보다 많은 것을 채취하고 또 쓰고 버리게 된다. 만일 환경계와 경제계를 연결해 주는 기술수준이 동일하다면 물질적인 생활수준의 향상, 즉 경제성장은 그만큼 많은 자연파괴와 환경오염을 초래하게 된다.

약 500년 전인 1500년대의 지구총생산은 약 2,400억 달러(1990년 불변가격)로 추정된다. 이 값은 1900년에는 1조 9,800억 달러로, 1950년에는 5조 3,700억 달러로, 1992년에는 28조 달러로 약 120배나 증가하였다. 소득이 증가하면 사람들의 소비패턴이 달라진다. 식량의 경우 곡류 중심의 소비에서 육류와 가공식품의 소비가 늘어난다. 의복은 다양하고 고급화되며, 주거시설은 커지고 실내장식은 고급화된다. 자동차, 가전제품 등 내구소비재의 증가는 제품뿐만 아니라 에너지 소비의 증가를 초래한다. 육류소비의 증가는 대규모 축산을 유도한다. 대규모 축산은 많은 사료 곡류의 소비와 축산 배설물의 증가로 환경오염의 원인을 제공한다. 자동차 등 내구소비재나 의복 등의 생산업자는 제품의 물리적인 수명에는 관심이 없다. 이들은 다양한 형태의 모델을 제시하여 소비자로 하여금 더 많은 신제품을

8) J. R. McNeill, 2000, Something New under the Sun : An Environmental History of the Twentieth-Century World, New York; W. W. Norton & Company, Inc., pp. 5-9.

구입하도록 유도한다. 이 결과 자원과 에너지는 낭비되고 각종 폐기물이 증가하여 환경오염의 원인이 된다.

풍요뿐 아니라 빈곤도 환경오염과 자연파괴의 원인이 될 수도 있다. 빈곤은 환경문제 자체에 대한 관심을 가질 수 없게 만든다. 가난한 사람들은 땔감과 식량 부족을 해결하기 위해 무조건 개간하고 야생동식물을 무차별 포획하여 자연을 파괴하고 자연자원을 고갈시킨다. 농업과 목축업을 중심으로 하는 개도국에서는 자연이 중요한 생산요소이다. 이러한 자연훼손은 토양침식과 홍수, 가뭄 등을 일으켜 토지를 황폐화시키고 농업생산성을 하락시킨다. 토양 황폐화에 따른 농업 생산성 감소는 다시 가난의 원인이 되어 '빈곤과 환경파괴의 악순환(vicious circle of poverty)'이 되풀이된다.

3. 생태파괴적 기술개발

기술변화가 환경오염의 원인을 제공하기도 한다. 미국의 저명한 환경학자 코머너(Commoner)는 1940년대에서 1960년대에 걸친 미국경제의 성장패턴을 분석하고 기술적인 선택이 환경에 방대한 영향을 미친다는 것을 보여 주었다.[9] 예를 들어서 농업생산에서는 비료와 농약에 의한 새로운 기술이 전통적인 방식을 대체하면서 수질오염을, 교통부문에서는 자동차가 철도를 대체하면서 대기오염을 악화시켰다는 것이다. 코머너의 모형은 일본과 한국 등 여타 국가에서도 입증되었다.[10]

기술발전은 경제성장의 원동력이다. 산업혁명 이후 사람들이 기계를 생산하여 이용하기 시작하면서 작업효율은 크게 향상되었다. 그러나 기술혁신은 자연자원의 고갈을 가속화시키고 많은 환경문제를 야기시켜 왔다. 기술개발에는 또 하나의 역설적인 측면이 있는데 그것은 많은 기술들이 개발자의 의도와는 달리

---

9) Barry Commoner, 1971, "The Environmental Costs of Economic Growth," Resources for the Future Forum on Energy, Economic Growth and the Environment, Washington, D.C., April, 20.

10) Jeong J. Rhee, 1975, "Economic Growth, Technological Changes, and Environmental Problems in Japan," Master's Thesis, Iowa State University; 정회성, 1981, "한국의 경제성장과 공업화가 환경오염에 미친 영향," 서울대학교 환경대학원 석사학위논문.

이용되고, 때로는 개발 당시는 예상하지 못한 부작용을 수반한다는 것이다. 그러므로 기술개발로 환경문제가 해결될 수 있을 것이라 과잉 기대하는 것은 피해야 한다고 본다.

참|고|문|헌

변병설, 2010, "2010년 분야별 도시정책 전망: 기후변화시대의 도시환경정책 전망과 과제," 도시문제, 대한지방공제회, 제45권, 제494호, pp. 17-21.

정회성, 1981, "한국의 경제성장과 공업화가 환경오염에 미친 영향," 서울대학교 환경대학원 석사학위 논문.

정회성. 2000, "국토의 보전 및 이용에서 환경정의와 부정의," 새국토연구협의회(편), 우리국토의 나아갈 길, pp. 125-152.

정회성, 2002, "지속가능한 발전에 대한 세계화의 영향," 이론과 실천 모임 엮음, 국토와 환경: 공간계획론의 새로운 접근, pp. 407-431.

British Broadcasting Company, 2000, "Ape Man: Adventures in Human Evolution," http://www.bbc.co.uk/science/apeman/chronology/200.shtml

Brown, Lester R., 2001, *Eco-Economy: Building an Economy for the Earth*, New York; W.W. Norton & Company.

Commoner, Barry, 1971, *The Closing Circle: Nature, Man, and Technology*, New York; Alfred A. Knopf.

Commoner, Barry, 1972, "The Environmental Costs of Economic Growth," Robert and Nancy S. Dorfman(eds), *Economics of the Environment: Selected Readings*, New York; W.W.Norton & Company, Inc., 261-283.

Dryzek, John S., 1987, *Rational Ecology: Environmental and Political Economy*, New York, NY; Basil Blackwell Inc.

Ehrlich, Paul R. and Ehrlich, Anne H., 1970, *Population, Resources, Environment: Issues in Human Ecology*, San Francisco; W.H. Freeman & Co.

Foster, Daniel, 1999, *Just Trading*, Abingdon Press.

Hardin, Garrett, 1968, "The Tradegy of the Commons," *Science* Vol.162, December, 13, pp. 1243-1247.

McNeill, J. R., 2000, *Something New under the Sun : An Environmental History of the Twentieth-Century World*, New York; W. W. Norton & Company, Inc.

Rhee, Jeong J., 1975, "Economic Growth, Technological Changes, and Environmental Problems in Japan," Master's Thesis, Iowa State University.

Seneca, Joseph J. and Taussig, Michael K., 1984, *Environmental Economics(3rd ed.)*, Englewood Cliffs, NJ; Prentice-Hall, Inc.

United Nations, 2009, World Population Prospects, The 2008 Revision : Highlights, Population Division, Department of Economic and Social Affairs.

World Commission on Environment and Development, 1987, *Our Common Future*, London : Oxford University Press.

PART 02
환경문제와 정책의 학제적 이해

제 3 장   생태이론과 환경문제
제 4 장   경제이론과 환경문제
제 5 장   철학윤리이론과 환경문제

생태이론과 환경문제

제 1 절 생태계의 구조와 기능

1. 생태계의 구성인자

1) 생태계의 구성과 균형

생태계(ecosystem)는 동·식물과 같은 생물적 요소와, 땅·공기와 같은 비생물적 요소로 구성된다. 생물체는 비생물적 요소(abiotic)를 이용하고 그 조건 속에서 살아간다. 비생물적 요소는 생물체가 살아가는 데 필요한 물질과 삶의 조건을 제공한다. 생태계는 생물체와 비생물적 요소가 균형과 조화를 이룰 때 물질순환이 이루어지고 생물군집이 유지된다. 생물체와 그 생물체를 싸고 있는 비생물적 요소를 자연환경이라고 하는데 이들은 서로 불가분의 관계를 가지고 있다.

2) 생산자·소비자·분해자

생물체는 역할에 따라 생산자·소비자·분해자로 나누어진다. 생산자(producers)는 식물이다. 식물은 광합성을 통해 유기물을 만든다. 소비자(consumers)는 동물이다. 동물은 유기물을 만들지 못하고 외부에서 필요한 영양분을 섭취하여 생존한다. 1차 소비자는 초식동물이고, 2차 소비자는 1차 소비자를 먹고사는 소형 육식동물이다. 3차 소비자는 2차 소비자를 먹이로 하는 대형 육식동물이다. 이러한 먹이사슬은 생산자의 개체수를 밑변으로 하는 피라미드, 즉 개체수 피라미드를 형성한다. 분해자(decomposer)는 박테리아·진균 등이다. 분해자는 생물의 사체 유기물을 분해하여 물·이산화탄소 등 무기물로 생태계에 되돌려 준다. 이렇게 분해된 무기물과 태양에너지를 이용하여 식물은 유기물을 생산한다.

3) 비생물적 요소

비생물적 요소는 에너지, 물리적 요소, 화학물질로 나누어진다. 태양에너지는 식물의 광합성에 에너지를 제공하여 식물의 생존에 중요한 역할을 한다. 물리적 요소는 온도·빛·비·구름 등의 자연조건이다. 이 요소는 생물체가 살아가는 환경을 제공한다. 화학물질은 물·산소·탄소 등과 같은 무기물과 탄수화물·단백질과 같은 유기물이다. 산소·물·탄소 등과 같은 물질은 생물체와 비생물적 요소를 통하여 지속적으로 재순환되고 있다.

2. 생태계의 기능

1) 먹이사슬과 영양단계

먹이사슬(food chain)이란 식물이 광합성을 통해서 유기물을 만들고, 이 식물을 동물이 먹고, 이 동물이 죽으면 분해자인 박테리아에 의해 다시 물질로 되돌아가는 과정이다. 먹이사슬은 단선적인 것이 아니라 그물처럼 얽혀 있다. 이러한 의미에서 먹이사슬을 먹이망 또는 먹이그물(food web)이라고도 한다. 먹이사슬의 복잡성 때문에 어떤 종류의 생물체 수가 줄더라도 생태계 전체는 큰 영향을 받지 않

[그림 2-1] **먹이사슬**

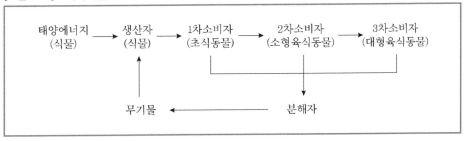

고 균형을 유지할 수 있다. 먹이사슬에서 생산자와 소비자의 다양한 먹이가 되는 수준을 영양단계(trophic levels)라 한다. 첫 번째 영양단계는 식물이나 식물플랑크톤과 같은 생산자이다. 두 번째 영양단계는 식물을 먹이로 하는 초식동물이다. 세 번째 영양단계는 초식동물을 먹이로 하는 육식동물이다.

2) 에너지 이동

식물은 광합성 작용으로 태양에너지를 화학에너지로 전환시킨다. 광합성 작용이란 식물의 엽록소가 태양에너지와 공기 중의 탄산가스 및 물을 흡수하여 유기물인 당분(글루코오스)을 만드는 화학적 과정이다. 이때 생성된 유기물은 동물인 소비자에게 전달된다. 에너지는 먹이사슬을 통해 이동한다. 전체 에너지 중에서 일부분만 한 영양단계에서 다음 영양단계로 전달되며, 나머지는 대부분 자연계, 즉 환경 속으로 방출된다. 이는 영양단계가 높아지면서 생태학적 효율(ecological efficiency)이 낮아지는 것을 의미한다.

생태학적 효율과 10%의 법칙

생태학적 효율이란 한 영양단계의 생물체를 구성하고 있는 화학적 에너지 중에서 다음 영양단계의 생물체 구성에 포함된 화학적 에너지의 비율을 말한다. 식물체가 이용하는 태양에너지의 양은 0.023% 정도로 알려져 있다. 동물은 섭취한 식물체에 포함되어 있는 화학에너지 양의 10% 정도만 자신의 체내에 축적한다. 각 영양단계가 10% 정도의 에너지만 이용하는 과정을 "10%의 법칙"이라 한다.

3) 물질의 순환

물질은 자연계에서 일정한 상태로 존재하지 않고 항상 변화하고 순환한다. 먹이사슬을 통한 에너지의 전달과정은 물질의 순환을 수반한다. 이 과정을 생물지구화학적 순환(biogeochemical cycle)이라 한다. 이러한 물질의 순환에서 중요한 것으로는 탄소(C), 질소(N), 인(P), 황(S) 등의 순환이 있다. 예를 들어 탄소의 순환을 보면, 식물체는 광합성을 통해 무기물인 이산화탄소를 유기물로 만들고, 식물체가

만든 유기물은 동물이 섭취한다. 동물이 먹은 유기물은 일부 동물의 몸체를 구성
하지만 대부분은 호흡을 통해 이산화탄소로 되돌아간다. 분해자인 미생물도 유기
물을 분해하여 이산화탄소를 생성한다.

[그림 2-2] **탄소의 순환 과정**

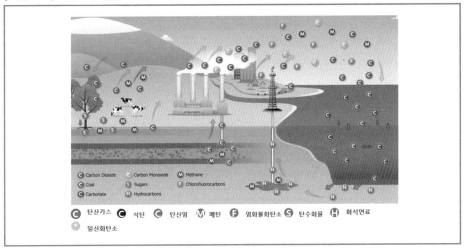

자료 : http://www.soilove.com

제 2 절   열역학의 법칙에 따른 환경문제 해석

1. 질량불변의 법칙

열역학의 제 1 법칙(The First Law of Thermodynamics)에 의하면 에너지는 빛에서
전기, 그리고 열의 형태로 변하지만 그 양은 전체적으로 보아 일정하게 유지된다
는 것으로 일명 '에너지 보존의 법칙' 또는 '질량불변의 법칙'이라고 한다. 동 법
칙은 물질이나 에너지는 창조되거나 파괴될 수 없다는 것을 시사한다. 즉, 자연으
로부터 생산 및 소비과정에 공급된 물질이나 에너지의 흐름은 이들 행위로부터
환경으로 방출되는 폐기물의 흐름과 동일한 양이어야 한다.

다시 말해 경제로부터 자연으로 배출되는 폐기물은 재활용이나 재사용 등을

통해 배출이 잠시 지체될 수 있으나, 자연으로부터 추출된 물질이나 에너지는 궁극적으로 반드시 동일한 양의 폐기물로 전환되어 자연으로 환원된다.[1) 열역학의 제 1 법칙은 물질흐름의 양적 측면을 나타낸다.

2. 엔트로피 법칙

열역학의 제 2 법칙(The Second Law of Thermodynamics)에 의하면 물질이나 에너지의 형태가 전환되는 과정이 거듭될수록 사용할 수 없는 에너지의 양은 점차 증가한다. 이때 사용할 수 없는 에너지의 양을 '엔트로피(entropy)'라 하고 열역학 제 2 법칙을 '엔트로피 증가의 법칙' 이라고도 한다. 따라서 에너지를 변환시킬 때마다 엔트로피는 발생하며 그 총량은 증가해 간다.

결국 가치 있는 에너지를 계속 무분별하게 사용하면 가치 없는 에너지가 발생하게 되고 결국 우주·지구에는 에너지의 쓰레기만 쌓이게 된다. 열역학 제 2 법칙은 인간의 경제행위가 의존하고 있는 천연자원의 부존량은 자연과 폐기물간의 순환관계를 통해 결국은 모두 고갈될 수 있음을 시사한다.[2) 즉, 인간이 폐쇄적인 에너지이용 시스템에 지속적으로 의존하면서 경제활동을 할 경우, 이 시스템은 궁극에 가서는 파멸에 이를 수 있음을 보여준다.

3. 열역학 법칙의 환경정책상의 시사점

열역학 제 1 법칙과 열역학 제 2 법칙이 환경문제에 시사하는 바는 매우 크다. 먼저 열역학 제 1 법칙의 경우 환경계에서 경제계로 유입되는 자원의 물량과 경제계로부터 다시 환경계로 버려지는 폐기물의 물량 사이에는 일 대 일의 대응관계가 존재하며 이들의 총량은 궁극적으로 일치한다. 자연으로부터 지나치게 많은 자원을 사용함으로써 발생하는 자원의 고갈 문제와 환경의 자정능력을 초과해 발생되는 폐기물로 인한 환경오염의 문제는 밀접한 상응관계에 있는 것이다.

따라서 환경오염문제를 원천적으로 해결하고 동시에 자원고갈 문제를 해결하

---

1) 권오상, 1999, 환경경제학, 박영사, p. 24.
2) 상게서, p. 24.

는 방법은 환경계에서 채취되어 경제계로 투입되는 자연자원물량 그 자체를 대폭 줄이는 것이다. 그러면 환경에 버려지는 폐기물의 양도 자동적으로 줄어들게 될 것이다. 하지만 이러한 방법은 생산량의 감축을 가져오고 결국에는 인간의 물질 생활수준의 저하라는 문제를 가져오게 된다.3) 환경계로부터 채취되어 경제계로 투입되는 자연자원의 총량을 줄이지 않고 환경문제를 해결하려면 경제활동으로부터 배출된 오염물질들이 환경에 버려지기 전에 이를 적절히 처리함으로써 결과적으로 환경에 버려지는 오염물질의 양을 줄여야 한다. 이를 위해서는 환경기술의 발전과 환경기초시설의 설치를 통하여 환경오염물질을 줄이는 방법과 폐기물의 일부를 회수하여 재이용 또는 재활용하는 방법이 있다. 환경문제와 자연자원의 고갈 문제는 별개의 것이 아니라 서로 동전의 앞뒷면과 같이 상호연관되어 있으므로 양자를 연계하고 통합하여 관리하는 정책적 전환이 필요하다.

열역학 제 2 법칙의 경우 에너지의 변환과정에는 엔트로피가 계속적으로 발생하고 증가하므로 엔트로피 발생을 어떻게 최소화시키고 그 증가의 속도를 어떻게 감소시킬 것인가가 중요하다. 이를 위해서 재생불능자원의 사용량을 줄이고 재생가능자원의 양을 늘리는 것도 하나의 방법이다.4) 즉, 태양열, 수력, 풍력 등 재생가능한 에너지로의 에너지 이용체계 전환이 필요하다 하겠다.

제 3 절 지구환경의 기능

디 그룻(de Groot)에 의하면 환경기능은 "인간의 직접적인 또는 간접적인 필요를 만족시켜주는 재화나 용역을 제공하는 자연적인 과정과 구성요소의 역량"을 말한다. 디 그룻은 구체적으로 환경의 다양한 기능을 다음의 네 가지 범주로 제시하고 있다.5)

---

3) 이정전, 1994, 녹색경제학, 한길사, p. 58.
4) 상게서, p. 66.
5) Rudolf S. de Groot, 1992, Functions of Nature : Evaluation of Nature in Environmental Planning, Management and Decision Making, Groningen, The Netherlands : Wolters Noordhoff BV.

열대우림의 기능

자연자본의 기능은 중·남미지역 열대우림(tropical moist forests 또는 rain forests)의 사례를 통해 설명할 수 있다.

먼저 조절기능의 경우 열대우림은 차광(shading)과 증발산(evapotranspiration)에 의해 대지의 기온상승을 억제하여 대지의 온도를 낮추는 역할을 한다. 때문에 산림을 제거하는 것은 대지의 기온을 상승시키는 결과를 낳는다. 상승된 기온은 비구름을 흩뜨리며, 산림이 제거된 지역에서의 강우(降雨)를 훨씬 더 변덕스럽고 희소하게 만들어 가뭄을 일으키기도 한다.

둘째, 매개기능이다. 현재 열대우림은 높은 파괴 비율에도 불구하고 여전히 많은 토착민들에게 삶의 터전을 제공하고 있다. 이들 지역에서 형성된 주민들의 관계는 그들 나름대로의 문화적 정체성을 형성한다.

셋째, 생산기능이다. 산림은 목재의 중요한 자원이며 과일과 같은 식량자원을 제공한다. 또한 산림은 인공적으로 경작되고 있는 식량이나 원료들을 보호한다. 생산량을 늘리고 새로운 해충이나 질병에 저항적인 속성을 발전시키기 위하여 주기적인 유전적 갱신을 요구한다. 한편 열대산림 중의 1/4가량이 의약품으로서 유용하다. 매년 작성되고 있는 수십억 개 처방전의 20% 이상이 삼림에 기원을 둔 의약품이다. 많은 다른 종들도 유용한 생화학적 합성물을 제공한다.

넷째, 정보기능이다. 삼림은 교육과 예술, 영적 발전을 위한 인식과 경험을 제공한다. 비 토착주민들을 위하여 끊임없이 레크레이션과 관광의 기회를 제공한다.

열대우림의 모습

자료 : 사이언스 타임즈, "미래기후, 최악의 시나리오보다 더 심각," 2009. 11. 29일
자. http://www.sciencetimes.co.kr

첫째는 자연환경의 조절기능(regulation functions)이다. 환경의 조절기능은 필수적인 생태과정 및 생명지원체계를 규율하는 자연적 그리고 준자연적인 생태계의 능력과 관계되는 것이다. 이러한 환경의 조절기능은 맑은 공기, 깨끗한 물, 안전한 토양을 제공하는 건강한 자연환경의 유지에 기여한다. 조절기능은 지구 밖의 운석 등 외부적 위험이나 해로운 자외선으로부터 지구와 지구 내의 생물체들을 보호하는 것을 의미한다. 또한 기후와 같은 생태적 과정을 조절하고 깨끗한 공기와 물과 토양을 제공하며, 폐기물을 저장하고 재활용하는 것도 포함한다.

둘째는 자연환경의 매개기능(carrier functions)이다. 자연적 그리고 준자연적인 생태계는 거주, 경작, 위락 등 수많은 인간활동을 위한 공간 그리고 적절한 기질 또는 매체를 제공한다. 매개기능은 자연환경이 인간과 다른 생물체에게 알맞은 삶의 장소를 제공하는 것을 의미한다.

셋째는 자연환경의 생산기능(production function)이다. 생산기능은 산소·물·식량·연료·의약품·생화학품·유전자원 등과 같은 자원들을 제공하는 기능을 포함한다. 자연은 식량에서부터 산업용 원료물질, 에너지 자원, 유전물질 등 수많은 자원을 제공한다. 인간은 현재 지구생태계의 총 1차생산량의 25-40%를 직접 통제하고 있다고 한다.6)

넷째는 자연환경의 정보기능(information functions)이다. 자연생태계는 명상, 정신적 고양, 인식개발, 미적 체험 등을 위한 기회를 제공함으로써 인간의 정신적 건강의 유지에 기여한다. 정보기능은 자연세계로부터의 학습, 예술적 영감(artistic inspiration), 심미적·영적 체험을 얻을 수 있는 기회, 과학적인 연구대상 등을 제공하는 것을 말한다.

이 같은 다양한 기능을 통하여 자연환경은 지구상의 인간 및 여타 생물체의 생존을 위한 생명지원기능(life-support-functions)을 수행한다. 자연환경이 제공하는 생명지원기능이 없거나 현저히 파괴된 상태에서의 인류문명의 존재는 상상할 수가 없다.

---

6) P. Vitousek, P. R. Ehrlich, A. H. Ehrlich, and P. A. Matson, 1986, "Human Appropriation for the Products of Photosysnthesis," Bioscience 36 : 368-373.

제 4 절 생태학과 환경정책

1. 환경용량의 개념

생태학에서는 환경용량의 범위 내에서 환경이용행위가 이루어져야 함을 강조한다. 환경용량이 무엇이냐에 대해서는 논란의 여지가 있으나 생태학적 측면에서는 다음의 세 가지 측면에서 살펴볼 수 있다.

1) 자원의 지속가능생산량

첫 번째는 자연자원의 최대지속가능생산량(maximum sustainable yield)이라는 개념이다. 어류, 산림, 농작물 등의 재생가능 자연자원은 일정 수준을 초과하여 생산하지 않는다면 지속적으로 활용이 가능하다. 이 최대치를 최대지속가능생산량이라고 한다. 만약 이 수준을 넘어서 생산을 하게 되면 이 자원의 생산기반이 급격히 무너지게 되므로 이 한도 내에서의 자원이용을 지속가능한 것이라 할 수 있다. 고래에 대한 포경금지협약이나 특정해역에 대한 어획량 할당 등은 이 개념에 입각하고 있다.

2) 지역의 수용용량

두 번째는 지역의 수용용량(carrying capacity)이라는 개념이다. 어떤 지역의 생태계는 일정 규모 이하의 인구, 야생동물, 가축의 생존만을 지원할 수 있다. 그러므로 어떤 지역의 수용용량을 정확하게 계산할 수 있다면 이 지역에 살 수 있는 동물이나 사람의 수효에 대한 한계를 정할 수 있을 것이다. 오덤(Odum)[7]은 수용용량의 개념을 최대수용용량과 적정수용용량으로 구분하여 후자가 환경상의 충격에 덜 취약하다고 말한다. 그런데 인간환경의 수용용량은 삶의 질 수준과 생활환경에 대한 외부로부터의 에너지 보조에 의해 결정된다는 점 때문에 계산하기 어렵다는 문제가 있다.

---

7) E. P. Odum, 1983, Basic Ecology, New York; Saunders College Pub.

3) 생태계의 자정능력

생태계의 자정능력(assimilative capacity)이란 특정지역의 생태 환경에 위해나 변화가 발생했을 때 그 변화에 적응하고 균형을 유지하여 영향을 줄일 수 있는 능력이다. 생태계는 일정 수준의 자정능력을 가지고 있어서 수계, 대기, 토양에 배출되는 환경오염물질이 규정된 환경기준을 위반하지 않는 수준이라면 자체적으로 처리가 가능하다. 자정능력은 희석·침전·분해 등 물리적·화학적 작용을 통해 이루어진다. 생태계의 자정능력에는 일정한 한계가 있다. 이 한계를 초과하는 영향이나 충격을 가하면 생태계는 파괴된다.

즉 환경파괴와 오염물질 배출이 자정능력 범위 내에서 이루어질 때에만 생태계는 안정을 유지할 수 있다.[8] 수송, 확산, 화학반응, 화학적 분해 등 다양한 자연적 과정은 환경의 자정능력에 공헌한다. 지역의 자정능력은 공간과 시간에 따라 크게 변한다. 예를 들어 어떤 수계의 자정능력은 수온·유속 등에, 어떤 대기의 자정능력은 풍속·온도 등에 의존하는데 이것은 위치와 시간에 따라 자정능력이 변한다는 것을 의미한다.

2. 환경문제에 대한 생태학적 처방

생태학적 관점에서 본 환경정책의 요체는 생물지원체계, 필수적인 생태적 과정, 그리고 종 다양성이 유지되고 향상되는 방향으로 환경을 활용하는 것이라 할 수 있다. 이러한 시각에서 중요시되는 환경정책과제는 ① 1차생산성 보전, ② 성장한계의 인식 : 환경용량의 보전, ③ 생태원칙의 존중 : 생물다양성의 보전, ④ 인구증가의 억제, ⑤ 기술혁신 : 무방류 기술 등이다.

우선 총체적인 환경자원의 저량이 장기적으로 훼손되지 않고 보존되도록 하여야 한다. 즉 지구환경의 1차 생산기반을 보전하고 과도한 이용을 억제하는 것이다. 이를 위해서는 인류가 자연을 과도하게 개발하여 자원을 고갈시키거나, 감당

---

8) R. E. Munn, 1989, "Toward Sustainable Development : An Environmental Perspective," F. Archibugi and P. Nijkamp(eds), Economy and Ecology : Towards Sustainable Development, Dordrecht; Kluwer Academic Publishers : 49-72.

할 수 있는 범위를 넘어서는 쓰레기 발생을 억제해야 한다. 자연훼손과 환경오염이 과도하여 생태계의 자정능력을 넘어서면 생태계가 파괴되고 생물체는 생존의 위협을 받게 되기 때문이다. 이는 인간의 경제활동이 재생가능한 에너지와 자원을 중심으로 재편되어야 함을 시사한다. 현재와 같은 재생불가능한 에너지와 자원 이용행태는 궁극적으로 한계에 봉착하게 될 것이기 때문이다.

둘째, 지구환경의 이용량 증가의 직접적인 원인이 되는 인구증가를 억제해야 한다. 인간개체수의 증가는 지구의 자원과 수용용량을 감소시키는 요인이다. 특히 다양한 생물들이 균형을 이루며 생명을 영위해가는 생태계에서 인간이라는 우위종 개체수의 폭발적인 증가는 생태계의 균형과 안전에 커다란 위협이 되고 있다.

셋째, 환경관리도 오염물질, 배출원, 그리고 생태지역에 집중함으로써 환경을 개별 매체로 나누어 보지 않고 하나의 통합된시스템으로 고려하는 것이 필요하다. 즉 환경정책의 대상선택과 대안개발이 산업생태학(industrial ecology)적인 관점에서 이루어져야 한다. 전체 비용회계나 환경설계 등을 통한 공장 내에서의 통합, 생태산업단지(eco-industrial park)의 개념에 입각한 공장간의 통합, 그리고 전과정평가나 생태발자국분석(ecological footprint) 등을 통한 지역적·범지구적 통합 등이 고려될 수 있어야 한다. 궁극적으로는 지역의 환경용량을 보전하는 지역환경관리개념에 초점을 맞춘다.

넷째, 기술혁신으로 환경오염물질에 대한 무방류시스템의 구축이 필요하다. 현재와 같은 인간의 경제활동은 필연적으로 오염물질의 배출을 가져와 자연환경에 오염물질이 축적되도록 만든다. 폐기물의 환경배출은 생태계를 교란시키므로 이를 막기 위해서는 사전예방적인 환경관리를 추구해야하며 궁극적으로는 오염무방류체계를 구축하여야 한다.

생태발자국(Ecological Footprint)

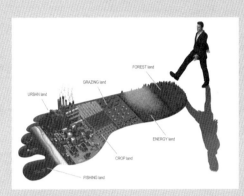

생태발자국(Ecological Footprint: EF)은 인간이 삶을 영위하는 데 필요한 의·식·주 등을 제공하기 위한 자원의 생산과 폐기에 드는 비용을 토지로 환산한 지수이다. 생태발자국은 인간이 자연에 남긴 영향을 발자국으로 표현하는데, 그림과 같이 발그림에 토지, 농지, 산림 등 도시의 기반시설을 그려 넣는다.

자료: 마티스 바커나겔(Mathis Wackernagel), 2010
　　　ICLEI 세계환경회의

생태발자국은 1996년 캐나다 경제학자 마티스 바커나겔과 윌리엄 리스가 개발한 개념이다. 지구가 기본적으로 감당해 낼 수 있는 면적 기준은 1인당 1.8ha이고 면적이 넓을수록 지구 환경을 많이 이용한다는 의미이다. 생활수준이 높은 선진국으로 갈수록 이 면적은 넓어지는데 선진국에 살고 있는 사람들 가운데 20%가 세계 자원의 86%를 소비하고 있다. 2006년 '국가별 1인당 자원소비 생태발자국 지도'를 살펴보면, 북아메리카, 유럽, 호주 등 선진국의 1인당 자원소비 생태발자국이 남아메리카, 아시아 국가들보다 더 높은 것으로 나타났다.

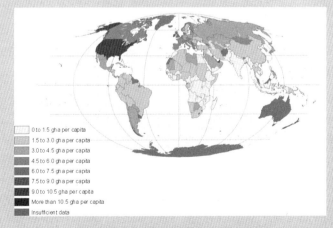

	0 to 1.5 gha per capita
	1.5 to 3.0 gha per capita
	3.0 to 4.5 gha per capita
	4.5 to 6.0 gha per capita
	6.0 to 7.5 gha per capita
	7.5 to 9.0 gha per capita
	9.0 to 10.5 gha per capita
	More than 10.5 gha per capita
	Insufficient data

2006 국가별 1인당 자원소비 생태발자국

자료: Global Footprint Network, 2009; Ecological Footprint Atlas 2009.

🔍 참│고│문│헌

권오상, 1999, 환경경제학, 박영사.

변병설, 2001, "수도권 광역도시계획의 자연환경보전전략," 지리학연구, 한국지리교육학회, 제35권, 제 2 호, pp. 101-114.

변병설, 2004, "지속가능한 자연환경보전계획 수립방향 연구," 한국습지학회지, 한국습지학회, 제 6 권, 제 4 호, pp. 71-81.

변병설, 2005, "지속가능한 생태도시계획," 지리학연구, 국토지리학회, 제39권, 제 4 호, pp. 491-500.

이정전, 1994, 녹색경제학, 한길사.

이정전, 2000, 환경경제학, 박영사.

정회성, 2007, "생태경제학의 세계관과 정책논리"(상), 환경관리연구소 : 「첨단 환경기술」, 3월호, pp. 50-61.

정회성, 2007, "생태경제학의 세계관과 정책논리"(하), 환경관리연구소 : 「첨단 환경기술」, 4월호, pp. 59-67.

정회성·강만옥·임현정, 2002, 「지속가능성 평가를 위한 지역생태-경제모형개발 연구 I」, 한국환경정책·평가연구원.

정회성·안형기, 2008, "자원순환 사회 가버넌스의 구축 : 폐기물관리정책을 중심으로, 한국정책과학학회; 「한국정책과학학회보」 제12권, 제 3 호, pp. 79-97.

정회성·윤갑식, 2003, 「지속가능성평가를 위한 지역 생태-경제 모형개발 II」, 한국환경정책·평가연구원.

Costanza, Robert et al., 1977, "The value of the world's ecosystem services and natural capital," *Nature* vol.387 no.6630.

Daly, Herman E.(eds), 1973, *Toward A Steady-State Economy*, San Francisco; W.H. Freeman and company.

Daly, Herman E., 1977, *Steady-State Economics : The Economics of Biophysical Equilibrium and Moral Growth*, San Francisco; W.H. Freeman and company.

De Groot, Rudolf S., 1992, *Functions of Nature : Evaluation of Nature in Environmental Planning, Management and Decision Making*, Groningen, The

Netherlands : Wolters Noordhoff BV.Teremy Ribkin, 1989, Entropy into the Green House World(revised edition), NewYork; Bantam Books.

Ehrlich, Paul R., Anne H. and Daily, Gretchen C., 1995, *The Stork and the Plow : The Equity Answer to the Human Dilomma*, New Haven; Yale University Press.

Global Footprint Network, 2009, *Ecological Footprint Atlas 2009.*

Miller, Jr, G. Tyler, 1996, *Sustaining the Earth; An Integrated Approach(2nd ed.)*, Belmont; Walsworth Publishing Company.

Munn, R. E., 1989, "Toward Sustainable Development : An Environmental Perspective," F. Archibugi and P. Nijkamp(eds), *Economy and Ecology : Towards Sustainable Development*, Dordrecht; Kluwer Academic Publishers : pp. 49-72.

Odum, E. P., 1983, *Basic Ecology*, New York; Saunders College Pub.

Prugh, Thomas et al., 1995, *Natural Capital and Human Economic Survival, Solomons*, MD; ISEE Press.

Roegen, N. Georgeocu., 1971, *The Entrophy Land and the Economic process*, Cambridge Mass; Harvard University Press.

제1절 개   관

현대사회에서 인간과 자연의 관계를 자리매김하는 데 핵심적인 역할을 하는 학문분야의 하나가 경제학이다. 200년 전에 출현한 경제학에서는 인간의 도덕성 추구는 물질적인 기초수요가 충족되어야 한다는 전제하에서 개인의 물질주의 추구가 정당화되었다. 경제학은 절대다수를 위한 절대행복이라는 명제로 발달한 공리주의 철학을 수용하여 발달하였다. 그리하여 오늘날의 경제이론은 초기경제학의 도덕성과 사회진보에 대한 관심은 망각되었고 많은 사람들을 위한 개인의 물질주의 추구가 목적 그 자체가 되었다. 경제학은 자연의 본연적인 가치를 부정하고 인간의 행복을 위한 수단적 가치만을 인정하였다. 그리하여 자연에 대한 인간의 무분별한 개발과 착취행위가 만연하고 공동체에 대한 개인의 도덕적인 의무가 소홀히 되었고 그 결과가 지금의 환경오염과 파괴로 나타나고 있다.

제2절 경제학설과 환경문제

1. 고전학파 경제학

원래 도덕철학자였으나 국부론(Inquiry into the Nature and Causes of the Wealth of

Nations(1976))을 저술한 아담 스미스(Adam Smith, 1723-1790)는 경제학의 시조로 추앙받고 있다. 그는 국부론에서 노동가치설과 분업의 원칙을 강조하고 '보이지 않는 손(invisible hand)'에 의한 개인적 이익과 사회적 이익간의 조화를 주장하였다. 또한 사용가치와 교환가치를 구별하여 다이아몬드와 물의 가치의 모순을 해명하였다. 아이러니컬한 것은 아담 스미스 본인은 도덕철학자였으나 자신이 개척한 경제학은 도덕성을 보다 덜 중요한 가치로 만들어 개인적인 탐욕(individual greed)을 정당화하는 데 결정적인 역할을 하였다는 것이다.

환경학자들이 많이 거론하는 고전학파 경제학자는 인구론(Essay on the Principle of Population)을 저작한 맬더스(Thomas R. Malthus, 1766-1834)이다. 맬더스는 인구론을 통해서 인구는 증가를 억제하지 않을 때 기하급수적으로 증가하지만 식량생산의 증가는 산술급수적으로 증가하게 마련이라고 주장하여 인구대책의 필요성을 주장하였다. 그는 식량생산은 신기술의 개발이나 경제확장으로 증가시킬 수 있으나 수확체감의 법칙이 적용된다고 보았다. 농지에 대한 투입요소의 증가는 수확체감의 법칙 때문에 생산량을 증가시키는 데 한계가 있다고 주장하였다. 그러나 실제로는 기술개발에 따른 농업생산성 증가와 함께 식민지개척 등을 통한 인구분산과 식량수입으로 식량부족 문제는 크게 대두되지 않았다.

리카도(David Ricardo)는 지대이론(rent theory)을 개발하여 황무지가 개간되어 농지로 바뀌는 현상과 농지가격 형성에 대해 해명하였다. 인간들은 최소의 노동력으로 가장 많은 소출을 가져오는 비옥한 농지를 우선 경작한다. 그러나 인구가 증가하면 보다 많은 노동력의 투입이 불가피한 척박한 토지로 경작지를 확대할 것이다. 이 경우 식량가격은 척박한 농지의 추가노동비를 보전하기 위해 인상된다. 높은 식량가격은 비옥한 토지를 보다 집약적으로 이용하게 만들 것이다. 그리고 토지를 생산요소로 파악하고 최소한의 노력으로 최대량의 식량을 생산하는 토지와 식량생산에 있어서 보다 많은 노동의 투입을 요구하는 농지간의 생산비용의 차이가 지대가 될 것이다. 동 이론은 현대 농업이 농업화학물질을 집약적으로 이용하는 데에 대한 이론적인 설명에도 도움을 준다.

존 스튜어트 밀(John Stuart Mill, 1806-1873)은 아담 스미스의 개인행위와 사회복지간의 관계를 보다 심도있게 규명하였다. 그는 경쟁적인 시장의 존재가 개인적인 자유를 보전하는 데 있어서 핵심적 요소임을 밝히고 있다. 그러나 경쟁적 경제는 재산권 행사의 규범과 사회적 책임의식에 기초해야만 한다고 주장하였다. 또한 그는 항구적인 경제성장은 가능하지도 않을 뿐만 아니라 바람직하지도 않다고 주장하였다. 모든 자연자본(natural capitals)을 인조자본(man-made capital)으로 전환하는 것을 반대하고 생물종 다양성의 보전이 필요함을 강조하기도 하였다. 그는 경제가 자연적으로 정상상태(steady-state)로 성숙되어 인간들이 비물질적인 목표의 추구를 자유스럽게 할 것으로 믿었는데, 여성해방에 관해서도 매우 진보적인 견해를 보였다.

2. 신고전학파 경제학

현대 경제학의 견해를 대표하는 신고전학파 경제학은 크게 다음 두 가지 점에서 고전학파와 다르다.9) 첫째, 재화의 가치는 노동투입에 의존하지 않고 해당 재화의 희소성에 연유한다고 보는 점이다. 즉 재화의 가격(또는 가치)은 수요와 공급의 상호작용에 의해 결정된다고 본다. 둘째, 신고전학파는 고전학파와 달리 장기적인 성장문제에 관심을 기울이지 않고 단기적인 한계분석을 강조한다. 즉 가격과 수급량의 미소한 변화간의 분석을 경제분석의 핵심대상으로 삼았다.

방법론적으로는 도덕철학과 밀접하게 연관을 갖고자 하였던 고전학파와 달리 신고전학파는 가치중립적인 것을 강조하였다. 물리학적인 방법을 택하면서 경제체제가 변화하는 방법을 탐구하기보다는 현재의 경제행위를 묘사할 수 있는 원칙적인 관계를 탐구하는 데 주력하였다. 이러한 신고전학파의 주류 경제학은 환경문제와 관련하여 다음과 같은 한계점을 지닌다.10)

첫째, 환경을 인간경제의 한 부분, 즉 생산요소의 하나로만 간주한 점이다. 환경이 제공하는 원료 공급자로서의 기능, 직접적인 인간생존을 위한 서비스공급자로서의 기능, 인간경제활동이 배출하는 폐기물 처리자로서의 기능은 무시되었다.

둘째, 비록 이러한 가치들이 인식되었더라도 환경이 제공하는 재화나 서비스를 필수 불가결한 것으로 인식하지는 않았다. 인간이 만든 자본이 자연자원을 대체할 수 있을 것으로 가정하였다.

---

9) Tomas Prugh, 1995, Natural Capital and the Environment, pp. 14-15.
10) Prugh, 1996, Natural Capital and the Environment.

셋째, 이러한 무한정적인 대체 가능성을 인정함으로써 결국 어떠한 성장의 한계도 부정하였고 심지어 열역학 법칙이 시사하는 바도 받아들이지 않았다. 즉 자연자원의 희소성을 인간의 기술개발능력, 즉 인조자원의 개발이나 보다 높은 효율성 달성으로 극복할 수 있을 것으로 간주하였다.

넷째, 인간사회의 복지는 시장에서 개인적인 이익을 추구하는 개개인(human molecules)에 의해 가장 잘 달성될 수 있다고 보았다. 때문에 신고전학파의 시각에서는 사물을 생태적인 관점에서 볼 필요가 없으며 인간과 인간 또는 인간과 자연 간의 상호작용, 상호의존성, 공동체, 비경제적인 관계 등을 포괄할 필요가 없다.

이 같은 신고전학파의 환경인식은 지구환경의 특성을 무시한 것으로 많은 문제점을 내포하고 있으며 현재의 환경위기에 크게 기여하고 있다. 특히 경제계가 지구생태계의 하위체계로서 개방체계라는 점을 무시한 것이다. 지구생태계는 태양계로부터 에너지를 받아 존립하는 반개방체계이며 인간 경제계는 이에 종속된다는 점을 인식하지 못하고 있다.

3. 생태경제학11)

환경오염과 자원고갈의 문제가 대두되면서 경제학에서는 전통경제학에 대한 대안적인 연구가 시작되었다. 자연자원은 환경에서 채취되어 경제계에서 가공되고 변형되어 인간의 필요에 활용된 후 다시 자연으로 돌아가는 과정을 밟는다.

자원고갈과 희소성 증가에 대한 대응으로 자원의 합리적 이용 특히 동태적인 관점에서의 적정배분 방식을 연구하는 경제학 분야로 자원경제학(resource economics)이 대두된다. 자원경제학은 환경으로부터 자원이 채취되어 경제계에 투입되는 측면을 연구하는 학문으로 20세기 초반부터 연구가 되어 왔다. 환경오염문제에 대한 관심의 증가와 함께 환경오염의 적정수준관리를 연구초점으로 삼는 환경경제학(environmental economics)이 발달하고 있다. 환경경제학은 경제계에서 활용되고 환경으로 투기되는 폐기물을 적정관리하는 문제를 신고전학파적인 방법론으로 연

11) Carl Folke et al., 1994, "Investing in Natural Capital: Why, What, and How," AnnMari Jansson, Monica Hammer, Carl Folke and Robert Costanza(eds.), Investing in Natural Capital: The Ecological Economics Approach to Sustainability, Washington D.C.; Island Press, pp. 1-20.

구하는 응용경제학의 한 분야이다.

　생태경제학(ecological economics)은 생태계와 환경의 관리 문제를 효과적으로 다루기 위한 학문으로 생태학과 경제학의 원리가 접목된 패러다임을 갖고 인간과 자연 환경의 공존 및 공동의 발전을 강조한다. 인간과 자연의 공존적 패러다임은 지속가능성에 두 가지 중요한 연관성을 갖는다. 하나는 인간과 자연은 상호 적응

[그림 2-3] **지속가능성 평가를 위한 생태-경제 통합모형 개념도**

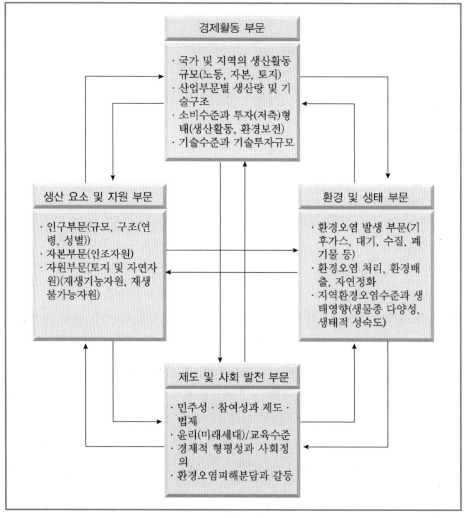

자료 : 정회성·윤갑식, 2003, 지속가능성 평가를 위한 지역생태-경제 모형개발 연구Ⅱ, 한국환경정책·평가연구원.

적인 체계로 상호 연관성을 갖고 지속적으로 변화한다는 것이며 다른 하나는 자
연은 인간과 생물의 삶의 터전인 복합적인 체계로 기계적 작용으로 설명할 수 없
다는 것이다. 인간이 자연에 속하고 자연의 산물이며 인공적 체계는 자연 체계와
같이 발전한다는 것을 이해하는 것이 중요하다. 인간과 자연은 오랜 기간을 통해
상호 작용하고 영향을 미치고 변화하는 동태적 맥락에서 발전되어 왔다. 생태경제
학은 이러한 시각에서 대두되고 있는 새로운 연구분야이다.

제 3 절 환경문제의 발생원인 : 시장의 실패

경제학에서는 환경문제가 발생하는 원인으로 시장의 실패(market failure)를
든다. 그리고 환경문제에 대한 시장의 실패가 발생하는 이유로는 크게 외부효과,
공공재, 정보의 부재 등을 들고 있다.

1. 외부효과

외부효과(externalities)라 함은 어떤 사람 또는 기업의 생산활동이나 소비활동이
다른 사람 또는 기업의 생산 또는 소비활동에 직접적으로 영향을 미치는데 이에
따른 보상이 수반되지 않는 경우를 말한다. 보다 구체적으로 말하면 외부효과란
"어떤 경제주체가 응분의 보상을 받지 않은 채 또는 응분의 대가를 지불하지 않
은 채 제3자의 생산함수 혹은 효용함수에 미친 영향"을 말한다.[12]

외부효과에는 ① 생산함수나 효용함수에 대한 직접적인 영향이어야 하며, ②
그 영향에 대한 응분의 보상이나 대가가 지불되지 않아야 한다라는 두 가지의
요건이 필요하다. 외부효과에는 외부경제(external economy)와 외부불경제(external
diseconomy)가 있는데, 이들 재화의 공급을 시장기능에만 의존할 경우 외부경제가
있는 재화는 과소공급을, 외부불경제가 있는 재화는 과잉공급을 초래한다. 자연공
원 등의 환경재는 외부경제를, 소음·진동 등의 공해는 외부불경제를 야기하는 재
화들인데 자본주의 시장기구에서 전자는 과소공급하고, 후자는 과다공급하여 이들

---

12) 이정전, 1988, 토지경제학, 서울 : 박영사, p. 54.

의 최적배분을 이루지 못한다는 것이다. 그러므로 정부는 이들 재화의 적정이용을
유도하기 위하여 세금이나 보조금, 또는 다른 수단으로 시장기구에 개입하여 이들
재화의 최적활용을 도모하여야 한다는 것이다.

2. 공 공 재

환경재의 이용에 있어서 시장실패는 환경재가 공공재의 성격을 포함하기 때문
에 발생하기도 한다. 공공재(public goods)라 함은 소비에 있어서 불가분리성 또는
비경합성(indivisibilities)과 비배제성(nonexcludability)의 성격을 지니는 재화를 말한
다.13) 공공재는 일단 공급량이 결정되면 공급대상에 한 사람이 더 추가된다고 해
서 다른 사람의 소비가 줄어들거나 추가적인 비용이 발생하지도 않는다. 이의 좋
은 예가 청정한 공기와 같은 환경서비스이다. 청정한 공기를 어떤 지역의 한 개
인에게 부여하면 주변에 있는 다른 사람도 자동적으로 이용이 가능하다. 청정한
공기의 사용은 부분으로 나눌 수 없으며 같은 지역에 있는 다른 사람들의 사용을
막을 수도 없다. 또 동일한 지역에 한 사람이 더 이주해 들어온다고 해서 청정한
공기의 공급비용이 증가하는 것도 아니다.

이러한 공공재는 필연적으로 '무임승차자(free-riders)' 문제를 수반하여 시장기구
에서는 자발적으로 공급되지 않는다는 특성이 있다. 그 이유는 소비의 불가분리성
과 비배제성 때문에 충분한 대가를 받고 공공재를 팔 수가 없어 아무도 자발적으
로 공공재를 생산하여 공급하려는 경제적 동기를 갖지 않기 때문이다. 반면에 더
러운 공기, 혼탁한 물과 같은 환경오염은 같은 이유로 '부(負)의 공공재' 또는 '공
공 악(negative public goods or public bads)'이라고 할 수 있는데 이의 공급을 시장
기구에 맡길 경우 무한히 공급된다는 특성이 있다. 그러므로 정부는 환경재의 공
급을 담당하고 부의 공공재인 환경오염을 억제할 수 있는 정책을 도입해야 한다
는 것이다.

---

13) 학자에 따라서는 공공재를 외부효과의 극단적인 형태의 하나로 본다. 즉 외부성(exter-
    nalities)이라는 넓은 개념틀 속에 순수공공재(pure public goods)와 지역공공재(local public
    goods)가 포함된다. 순수공공재는 비배제성(nonexcludablity)과 비경합성(nonrivalry)의 성격
    을 동시에 지니는 재화이나, 지역공공재는 비배제성의 성격은 지니되, 비경합성이 없는 재
    화로서 궁극에 가서는 혼잡(congestion)이 발생하는 재화로 구분하기도 한다.

3. 정보의 부재

시장기구가 제대로 기능을 발휘할 수 있으려면 각 재화의 생산과 소비에 대한 상세한 정보가 생산되고 유통되어 생산자와 소비자가 이에 근거하여 이들 상품의 생산과 소비에 대한 최적의 의사결정을 내릴 수 있어야 한다. 그런데 환경재가 외부성과 공공재의 성격을 지니는 재화이기 때문에 이것의 가치를 적절히 평가할 수 있는 정보가 시장기구를 통해서는 형성되고 유통되지 않는다. 특히 환경오염의 원인과 결과는 매우 복잡하고 이해하기 힘들며 이에 대한 연구는 장기간 꾸준한 투자가 필요하다. 뿐만 아니라 환경오염의 영향이나 폐해에 대해 인식하려면 매우 오랜 시간이 지나 이미 회복이 불가능한 상태에 이르렀을 때야 가능한 경우가 많다. 환경재의 수요와 공급에 대한 적절한 정보가 시장기구를 통해서는 공급되지 않는다는 데도 문제가 있다.

그리하여 환경재의 생산자나 소비자가 자신의 의사결정에 필요한 정확한 정보를 적절한 시기에 접할 수 없어 합리적인 의사결정에 이를 수 없다는 것이 시장의 실패를 초래하는 또 다른 요인이 된다. 그러므로 정부는 환경오염의 원인과 영향에 대한 조사연구를 지원하고 그 연구결과를 공개함으로써 '정보의 부재'가 초래할 수 있는 시장의 실패를 극복하도록 하여야 한다. 이 같은 이유에서 환경오염에 대한 정부의 연구개발투자와 연구결과에 대한 공개의 중요성이 항상 강조된다.

제 4 절 환경문제에 대한 처방

1. 적정환경오염

환경문제는 경제성장, 도시화, 공업화를 위한 개발행위와, 이같이 개발된 자연환경에서의 지속적인 경제행위에서 야기된다. 환경오염물질의 배출은 인간의 생산활동과 소비활동 과정에서 필연적으로 발생할 수밖에 없다. 이러한 환경문제를 해결하기 위해서는 다양한 방법을 통해 오염물질의 양을 줄여야 한다. 인간의 생존을 위한 경제활동과정에서 환경오염은 필연적이기 때문에 오염물질이 아예 배출되지 않도록 하는 것은 불가능하다. 오염이 없는 사회를 얻기 위해서는 환경을 이용함으로써 얻게 되는 혜택을 줄이고 경제규모를 줄여야 하기 때문이다.

따라서 환경규제의 목적은 오염이 없는 사회를 만들려는 것이 아니고 적정규모의 오염수준을 유지하여 사회적인 후생수준을 극대화하는 것이다. 적정규모의 오염수준이란 당해 생산 또는 소비활동으로 발생하는 환경오염으로 인한 사회적인 한계피해비용과 환경개선으로 인한 사회적인 한계편익이 일치되는 오염수준을 말한다.

[그림 2-4] **적정환경오염수준의 결정**

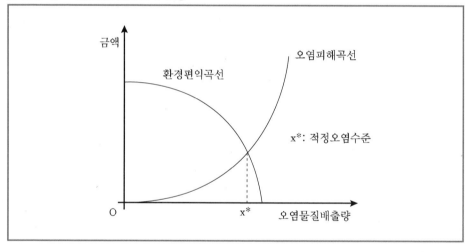

[그림 2-4]에서 환경편익곡선은 오염물질 배출량의 변화에 따른 환경이용의 이익 증감을 나타내는 곡선이고, 오염피해곡선은 오염물질 배출량의 증감에 따른 피해의 변화를 나타내는 곡선이다. 경제학적 관점에서의 합리적인 의사결정은 환경오염을 둘러싸고 잃는 것이 얻는 것보다 더 커지지 않는 범위 내에서 환경오염을 허용하는 것이 될 것이다. 두 곡선의 교점에 대응하는 X*까지 증가해도 환경편익곡선이 오염피해곡선의 위쪽에 있기 때문에 오염으로 인해 얻는 것이 잃는 것보다 더 크다. 그러나 오염물질 배출량이 X*보다 더 많아지면 잃는 것이 얻는 것보다 더 커진다. 환경편익곡선과 오염피해곡선이 만나는 점 X*에서 결정되는 오염물

질 배출량이 바로 적정 환경오염수준을 유지하기 위한 배출량이다.

환경정책목표를 달성하기 위해서는 먼저 이러한 적정 환경오염수준을 바탕으로 환경기준을 설정하고 이의 달성을 위해 다양한 정책수단을 준비하고 행정조직, 주민참여 등 각종 제도를 정비하는 것이 필요하다. 환경문제에 대한 경제주의적 접근의 다른 측면은 경제학적인 분석과 수단을 환경문제 해결에 활용하고자 하는 것이다. 여기에는 환경정책 결정방법으로서의 경제적 분석 활용과 환경관리대안으로서의 경제적 수단이 포함된다.

2. 정책결정기준 : 경제성 평가

정부든 기업이든 개인이든 의사결정을 할 때는 나름대로 일정한 판단기준을 마련하고 이를 활용한다. 환경재는 시장에서 유통되지 않는 공공재이기 때문에 이에 대한 정부의 의사결정 특히 정책결정에 있어서의 객관적인 판단기준은 매우 중요하다. 환경재에 대한 정부의 의사결정 방식에 대한 경제학적인 대안은 비용-편익분석(Cost-Benefit Analysis: CBA)이다. 비용-편익분석은 환경개선이나 환경보전에 따르는 경제적인 손익을 현재의 가치로 평가하여 정책 또는 사업의 시행여부를 결정하기 위해 실시된다. 이는 시장이 존재하지 않는 환경재의 잠재적인 가치를 평가하여 정부의 정책 또는 투자사업 결정에 활용하고자 하는 것이다.

비용-편익분석은 어떤 사업을 수행함으로써 발생될 것으로 예상되는 유·무형의 모든 편익과 비용을 추정하고 비교하여 합리적인 의사결정을 지원하는 기법이다. 개발사업의 추진여부를 결정할 때 사업추진에 소요되는 투자비용(cost)과 사업에 따른 편익(benefit)을 비교하여 편익이 비용보다 클 때 사업의 타당성을 인정하는 것이다. 그런데 공동투자사업은 보편적으로 장기에 걸쳐 투자가 이루어지고 그 효과도 발생하는 경우가 많으므로 해당연도의 비용과 편익을 적정한 비율로 할인하여 현가화하여 비교하게 된다.

환경정책 분석수단으로서의 비용-편익분석의 기본 전제는 환경오염이 인간의 복지수준을 저하시키는 요인이지만 환경개선을 위한 투자 또한 인간의 복지에 공헌할 수 있는 희소자원의 소비라는 것이다. 그러므로 환경개선을 위한 행위는 환경개선에 따른 이득(편익 또는 감소된 환경오염피해)이 환경개선을 위해 소요되는 비용보다 클 때만 정당화된다는 것이다. 만일 전자가 후자보다 적다면 환경개선행위는 경제적 관점에서 정당화될 수 없다. 환경을 고려한 비용편익분석은 환경효과 (E)를 포함하여 조정된다. 여기서 환경효과는 환경이 개선되면 (+), 악화되면 (-)가 된다. 특정사업에 따른 비용에 환경훼손비용을 포함하고, 편익에 환경개선효과를 반영하는 것이다.

3. 환경정책 수단 : 경제적 유인

종래의 환경관리는 정부의 직접적인 명령과 통제를 근간으로 한 직접규제가 근간이 되었다. 경제학자들은 이러한 방식이 비효율적이고 기술진보도 저해한다고 공박하며 시장논리에 의한 환경관리를 강조한다. 소위 경제적 유인장치(economic instruments)를 통해 개인의 경제적 동기를 활용하자는 것이다.

경제적인 유인장치란 직접적인 규제방식과는 달리 오염물질 배출량을 시장메커니즘 또는 규제당국이 설정한 가격에 의해 적정수준으로 유지하려는 방식이다. 이 제도는 오염원인자부담원칙에 따라 환경오염물질을 배출한 자에게 그 배출량에 비례하여 비용을 부담하게 하여 오염원인자 스스로가 배출총량을 줄이도록 경제적 동기를 부여하고자 하는 것이다. 규제당국이 배출행위에 세금을 부과하는 방식과 오염억제행위에 대해 보조금을 주는 방식, 혹은 배출행위에 대한 권리의 설정 및 거래를 통해 총량적으로 규제하는 방식 등이 이에 해당한다. 전자는 오염물질의 배출에 세금을 부과하는 방식이고, 후자는 오염배출자나 오염피해자에게 환경권을 부여하여 이 권리가 시장을 통해서 거래되도록 하는 방식이다. 즉 효율적인 환경관리를 위해 환경재에 대한 인위적인 시장을 만들자는 것이다. 이 경우 배출시설의 설치행위 그 자체는 규제당국의 관심사가 아니다. 규제당국은 단지 오염행위자가 얼마만큼의 오염물질 또는 오염수준을 배출하는가에 관심이 있다. 해당 오염행위정도만 잘 측정하여 세금을 부과하든지 보조금을 주면 되기 때문이다.

이러한 경제적 유인제도는 오염자의 자율적이고 신축적인 대응을 유도할 수 있다는 특성으로 인해 정태적 측면과 동태적 측면 모두에서 직접규제에 비해 효율적이다. 정태적 측면에서의 경제적 유인제도의 효율성은 오염원으로 하여금 자신에게 가장 효율적인 오염억제방식을 선택하도록 유도할 수 있다는 점에 있다.

즉, 경제적 유인제도 하에서는 직접규제와는 달리 정책당국이 개별 오염원의 구체적인 생산함수를 모르더라도 최적의 배출수준을 유도할 수 있어 정책의 집행에서 정보비용이 적게 든다. 동태적 측면에서의 효율성은 정책이 목표로 하는 오염수준에 도달한 이후에도 오염원으로 하여금 오염방지비용을 낮추기 위한 계속적인 기술개발의 동기를 부여한다는 데서 찾을 수 있다.

🔍 참 | 고 | 문 | 헌

이정전, 1998, 토지경제학, 박영사.

이정전, 2000, 환경경제학, 박영사.

이정전, 2000, 환경경제학, 박영사.

정회성·강만옥·임현정, 2002, 지속가능성 평가를 위한 지역생태-경제모형개발 연구 I, 한국환경정책·평가연구원.

정회성·윤갑식, 2003, 지속가능성평가를 위한 지역 생태-경제 모형개발 II」, 한국환경정책·평가연구원.

정회성, 2007, "생태경제학의 세계관과 정책논리"(상), 환경관리연구소 : 「첨단 환경기술」, 3월호, pp. 50-61.

정회성, 2007, "생태경제학의 세계관과 정책논리"(하), 환경관리연구소 : 「첨단 환경기술」, 4월호, pp. 59-67.

Anderson, Frederick R. et al., 1977, *Environmental Improvement Through Economic Incentives*, Baltimore; The Johns Hopkins University Press.

Hackett, Steven C., 2001, *Environmental and Natural Resources Economics : Theory, Policy, and the Sustainable Society(2nd ed.)*, Armonk, New York; M. E. Sharpe.

Kneese Allen V. and Bower, Blair T., 1968, *Managing Water Quality : Economics, Tevchnology & Institution*, Baltimore; Resources for the Future.

Kneese, Allen V. and Schultze, Charles L., 1975, *Pollution, Prices and Public Policy*,

Washington D.C., The Brookings Institution.

Kneese, R. Ayres, 1969, "Production, Consumption and Externalities," *American Economic Review 59*, 282-297.

Pearce, David and Turner, R. Kerry, 1990, *Economics of Natural Resources and the Environment*, Baltimore; The Johns Hopkins Press.

Pearce, David, Markandya, Anil. and Barbier, Edward B., 1989, *Blueprint for A Green Economy*, London; Earthscan Publications Ltd.

Prugh, Tomas, 1995, *Natural Capital and Human Economic Survival, Solomons*, MD; ISEE Press.

Schultze, Charles L., 1977, *The Public use of Private Interest*, Washington D.C.; The Brookings Institute.

Seneca, Joseph J. and Taussig, Michael K., 1984, *Environmental Economics(3rd ed.)*, Englewood Cliffs, NJ; Prentice-Hall, Inc. : pp. 20-105.

Tietenberg, Tom, 1988, *Environmental and Natural Resources Economics(2nd ed.)*, Glenview, Illinois; Scott, Foresman and company.

제 1 절 개 관

인간중심적 자연관에 기초한 경제개발, 산업화·도시화, 기술개발은 자연생태계의 위기를 가져왔다. 그리고 이와 함께 생태계의 위기는 인간과 분리된 자연의 문제가 아니라 바로 인류사회의 위기이며 지구의 위기라는 새로운 인식이 확산되었다. 사실 인간과 자연은 별개의 존재가 아니라 인간은 자연생태계의 일부이며 인간과 자연의 동적 상호작용을 통하여 지구생태계가 형성되는 것이다.

철학적인 관점에서 보았을 때 환경문제 발생의 가장 중요한 원인은 자연을 자원으로만 파악하는 산업주의에서 그 뿌리를 찾을 수 있다. 자연을 인간의 이용대상으로만 파악하는 서구의 과학기술문명의 지배적 세계관에서 환경위기가 발생하였다는 것이다. 린 화이트(Lyn White jr.)는 초월적인 기독교의 자연관이 환경문제를 초래하였다고 주장하여 논란을 일으킨 바도 있다.

환경문제를 사회부정의의 측면에서 바라보는 학자들도 다수 있다. 사회정의에 대한 배려의 부족이 역진적인 성격을 지니는 환경오염피해를 막기 위한 노력을 소홀히 하게 만든다는것이다. 즉 현대의 정치사회 구조가 사회적인 약자들로 하여금 환경오염 피해에 대해 적극적으로 대응하지 못하고 수인할 수밖에 없게 함으로써 환경피해를 확대시켰다고 보는 것이다.

제 2 절 환경문제의 발생원인 : 물질주의 팽배와 사회정의의 부재

1. 서구의 물질주의적 가치관

현대 환경문제에 대한 환경철학과 환경윤리적인 해석은 서구적 사고에서 문제의 원인을 찾는다. 서구의 인간 중심적인 사고(anthropocentric, human-centered ethics)는 자연환경과 인간 사이의 직접적이고 도덕적인 관계의 존재를 부정하여 왔다. 서구적 자연관은 인간과 자연을 구분하는 이분법적 사고에 근거하여 자연을 대상화하고 이를 이용과 정복의 대상으로 간주한다. 서구적 가치관의 기반이 되는 기독교의 자연관은 창조신앙에 바탕을 두고 자연에 대한 인간의 우월적 지위를 인정한다. 이러한 인식은 자연을 인간의 욕구를 충족시키기 위한 경제적 이용물에 불과한 것으로 보고 자연에 대한 인간의 무제한적인 이용과 약탈을 합리화한다. 비판자들은 이러한 인간의 오만한 태도가 결과적으로 자연파괴의 원인이 되었다고 한다.[1]

데카르트의 정신과 물질을 구별하는 이분법적 사고(dichotomie) 또한 인식의 주체인 인간과 그 대상인 자연을 분리시켜 자연을 물질로만 보고 자연에 대한 인간의 착취와 파괴를 정당화한다. 뎀보스키(Dembowski)는 인간을 자연의 주인이자 지배자로 보는 데카르트의 인간중심적 세계관과 함께 생태적 위기가 시작되었다고 주장한다.[2] 한편 근대 이후 서구의 진보(進步)에 대한 사상은 계몽주의 철학과 공리주의와 결탁하여 산업화를 촉진시키고 자본주의 발전에 큰 영향을 미쳤다. 공리주의는 '최대다수의 최대행복'을 목표로 인간중심의 편익을 추구한다. 공리주의 철학에서 자연에 대한 평가는 인간의 이익에 대한 유용성을 근거로 하며, 인간의 이익에 유용하다면 환경·자원 파괴적인 기술개발도 선(善)으로 정당화된다.

---

1) 그러나 몰트만(J. Moltman), 리트케(G. Liedke), 크롤직(U. Krolzik) 같은 신학자들은 생태적 위기의 원인이 기독교의 창조신앙에 기인한다고 보는 것에 반대하고, 생태적 위기는 전적으로 인간의 정복욕과 진보에 대한 맹신에 근거하며 성경본문의 해석에 문제가 있다고 지적한다. 진교훈, 1998, 「환경윤리-동서양의 자연보전과 생명존중-」, 민음사, pp. 34-35.

2) H. Dembowski, "Naturliche Theologie-Theologie der Natur," in : G. Altner(hrsg.), Ok-ologische, p. 30 참고 : 진교훈, 1998, 「앞의 책」, p. 42 재인용.

2. 환경피해의 역진성

환경오염피해가 역진적이라는 점도 환경오염을 악화시키는 요인으로 작용한다. 환경피해는 빈민, 노약자, 여성 등 사회적·경제적·정치적인 지위가 약한 자에게 보다 집중되는 경향이 있다. 경제적으로 여유가 있는 계층들은 환경오염이 있을 경우 주거이전 등으로 쉽게 이를 피할 수 있다.

미국의 실증적 연구들은 환경오염피해가 저소득 가정에 집중됨을 보여 주고 있다. 도시지역 저소득계층이 사는 지역은 대기오염현상이 고소득지역보다 심하여 저소득계층의 주민이 상대적으로 많은 대기오염피해를 보고 있다고 한다.[3] 비록 다소 명확하지는 않으나 수질오염피해도 저소득계층에 보다 집중되는 경향이 있다고 한다(Asch and Seneca, 1980). 한국 또한 저소득층이 환경오염에 더욱 많이 노출돼 있는 반면, 환경보호 책임은 더 많이 지고 있는 것으로 조사됐다.[4]

뿐만 아니라 환경파괴와 오염피해는 현세대보다 미래세대에 집중되게 마련이다. 그러나 미래세대의 의사는 현재시점에서 반영될 수 없으므로 현세대에서의 환경보호는 과소공급될 가능성이 높을 것이다.

---

3) Freeman III, 1972 ; Asch and Seneca, 1978.
4) 지역 유형이나 지역의 사회경제적 지위에 따른 환경오염 노출의 차이는 발생하지 않았으나, 소득수준과 학력수준, 지역의 사회경제적 지위 등 개인적 차원의 환경오염 노출에 있어서 차이가 있는 것으로 조사되었다. 실내 미세먼지 평균농도와 관련해 가구주가 고졸 이하 학력인 가구는 대졸 이상 가구주 가구보다 49%나 높았고, 월평균 지출 150만원 미만 저소득가구는 150만원 이상 가구보다 34.9% 높았다. 특히 반지하층 가구의 실내 미세먼지와 포름알데히드, 박테리아 평균농도는 각각 41.3%, 69.9%, 89.4% 높았다. 소득 100만~150만원 가구가 전체 소비지출에서 차지하는 환경보호 지출 분담비율은 3.98%로 소득 350만~400만원 가구의 분담비율 1.07%에 비해 3.7배 이상 높은 소득역진성이 나타났다. 우리나라 전체가구가 상품구매에서 간접 부담하는 환경보호 지출의 소비 및 소득 대비 분담 비율에서도 1분위 저소득층이 10분위 고소득계층에 비해 분담비율이 4.3배 높아 소득역진성이 나타났다(추장민 외, 2009).

제 3 절 환경정의와 환경정책

1. 환경정책과 사회적 형평성

환경개선정책은 사회적 형평성의 증진이라는 차원에서도 정당화될 수 있다. 물론 환경개선의 금전적 이득(monetary benefits)을 따질 경우에는 저소득계층의 환경재에 대한 수요가 상대적으로 낮을 것이라는 이유로 논란의 여지는 있다. 그러나 환경개선의 물리적 편익(physical benefits)만을 고려한다면 환경개선정책은 저소득계층에 크게 도움을 줄 수 있다.

부유한 사람들은 주거환경의 선택범위가 넓기 때문에 외부불경제에 대한 대응이 가난한 사람들보다 용이하다. 즉 부유한 사람들은 본인의 필요에 따라 쾌적한 교외주택을 택할 수 있고, 또한 여가를 맑은 공기와 깨끗한 물이 있는 산골의 별장에서 즐길 수 있을 것이다. 그러나 가난한 사람들은 자신의 주거지역이 심하게 오염되어 있을지라도 깨끗한 환경의 주거지역으로 옮길 수 있는 가능성이 낮다. 주변에 심한 오염을 야기시키는 공장이 들어서더라도 이에 대항할 수 있는 법적, 경제적 능력이 없어 그 오염피해를 수인하는 경우가 많다. 그리하여 가난한 사람들은 환경오염현상으로부터 자신의 재산권은 물론 건강을 보호하는 데도 어려움을 겪을 수 있다.

다시 말하자면 모든 국민에게 일정 수준 이상의 '환경의 질(environmental quality)'을 보장해 주려는 환경정책은 국민경제의 배분적 정의의 실현에도 공헌할 수 있다는 것이다. 그러므로 환경규제의 규범적인 합리화의 근거는 정부의 권한으로 스스로 보호할 능력이 없는 자를 보호해 준다는 점에서도 찾을 수 있다. 만일 많은 환경과학자들이 믿고 있는 것처럼 환경오염피해에 어떤 임계치(thresholds)가 있다면, 모든 사회구성원에게 이 임계치 이상의 환경의 질을 누리도록 하는 것이 국가권력의 중요한 도덕적 책무의 하나가 될 것이다.

2. 환경정의의 개념화

환경정의는 사회정의와 밀접하게 관계되어 있다. 우리의 생활환경은 삶의 질을 결정하는 핵심 요소 중의 하나이기 때문에 경제생산활동에 따른 위험과 비용에 특정집단의 국민들이 과도하게 노출되는 것은 정의롭지 못하며 공평하지 않다고 할 것이기 때문이다.5) 즉 환경적으로 정의롭지 못한 자원이용 양태는 사회적으로도 당연히 정의롭지 못하다고 할 것이다. 그러나 사회적으로 정의롭다고 해서 환경적으로 정의로운 것은 아닐 것이다. 때문에 환경정의의 개념은 사회정의보다는 포괄적인 개념이다.

환경정의(environmental justice)라는 개념은 다양한 측면에서 파악될 수 있다. 그러나 일반적으로 "자연자원은 다른 이용자의 필요는 물론 현세대와 미래세대의 수요를 고려하여 공평한 방식으로 할당하고 사용되어져야 한다"는 의미로 파악될 수 있을 것이다.6) 환경정의의 개념은 본질적으로 환경적 위해성과 관계되어 있다. 사회가 처한 환경적 위해성과 관련된 편익과 비용 분배의 불균형문제를 다루려는 시도이기 때문이다.

환경정의는 환경피해의 역진성은 물론 환경개선을 위한 비용부담의 역진성과도 관련된 것이다.7) 결국 환경정의 문제는 환경에 대한 의사결정 영향력의 불균형적인 분포와도 관련된 문제라고도 할 수 있다. 환경정의와 중복되어 사용하는 환경적 공평성(environmental equity or fairness)이라는 개념은 지구의 자원을 사용하는 원칙과 정의의 본성에 보다 초점을 두고 있다.

---

5) 환경인종차별주의에 대한 연구로 유명한 로버트 불러드(Robert D. Bullard)는 환경정의 논쟁은 환경파괴의 역진적 성향을 배경으로 하기 때문에 환경적 평등을 요구하는 운동을 사회정의운동의 연장으로 파악한다.

6) "Natural resources should be used and shared in an equitable manners, which implies taking into account the needs of other users and also the needs of present and future generations" (OECD, 1995), Environmental Principles and Concepts, Joint Session of Trade and Environment Experts(20-22 March 1995).

7) 토다 키요시(戶田 淸), 1996, 「환경정의를 위하여 : 환경파괴의 구조와 엘리트주의」, 김원식 역, 창작과비평사.

피터 웬즈의 동심원 환경정의론

피터 웬즈(Peter S. Wenz, 1988)의 동심원 환경정의론(concentric circle)은 주목할 만하다. 웬즈는 고도 과학기술사회에서 개인이 당할 수 있는 예기치 않는 피해에 대해 국가가 속수무책일 수 있음을 들어 자유주의적인 정의관의 한계를 지적한다. 그는 사람이 취해야 할 도덕적 의무의 대상범위에 자국 내의 사회적 약자, 제 3 세계의 민중, 미래세대 인간까지를 포함시킨다. 또한 권리의 개념을 소극적 권리와 적극적 권리로 구분하여 동물에게도 소극적인 권리를 부여한다. 이어 자신의 다원적 정의론의 지침을 제안한 바 있다.

자료 : Peter S. Wenz, *Environmental Justice*, Albany : State University of New York Press, 1988.

3. 분배적 정의의 관점에서 본 환경정의

이러한 여러 가지 주장을 살펴볼 때 분배적 정의의 관점에서 본 환경정의에 대한 논의는 다음과 같은 네 가지 측면에서 검토해 볼 수 있다.[8]

첫째, 국가간 공평성(inter-national equity) 문제이다. 제 2 세대 환경문제가 대두되면서 국가간 공평성 즉 저개발국가와 선진국가간의 개발과 보전에 대한 갈등이 중요한 환경쟁점이 되고 있다. 특히 열대림의 보전, 사막화 현상 등의 지구환경 문제와 제 3 세계의 절대빈곤 문제에 대한 선진국의 도덕적 책무가 논점이다. 산업혁명 이후 경제개발을 이룩하면서 현재의 지구환경파괴에 책임을 느껴야 할 선진국과 절대빈곤의 상태에서 벗어나기 위해서는 경제개발을 서둘러야 하는 개발도상국간의 책임분담 문제가 핵심적인 논의의 대상이다. 특히 미국 등 선진국민의 과소비는 지구생태계 파괴의 직접적인 원인으로 환경적으로 정의롭지 못하다

---

8) Gerald M. Pops, 1997, "Seeking Environmental Equity and Justice," Korea Environmental Technology Research Institute, Environmnetal Ethics for the 21st Century, March, 1997 : 1-32.

는 비난을 받고 있다.

둘째, 특정국가 사회내부의 공평성(intra-societal equity) 문제이다. 이는 어떤 사회의 특정집단이 환경적 위해에 과도하게 노출되는 현상에서 파생한 것으로서 경제성장과 환경보호간의 대립에서 발생하는 문제이다. 환경이 제공하는 혜택은 사회경제적으로 유리한 계층이 누리는 반면 환경오염 피해는 빈곤층, 노약자, 여성 등 사회경제적, 생리적으로 취약한 계층에 집중되는 경향이 있다. 이 경우의 환경정의는 사회정의와 거의 동등한 방향에서 파악될 수도 있다. 이는 환경정의 관련해서 가장 심각하게 제기되고 있는 문제의 하나이다.

셋째, 세대간 공평성(inter-generational equity) 문제이다. 생태계는 그 동태적인 특성에 따라 과거, 현재, 미래가 상호 연결되어 있어 현세대의 선택은 미래 세대의 삶과 후생에 직접적인 영향을 줄 수 있다. 현세대가 범한 자연환경의 파괴와 오염행위는 후세대의 부담이 될 것이며 결국 후세대의 생존기반을 위협할 수도 있다. 이 문제는 현세대의 개발과 과학기술의 발달에 있어 환경적인 영향에 대한 평가가 핵심인자가 되기 때문에, 부분적으로는 과학기술의 진보에 대한 신뢰성의 정도가 핵심 쟁점이라고 할 수 있다.

넷째, 생물종간의 공평성(inter-species equity) 문제이다. 의사결정자가 인간이 아닌 동물 및 식물종에게도 책임을 져야 할 의무가 있는가에 대한 논란이다. 생물종의 권리를 얼마만큼 인정할 것인가가 핵심적인 사안인데 이는 각자의 자연윤리관과 밀접하게 관련되어 있다. 논란의 중심은 인본주의적 가치관과 생태주의적 가치관의 대립으로, 우리는 적어도 생태계를 파괴하고 종의 멸실을 초래하는 일은 피해야 하는 도덕적인 의무를 진다는 것이다.

이같이 다양한 환경정의의 측면들은 서로 상충될 수가 있기 때문에 환경정의를 구체적인 정책분석이나 평가에 사용하는 데에는 다소 한계가 있게 마련이다.

환경정의와 생태정의

　환경정의(environmental justice) 개념이 지니는 다양한 측면을 고려하여 환경정의와 생태정의를 나누어서 파악해보자는 견해도 있다. 환경정의는 정의를 자연환경이용에 따른 인간들간의 문제를 포괄하는 개념으로 보나 생태정의(ecological justice)는 인간사회와 자연환경과의 관계를 내포하는 개념으로 파악한다. 즉 논점이 환경적 선이나 환경적 해악을 시간과 공간에 걸친 인간간의 관계에 있을 때는 환경정의라는 개념으로 파악하여 인간과 자연과의 관계를 분리하자는 것이다. 이 견해는 환경정의에 대한 위의 네 가지 측면 중 마지막인 생물종간의 공평성문제는 생태정의라는 다른 차원에서 보아야 한다는 것이다.

제 4 절 윤리적 관점에서의 환경보전 대안

　생태계의 위기는 환경윤리(environmental ethic)에 대한 관심을 촉발시켰다. 환경윤리는 자연과 인간의 관계에 대한 근본적인 문제를 제기한다. 여기에는 세대간 형평, 자연물 및 야생동식물의 권리, 자연체계와 조화를 이루는 삶의 방식 등이 포함된다. 환경윤리는 "인간과 자연의 관계에 대한 인식적 태도 또는 신념체계(belief system)"를 의미한다. 즉 환경윤리는 인간과 자연간의 관계에 관한 가치체계이며, 인간이 자연과 환경에 대해 취해야 하는 도덕적 의무 내지 개인적 책무성(private accountability)을 포함한다.9)

　인간중심적 환경윤리(homocentric environmental ethic)가 지니는 문제점과 한계를 지적하면서 생태계의 위기를 극복하고 환경을 보전하기 위한 다양한 노력들이 전개되어 왔다. 여기에는 야생동식물의 권리 인정, 생태주의 운동, 자연의 권리 인정, 사회체제 개선, 여성해방운동, 미래세대의 권리 존중, 생명존중사상의 등장, 종교적·미학적 관심의 대두 등의 다양한 노력들이 포함된다. 이는 윤리적 고려의 대상이 인간에서 동물로, 동물에서 생물로, 생물에서 모든 사물 즉 자연전체로,

---

9) 이기식, 1997, "환경윤리와 그 정책적 함의 : 제 3 세대 환경정책," 환경정책, 한국환경정책학회 제 5 권 제 1 호, p. 9.

나아가 자연전체와 사회체제를 포함하는 범위로까지 확대되고 있음을 뜻한다.

1. 서구의 대안적 환경윤리관

1) 생태 및 생물중심주의

서구의 대안적 환경윤리관의 대표적인 예로는 레오폴드의 토지윤리론, 안 네스의 심층생태주의, 피터 싱어의 동물해방론, 톰 레간의 동물권리론, 폴 테일러의 생물중심이론 등이 있다.

서구의 대안적 환경윤리관 중 가장 핵심적인 것이 레오폴드(Aldo Leopold)의 토지윤리관일 것이다. 레오폴드는 토지를 건강하다, 멍들었다, 다쳤다, 죽었다 등으로 평가할 수 있는 살아있는 생명체로서 파악해야 한다고 주장한다. 그리고 비록 개별구성원은 공동체 자체가 존중되는 한도 내에서 자원으로 파악될 수 있으나 토지 또는 생명공동체(land of biotic community) 그 자체는 도덕적 주체가 되어야 한다고 본다. 그리하여 생명공동체의 통합성, 안정성, 그리고 아름다움을 보전하는 것은 옳고, 그렇지 못한 것은 그르다고 주장한다.10)

심층생태주의는 자아실현과 생명평등주의를 기본규범으로 하여 인간과 자연의 관계를 재정립하려고 한다.11) 싱어(P.Singer)는 인간을 포함한 모든 동물은 동일하다라는 인식 하에 동물도 인간과 동등하게 취급되어야 한다고 주장한다.12) 레간(Regan)은 싱어의 주장에서 한 단계 더 나아가 인간이나 동물은 모두 '본질적 가치(intrinsic value)'를 가지고 있다고 보고13) 동물의 권리와 동물의 해방을 주장한다. 인간이 아닌 동물의 경우도 생명의 가치를 인정하여 그들의 권리를 인정해야 한다고 말한다.

10) Aldo Leopold, 1981, A Sand County Almanac; With Other Essays on Conservation from Round River, Oxford University Press.
11) Anne Naess, 1973, "The Shallow and the Deep, Long Range Ecology Movement," Inquiry 16, pp. 95-100.
12) Peter Singer, 1990, Animal Liberation(2nd ed.), New York; New York Review of Book Press.
13) Tom Regan, 1983, The Case for Animal Rights, Berkeley; University of California Press.

레오폴드(Aldo Leopold)의 토지윤리론

생태학의 아버지라고 불리는 알도 레오폴드(Aldo Leopold)는 1887년 미국 아이오와주 벌링턴에서 태어나 예일대학 삼림학부에서 석사과정을 마치고, 1909년 삼림 공무원으로 사회생활을 시작했다. 1924년 위스콘신 대학 '미국 임산품 시험소' 부소장으로 자리를 옮겨 일하다가 1933년에 위스콘신 대학 농경제학과 교수로 초빙되어 1948년 사망할 때까지 재직했다.

그는 환경보호를 위해 헌신했으며 환경보호와 관련된 여러 분야 즉 야생동물 관리, 야생운동(Wildness Movement), 생태복원 분야, 삼림지 생태계 관리의 창시자이기도 하다. 그는 중서부지역 8개 주의 수렵조사를 실시하였고 수렵관리에 대한 교과서인 "Game Management"를 저술하였다. 레오폴드는 "A Sand County Almanac"에서 지금껏 인간과, 토지 및 그 위에 자라는 동식물과의 관계를 다룬 윤리는 없었다고 전제한 뒤 새로운 윤리관으로서 토지윤리(land ethics)를 제창하였다. 레오폴드는 여기서 "생물공동체의 총화성, 안정성, 그리고 아름다움을 보존하는 일이라야 올바른 행위이며, 그렇지 못하면 그른 행위다(A thing is right when it tends to preserve the integrity, stability, and beauty of the biotic community. It is wrong when it tends otherwise)"라고 규정하였다. 또한 그는 이러한 토지윤리를 통해 인간 사이에 존재하는 윤리를 보완하려고 했다.

2) 사회생태주의와 생태여성주의

환경문제를 사회 및 정치적 체제의 결함의 관점에서 파악하려는 이론으로는 크게 사회생태주의와 생태여성주의가 있다. 북친(Murray Bookchin)이 창시한 사회생태주의(social ecology)는 인간에 의한 자연지배 그 자체는 인간에 의한 인간의 지배에서 연유한다고 본다.[14] 따라서 환경문제로부터 해방된 정의로운 사회는 인간이 어떤 형태의 통제나 지배로부터 해방된 경우만 가능하다고 본다. 사회생태주의는 의사결정권한이 분권화되어 개인들이 상호지배하지 않고 서로 보완하며 협력하는 자유주의적 무정부상태를 이상으로 삼는다.

---

14) Murray Bookchin, 1982, The Ecology of Freedom : The Emergence and Dissolution of Hierachy, Palo Alto, California; Cheshire Books.

생태여성주의(ecofeminism)는 환경에 대한 인간의 관계와 여성에 대한 남성의 관계를 대칭적으로 파악한다. 생태여성주의자들은 환경과 여성의 피지배적 속성·양태에 초점을 두고 여성이 남성으로부터 지배당하고 있다는 논리와 같은 맥락으로 환경도 인간의 부당한 지배를 당하고 있다고 본다.15) 이러한 관계 속에서 인간에 의한 자연 파괴가 일어나며, 남성에 의한 여성들의 지배와 구속이 일어난다고 본다. 따라서 환경보전을 위해서는 자연이 인간의 부당한 지배로부터 벗어나야 하며16) 이는 여성과 자연에 대한 인간의 인식이 근본적으로 바뀌어야 가능하다고 주장한다.

2. 환경정의 구현을 위한 환경권의 보장

환경정의의 차원에서 보면 환경정책의 기본목표는 환경권에 대한 공평한 배분과 부여된 환경권의 철저한 보장의 두 가지라고 할 수 있다. 이를 위해서는 환경용량 보전을 위한 환경기준을 강화하고 이를 달성·유지할 수 있도록 철저하게 관리하는 것도 매우 중요하다. 환경기준은 모든 국민에게 기초수요로서의 공평한 환경질을 제공하는 필수적인 환경관리수단이기 때문이다.

그리고 환경에 대한 사전예방의 원칙이 강조된다. 환경피해가 발생한 이후에 이를 치유하는 것은 환경권의 보장이 제대로 되지 않았음을 반증한다. 불확실한 경우에는 피해자의 위치에서 판단하는 접근방식이 필요하며 새롭게 제기되는 환경문제에 대해서도 이에 대한 연구가 부족하다는 이유로 정책접근을 연기하는 것은 바람직하지 않다. 즉 환경정책에 있어서는 적극적인 환경기준의 강화와 새로운 환경정책수요의 적극적인 반영이 필요하다고 하겠다. 불가피하게 환경피해가 발생한 경우에는 철저한 사후보상을 받을 수 있도록 하여야 한다.

세대 간의 기회균등이란 관점에서는 미래세대에 대한 환경권 문제가 강조된다. 환경에 대해서는 미래세대도 현세대와 동일한 권리가 있다고 보기 때문이다.

---

15) Karen J. Warren, 1990, "The Power and the Promise of Ecological Feminism," Environmental Ethics, vol.12.

16) H. M. Jacob, 1995, "Contemporary Environmental Philosophy and its Challenge to Planning Theory," Sue Hendler(ed), Planning Ethics, Center for Urban Policy Research, pp. 88-90.

따라서 현존 세대들이 환경에 대하여 누리는 편익을 미래세대도 동일하게 누릴 수 있도록 하는 것이 현존 세대의 의무이다. 미래세대가 쾌적한 자연환경을 누리고 자연자원을 사용·개발하는 권리와 가능성을 현세대들이 빼앗는 것은 미래세대에 대한 일종의 범죄행위라는 것이다.

자연과 자연의 구성요소들이 그들 자체의 고유한 권리를 지니고 있다고 보고 자연의 고유권을 인정하여야 한다는 견해도 제기된다. 환경권의 보장을 위해서는 각종 자연환경자원의 특성을 기후변화, 생물다양성 등 범지구적 공공재에 대한 것, 사회경제적 약자인 여성·노인·유아·빈곤층의 환경권, 미래세대의 삶과 후생에 대한 것, 생물종들이 누릴 수 있는 생존권 등의 측면에서 검토해야 한다는 것이다. 국가간·세대내간·세대간·종간에 공평한 환경권의 배분과 보장을 위해 중요한 것은 환경용량을 침해하지 않는 것이다.

부록 : 동양적 자연관의 재발견

동양적인 환경철학과 환경윤리[17]는 도가, 불교, 유가사상을 통하여 살펴볼 수 있다.

1. 도가사상

도가사상은 노자·장자사상을 바탕으로 하여 성립된 사상체계를 말한다. 먼저 노자의 자연관은 자연을 최상위 개념으로 놓고, 자연의 범위에 물질계는 물론 정신계, 인간사회까지 포함시킨다. 노자의 「도덕경」 제25장은 '인간은 땅을 따르고, 땅은 하늘을 따르고 하늘은 도를 따르고, 도는 자연을 따른다'라고 하였다.[18] 만물은 반드시 그 근원으로 돌아가듯이 인간도 그 본원으로 돌아가야 한다고 말한다. 노자는 대자연이 어머니이고 자식은 인간을 포함한 만물이라고 한다. 대자연을 통하여 인간을 알 수 있고 인간을 통하여 대자연을 알 수 있다고 하며 자연과

---

17) 진교훈, 「앞의 책」, pp. 131-177 참조.
18) 노태준 역해, 1981, 「신역 노자(도덕경)」, 홍신문화사.

인간의 합일(合一)을 지향한다. 장자는 노자의 사상을 계승·발전시켜 자연과 도 (道), 천지는 피조물이 아니며 천지만물은 아무런 의도나 목적도 없다는 자연무위 (自然無爲)를 이야기한다.19) 장자도 천지와 만물과 인간이 도(道)에서 하나가 된다 고 보고 자연과 인간의 합일을 주장한다. 이러한 도가사상은 자연존중사상을 표방 하고 있다.

2. 불교사상

현대의 대안적 환경관에서는 불교적인 사고가 많이 원용되고 있다. 그러나 석 가모니 부처가 환경에 대해 명시적으로 설법한 것은 없다. 다만 불교교리가 제시 하고 있는 비폭력과 명상을 통한 타인과의 동련, 타인이 아닌 자기 정복의 윤리적 목표, 물질주의·자기중심주의·과대망상 등의 배격은 환경철학적 인식에 많은 시 사를 준다.

불가의 계율인 불살생(不殺生)이나 불교를 기반으로 한 화랑의 세속오계의 하 나인 살생유택(殺生有擇)은 생명존중사상을 나타내고 있다. 불교의 종지(宗旨)인 자 비는 자연에도 적용되며, 인연화합사상(因緣和合思想)이나 연기법(緣起法)에서는 상 생(相生)의 원리를 엿볼 수 있다. 그러나 불교사상에서 자연파괴의 원인을 찾을 수 없는 것과 마찬가지로 명시적인 자연보존사상을 찾아보기도 어렵다. 왜냐하면 불 교는 자연이라든가 사물에 집착하는 것을 배격하기 때문이다.

불가의 생명존중사상은 생명이 있는 개별에 대한 연민을 말할 뿐 생태계 전체 와 자연 전체에 대한 사랑이나 존경을 거론하지 않는다. 불가는 자연에 대한 애 착이나 미련을 헛된 것으로 본다. 다만 자연보호와 관련된 의미를 찾아본다면 만 물이 상생연관(相生聯關)되어 있음을 깨닫고 인간이 허망한 자연 착취와 욕심을 버 림으로써 간접적으로 자연을 보호할 수 있을 것이라는 교훈을 얻을 수 있다는 것 이다.

---

19) 송지영 역해, 1975, 「장자-장주」, 동서문화사.

3. 유가사상

유가(儒家)의 자연관은 먼저 「주역」을 통하여 살펴볼 수 있다.20) 「주역」은 우주의 생명질서와 이치를 연구하기 위하여 만들어진 것이다. 「주역」의 생명질서와 자연관에서는 자연현상이 일정한 질서와 운행법칙에 의하여 움직인다고 본다. 유가에서는 자연은 자연의 이치대로 존재하는 것이 가장 바람직하다고 보기때문에, 인위적인 조작에 의한 자연의 변형을 반대한다. 하늘과 땅은 서로 상반되거나 주종의 관계가 아닌 각자의 기능과 역할을 수행하면서 상부상조하는 평등관계이다. 또한 주역의 원리는 음양소장(陰陽少長)에 따른 교체순환의 변화를 통하여 자연계 전체의 균형유지를 꾀한다. 모든 생명체는 자연으로부터 나와서 자연으로 돌아가며, 이들이 각각 독립하여 존재하는 것이 아니라 서로 교제하며 반응하는 수수관계(授受關係)에 있다. 결국 유가사상의 자연관에 따르면 인간과 자연간의 협동이 중요하며 자연의 한 부분에 불과한 인간은 자연의 순리를 거스르면서 살아갈 수 없다. 즉 인간과 자연은 공생관계에 있는 것이다.

4. 한국의 전통적 자연관

한국인들의 전통적 자연관은 자연환경을 정복의 대상으로 보지 않고 인간도 자연의 한 구성원이라는 인식 하에 자연을 경외하고 자연에 순응하면서 자연과 조화를 도모하였다는 것이 특징이다. 한국의 전통적 자연관은21) 도교·불교·유교뿐만 아니라 무속신앙, 도참사상, 풍수지리, 신선사상 등 토속적인 민간신앙으로부터도 많은 영향을 받았다. 이러한 사상적 영향은 민간의 생활 속에서 반영되어 한국인의 전통적 문화생활에는 민족 고유의 자연관이 배어있다.

먼저 무속신앙에서는 다신적 자연신관을 바탕으로 우주만상의 모든 물체에 정령(精靈)이 있다고 믿어 산(山), 수(水), 초목(草木), 암석 등이 신성시되고 영적 존재로 여겨지는 자연물은 존중되고 함부로 파괴될 수 없었다. 풍수지리설은 땅과 물을 소중히 여겼으며, 땅과 물을 함부로 파괴하거나 변형시킬 수 없었다. 풍수지

---

20) 노태준 역해, 1990, 「신역 주역」, 홍신문화사.
21) 진교훈, 「앞의 책」, pp. 179-226 참조.

리설은 도참사상과 함께 인간과 자연과의 조화를 중시하였다. 또한 우리나라의 불교는 수용과 발전과정에 있어서 고대 신앙체계인 샤머니즘과 결합되어 대부분이 자연신인 산신(山神), 수신(水神), 풍우신(風雨神), 일월신(日月神) 등의 토속신을 숭배하고 만유영유론(萬有靈有論)에 입각한 자연숭배사상의 요소를 지니고 있다.

초가집과 온돌방의 환경친화성

우리 조상들의 집은 주로 초가집에 온돌방이었다. 초가집은 나무로 골격을 짜고 벽은 외(畏)를 엮어 놓고, 겉에는 짚을 5cm 정도의 길이로 썰어 흙과 섞어 바르고 안에는 고운 흙을 이겨 바른다. 지붕은 이엉으로 덮고 방바닥은 구들장을 놓고 흙을 바른다. 사계절이 뚜렷하여 기온의 변화가 큰 우리나라에서는 흙이 최상의 건축자재이다. 흙은 열의 차단 효과가 높아 온도를 일정하게 유지해주는 효과가 있다. 습할 때는 습기를 머금었다가 건조할 때 내뿜는 천연의 습도조절기이기도 하며, 미립자 틈틈이 바람을 통과시킬 수 있기 때문에 통풍도 잘 된다.

이와 함께 우리 조상들은 수천 년 전에 구들(온돌)을 발명하였다. 구들은 어떠한 방식보다 난방효과가 높다. 이는 인체가 구들 표면에서 방사열을 받을 때 인체가 느끼는 온도가 실제 온도보다 높기 때문이다. 또한 구들을 이용하면 실내에서 재나 먼지 등이 전혀 발생하지 않아 폐기관의 건강에 문제를 불러일으키지 않으며 난방하는 과정에서 환경오염의 우려가 없다는 장점이 있다.

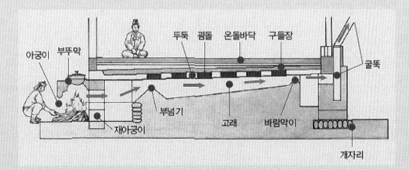

온돌방의 구조

자료 : 전국역사교사모임 외, 2006, 마주 보는 한일사Ⅱ, (주)사계절출판사, p. 80.

참|고|문|헌

노태준 역해, 1981, 신역 노자(도덕경), 홍신문화사.

변영진, 1994, "존롤스 사회정의론의 정책규범화에 관한 연구 : 저소득층의 주거복지정책을 중심으로," 서울대 환경대학원 박사학위논문.

송지영 역해, 1975, 장자·장주, 동서문화사.

이기식, 1997, "환경윤리와 그 정책적 함의 : 제 3 세대 환경정책," 환경정책, 한국환경정책학회, 제 5 권, 제 1 호.

이정전, 1999, "공리주의와 롤즈의 정의론에 입각한 환경정의," 환경정의시민연대·환경정의포럼 자료집.

전국역사교사모임 외, 2006, 마주 보는 한일사Ⅱ, (주)사계절출판사, p. 80.

정회성 외 4인 공저, 2009, 전통의 삶에서 찾는 환경의 지혜, 서울 : 서울대학교출판문화원.

정회성, 1999, "환경문제에 대한 경제주의적 접근의 비판적 고찰," 환경과 공해, 제33호 (1999년 4월), pp. 34-40.

정회성, 2000, "국토의 보전 및 이용에서 환경정의와 부정의," 새국토연구협의회(편), 우리국토의 나아갈 길, pp. 125-152.

정회성, 2000, "오염자부담의 원칙과 환경정의," 환경정의시민연대·환경정의포럼 월례토론회 자료집.

정회성·남상민·추장민, 2003, "환경정책의 분배효과 논쟁과 정책적 대응," 환경정책, 제 11권, 제 1 호, pp. 5-28.

정회성·추장민·남상민, 2003, 환경정책의 불평등 해소를 위한 정책방안 개발에 관한 연구, 환경부.

진교훈, 1998, 환경윤리, 민음사.

추장민 외, 2009, 도시 지역 저소득계층 보호를 위한 환경정책 연구Ⅲ, 한국환경정책평가연구원.

토다 키요시(戶田 淸), 1996, 환경정의를 위하여 : 환경파괴의 구조와 엘리트주의, 김원식 역, 창작과비평사.

한면희 외 2인, 2000, 환경정의와 NGO운동, 환경정의시민연대.

환경부, 2000, 우리 조상들의 환경지혜.

Bookchin, Murray., 1982, *The Ecology of Freedom : The Emergence and Dissolution of Hierachy*, Palo Alto, California; Cheshire Books.

Bowen, William M., 2000, "The Politics and Reality of Environmental Justice," unpublished manuscript.

Bryant, Bunyan(ed.), 1955, *Environmental Justice : Issues, Policies, and Solutions*, Washington, D. C. : Island Press.

Davy, Benjamin., "Fairness as Compassion : Towards a Less Unfair Facility Siting Policy" (http : // www.fplc.edu / risk/ vol7/ spring/ davy.htm)

Jacob, H. M., 1995, "Contemporary Environmental Philosophy and its Challenge to Planning Theory," in Sue Hendler(ed), *Planning Ethics, center for Urban Policy Research.*

Jardins, Joseph Des., 1999, "Philosophical Ethics and Environmental Public Policy," Joseph Des Jardins(ed.), *Environmental Ethic : Concepts, Policy, Theory, Mountain View*, California; Mayfield Publishing Company.

Lee, Gyu-Cheon, 1994, "An Injustice Model for Policy Analysis : Perception of Korea Housing Policy," Ph.D Dissertation thesis, West Virginia University.

Leopold, Aldo., 1981, *A Sand Couty Almanac; With Other Essays on Conservation from Round River*, Oxford University Press.

Low, Nicholas P., 2000, "Urban Planning and Environmental Justice," Paper presented at a Policy Forum of the Ecojustice Organization held on August 8, 2000.

Naess, Anne., 1973, "The Shallow and the Deep, Long Range Ecology Movement," Inquiry 16, pp. 95-100.

Pops, Gerald M., 1997, "Seeking Environmental Equity and Justice," Korea Environmental Technology Research Institute, Environmnetal Ethics for the 21st Century, (March, 1997) : pp. 1-32.

Rawls, John., 1971, *A Theory of Justice*, Cambridge : Harvard University Press.

Regan, Tom., 1983, *The Case for Animal Rights*, Berkley; University of Californian Press.

Singer, Peter., 1990, *Animal Liberation*(2nd ed.), New York; New York Review of Book Press.

Warren, Karen J., 1990, "The Power and the Promise of Ecological Feminism," *Environmental Ethics,* vol.12.

Wenz, Peter S., 1988, *Environmental Justice*, Albany : State University of New York Press.

http : //www.nyu.edu/pages/elc/ej/BEEN/yale-intro.htm

PART 03

환경정책의 구조와 추진원칙

제 6 장 환경정책의 개념과 구조

제 7 장 환경정책의 추진원칙

제 8 장 환경정책과 환경계획

제 1 절   환경정책의 의의와 내용

정책이 무엇이냐를 한 마디로 잘라 말하기는 매우 어렵다. 따라서 정책에 대한 정의도 매우 다양하다. 그러나 정책을 정부 또는 국가의 활동과 관련된 것으로 파악하는 것에 대해서는 대체적으로 합의가 이루어져 있다. 본 장에서는 정책의 정의를 "공공문제를 해결하거나 목표 달성을 위해 정부에 의해 결정된 작위 또는 부작위의 행동방침"으로 규정한다. 이러한 개념을 바탕으로 정책의 성격을 제시하면 다음과 같다.[1]

첫째, 정책의 결정과 집행의 주체는 정부이다. 이때 정부란 단순히 행정부만을 가리키는 것이 아니라 국민들로부터 어떠한 형태로든 권위를 부여받은 모든 국가 기관으로 국회, 사법부, 중앙행정기관, 지방의회, 지방자치단체 등의 기관들이 모두 포함된다.

둘째, 정책은 '권위 있는 결정'의 산물이다. 이 권위는 주권자들에 의해 여러 형태로 부여된다. 법에 의해, 또는 투표에 의해, 아니면 묵시적 승인에 의해 부여된다. 이것이 민주 국가에서 정부에 권위를 부여하는 방식이다. 이 권위는 어떤 분야의 업무를 적정히 해낼 수 있도록 하기 위한 것으로서 합법적 강제력을 수반한다. 그러므로 정부의 정책에 따르지 않을 시에는 벌금·제재·감금·규제·제한 조치를 받게 된다.

---

1) 이종수 외, 1997, 「새 행정학」, 대영문화사.

셋째, 정책의 내용은 행동방침이다. 즉 정책의 내용은 정부가 '어떤 일을 하겠다' 또는 '하지 않겠다'는 의사 표명이다. 다이(Thomas R. Dye)에 의하면 정책에는 정부가 행하기로 또는 행하지 않기로 선택한 모든 사안이 포함된다.[2] 정부의 부작위적 행위는 작위적 행위만큼이나 사회에 지대한 영향을 주기 때문이다. 이는 아래에서 언급하는 공공문제 해결이나 목표 달성을 위한 정책 수단이다.

넷째, 정책은 공공문제 해결이나 목표 달성과 관련이 있다. 국가가 존재하는 근본 이유는 개인이나 소규모 집단 수준에서는 해결하기 어려운 공공문제들이 있기 때문이다. 가난·질병·전쟁·공해·교육 등은 항상 많은 사람들의 관심사였고 끊임없이 해결책을 강구해야 했던 공공문제이며 이들의 해결 노력이 곧 정책이다. 공공문제의 해결을 통해 도달하고자 하는 지향점이 곧 정책목표이다. 따라서 정책은 공공문제의 해결을 통해 정책목표를 성취하고자 하는 행동방침이다.

이렇게 보면 환경정책은 공공문제의 하나인 환경문제의 해결과 현 상태의 환경을 유지·개선하려는 목표 달성을 위해 국민들로부터 권위를 부여받은 정부가 결정한 행동방침을 의미한다. 환경정책은 초기에는 보건위생문제인 공해문제에 대한 해결에 치중하였다. 그러다가 환경오염문제의 해결을 거쳐 최근에는 환경적으로 건전한 지속가능한 개발을 지향하고 있다.

1. 환경정책의 내용과 발달

환경문제가 심각해지면서 환경정책에 대한 수요가 증가하고 있다. 이에 따라 환경정책의 내용도 보다 적극적이고 광범위해지고 있다. 환경오염 억제에 국한된 소극적인 환경정책만으로는 환경문제를 해결할 수 없을 정도로 사회가 복잡하게 변화하면서 보다 적극적인 환경정책이 필요하게 된 것이다. 이에 대해 좀 더 구체적으로 살펴보도록 하자.

1970년대의 환경정책은 환경오염물질의 배출로 인한 인체피해나 생산성의 감소 및 쾌적한 삶의 질 파괴와 같은 공해문제(public nuisance)를 환경정책의 주요 문제로 인식하였다. 산업활동으로부터 발생하는 유해물질의 배출감소와 방지가 환

---

2) Thomas R. Dye, 1981, Understanding public policy(4th.ed.), Englewood Clibbs, N.J.; Prentive-Hall, pp. 1-3.

경정책의 주요 관심사가 되면서 환경정책의 정의는 오염물질의 배출을 억제하는 공공부문의 행위를 뜻하게 되었다. 이에 따라 환경행정의 초점은 산업활동에 따른 오염물질의 배출, 즉 대기오염, 수질오염, 소음·진동의 배출규제라는 소극적인 범위에 국한되었다. 그러나 산업화의 진행으로 본격적인 소비사회가 대두되면서 환경오염물질이 산업부문은 물론 가계와 소비부문에서도 배출되는 보편적인 환경오염(environmental pollution) 현상이 대두되었다. 이와 함께 인간의 간섭이 없는 자연생태계 자체의 보전이 강조되기 시작하였다. 이 시기의 환경정책은 보다 적극적으로 자연생태계를 보전하고 인위적으로 자연생태계를 보존·관리하며, 필요한 자연생태계를 조성하여 인간환경의 쾌적성을 증진시키는 것을 목적으로 하였다. 환경정책의 범위가 동식물의 보호를 통한 생물종 다양성의 확보, 쾌적한 인간정주환경의 조성으로 확대된 것이다. 적극적인 의미의 환경정책에는 환경의 수용용량을

표 3-1 환경정책의 주요 내용 : 예시

구 분	주요내용
일반환경 관리행정	인간건강이나 쾌적성 등에 기초한 환경기준의 설정행위 개발사업이나 개발정책에 대한 환경영향가제도의 운영 각종 오염물질의 배출원에 대한 배출허용기준의 설정 환경보전을 위한 장기·중기·단기계획의 수립 지역환경질 유지를 위한 배출총량규제 프로그램의 작성
환경오염규제 및 관리정책	대기오염, 수질오염, 소음·진동 등의 배출원의 인·허가 및 감시와 처벌 대기오염, 수질오염, 소음·진동 등의 배출감소를 위한 재정 투자·융자 대기오염, 수질오염, 소음·진동 등의 배출감소를 위한 기초시설의 관리 토양오염, 지하수오염, 해양오염을 막기 위한 각종 인·허가와 배출행위규제
폐기물관리 및 규제정책	폐기물 수거체계의 구축과 처리시설의 설치 및 안전관리를 위한 정책 폐기물 재활용 또는 재이용체계의 구축과 관련시설의 운영 폐기물의 수거 및 처리와 관련된 민간부문의 행위에 대한 규제
자연환경 및 생태계의 보전정책	자연공원 또는 희귀생태계의 보전과 이용을 위한 규제와 관리정책 식물종 다양성의 보전을 위한 규제나 식물보호정책 동물종 다양성의 보전을 위한 규제나 동물보호정책 희귀동식물 서식지의 훼손이나 파괴를 막기 위한 정책
기타 환경보전정책	환경교육, 훈련, 환경정보의 유통과 교류촉진을 위한 정책 환경관련기술과 정책의 개발을 위한 연구개발정책 환경산업의 관리와 육성정책의 수행 월경오염, 지구환경문제 등 환경보전을 위한 국제협력정책

증가시키기 위한 기술개발, 환경에 적합한 인간활동의 창조를 위한 사회교육, 쾌
적한 인간환경을 조성하려는 노력도 포함되었다.

　최근 기후변화, 오존층 고갈 등 지구환경문제의 대두는 환경정책에 있어서 지
속가능한 개발이라는 이념을 불러왔다. 환경정책의 새로운 이념인 지속가능한 개
발은 환경의 수용능력 이내에서 인간의 복지증진을 위한 개발행위를 하되 기술혁
신 등 창조적인 인간활동으로 자연의 수용능력을 증진시키는 것을 강조하고 있다.
지속가능한 개발이라는 개념이 대두된 이후 인구 · 식량 · 주거 · 토지이용 · 건축 ·
에너지 · 교통 · 관광 · 생산 · 유통 · 소비 등 환경과 관련된 모든 인간활동을 건전
하게 운영하여야 한다는 점이 강조되고 있다. 즉 개발과 환경을 통합하여 동일한
의사결정 선상에 두어야 한다는 것이다. 이러한 취지에서 환경과 관련된 정부정책
분야와 내용을 예시해보면 〈표 3-1〉과 같이 다양하다.

2. 환경정책의 목표

　환경정책의 목표는 정책대상에 따라서 다양한 방법으로 제시된다. 환경정책의
대상은 크게 인간환경과 자연생태계로 나누어지는데 이 대상의 특성에 따라 환경
정책의 목적은 달리 표현될 수 있다. 특정지역의 환경질을 유지하기 위해서 억제
되어야 할 최소한의 오염물질의 농도를 규정할 수도 있고, 보전을 위한 생물종을
지정하거나 생물의 서식지를 보전지역으로 지정하여 특별한 관리를 할 수도 있다.
그러나 가장 보편적인 방법은 목표로 하는 환경질 수준을 제시하는 환경기준이다.

　환경기준(ambient standards)이란 모든 국민이 건강한 삶을 유지하기 위하여 요
구되는 바람직한 환경상태를 전제로 이에 관계되는 오염물질의 농도를 정해 놓은
기준을 의미한다.[3] 환경기준은 인간의 건강을 보호하고 쾌적한 생활환경을 보전
하기 위하여 유지되어야 할 최소한의 환경질 수준을 의미한다. 환경기준은 대
기 · 수질 · 토양 등 환경매체에 따라 달리 설정된다. 이때의 환경기준은 건강기준
(health criteria) 또는 경제기준(economic criteria) 등에 의해 강구된다. 환경기준은 통

---

　3) 각국의 환경입법에서 환경기준에 해당하는 용어는 판정조건 또는 표준(Criteria), 목표
　　(Goal), 지침(Guide or Guideline) 및 규제기준(Standards) 등이 있다. 입법내용에 따라 그
　　성격은 행정목표, 행정지침 혹은 법적 구속력이 있는 기준 등 다양한 형태이다(구연창,
　　「환경법론」, 법문사, 1991, 300면).

상 경제적, 기술적 달성가능성, 경제성장과 지역경제의 특성, 국민의 환경질 욕구 수준 등을 적절히 감안하여 설정되게 마련이다. 환경질 목표치를 나타내는 환경기준이 자연환경의 용도에 따라 달라지게 됨은 물론이다.

환경기준에는 국가가 정책목표로 설정한 국가환경기준과 지방자치단체가 정책목표로 설정한 지역환경기준이 있다. 지방자치가 발달한 나라에서는 다양한 지역환경기준이 활용되고 있다. 환경기준은 여러 가지 방법으로 설정될 수 있는데 크게 두 가지 방식으로 접근한다.

첫째는 경제학자들이 주장하는 것으로 환경규제의 사회적 비용과 환경개선에 따른 사회적 편익을 비교하여 결정하는 방식이다. 이 방식은 각 환경관리지역마다 그 지역의 사회적, 경제적, 자연적 특성을 고려하여 환경기준을 정해야 하는 어려움이 있다.

둘째는 환경오염의 인체건강 또는 자연생태계 피해에 어떤 임계치(threshold effects)가 있다는 전제 하에서 그 임계치를 환경관리 목표로 설정하는 것이다. 그러나 이 같은 임계치를 구체적으로 선정하는 방식도 매우 다양하게 제시될 수 있다. 뿐만 아니라 환경오염과 피해간의 함수관계(dose-response function)를 구하는 어려움이 크다.

통상 전자의 접근방식보다 후자의 방식이 선호되고 있다. 환경기준은 일반적으로 개개의 오염물질 즉 단일매체별로 표현되고 있다. 그런데 최근에는 이들 매체간의 위해도를 비교 형량하여 종합지표로 환산하여 관리하려는 움직임이 있다. 환경정책목표는 보호 생물종 등의 지정으로 나타날 수도 있다. 특히 자연생태계와 생물종 다양성을 보전하기 위하여 생태계보전지역을 지정하여 포괄적인 환경질을 관리하기도 하며 보호종을 지정하여 이들 보호종에 대한 침해방지를 하는 경우도 있다.

제 2 절   환경정책과정

환경정책을 포함한 국가의 모든 정책은 일정한 절차를 거쳐 이루어진다. 이러한 일련의 절차를 정책과정이라 한다. 정책과정이란 정부가 공공의 문제에 대처해 가는 일련의 행위 혹은 합목적적 절차를 의미한다. 그러므로 환경정책과정이란 공

[그림 3-1] 환경정책과정

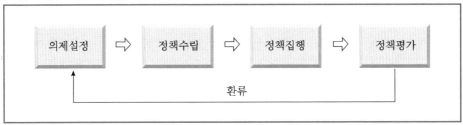

공의 문제 중에서도 특히 환경과 관련된 문제에 해당되는 것이다. 일반적으로 공공정책은 [그림 3-1]과 같이 크게 4단계, 즉 의제설정, 정책수립, 정책집행, 정책평가 등의 과정을 거쳐서 이루어진다.

1. 의제설정

환경정책의제(agenda setting)란 정부가 정책적 노력을 통해 해결하고자 하는 환경문제로 크게 환경문제, 사회적 이슈, 공중의제, 정부의제의 단계를 거쳐 설정된다. 환경과 관련한 문제가 불특정 다수인에게 장기간에 걸쳐 반복적으로 일어나게 되면 사회문제가 된다. 이러한 사회문제 중에서 문제의 성격이나 문제의 해결방법에 대하여 집단 사이에 의견일치가 어려운 환경문제들이 사회적 이슈가 된다. 그리고 일반 대중의 주목을 받을 가치가 있으며 정부가 문제해결을 하는 것이 정당하다고 인정되는 사회적 이슈들이 공중의제가 된다. 마지막으로 정부가 공식적인 의사결정에 의하여 그 해결을 위하여 심각히 고려하기로 명백히 밝힌 공중의제가 정부의제가 되는 것이다.

정책의제화는 정부의 공식적 통로뿐만 아니라 비공식적 통로를 통해서도 일어난다. 이 통로는 정부조직 내의 타 부처나 연구기관일 수도 있고 언론매체와 같이 정부 밖의 조직일 수도 있다. 특히 환경문제의 경우에는 환경단체가 중요한 통로가 되며, 실제로도 많은 영향력을 미치고 있다.

2. 정책수립

정책수립(policy formation)은 환경문제를 해결하기 위해 정부의 공식적인 정책결정체제가 정책의제를 특정 정책으로 전환시키는 과정이다. 당면한 문제의 해결을 위해 정부는 구체적인 정책목표를 수립하고 이의 달성을 위한 대안들을 제시하고 이들 중 가장 적합하다고 여기는 대안을 정책으로서 공식화한다. 즉, 환경과 관련한 정책결정체제가 각종 법규정이나 규제수단들을 산출해내는 과정인 것이다.

환경정책의 수립에는 수많은 공식적, 비공식적 결정주체들이 개입하여 정책목표를 설정하고 이의 달성을 위한 수단들을 선택한다. 환경정책목표란 실현하려고 하는 장래의 바람직한 환경상태로서 환경기준 등의 방법으로 정립된다. 이렇게 정립된 정책목표는 각종 규제와 명령, 경제적 수단, 토지이용계획 등 다양한 정책수단을 동원하여 달성하도록 계획된다.

3. 정책집행

정책집행(policy implementation)은 행정체제가 앞에서 수립된 환경정책을 실현시켜가는 과정이다. 우리 옛말에 '구슬이 세 말이라도 꿰어야 보배'라는 말이 있듯이 수많은 정책이 수립되더라도 실천이 되어야 가치를 지닌다.4) 정책집행은 원래 환경정책이 목표했던 바를 달성하기 위해 필요한 행·재정지원을 동원하고 운영하는 과정이다. 즉 환경정책의 집행은 환경정책의 실현과정이라고 할 수 있다.

환경정책 집행과정은 세부 지침의 결정, 집행에 필요한 자원의 확보와 조직화 및 정책의 전달로 세분화할 수 있다. 그러므로 정책집행의 성공여부는 세부지침이 얼마나 실질적인가, 집행에 필요한 자원은 충분히 확보되었는가, 건전한 환경관을 지닌 전문인력은 확보되었는가, 정책전달이 어느 정도의 적극성을 가지고 실행되는가 등에 따라 좌우된다. 그러나 환경문제가 가지고 있는 불확실성, 그리고 이해관계의 복잡성 등으로 인하여 환경정책은 집행과정에서 본래의 목적을 달성하는

---

4) 정책집행에 관한 연구는 1960년대 말 미국 존슨 행정부가 "위대한 사회(great society)"라는 모토를 도입한 각종 사회복지 정책의 실패와 원인에 대한 논란의 과정에서 발달하였다(Teforey L. Pressman and Aaron Wildavsky, 1973, *Implementation*, Berkley; University of California press).

데 실패하는 경우가 많다.5)

4. 정책평가

정책평가(policy evaluation)란 시행된 정책에 대한 절대적 효과성을 평가하거나 혹은 목표달성을 위한 사업들 간의 상대적 효과성을 평가하는 행위이다. 정책평가는 실제의 현실 생활조건에 대한 정책영향을 가늠해보고자 하는 시도로서 정책의 실제효과(actual effects)나 결과(policy outcomes)를 측정하는 것이다. 정책평가는 정책목표의 달성정도를 사정하는 데 그칠 수도 있으나 포괄적으로 정책이 초래한 광범위한 영향(policy impacts) – 의도했던 것이든 의도치 않았던 것이든 – 을 분석할 수도 있다. 정책을 평가하는 기준에는 효과성 · 능률성 · 대응성 · 형평성 · 적절성 등이 포함된다.6)

환경정책의 평가와 관련해 중요하게 지적되어야 할 점은 정책의 사후적 평가보다는 사전적 평가에 중점을 두어야 한다는 것이다. 환경정책은 불가역성을 지니는 자연환경을 대상으로 하므로 잘못된 정책의 집행이나 정책의 실패로 인해 자연과 인간이 치러야 할 대가가 막대할 뿐만 아니라 많은 경우 돌이킬 수 없는 결과를 초래하기 때문이다. 그런데 환경정책에 대한 평가는 정책의 높은 불확실성, 수요자의 불명확성, 효과의 비가시성 등의 특성 때문에 매우 어렵다는 문제점이 있다.

5. 환류과정

정책평가과정에서 제공되는 정보는 환류과정(feedback)을 거쳐 보다 나은 정책을 마련하는 데 활용된다. 환경문제가 지니는 본질적인 불확실성 때문에 환경정책은 문제인식 – 정책수립 – 집행 – 평가 등의 과정을 반복적으로 거치면서 개선해 나갈 수밖에 없다. 생태계에 대한 새로운 지식, 환경오염 통제 기술의 발달 등이 급

---

5) 안해균, 1985, 「정책학원론」, 다산출판사.
6) 고재경, 2001, "환경정책에 대한 정부의 실패 연구; 수질개선 정책을 중심으로," 서울대학교 환경대학원 환경계획학과 박사학위 논문.

격하게 이루어지고 있는 현재의 상황에서 환경정책 환류과정을 통한 정책개선의
중요성은 아무리 강조해도 모자랄 것이다. 합리적이고 지속적인 정책평가와 환류
는 환경정책의 성공 여부를 결정짓는 중요한 과정이다.

제 3 절   환경정책의 특수성

환경정책은 일반 공공정책과 다른 특수성을 가지고 있다. 이러한 특수성은 환
경정책에서 다루고 있는 환경재의 특성에 기인한다. 이에 대한 내용은 다음과 같다.

1. 환경재의 특성과 환경정책

환경재는 본질적으로 우월재 또는 사치재(superior goods or luxury goods)로서의
성격과 생활필수품인 기초수요(basic needs)로서의 성격을 동시에 지니고 있다.

오염이 심한 대기 하에서는 인간이 숨을 쉴 수 없으며, 오염된 물은 인간이
먹을 수 없다. 중금속으로 오염된 토양에서 생산된 농작물은 인체에 중금속을 농
축시켜 중독의 원인이 되며 그 결과 인간이나 생물의 생명을 앗아간다. 이처럼
대기 · 수질 · 토양 등 인간이 생활하고 있는 환경이 최소한의 질을 확보하는 것은
인간의 생존 그 자체를 위해 필요한 것이다. 다시 말해 대기 · 수질 · 토양 등의
환경질을 일정수준 이상으로 유지하는 것은 의식주와 같이 인간의 생존을 위해
꼭 필요한 것이다. 이러한 측면에서의 환경정책은 인간의 생존을 위한 기초수요로
서의 환경보호 성격을 지닌다.

반면에 환경재는 인간이 의식주 등 기초수요에 대한 욕구를 충족시켰을 경우
여가를 즐기기 위한 대상으로서의 성격도 있다. 여름휴가를 즐기기 위해 콘도를
찾는 사람이 즐기는 주변경관, 바다낚시나 수상스키를 즐기는 사람을 위한 청정해
역 등은 경제성장으로 소득수준이 향상됨에 따라 그 수요가 발생하는 것이다. 설
악산, 지리산 등 명승지를 찾는 관광객의 수도 경제성장과 밀접하게 관련되어 있
다. 이러한 측면에서의 환경재는 우월재로서의 성격을 지니고 있어 일정수준 이상
의 경제성장을 이룬 후에야 환경보호에 대한 수요가 발생한다. 우리는 이러한 다

소 상반된 환경재의 특성 때문에 간혹 혼란에 빠지곤 한다. 이러한 혼란은 환경오염피해를 판별하고 이에 대한 대책을 강구하는 데 고도의 과학적인 불확실성이 내재되어 있다는 점에서 가중된다. 즉, 환경오염피해에 대한 불확실성 때문에 환경재를 우월재로 보는 견해와 기초수요로 보는 견해간의 차이가 애매해진다.

그리하여 환경재를 기초수요로 보느냐 우월재로 보느냐 하는 문제는 환경문제의 과학적 불확실성에 대한 개개인의 주관적인 판단, 즉 가치관에도 밀접하게 의존하는 경향이 있다. 절대빈곤상태에 있었지만 환경이 파괴되지 않았던 경제개발초기에는 인간생존을 위한 기초수요로서의 깨끗한 환경은 유지되고 있었기 때문에 환경보호를 강조할 경우 다소 사치성을 지니는 문제로 인식하는 경향이 강하였다.

그러나 경제가 어느 정도 성장하고 환경오염과 파괴가 심해지면서 인류의 생존까지 위협하게 되자 환경재에 대한 수요를 인간의 기초수요로 파악하려는 경향이 늘어나고 있다. 환경재에 대한 이런 인식의 차이는 여전히 경제개발과 환경보전간의 가치선택의 문제를 야기해 사회적 의사의 합일을 어렵게 하는 경향이 있다. 특히 이러한 선택의 문제는 이해관련자의 정치적, 경제적인 이해와도 밀접하게 관련되어 있다는 점에서 환경문제는 고도의 정치성을 지닌다는 특성도 있다.[7]

소득증가와 환경수준 : 환경쿠즈네츠곡선

경제성장의 환경효과에 관심을 가졌던 그로스만과 크루거(Grossman & Krueger)는 경제성장과 환경오염간에 역 U자형의 관계가 존재할 수 있다고 가정하였다. 그리고 1977년부터 1988년까지의 세계보건기구(WHO)와 지구환경감시체계(GEMS)의 아황산가스 일별(日別) 농도자료를 분석하여 아황산가스 오염도가 이러한 모습으로 변화하는 것을

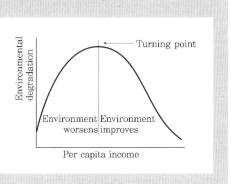

7) 개인심리적인 측면에서는 환경오염피해가 본인에게 귀착될 때는, 이를 기초재로 인식하여 치열한 저항을 하지만 그 피해가 타인에게 귀착될 때는 이를 사치재로 파악하려는 경향을 보이는 모순된 모습을 보이기도 한다. 이러한 경향은 특히 님비현상과 관련하여 나타난다.

밝혀냈다. 이들에 따르면 1인당 국민소득이 $4,000~5,000이 될 때 환경오염수준이 전환점에 도달한다고 한다. 셀든과 송(Seldon & Song)도 비슷한 현상을 밝혀냈으나 이들은 그 전환점을 $8,000로 보고 아황산가스와 분진(SPM)만이 이러한 관계를 보이는 것으로 파악했다. 학자들은 이러한 경제성장과 환경오염간의 관계를 "환경쿠즈네츠곡선 (Environmental Kuznet Curve)"이라고 부른다.

논리적으로 볼 때 경제성장에 의한 소득증가가 쾌적한 환경에 대한 수요를 증가시킨다는 주장은 설득력이 있다. 극빈국에서는 기초생활을 유지하기 위한 의식주를 충족시킬 자원조차 없기 때문에 환경문제에 관심을 가지거나 환경개선에 투자할 여력이 없다. 때문에 소득증대 즉 경제성장은 환경관리에 있어서 필요요건인 것처럼 보인다. 그러나 주요국가의 경제성장과 환경문제의 관계를 살펴볼 때 소득수준의 향상에 따라 특정오염문제는 완화되나 다른 오염문제가 대두되는 경우를 많이 목격하게 된다. 예를 들면, 경제성장에 따라 공장 및 가정용 연료사용이 주요 원인인 분진, 아황산가스, 산업폐수 등의 오염문제는 완화된다. 그러나 소득향상이 초래한 소비공해인 오존오염, 쓰레기 배출 등은 심화되는 경향이 있다.

자료 : Grossman, G. M. and A. B. Krueger, 1991, "Environmental Impacts of a North American Free Trade Agreement," NBER Working Paper Series No. 3914, Nov.

Seldon, T. M. and D. Song, 1994, "Environmental Quality and Development: Is There a Kuznets Curve for Air Pollution Emissions?," Journal of Environmental Economics and Management, Vol. 27. pp. 149-162.

2. 환경정책의 특수성

환경정책은 여타의 국가정책에 비해 특이한 요소를 많이 내포하고 있다. 국가정책을 할당정책(distributive policy), 규제정책(regulative policy), 재분배정책(redistributive policy)으로 나눌 때[8] 환경정책은 전형적인 규제정책에 속한다.

규제정책은 통상 경쟁적(competitive) 규제정책과 사회적 또는 보호적(protective) 규제정책으로 나누어진다.[9] 경쟁적 규제정책은 자원을 이용할 수 있는 권리 및 특정 서비스나 용역을 생산·공급할 수 있는 권리 등을 특정한 개인이나 기업체에 부여하면서, 이들에게 특별한 규제를 부과하는 정책을 말한다. 사회적 규제정

---

8) 로이(Theodore J. Lowi)는 정책을 할당(distributive), 규제(regulative), 재분배(redistributive) 정책으로 나눈다. Theodore J. Lowi. 1964, "American Business, Public Policy Case Studies and Political Theory," World Politics, XVI, July : 677-715.

9) R. Ripley and G. Franklin, 1982, Bureaucracy and policy implementation, Homewood, Ill: The Dorsey Press, pp. 69-186.

책은 공중의 이익을 보호하기 위하여 사기업의 활동을 특정한 기준이나 조건을 설정하여 제한하는 경우로서 주로 외부효과의 치유 및 사회적 약자의 보호를 위한 정책이다. 이 중에서 환경정책은 사회적 규제정책에 속한다.

따라서 같은 규제정책이라고 해서 환경규제정책을 경제적 규제정책과 같은 범주에서 고찰하는 것은 문제가 있다. 뿐만 아니라 환경정책은 사회적 규제정책 중에서도 다소 독특하다. 한 가지 예로 환경정책은 작업장 안전 등과는 달리 정책효과를 누리는 집단이 구체화되지 못한 경우가 많다. 환경정책은 이 같은 특수성 때문에 그 수립에서부터 집행 그리고 평가와 환류에 이르기까지 여타 정책과 다른 모습을 보이는 경우가 많다. 때문에 환경문제에 대한 정부의 역할이나 규제정책, 정부나 정책의 실패에 대한 논의에 다음과 같은 다소의 특수성이 존재할 수밖에 없다.[10)]

1) 본질적인 불확실성

첫 번째로 지적할 수 있는 것은 환경문제가 가진 본질적인 불확실성으로 인해 정책 수립에 필요한 정확한 정보를 기대할 수 없다는 것이다. 환경정책이 적확하게 수립되기 위해서는 국민 · 기업 · 정부 등 이해당사자 모두가 환경문제에 대한 정확한 이해와 정보를 가지고 있어야 한다. 그러나 환경재의 속성상 이러한 정보 구축은 기술적으로 힘들고 설령 기술적으로 가능하다 하더라도 막대한 비용을 필요로 한다. 그러므로 환경정책에 대한 논의는 불확실한 정보를 매개로 전개된다는 특성을 지닌다. 정책적인 접근을 필요로 하는 각종 환경문제의 원인과 가능한 대책이 현재 완전히 밝혀진 것이 아니며 지속적인 문제의 진단이나 정책개발이 진행되고 있는 상태라는 점이다.

2) 여타 정책과의 갈등관계

환경정책은 여타의 국가정책과 심각한 갈등관계인 것이 보편적이다. 특히 에너지, 산업, 국토개발 등 주요 경제개발정책과 환경정책은 조화되는 경우보다는 갈등관계인 경우가 많다. 따라서 환경정책은 여타의 정책과 '정책우선순위 (policy priority)'를 다투는 문제가 아니고 항상 '영의 게임(zero-sum game)'을 하여야

---

10) 정회성, "지속가능한 사회를 향한 환경규제정책의 발전 방향," 한국환경정책 · 평가연구원, 2002년 6월, 13-17면.

하는 경우가 많다. 예를 들어 어떤 지역을 생태계보전지역으로 지정하려면 그 지역에 대한 에너지원 개발, 도시개발, 산림개발 등 경제개발은 포기해야 한다. 최근들어 경제와 환경의 조화라는 말이 회자되고는 있지만 환경보전을 위해서는 여타 국가정책의 많은 대안들을 포기해야 하는 경우가 많다. 국민 개개인의 입장에서 보더라도 환경보전을 위해서 자신의 욕망과 이익을 포기해야 하는 경우가 많다.

3) 정책수요자의 불명확성

환경정책의 경우 정책의 수요자가 잘 드러나지 않고 수요자가 적극적으로 정책을 요구하지 않는다는 특성이 있다. 환경정책의 수혜자는 보편적으로 일반대중이거나 미래세대, 더 넓게는 생태계의 거주자인 동·식물 등으로 이들은 정책을 능동적으로 요구하지 않아 정책수요가 잘 표출되지 않는다. 쾌적한 환경이 제공하는 편익은 그 지역의 모든 주민이 고루 누릴 수 있는 공공재이며 오염된 환경이 초래하는 비용은 부의 공공재적인 성격을 지닌다. 때문에 일반국민들 사이에는 강한 무임승차(free-riders)의 욕구가 있으며 미래세대나 동·식물은 그들의 욕구를 표출할 수가 없다. 반면 환경을 오염시키고 파괴하는 자는 상대적으로 소수이고 집중적인 이해관계를 가지고 있어 강하고 분명한 목소리를 표출한다.[11]

4) 정책효과의 비가시성

환경정책은 여타 국가정책에 비해 그 효과가 장기에 걸쳐 나타나며 이를 측정할 수 없는 경우가 많다. 환경보전에 따른 편익은 수세대에 걸쳐서 누릴 수 있는 반면 환경오염이 초래하는 피해도 수세대에 걸쳐 누적적으로 나타나는 경우가 많다. 생태계보전, 경관보전 등 대다수 환경정책의 편익은 측정할 수 없는 경우가 많다. 정책효과를 계량화하기 위해서는 항상 미래의 정책효과를 할인해야 하며 미래에 대한 할인은 할인율을 어떻게 정하느냐에 커다란 영향을 받는다. 반면 환경정책과 경쟁관계에 있는 경제 및 산업개발정책은 정책효과가 단기에 나타나며 측정 가능성이 높다. 때문에 환경정책은 여타 정책에 비해서 정책성과를 구체적으로 제시하고 선전하는 데 불리한 입장에 처하는 경우가 많다.

---

11) 환경오염의 주범으로 지적되어 온 기업이 환경오염의 외부효과를 내재화하지 않는 이익은 소수 주주의 이익으로 귀착된다.

5) 정책논의의 지역성

환경문제는 특정한 공간을 배경으로 발생하므로 환경정책이 초래하는 결과도 특정한 공간을 배경으로 한다. 환경오염이 초래하는 비용이나 편익이 특정지역을 중심으로 나타나므로 환경문제를 논할 때는 항상 지구상의 특정지역이 거론될 수밖에 없다. 환경정책의 공간성 때문에 환경정책에 대한 수요도 항상 공간성을 지니게 마련이다. 즉 어떤 국가에서 대기개선을 논한다고 하더라도 대기가 오염된 지역과 오염되지 않은 지역이 있으며 국민의 정책선호도도 지역에 따라 달리 나타날 수밖에 없다. 비록 국가가 동일한 정책을 제공하더라도 국민들은 주거지를 이주함으로써 환경재 수요를 조절할 수 있다. 더구나 환경문제가 국지적인 문제에서 지역적인 문제로, 국가적인 문제로, 나아가 범지구적인 문제로 확대되고 있어 지역간 이해의 조정이 환경정책에서 중요한 과제로 등장하고 있다.

침례교 신자와 양조장 주인간의 모순된 관계

환경정책에 관한 이론 중 재미있는 비유의 하나가 침례교 신자(Baptists)와 양조장 주인(Bootleggers)간의 관계와 같다고 하는 가설이다. 이 가설은 엔들(Bruce Yandle)이 환경규제가 환경규제를 받는 기업에 보다 유리한 방식으로 되어있는 현상을 분석하면서 원용한 것이다. 즉 공익보호를 주장하는 집단의 주장이 때로는 오히려 특수이익(special interests), 여기서는 오염기업의 이익에 기여하는 방향으로 나타나는 현상을 미국 건국 초기 남부에 있었던 일요금주법(the Sunday Closing Laws) 제정과정에서의 침례교도와 양조장 주인 관계에 빗대어서 설명한 것이다.

즉 침례교도들은 주민건강과 도덕적인 이유로 일요금주를 주장하고 안식일의 주류판매금지조치를 원한다. 반면 양조장 주인은 어차피 일요일에 음주를 하는 주민은 이를 법적으로 금지하더라도 어떠한 방법을 써서라도 음주를 하게 마련이라고 생각하였다. 정치인들은 침례교 신자의 도덕적인 명분과 양조장 주인의 이익을 절충하여 일요금주가 아닌 일요일 주류판매금지라는 규제를 고안하였다. 그런데 주류판매금지조치는 침례교 신자에게는 주일금주라는 명분을 주었으나 양조장 주인에게는 폭리를 취할 수 있는 기회를 제공한 반면 주민은 값비싼 저질의 술을 마시게 되었다는 것이다.

환경운동도 대기정화법 등의 제정에서 보듯이 재산권 설정이나 경제적 유인의 활용보다 명령과 통제에 기반한 환경규제가 수립되도록 함으로써 환경관리의 비용효율성을 담보하지 못한다. 즉 명령과 통제 위주의 규제와 이에 따른 기술규제는 행정관료와 정치인 보좌진에게 권한을 집중시켜서 특수이익집단의 이득을 옹호하는 모순을 초래하였다고 한다.

옌들은 이 같은 이론을 직접규제가 경제적 유인보다 광범위하게 이용되는 미국의 정치과정을 비판하는 데 활용하였다. 그러나 이 이론은 현실정책이 이러한 정책을 옹호하는 집단의 도덕적인 당위성에도 불구하고, 그 영향을 면밀하게 살피지 못하였을 경우 사회적으로 바람직하지 못한 행위를 한 집단에게 부당한 이득을 주는 전혀 엉뚱한 결과를 초래할 수 있다는 점을 시사해준다.

자료 : Bruce Yandle, 1989, The Political Limits of Environmental Regulation; Tracking the Unicorn, New York; Quorum Books.

제 4 절   환경정책의 구조

인간의 생존을 위한 경제활동 과정에서 환경오염이 발생하는 것은 필연적이라 오염물질이 전혀 배출되지 않도록 하는 것은 불가능하다. 오염이 없는 사회를 얻기 위해서는 환경을 이용함으로써 얻는 혜택을 줄여야 하고 경제규모를 줄여야 하기 때문이다. 즉 깨끗한 환경을 얻으려면 그에 상응하는 대가를 치뤄야 한다.

그러므로 환경규제의 목적은 오염이 없는 사회를 만들려는 것이 아니라 적정 규모의 오염수준을 유지하여 사회적인 후생수준을 극대화하려는 것이다. 환경정책의 목표 즉 적정 오염수준은 당해 생산 또는 소비 활동이 야기하는 환경오염으로 인한 사회적인 피해와 이를 개선 또는 방지하기 위해 치뤄야 할 사회적인 희생이 적절하게 조화를 이루는 선에서 결정된다. 환경정책목표는 환경기준으로 표현되는 경우가 많은데 이는 국가전체를 대상으로 하는 일반기준과 특정지역을 대상으로 하는 지역기준으로 나누어진다.

환경정책은 이러한 정책목표를 달성하기 위해 규제 등 다양한 정책수단을 동원하고 행정조직, 주민참여 등 각종 제도적인 정비를 통해 접근하게 된다. 환경정책의 목표를 달성하기 위한 규제는 크게 이행규제와 불이행규제로 구분할 수 있다. 이행규제는 환경기준을 달성하기 위하여 환경관련 행위자로 하여금 특정 행위를 하도록 규제하는 제도이다. 이행규제는 규제시행의 시점을 기준으로 사전적 조

[그림 3-2] **환경법상의 정책수단 체계도**

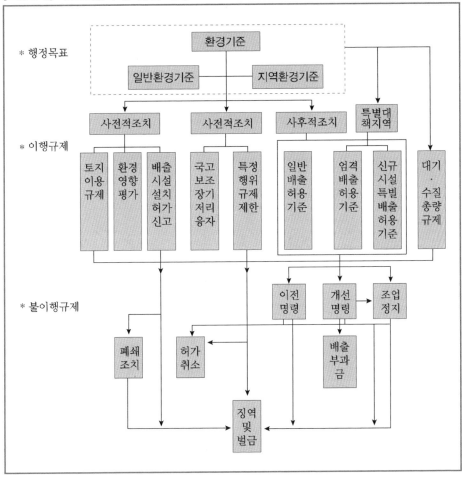

치와 사후적 조치로 나눌 수 있으며 수단의 특성에 따라 명령과 통제, 경제적 유인, 사회적 수단 등으로 나누어진다.12) 불이행제재는 이 같은 이행요구사항을 환경이용자가 이행하지 않을 경우 이에 대한 불이익을 주는 행위를 말한다. 우선 해당 환경이용자의 이행규제 준수 여부를 감시하고 불이행이 적발되었을 경우 다

---

12) 일반적으로 환경정책에서 사용되는 기준은 환경기준(ambient standard)과 규제기준으로 구분할 수 있다. 환경기준은 목표로 하는 환경질의 수준을 표현한 지표로서 환경정책의 목표가 되는 기준이지만 법적 구속력은 없다. 반면 규제기준은 환경기준을 달성하기 위한 배출원의 오염물질 배출행위를 직접적으로 규제하려는 기준으로 법적 구속력이 있다. 규제기준은 다시 배출허용기준(emission standard)과 기술기준(technology standard)으로 나누어진다.

양한 행정적, 경제적, 사법적 불이익을 가한다.

1. 환경규제 수단의 선택 : 이행규제

환경정책의 목표가 설정되면 이 목표를 달성하기 위한 다양한 정책수단이 활용된다. 정부가 환경정책 목표를 설정하고 이를 구체화하기 위해서 활용할 수 있는 환경정책수단은 다양하다.

이정전(1994)은 정부개입의 방법을 기준으로 환경정책의 유형을 구분하면서 직접개입, 직접규제, 간접개입, 시장에 일임 및 환경교육 및 홍보 등 다섯 가지가 있다고 하였다.[13] Mitnick(1980)은 명령·지시적 규제와 시장 유인적 규제로 구분하고, 전자는 법규정, 행정명령, 지시 등에 기초하여 오염행위를 직접 금지 또는 제한하는 방법이며, 후자는 규제대상이 자신의 판단에 따라 선택할 수 있는 여지를 부여한다고 하였다.[14]

유사하게 James & Opschoor(1978)은 환경정책수단을 경제적 수단과 비경제적 수단으로 구분하였다. 경제적 수단으로는 조세부과, 보조금 지급, 피해자보상, 오염권 판매 등을 들고, 비경제적 수단은 용도지역·지구제, 여론조성, 도덕적 설득 등을 들고 있다.[15] OECD는 환경규제수단을 크게 명령과 통제(command and control), 경제적 수단, 기타수단으로 구분하고 있다. 명령과 통제는 환경에 영향을 주는 행동을 직접적으로 규제하며, 경제적 수단은 재정적 유인이나 반유인(disincentive)을 제공하는 방식이며, 기타수단에는 정보제공이나 자발적 규약 등이 있다고 하였다.[16]

1) 명령과 통제

환경기준을 유지·달성하기 위한 정책수단으로 가장 보편적으로 이용되고 있

---

13) 이정전, 「녹색경제학」, 1994, 한길사, pp. 156-162.
14) Barry M. Mitnick, *The Political Economy of Regulation : Creating, Designing, and Removing Regulatory Forms*, 1980, N.Y., Columbia University Press.
15) D. E. James, H. M. A. Jansen, & J. B. Opschoor(eds.) *Economic Approach to Environmental Problems*, 1978, Amsterdam : Elsevier Scientific Publishing Company.
16) OECD, *Reforming Environmental Regulation in OECD Countries*, 1997, OECD, p. 10.

는 규제수단은 명령–통제방식(command and control)의 직접규제(direct regulation)이
다. 특정연료의 사용금지, 특정오염물질의 배출금지, 배출량이나 농도의 한계 설
정, 배출방법의 규제, 배출허용지역의 지정 등이 명령과 지시에 의한 환경규제이
다. 대부분의 환경규제는 이러한 규제를 혼합하여 사용한다. 직접규제 방식의 핵
심은 배출량 및 배출허용기준과 관련된 것이다.

직접규제방식의 하나로 가장 보편적으로 활용되고 있는 것이 배출시설허가(또
는 신고)제이다. 배출시설허가제도는 국민건강과 생활환경에 피해를 주거나 줄 우
려가 있는 오염물질 배출시설의 설치운영에 대해 정부가 사전에 심사하여 설치·
운영 여부를 결정하는 제도이다. 이 제도는 너무 경직적이어서 대상기업에게 과도
한 비용을 부담하게 하고 기술진보의 촉진을 저해하며 행정부담도 크다는 비난이
많다. 이러한 규제방식에 대해 흔히 거론되는 문제점은 경제적 비효율성, 기술진
보에 대한 유인의 부재 등을 들 수 있다.

2) 경제적 유인

명령과 통제의 문제점을 해결하기 위해 경제적 유인장치(economic instruments)
의 도입이 거론된다. 경제적인 유인장치란 직접적인 규제방식과는 달리 오염물질
배출량을 시장기구 또는 규제당국이 설정한 가격에 의해 적정수준으로 유지하려
는 방식이다. 규제당국이 배출행위에 세금을 부과하는 방식, 오염억제행위에 대해
보조금을 주는 방식, 그리고 배출행위에 대한 권리의 설정 및 거래를 통해 총량적
으로 규제하는 방식 등이 이에 해당한다. 이 경우에는 배출시설의 설치행위 그
자체는 규제당국의 관심사가 아니다. 규제당국은 단지 오염행위자가 얼마만큼의
오염물질을 어느 수준으로 배출하는가에 관심이 있다. 오염행위정도만 잘 측정하
여 세금을 부과하든지 보조금을 주면 되기 때문이다.

그러므로 만일 어떤 나라가 환경규제방식으로 간접규제방식인 배출부과금이나
보조금 등의 경제적 유인장치를 전적으로 택한다면 초기준수에 대한 점검제도는
필요가 없으나 실제 배출량에 대한 측정과 감시는 지속적으로 이루어져야 한다.
배출량을 주기적으로 파악한다는 것은 시설의 적정설치와 운영여부를 주기적으로
점검하는 것보다 어려울 수 있다. 배출부과금이나 보조금의 요율을 정확하게 산정
한다는 것도 쉽지 않은 문제이다. 그러므로 경제적 유인장치가 행정부담이 적다고

단정할 수는 없다.

경제적 유인장치는 또한 많은 정보를 요구하며, 기업이 부정행위를 할 우려도 크고, 인플레이션 등 경제가 불안정할 때 그 효과가 의심되는 단점도 있다. 따라서 경우에 따라서는 직접규제수단이 보다 효율적일 수 있다. 규제당국이 환경규제에 필요한 충분한 정보를 가지고 있을 경우에는 명령과 지시로도 매우 효율적인 환경관리를 할 수 있다.

3) 사회적 수단

경제적 유인만이 생산자와 소비자의 행태를 환경우호적으로 바꾸는 유일한 수단이 아니다. 보다 근원적인 환경문제의 해결을 위해서는 인간의 행태를 바꿔야 한다는 주장이 제기되고 있다. 이에 부응해서 정부에서도 사람들의 가치관을 환경우호적으로 바꾸기 위한 다양한 정책을 펼친다. 대표적인 예로 각종 환경교육, 환경개선 캠페인, 환경관련 홍보활동 등이 있다.

최근 들어 세계 여러 나라들이 환경교육에 많은 투자를 하고 있고 우리나라에서도 환경교육이 초·중·고등학교 교과과정에서 실시되고 있다. 이 외에도 언론매체를 통한 환경홍보, 환경보전을 주제로 한 생활수기나 사진 공모전, 환경보전관련 출판물 제작, 명예환경감시원제도의 실시 등의 환경보전에 대한 홍보전략과 민간단체들의 환경관련 활동을 지원하기 위해서 국고보조금을 지원하는 등의 사회적 수단이 실시되고 있다.

그러나 이러한 사회적 수단(social means)은 단시간에 효과를 내기보다는 장기에 걸쳐 서서히 효과를 낸다고 보아야 할 것이다. 뿐만 아니라 그 실효성에 대해서도 의문이 많아 주로 보조적인 정책수단으로 활용되고 있다.

2. 오염배출원 감시·감독과 불이행 제재

1) 오염감시의 중요성

환경의 질에 대한 감시(ambient monitoring)는 환경의 질 개선이라는 감시·감독의 궁극적인 목표를 평가할 수 있다는 점에서 매우 중요한 활동이라 할 수 있다. 하지만 현실적으로 대기오염도 또는 수질오염도와 같은 환경의 질은 규제당국의 감시·감독뿐만 아니라 환경기초시설투자, 경제활동의 변동에 따르는 오염부하량의 변화, 다양한 자연조건의 변화 등에 보다 크게 의존한다.

유념하여야 할 것은 환경규제기준이 강하다고 해서, 경제적 수단의 요율이 높다고 해서 높은 환경수준이 보장되는 것은 아니라는 점이다. 환경규제의 강도는 오염원의 규제준수활동과 규제당국의 감시·감독체계의 성과에 직접적인 영향을 미친다. 규제의 강도가 높을수록 배출업소는 보다 많은 공해방지시설투자와 운영비를 필요로 하므로 규제준수를 위해 보다 큰 비용을 부담하여야 한다. 이는 다른 조건이 같다면 배출원의 위반에 따른 이득의 증가를 의미하여 규제위반의 유인을 높이므로 결과적으로 규제 준수율을 하락시킬 수 있다.

그러므로 적절한 감시·감독체계의 강화를 수반하지 않는 규제기준의 강화는 규제 준수율의 하락을 통해 오히려 환경의 질을 악화시킬 수 있다. 결국 규제기준과 감시·감독활동의 수준은 상호 밀접히 관련되어 있으므로 환경규제는 환경개선에 따른 사회적 편익의 증가와 오염원의 관리비용 및 규제당국의 감시감독비용의 증가라는 편익과 비용의 상충관계(trade-off) 속에서 결정되어야 한다.

2) 오염배출원 감시·감독

배출규제제도가 성공적으로 운영되기 위해서는 배출업소가 법규를 충실하게 잘 이행하여야 한다. 그런데 배출업소가 환경오염을 억제하기 위해서는 막대한 투자와 비용지출이 필요하다. 때문에 행정당국은 배출행위에 대한 감시(monitoring)로 배출원의 각종 오염배출행위에 대해 조사하고 여러 가지 오염방지시설의 적정설치와 정상가동 여부를 확인하게 마련이다. 감시는 바람직한 행위 혹은 상태가 발생하고 있는지 그렇지 않은지에 관한 정보를 수집하는 활동을 뜻한다.

직접규제방식을 택하든 경제적인 유인장치를 활용하든, 규제당국은 배출업소의 행위에 대해 감시감독을 하게 마련이다. 배출원에 대한 규제는 직접규제방식에 의할 경우에는 허가(또는 신고)와 감시 그리고 제재의 절차를, 경제적 유인장치에 의할 경우에는 감시와 제재의 절차를 거쳐서 이루어진다. 그러나 배출원허가제와 감시 및 제재는 그 성격이 다소 상이하기 때문에 우리는 후자, 즉 감시와 제재를 묶어서 감시·감독 또는 지도·단속(monitoring and enforcement)이라고 부른다.

3) 배출규제 위반행위 제재

배출행위를 감시한 결과 기업의 불이행사실이 적발되었을 때에는 이에 대해 적절한 제재를 가하여 이행을 촉구하여야 한다. 불이행행위 제재 또는 이행강제 (enforcement)란 감시활동의 결과, 기업이 제반 환경법규를 위반하는 경우로 나타날 경우 이에 대한 처벌을 가하는 행위를 의미한다. 불이행행위 제재는 바람직하지 않은 행위·상태가 발생할 경우 이를 바람직한 상태로 변화시키거나 혹은 바람직하지 않은 행위·상태의 발생을 예방하는 활동으로 정의할 수 있다.

위반행위에 대한 제재는 위반행위에 대한 교정을 위한 것도 있지만 잠재적인 위반자에 대한 경고로 위반행위 억제효과도 있다. 제재의 방법으로는 벌금, 과징금의 부과 등 경제적인 불이익을 주는 조치도 있으며, 경고, 시설개선, 조업정지, 허가취소(폐쇄명령) 등 행정상의 조치를 주기도 하며, 업주나 시설관리인에 대한 처벌 등 형사상의 조치도 있다. 이 같은 제재를 통한 위반행위 억제효과는 위의 감시활동과 밀접하게 연결되어 발휘할 것이다.

🔍 참|고|문|헌

고재경, 2001, "환경정책에 대한 정부의 실패 연구; 수질개선 정책을 중심으로," 서울대학교 환경대학원 환경계획학과 박사학위 논문.

권용우·이상문·변병설·이재준, 2005, "환경친화적 토지관리를 위한 유사 환경보전지역의 개선방안 연구," 지리학연구, 대한국토·도시계획학회, 제39권, 제 3 호, pp. 79-92.

김번웅 외, 1997, 환경행정론, 대영문화사.

김용건·정회성·이영순, 1997, 배출규제 위반행위에 대한 감시·감독제도 개선방안, 한국환경정책·평가연구원.

문태훈, 1999, 환경정책론, 형설출판사.

안해균, 1985, 정책학원론, 다산출판사.

이종수 외, 1997, 새 행정학, 대영문화사.

정선양, 2001, 환경정책론, 박영사.

정회성·강철구, 1997, 환경행정의 선진화 방안, 한국기술개발원, 한국환경정책·평가연구원.

정회성·전성우, 1994, 2000년대 환경행정조직의 발전방향, 한국환경기술개발원.

정회성, 1996, 배출업소에 대한 통합오염관리방안, 한국환경기술개발원.

정회성, 2000, "효과적인 배출업소 관리를 위한 중앙·지방간 기능분담," 녹색소비자연대
    등 15개 민간단체 주최 환경관리업무의 지방자치단체 이양문제에 관한 공개토론회
    발표논문(2000년 12월 7일).

정회성, 2002, "환경정책에 대한 지속가능성 체계접근법과 구성요소," 국토계획, 제37권,
    제4호, pp. 7-27.

정회성, 2002, 지속가능한 사회를 향한 환경규제정책의 발전방향, 한국환경정책·평가연구원.

정회성·안기희, 1985, "현행 환경정책의 적격성 분석," 공해대책, 제16권, 제15호.

Anderson, J. E., 1979, *Public Policy-Making(2nd ed.)*, New York; Holt, Rinehart and
    Winston.

Costanza and Folke, Carl, 1997, "Valuing Ecosystem Services with Efficiency, Fairness,
    and Sustainability as Goals," Gretchen C. Daily(ed.), *Nature's Services : Societal
    Dependence on Natural Ecosystem,* pp. 49-68.

Decicco, J. and Bonanno, E., 1998, "A comparative analysis of the criminal environmental
    laws of the fifty states : the need for statutory uniformity as a catalyst for
    effective enforcement of existing and proposed laws," *The Criminal Justic
    Quarterly*, pp.9(4) : pp. 235-294.

Dye, Thomas R., 1981, *Understanding public policy*(4th.ed.), Englewood Clibbs, N.J.;
    Prentive-Hall, pp. 1-3.

Environmental Law Institute for EPA Office of Waste Programs Enforcement, 1987, RCRA
    Enforcement Division, *State Hazardous Waste Enforcement Study*, Vol. 2, ELI,
    Washington D.C.

Grossman, G. M. and Krueger, A. B., 1991, "Environmental Impacts of a North American
    Free Trade Agreement," *NBER Working Paper Series* No. 3914, Nov.

Hogwood, Brian W. and Gunn, Wis A., 1984, *Policy Analysis for the Real World*, New
    York; Oxford University Press Inc.

James, D. E., H. M. A. Jansen, & Opschoor, J. B(eds.), 1978, *Economic Approach to
    Environmental Problems*, Amsterdam : Elsevier Scientific Publishing Company.

Lester, James D.(ed.), 1989, *Environmental Politics and Policy : Theories and Evidence*, Durham; Duke University Press.

Lowi, Theodore J., 1964., "American Business, Public Policy Case Studies and Political Theory," *World Politics*, XVI, July : pp. 677-715.

Mann, Dean E., 1982, "Introduction," *Environmental Policy Implementation : Planning and Management options and Their Consequences*, Lexington Books, pp. 1-33.

Mitnick, Barry M., 1980, *The Political Economy of Regulation : Creating, Designing, and Removing Regulatory Forms*, N.Y., Columbia University Press.

OECD, *Reforming Environmental Regulation in OECD Countries*, 1997, OECD.

Paulsen, David F. and Denhardt, Robert B., 1973, *Pollution and Public Policy : A Book of Readings*, New York; Dodd. Mead & Company.

Pressman, Teforey L. and Wildavsky, Aron., 1973, *Implementation*, Berkley ; University of California press.

Ripley R. and Franklin, G., 1982, *Bureaucracy and policy implementation*, Homewood, Ill; The Dorsey Press, pp. 69-186.

Russell, Clifford S., 1990, "Monitoring and Enforcement," Paul R. Porteney(ed.), *Public Policies for Environmental protection*, Washington D.C.; Resource for the Future, pp. 243-274.

Seldon, T. M. and Song, D., 1994, "Environmental Quality and Development; Is There a Kuznets Curve for Air Pollution Emissions?," *Journal of Environmental Economics and Management*, Vol. 27. pp. 149-162.

US EPA, 1996, *FY 1995 Enforcement and Compliance Assurance Accomplishments Report*.

Yandle, Bruce, 1989, *The Political Limits of Environmental Regulation; Tracking the Unicorn*, New York; Quorum Books.

chapter 07 환경정책의 추진원칙

오늘날의 환경문제가 매우 복잡하고, 환경정책의 이해당사자들이 다양하다는 점에서 환경정책을 실현하는 데에는 일정한 원칙이 있어야 한다는 견해가 많다. 특히 생태계 문제에 대한 우리의 과학적 정보와 이해의 부족, 수많은 이해관계자를 지닌 환경문제에 대한 이해관계의 복잡성, 환경정책의 기준과 목표에 대한 다양한 시각의 존재 등은 정책논의에서 준거하여야 할 어떤 기준과 원칙을 절실하게 요구한다.

환경정책의 원칙으로 처음 강조된 것은 오염자부담의 원칙이었다. 오염자부담의 원칙은 유럽에서의 월경오염문제(transboundary pollution)에 대한 대응원칙으로 국제협력개발기구(OECD)에서 1970년대 초에 정립하였다. 이어 환경피해의 불가역성, 특히 환경복구비용이 예방비용보다 월등하게 높다는 분석이 나오면서 예방의 원칙이 주목되고 지속가능한 개발론의 대두와 함께 환경용량보전과 협력의 원칙이 강조되고 있다.

여기에는 많은 원칙이 있을 수 있으나, 가장 대표적으로 논의되고 있는 원칙들에 대해 설명하면 다음과 같다.

제 1 절　오염자부담의 원칙

1. 오염자부담의 원칙 개요

오염자부담의 원칙은 환경오염을 사회적으로 적정한 수준으로 유지하기 위해서 희소한 환경자원을 합리적으로 이용하고 국제무역과 투자 부문에서의 오염을 피하기 위해 오염예방과 통제조치에 소요되는 비용을 할당하기 위한 방법으로 제안되었다.17)

오염자부담의 원칙은 1972년 OECD에 의해 국가 간의 환경분쟁을 해결하기 위한 기준으로 제시되어 국제 환경관리는 물론 국내 환경정책의 기준으로 활용되고 있다. 전통적인 개념에 의하면 오염의 예방, 통제 그리고 감소 비용이 오염자부담 원칙의 적용 대상이 된다. 1991년의 OECD 권고안과 리우 선언은 오염피해비용을 오염자부담의 원칙 범주에 포함시켜서 내재화시키는 것을 정당화하고 있다.

2. 전통적 오염자부담의 원칙과 구성요소

오염자부담원칙의 전통적인 개념은 오염자가 환경을 만족스러운 상태로 유지하기 위해서 필요한 환경오염 방지 및 통제 비용을 부담하여야 한다는 것이다.18) 즉, 오염예방, 통제 및 감소 비용(costs of pollution prevention, control and reduction measures), 오염물질의 배출을 피하거나 통제하기 위한 비용, 오염물질이 일단 환경으로 배출된 이후 악영향을 저감하기 위한 조치에 따른 비용 등을 포함한다.

오염자부담원칙은 다음과 같이 정부보조가 인정된 경우 예외로 한다. 이러한 예외는 OECD가 인정한 것이다.19)

---

17) 오염자 부담원칙은 효율적인 환경관리를 위한 원칙으로 제기되었으며 구현수단으로 부과금 등 경제적 유인장치가 옹호되고 있다. 그러나 경제적 유인장치와 오염자부담의 원칙을 동의어로 파악한 것은 잘못된 것이라고 할 수 있다.

18) "the polluter should bear the expenses of carrying out the 'pollution prevention and control' measures decided by public authorities to ensure that the environment is in an acceptable state," OECD, Guiding Principles Concerning International Economic Aspects of Environmental Policies(Recommendation adopted on 26th May, 1971-C(72)128).

첫째, 주어진 기간 내에 환경정책 목표의 달성을 위해 특히 엄격한 환경오염 통제조치에 대한 비용을 정부가 보조하는 경우이다.

둘째, 새로운 환경오염 통제기술과 장치의 개발 촉진을 위한 목적의 실험비용을 정부가 보조하는 경우이다.

셋째, 지역불균형 해소정책 등 여타 사회경제적인 목적을 위한 국가의 조치가 우연히 오염통제비용을 보조하는 결과를 초래한 경우이다.

3. 새로운 오염자부담원칙과 구성요소

리우 선언 제16조 원칙은 "국가당국은 원칙적으로 오염자가 공공이익에 대한 적절한 배려와 국제무역과 투자를 왜곡함이 없이 오염비용을 부담하여야 한다는 원칙을 고려하여 경제적 수단의 사용과 환경비용의 내재화를 촉진하기 위해 노력하여야 한다"라는 새로운 개념을 제시하고 있다. 여기서의 오염비용 또는 환경비용(Costs of pollution or environmental costs)20)에는 오염의 예방, 통제 및 저감조치에 따른 비용, 환경복원조치에 따른 비용(저감조치에 의해 충족되지 못한 환경의 정화 및 복원 비용), 피해보상조치에 따른 비용(환경피해자의 피해에 대한 배상), 생태적인 피해에 대한 비용(환경생태계에 대한 피해비용, 공공당국에 대한 잔여피해 배상, 과도한 오염에 대한 벌금 등), 환경오염 부과금 비용 또는 동등한 경제적 수단(오염허가증 거래제도, 환경세, 생태부담금 등) 등이 포함된다.21)

19) The implementation of the polluter pays principle(Recommendation adopted on 14th November, 1974-C974), p. 223.

20) Henri Smets, 1994, "The Polluter Pays Principle in the Early 1990s," Luigi Campiglio, et al.(eds), The Environment After Rio : International Law and Economics, London; Graham & Trotman Ltd. pp. 131-147.

21) "National authorities should endeavour to promote the internalization of environmental costs and the use of economic instruments, taking into account the approach that the polluter should, in principle, bear the cost of pollution, with regard to the public interest and without distorting international trade and investment"(RIO DECLARATION PRINCIPLE 16).

제 2 절   사전예방의 원칙

1. 사전예방의 원칙의 의의

예방의 원칙(precautionary principle)은 환경오염의 발생을 사전에 회피하여 환경 및 자연적인 기초를 보호하고 소중히 하는 것을 기본목표로 삼고 있다. 이 원칙에 따르면 환경정책은 이미 발생하여 우리에게 위험으로 다가온 환경오염을 제거하는 방향으로 추진하는 것이 아니라 제반 환경오염의 발생을 미연에 방지하는 방향으로 추진되어야 함을 강조한다. 이에 대한 배경으로는 환경문제가 지니는 불가역성과 예방적 투자의 경제성이 있다. 환경오염에 대하여 환경정책수단을 구축하여 해결하기에는 시간적으로 너무 늦을 수도 있다는 인식도 근저에 있다.

예방의 원칙은 이를 효율적이고 광범위하게 적용할 때 미래세대들에게 오염되지 않은 환경을 유산으로 남겨 줄 수 있다는 점에서 중요한 의미를 지니고 있다. 결국 환경정책은 환경오염을 유발시킬 수 있는 잠재적인 원천을 제거하는 것을 목표로 하여야 한다는 것이다. 예방의 원칙은 환경정책의 수단보다는 목표정립과 긴밀한 관련을 맺고 있다. 이에 따라 이 원칙은 환경정책이 근본적으로 지향해야할 방향이 무엇인가에 대한 가치판단의 기준으로 활용된다.

2. 환경오염예방의 경제성

사전예방의 원칙은 경제적인 환경정책의 수행에 있어서 중요한 의미를 갖는다. 이는 다양한 실제 사례를 통해서도 확인할 수 있다. 〈표 3-2〉는 일본에서의 환경오염 방지비용과 피해액을 비교한 것이다. 즉 요카이치 천식의 경우에는 사후피해가 사전예방보다 1.8배가, 미나마타병의 경우에는 20.8배, 이따이이따이병의 경우에는 4.4배가 많았다는 점을 보여준다. 여기서 알 수 있듯이 환경오염의 피해액은 오염방지에 소요되는 비용에 비해 훨씬 크게 나타나고 있다. 따라서 환경정책은 사후처리보다는 사전예방에 중점을 두고 추진되어야 할 것이다.

표 3-2 일본에서의 환경오염 방지비용과 피해액 비교

(단위 : 10억엔, 1988년 불변가격)

지역	오염유형	피해액추정(A)	오염방지시설비 추정(B)	A/B
Yokkaichi	황산-대기	17.292	9.349	1.8
Minamata	수은-수질	1.96	0.0094	20.8
Jinzu River	카드뮴-토양	2.4	0.540	4.4

자료 : Study Group for Global Environment and Economics(1991).

제 3 절 공동부담의 원칙

공동부담의 원칙은 환경정책의 접근에 있어서 중요한 가치체계 중 형평성의 측면에서 활용되어진다. 공동부담의 원칙은 두 가지 유형으로 적용될 수 있다. 먼저 일반적 공동부담의 원칙으로서 이는 공공재정을 통해 특정한 상황 또는 예외의 경우에 환경정책수단들의 추진에 소요되는 비용을 조달하는 것을 의미한다. 두번째 형태는 수익자부담의 원칙으로서 이는 환경재 이용자 스스로가 환경오염을 회피하는 비용, 즉 환경정책수단에 소요되는 비용을 부담하는 것을 의미한다. 이를 좀더 자세히 살펴보면 다음과 같다.

1. 일반적 공동부담의 원칙

일반적 공동부담의 원칙은 특정한 예외적 상황에서 정부나 공공단체들이 환경문제를 해결하기 위한 비용을 부담하는 것을 의미한다. 이 같은 공공재정은 일반시민들의 세금에 의해 조달되기 때문에 이 유형의 공동부담원칙을 일반적 공동부담의 원칙이라고 한다. 일반적 공동부담의 원칙을 활용할 수 있는 대표적인 상황으로는 첫째, 환경오염의 원인제공자, 즉 오염자를 찾지 못하거나 오염자가 여러 사람으로 추정되나 더 이상의 오염자를 찾지 못하는 경우, 둘째, 환경오염의 유형이 첨예하고 긴급하여 오염자부담의 원칙에 따른 정책수단들에 의하여 이를 빨리 제거할 수 없을 경우 등이다.

그러나 이 원칙의 도입으로 인하여 민간 경제주체들의 환경오염 외부화 경향이 확대될 위험이 많다. 이 점에서 이 원칙은 시장기구의 운용과도 조화를 이루는 것이 아니며 오염자부담의 원칙에 전적으로 배치되는 경향이 많다. 따라서 이 원칙은 오염자부담의 원칙, 예방의 원칙, 협력의 원칙과 같은 다른 중요 원칙 등에 부가하여 보조적으로 활용하는 것이 바람직하다. 공동부담의 원칙은 전술한 중요한 원칙들을 통해 충분한 정책효과를 얻을 수 없거나 실제 추진하는 데 어려움이 있을 때 추가적으로 활용함으로써 정책효과를 많이 얻을 수 있을 경우에만 도입하는 것이 바람직하다.

2. 수익자부담의 원칙

공동부담의 원칙의 특별한 사례로 수익자부담의 원칙(user pays principle)을 들 수 있다. 이 원칙은 환경정책수단의 수혜자들이 환경의 원상복구비용을 부담하는 것을 의미한다. 여기에서는 특정한 환경오염을 줄이기 위한 시설들, 예를 들어 쓰레기 소각장은 일부의 사람들에게만 이익이 돌아가기 때문에 이들에게 비용을 부담시키자는 것이다. 이처럼 수익자부담의 원칙은 특정 환경시설의 설치·운영·관리와 관련된 경우가 많기 때문에 '이용자부담의 원칙'이라고 부를 수 있다.

일반적으로 이 원칙에 따른 수혜자들은 과거 환경오염의 피해자들로서 기존의 환경폐해를 야기시켰던 오염자가 환경오염행위를 하지 않는 조건으로 대가를 지불한다. 이 같은 수익자부담의 원칙은 환경오염 방지 및 처리시설에 대한 재정이 충분하지 않을 경우에 효과적으로 활용될 수 있다. 오염자가 환경보호 비용을 지불할 것으로 기대되지 않는다면 환경오염의 피해자가 오염자에게 환경오염을 하지 않도록 보조금 혹은 대가를 줄 수 있다는 견해이다.

수익자부담의 원칙은 환경오염의 피해자가 가해자에게 환경오염을 줄이는 비용을 지불한다는 점에서 사회적으로 불평등한 측면을 가지고 있다. 따라서 이 원칙은 환경정책의 가장 중요한 원칙인 오염자부담의 원칙과 전적으로 배치되는 경향이 있다. 그러나 환경오염으로 인한 피해가 절대적으로 위험한 상황에 있고 피해자들의 환경의식이 상당히 높은 상황에서는 피해자들이 수익자부담의 원칙에 입각하여 환경오염을 줄이는 데 충분한 자금을 부담할 수 있을 것이다. 특히 환경오염의 가해자가 영세한 상황이어서 환경오염을 줄이는 데 충분한 투자를 할 수 없는 경우에 이 원칙은 효과적으로 활용될 수 있을 것이다.

그러나 이 원칙이 폭넓게 활용되는 것은 바람직하지 않은데 그 이유는 이 원칙이 일반화되면 경제적으로 강한 위치에 있어 환경오염을 줄이는 데 충분한 투자를 할 수 있는 오염자, 예를 들어 대기업들도 경제적 약자인 피해자들에게 환경개선을 위한 비용의 부담을 요구할 수 있기 때문이다.

오염자부담원칙과 수혜자부담원칙

오염자부담원칙이란 바람직한 환경수준을 유지하기 위해 정부가 사용하기로 결정한 오염방지 및 제거수단을 시행하는 데 소요되는 비용을 모두 오염자가 부담하여야 한다는 원칙이다. 반면 수혜자부담원칙은 환경질이 개선됨으로써 오염피해가 줄어들어 이득을 보는 환경오염의 피해자가 환경질 개선에 소요되는 비용을 부담하여야 한다는 원칙이다.

예를 들어 팔당호 상수원의 오염문제를 고려해 볼 때, 팔당호 수원지 부근에서 농업을 하거나 음식점을 운영하는 사람이 오염자이고, 팔당호로부터 공급된 수돗물을 먹는 서울시민이 피해자이다. 팔당호 수질을 개선하는 데 오염자부담원칙을 적용할 경우 농민이나 음식점 주인이 폐업을 하거나 오염물질 배출량을 줄이기 위한 노력을 하여야 하고, 그 비용도 부담하여야 한다. 그러나 수혜자부담원칙을 적용할 경우 팔당호 수질개선으로 인해 이득을 보는 서울시민이 수질개선 비용을 부담하여야 한다. 이 경우 팔당호 부근 생산자들이 보다 환경친화적으로 경제행위를 하는 데 필요한 비용을 서울시민이 수돗물 값의 인상 등을 통해 보상하여야 한다.

제 4 절 환경용량 보전의 원칙

지속가능한 개발이라는 개념이 환경정책의 새로운 이념이 되면서 환경용량보전이 강조되고 있다.

지속가능한 개발이라는 개념은 미래세대의 욕구를 충족시킬 수 있는 성장, 자원의 이용, 투자의 방향, 기술의 발전, 그리고 제도의 변화가 서로 조화를 이루며 현재와 미래의 모든 세대의 필요와 욕구를 증진시키는 변화의 과정으로 정의되고 있다. 지속가능한 개발이라는 개념은 그 모호성으로 인하여 많은 학자들에 의해 비판을 받으며 보다 정교하게 발전되어 왔다.

지속가능한 개발은 유엔환경프로그램(UNEP)에 의하면 "지구의 환경용량 내에서의 삶의 질을 향상시키는 개발"로, 국제지방환경자치제협의회에 의하면 "자연과 사회체계의 생명력에 위협을 주지 않으면서 기초적인 환경·사회·경제적인 서비스를 모든 공동체 주민에게 제공하는 것"으로 정의되는 등 그 개념이 진화되어 왔다.

언어의 표현이 다소 다르긴 하지만 이들 개념은 지속가능한 개발이 자연의 환경용량 내에서 이루어지는 발전임을 공통적으로 지적하고 있다고 할 수 있다. 즉 환경정책을 추진함에 있어서도 환경용량을 보존하는 것이 핵심적인 목표가 되어야 한다는 것이다. 이러한 환경용량은 전술한 바와 같이 대상에 따라 자연자원의 최대지속가능생산량(maximum sustainable yield), 수용용량(carrying capacity), 자정능력(assimilative capacity) 등의 개념으로 파악해 볼 수 있다.

제 5 절 협력의 원칙과 중점의 원칙

1. 협력의 원칙

협력의 원칙은 환경문제를 해결함에 있어 환경문제를 유발시킨 모든 관계자들이 공동의 책임을 지고 협동하여야 함을 의미한다. 이에 따라 협력의 원칙은 환경정책적인 목표를 달성하기 위한 과정의 원칙이다. 여기에서는 정책목표의 설정은 물론 정책수단의 집행 및 추진에 있어서 가능하면 모든 사회 구성원들이 참여할 것을 강조한다. 아울러 협력의 원칙은 국가가 환경정책을 추진하는 데 있어서 사회의 환경관련 집단들, 특히 환경기구, 과학기술계, 경제계와 공동으로 환경정책목표를 추진하면 이들의 의지와 상반되게 추진하는 것보다 환경정책의 목표를 훨씬 쉽고 효율적으로 달성할 수 있다는 점에서 중요하다. 환경문제는 어느 단일의 원인에 의해서 발생한 것이 아니며 그 해결에 있어서도 단일의 학문분야가 아닌 다양한 분야의 전문가들과 일반인들의 협력에 의해서만 해결될 수 있다는 점에서 협력의 원칙은 더욱 강조되어야 할 것이다.

2. 중점의 원칙

환경의 중요성이 증대되고 환경문제가 급증하면서 환경정책에 대한 수요가 증가하고 있다. 그러나 한정된 재원을 가지고 수많은 환경문제를 해결하는 데에는 한계가 있다. 여기서 중점의 원칙이라는 개념이 대두된다. 즉, 경제적 효율성을 바탕으로 우선순위에 따라 환경정책을 추진한다는 원칙이다. 환경개선의 필요성이 낮은 경우, 환경개선의 효과가 미미한 경우, 상대적으로 환경오염이 심각하지 않은 경우에는 환경정책적 지원을 이보다 중요한 다른 환경오염의 유형이나 지역으로 전환할 필요가 있음을 의미한다.

제 6 절　평　　가

지금까지 살펴본 여러 원칙들은 서로 긴밀하게 연관되어 있으며 환경정책의 목표는 다양한 원칙에 의해서도 구현될 수 있다. 우선 예방의 원칙은 환경오염의 발생을 미연에 근절하는 것을 목표로 하고 있는 데 비하여 오염자부담의 원칙은 이미 발생한 환경오염을 제거하는 것을 의미하기 때문에 이들이 다루는 차원은 서로 다르다. 즉 환경정책이 합리성을 갖기 위해서는 단일의 환경정책의 원칙만을 적용해서는 안 될 것이며 다양한 원칙들이 포괄적으로 고려되어 집행·적용되어져야 할 것이다.

오염자부담의 원칙에 있어서 오염자를 결정하기 어려울 경우에는 예방의 원칙 또는 공동부담의 원칙을 활용할 수 있다. 또한 오염자부담의 원칙을 구현하는 데 있어서 협력의 원칙을 동시에 활용하여 다양한 오염자가 서로 협력하여 환경오염을 줄이게 할 수도 있다. 아울러 협력의 원칙은 예방의 원칙과도 상당한 연관성이 있다. 환경오염의 예방에 있어서 다양한 경제주체의 참여와 협력은 환경의식의 확산에는 물론 특정한 환경문제를 조기에 발견하여 해결 가능성을 찾는 데 공헌할 수 있다.

오염자부담의 원칙과 수익자부담의 원칙은 정반대의 측면을 가지고 있기 때문에 이들 중 어느 것을 선택할 것인가의 문제는 상당한 논란을 불러일으킬 수 있다. 이 문제는 국가 전체의 경제적 효율성과 환경적 효율성의 측면에서 선택하여야 할 것이다. 일반적으로 오염자부담의 원칙을 활용할 수 없는 상황에서 수익자부담의 원칙을 활용하면 어느 정도의 단기적인 효율성을 제고할 수 있을 것이다. 그러나 장기적인 측면에서 국가의 효율성은 오염자부담의 원칙에 의해서만 달성될 수 있고, 국가경영의 근간을 이루는 사회정의 구현의 측면과도 일치한다.

환경용량보전의 원칙은 인간의 자연환경이용실태가 생태계의 수용용량에 근접해 있다는 점을 강조한다. 따라서 경제활동이나 개발행위가 환경용량을 넘어서지 않도록 관리하여 환경서비스가 지속적으로 제공될 수 있도록 하여야 한다는 것이다. 환경용량을 늘릴 수 있는 투자를 강조하기도 하는데 이 경우에는 예방의 원칙과 일맥상통한다.

결론적으로 환경정책의 원칙들은 각각 별개로 파악해서는 안 될 것이며 서로 연관지어 파악하여야 할 것이다. 환경정책의 원칙들은 많은 연관성을 지니고 있으므로 환경정책적 문제의 인식, 환경정책수단의 선택, 환경정책 효과의 판단 등은 이들 다양한 원칙을 동시에 고려하여 판단하고 평가하여야 할 것이다.

🔍 참|고|문|헌

권용우·이상문·변병설·이재준, 2005, "환경친화적 토지관리를 위한 유사 환경보전지역의 개선방안 연구," 지리학연구, 대한국토·도시계획학회, 제39권, 제3호, pp. 79-92.
변병설, 2004, "지속가능한 자연환경보전계획 수립방향 연구," 한국습지학회지, 한국습지학회, 제6권, 제4호, pp. 71-81.
이정전, 1999, "공리주의와 롤즈의 정의론에 입각한 환경정의," 환경정의시민연대·환경정의포럼 자료집.

이정전, 2000, 환경경제학, 박영사.

정선양, 1999, 환경정책론, 박영사.

정회성, 1994, 지방자치시대의 환경정책, 한국환경기술개발원.

정회성, 2000, "오염자부담의 원칙과 환경정의," 환경정의시민연대 · 환경정의포럼 월례토론회 자료집.

정회성 · 이수장 · 김용건 · 강철구, 1997, 지역간 환경분쟁의 합리적 해소방안, 한국환경정책 · 평가연구원.

한면희, 1999, "생태정의를 위한 새로운 모색," 환경정의시민연대 · 환경정의포럼 자료집.

Bromley, Daniel W., 1990, "The Ideology of Efficiency : Searching for a Theory of Policy Analysis," *Journal of Environmental Economics and Management* 19, pp. 86-107.

Clayton, Anthony M. H and Radcliffe, Nicholas J., 1996, *Sustainability : A Systems Approach*, London; Earthscan Publication Ltd.

Combee, Jerry and Norton, Edgar(eds.), 1991, *Economic Justice in Perspective : A Book of Readings*, Englewood Cliffs, New Jersey : Prectice Hall.

Low, Nicholas P., 2000, "Urban Planning and Environmental Justice," Paper presented at a Policy Forum of the Ecojustice Organization held on August 8, 2000.

Munasinghe, Mohan and McNeely, Jeffrey., 1995, *Key Concepts and Terminology of Sustainable Development*, Mohan Munasinghe and Walter Shearer(ed.), *Defining and Measuring Sustainability : The Biogeophysical Fundations*, the United Nations University and The World Bank.

Rawls, John, 1971, *A Theory of Justice*, Cambridge : Harvard University Press.

Smets, Henri, 1994, "The Polluter Pays Principle in the Early 1990s," Luigi Campiglio, et al.(eds.), *The Environment After Rio : International Law and Economics*, London; Graham & Trotman Ltd, pp. 131-147.

OECD, 1995, "Environmental Principles and Concepts," joint session of Trade and Environment Experts, March 20-22, 1995, COM/ENV/TD(93)117/REV 3.

OECD, 1971, *Guiding Principles Concerning International Economic Aspects of Environmental Policies*(Recommendation adopted on 26th May, 1971-C(72)128).

OECD, 1975, *Polluter Pays Principle : Definition, Analysis, Implementation*, Paris : OECD.

RIO DECLARATION PRINCIPLE 16.

Social Justice and Land Use(http : // courses.ksu.edu/ spring2000...0/ Social_justice_and_

Landuse.html).

The Land Issue, Justice and Elections(http : // www.hartford - hwp.com/ archives/43a/034. html).

제1절 환경계획의 개념

환경문제는 그 특성 상 해결에 장기간의 노력이 필요하다. 그리고 국토이용, 도시개발, 교통, 에너지, 산업, 농업 등 많은 부문과 관련되어 있다는 점에서 환경보전을 위해서는 사전적이고 종합적인 정책이 필요하다. 정부, 시민, 기업 등 각각의 행동주체에게 비전과 행동방향을 제시하고 부문별 환경보전 노력을 조화·종합화할 수 있는 방안이 필요하다. 환경문제에 대해서 사후적인 처리보다 사전적인 예방이 경제적으로 효과적이며 사회정의의 원칙에 부합된다는 점에서 환경계획은 사전배려원칙의 실현에 가장 적합한 환경정책 수단으로도 인식되고 있다.[2]

이러한 환경계획은 '환경보전을 위해 사전에 환경을 배려하고 환경과 관련된 제반 문제와 이해관계를 종합적으로 조정하며 환경자원의 효율적인 관리를 위해 여러 행정수단을 결합시키는 미래 형성적인 환경정책의 수단'이라고 정의할 수 있다.[3] 환경계획의 장점은 다음과 같이 다양하다. 첫째, 장기적 전망 하에서 환경문제에 대하여 장기적이고 체계적·종합적으로 대응할 수 있게 한다. 둘째, 사전예방적 환경관리 수단으로서 사후관리적 환경관리가 지니는 한계를 극복한다. 셋째, 정부는 물론 시민과 기업 등 환경보전과 관련된 이해관계자의 참여를 유도할 수

---

1) 이 장은 정회성·박창석·이창훈(2006)의 논문 내용을 중심으로 작성되었다.
2) 특히 사회주의적인 전통이 강한 국가에서는 시장실패의 결과인 환경문제를 계획적인 접근으로 해결하는 것이 당연한 것으로 받아들여졌다.
3) 고영훈, 2001, 「환경법」, 서울 ; 법문사.

있다. 환경계획은 현재와 미래 특정시점에서의 사회적 복지를 최적화하는 의사결
정을 위한 합리적인 인간행위로 이해되어야 한다.4)

[그림 3-3] **기본적인 환경계획 과정**

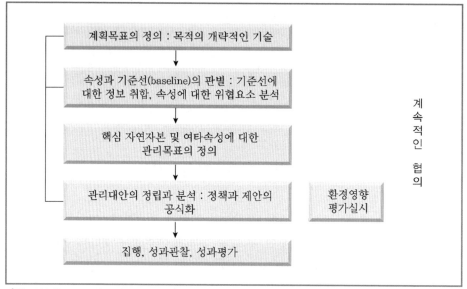

자료 : DTA/GAG, 1994.

　　지구상에는 여러 범주의 다양한 형태로 환경계획이 수립되어 시행되고 있다.
계획의 일반적 단계로 Healey(1997)는 문제의 검토(조사 : survey), 탐색을 통한 분류
(분석 : analysis), 가치와 관련된 영향의 탐구(평가 : evaluation), 새로운 아이디어의 창
안 및 개발(전략의 선택 : choice of strategy), 계속적인 검토(모니터링 : monitering)를 제
시한 바 있다. 통상 계획수립의 과정은 문제점의 파악, 목표의 정립, 대안의 작성과
평가, 최적의 수단(대안) 선택, 집행과 모니터링의 순서로 이루어진다. 환경계획은
자연생태의 보전과 환경오염 문제 해결을 위한 사전적인 의사결정과정으로서 통
상적인 계획수립 과정은 [그림 3-3]과 같이 정리해 볼 수 있다.

---

4) P. Selman, "Three Decades of Environmental Planning : What have we really learned?,"
in : M. Kenny and J. Meadowcroft(Eds.), Planning Sustainability, London/N.Y. : Routledge.

제 2 절   환경계획의 발달과정과 쟁점

1. 환경계획의 발달과정

문제가 존재하기 때문에 계획이 필요하게 되며, 이러한 관점에서 계획은 전형적으로 문제지향적이다. 또한, 계획은 미래지향적이기 때문에 불확실성의 문제와 관련되어 있다. 그렇지만 계획은 과거 회고적인 요소를 지니기도 한다. 과거의 성과에 대한 성찰은 우리에게 경험상의 지식을 제공하기 때문이다.

비록 계획행위가 보편화되어 있지만, 환경계획이 법상의 지위를 가지고 보편화된 것은 20세기 후반에 들어서이다. 과학적인 문제와 인간행위간의 불가분리성에 대한 인식이 확대되면서 전문가에 의한 단일학문적인 접근에서, 학제적인 접근으로, 다양한 관련기구와 피영향집단이 참여하는 통합적인 접근으로 환경계획이 발전해 온 것이다.

Selman(1999)에 따르면 환경계획은 1930년대에 대두된 '쾌적성(amenity)'의 개념, 1940년대의 '아름다움, 건강 그리고 편의성(beauty, health and convenience)' 인식, 그리고 피터 홀의 적정도시 규모계획 즉 '수용능력(containment)' 등의 물적인 개념을 기반으로 발전하여 왔다.

1970년대에 본격적으로 대두되기 시작한 환경계획은 분절적이고 환원주의적이며 하향적인 방법론에 입각하였다. 또한 자연을 통제할 수 있다는 인식 하에서 기술중심적인 특성을 지니고 있었다.

1980년대에 들어 환경계획은 보다 통합적이고 협의적인 태도를 보이게 된다. 자연에의 적응이라는 관점이 강조되고 생태적 현대화라는 철학을 지닌다. 기술적으로는 환경평가 및 경합관계(trade-offs)의 최적화 기법에 의존한다.

1990년대에 들어 환경계획은 전체적인 성격(holistic)을 보이며 하향식과 상향식을 통합하는 혼합형태를 지니게 된다. 특히 자연의 생명지원체계가 부여하는 한계를 존중하여 지속가능성 계획을 추구한다는 특성을 지닌다. 체제의 위기관리라는 점에 초점을 둔다.

2. 환경계획에 대한 이론적 · 실천적 쟁점

환경계획은 문화의 차이, 기후적 · 물적 · 생물학적 조건의 차이 등으로 지역에 따라 상이한 양태를 보이게 마련이다. 환경계획의 내용 및 방법에 대한 이론적 · 실천적 쟁점을 살펴보면 다음과 같다.5)

첫째, 환경계획은 환경변화에 대한 일정한 정도의 강제성을 지닌다. 강제의 방법에는 토지매입, 직접규제적 입법, 경제적인 유인이나 비유인, 그리고 자문이나 경고 등 다양한 것이 있다.

둘째, 환경계획과정은 선출된 공직자에 의한 의사결정과정 또는 공공참여의 과정을 통해서 지역의 의견이나 경험이 반영되게 마련이다. 물론 공중참여가 배제되는 경우도 있을 수 있고 형식적인 참여에 국한될 수도 있으며 시민통제에 의해 계획이 수립되는 경우도 있을 수 있다.

셋째, 환경계획은 환경문제가 개념적으로 정의되고 실천력 있는 해법이 제시되기 위해서 일련의 기술적인 지식의 산출을 수반하게 된다. 이러한 지식은 복잡성과 장기성을 지니는 환경문제의 특성상 학제통합적인 접근과 분석을 요구하게 마련이다.

끝으로, 환경문제에 대해 보다 통합적인 지배구조(environmental governance)가 형성되어야 한다는 시각이다. 이러한 문제는 단순히 주요 입법이나 제도적인 개혁에 의해서가 아니고 학제적인 분석을 용이하게 할 수 있는 파트너십 형성을 통해서 보다 보편성 있게 수행되어야 한다는 것이다.

제 3 절   환경계획의 정책방향

1. 환경계획과 공간계획의 연계

환경계획은 대기, 수질, 폐기물 등 매체중심의 정책 · 사업계획으로 이루어져 생태환경의 보전 · 관리 등 공간관리적 계획내용은 미흡하다. 환경계획과 공간계획의

---

5) P. Selman, 전게서, pp. 148-149.

계획체계와 계획내용 등의 차이로 인해 환경계획과 국토·도시계획은 서로 관여할 장이 부재한 상태로 '개발'과 '보전' 정책이 별개로 수립되어 개발사업 시 상충과 갈등이 발생하기도 한다. 국토정책과 환경정책을 지원하고 있는 국토·도시계획과 환경계획의 연계는 지속가능한 국토관리를 위해 해결되어야 할 주요과제이다.[6] 이러한 연계체계의 실효성 제고를 위해서 다음과 같은 사항의 고려가 필요하다.

첫째, 환경계획에 공간관리적 내용의 확충이 필요하다. 국가의 환경계획에서 제시된 지역별 환경구상을 토대로 지방에서 작성하는 환경계획은 내용을 보다 세밀히 다듬어 공간관리적 내용을 강화하여야 한다. 환경계획에 보전·이용·복원·창출 등의 기준으로 공간관련 내용을 강화하되, 환경민감지역이거나 개발압력이 높고 난개발 우려 등이 있어서 공간관련 내용을 세밀하게 다루어야 할 지역은 별도의 보완계획(supplement plan)을 마련해야 한다.

둘째, 도시 공간계획에는 환경보전계획의 내용도 반영되어야 한다. 그럴 경우 공간계획 수립단계에서 개발과 보전의 상충이 발견되게 되며 이러한 상충지역을 어떻게 조정하여야 하고 불가피한 훼손에 대한 저감방안을 어떻게 마련해야 하는지 등이 사전에 검토될 수 있을 것이다. 이러한 개발과 보전에 대한 상충과 갈등을 사전에 합리적으로 조정할 수 있는 절차와 방법에 대한 구체적인 지침이나 규정을 마련하여 개발과 보전에 통합된 토지이용계획이 수립될 수 있어야 한다.

2. 환경계획의 체계화

환경분야 상위계획과 하위계획의 연계 부족, 대기, 수질 등 관련 부문계획과 기본계획간의 일관성 및 통일성 부족, 환경관련사업과 환경계획의 체계화 부족 등이 환경계획의 문제점으로 지적되고 있다. 이러한 문제점을 개선하고 환경계획의 실효성을 제고하기 위해서는 다음과 같은 방안을 검토할 수 있다.

첫째, 지방자치단체가 수립하는 환경계획에 반영해야 할 상위계획을 구체화하여야 한다. 중앙정부에서 대기, 수질 등 관련 개별법에 의해 다양한 환경계획을 작성하면서, 어느 계획을 지방자치단체의 환경계획에 반영해야 하는지 구체적으로

---

6) 최영국, 2006, "지속가능한 발전을 위한 환경정책과 국토정책의 조화방안," OECD 환경성과 평가보고서 발간기념세미나 자료, 한국환경정책·평가연구원.

명시해야 한다. 따라서 지방자치단체에 반영해야 할 상위계획을 지역(수도권 등)이나 계획대상(수질 등) 등의 측면에서 구분하여 그 반영원칙과 방향 등을 제시하여야 한다.

둘째, 환경계획의 방향·목표 등을 달성할 수 있도록 부문계획(대기, 수질 등)과의 통합성과 일관성을 강화해야 한다. 환경계획은 각 부문별 계획간의 환류(feedback)를 통하여 상호 유기적으로 연계되어 실현가능한 계획이 되어야 하며, 각 부문별 계획은 환경계획의 틀과 내용을 충분히 반영하여 수립되어져야 한다. 특히, 각 부문별 계획은 환경계획의 공간화를 위하여 공간적 내용을 충분히 수록하여 환경용량의 합리적 관리라는 효과성을 지녀야 한다.

셋째, 환경계획에서 기본전략 및 정책과 공간관리정책, 보전·복원·창출 등 관련사업간의 연계성을 강화해야 한다. 환경관련사업을 지역환경 전체적인 전략·정책을 고려하여 그 위치나 규모 등을 설정하고 이를 공간관리정책에 반영함으로써 상호 연계성과 통합성을 제고하여야 한다. 또한 환경계획에 제시된 관련사업의 추진실적과 투자·재정계획과 연동되도록 하여야 한다. 이를 통하여 환경관련사업을 공간환경관리나 중·장기적 시각 등에서 실효성과 적합성을 검토할 수가 있고, 환경계획의 실천성도 제고할 수 있다. 환경계획에 명시되지 않는 관련사업은 시행할 수 없다는 원칙을 세우고 이를 철저히 이행하는 것이 바람직하다.

3. 참여적 환경계획

환경계획을 포함한 대부분의 계획은 현재와 미래의 자원이용에 대한 선택적이고 의도적인 제약을 포함하고 있기 때문에 계획활동(planning) 및 그 결과(plan)는 사회적 정당성(legitimacy)을 요구받고 있다.[7] 특히 환경계획이 공간계획화하여 토지이용계획으로 전환되어야 한다는 점에서 이로 인해 초래되는 사유재산에 대한 제한 때문에 더욱 그러하다. 스미스(R. Smith)에 의하면 정당한 계획은 합리성, 합의, 참여의 속성을 지녀야 하고, 특히 최근에 들어 합리성보다는 합의 및 참여가 더 중요시되고 있다고 한다.[8]

---

7) 정환용, 2003, 「도시계획학원론」, 서울 : 박영사.
8) 상게서.

전통적 계획이론에서 계획의 합리성은 목표지향성이라는 계획의 특성으로부터 도출된다. 즉 계획을 설정된 목표를 최소비용으로 달성하는 수단으로 보는 '도구적 합리성'을 의미한다. 하지만 현대에 올수록 계획대상의 불확실성과 비예측성을 고려하여 고정된 목표에 대한 도구적 합리성보다는 유동적인 계획과정의 절차적 합리성을 요구하게 되어 계획과정에의 참여와 합의는 계획내용의 정당성을 담보하는 전제조건이 되게 된다.[9]

참여적 계획과정에는 계획가, 공무원 그리고 각종 이해당사자들(stakeholders)이 참여하게 된다. '도구적 합리성'에 기초한 계획가 및 공무원 중심의 계획과정은 신뢰의 상실, 책임감의 감소, 사회갈등을 초래하였고, 따라서 초기단계부터 광범위한 이해당사자의 참여를 요구하는 협력적 계획(collaborative planning)이 요구되고 있다.[10]

계획단계를 문제점 파악, 목표의 정립, 대안의 작성, 대안의 평가 및 선택, 집행 및 모니터링으로 구분할 수 있다면 계획과정별로 참여자의 역할을 〈표 3-3〉과 같이 구분하여 볼 수 있다. 참여적 계획하에서 이해당사자들은 계획의 초기단계인 문제인식과 목표설정 단계에서부터 공무원과 공동으로 실질적인 역할을 수행하고, 대안의 평가 및 선택 단계에서도 적극적으로 개입한다. 수립된 계획이 공무원에 의해서 적정하게 시행되고 있는지 모니터링하는 것도 결국 시민단체를 비롯한 여

표 3-3 **계획과정별 참여**

계획과정 \ 참여자	이해당사자	계획가	공무원
문제점 파악	◎	○	◎
목표의 정립	◎	○	◎
대안 작성	○	◎	
대안평가 및 선택	◎	○	◎
집 행	○	◎	◎
모니터링	◎	○	◎

◎ : 주요역할, ○ 보조역할

자료 : 장환용(2003 : 148) 표의 일부 수정.

9) 이는 사회철학적인 측면에서, 근대의 도구적 합리성(instrumental rationality : 과정보다는 결과중시)으로부터 탈근대의 의사소통적 합리성(communicative rationality : 결과보다는 과정의 합리성을 중시)으로 이행하고 있음을 보여준다.

10) John Randolph, 2003, Environmental Land Use Planning and Management, Island Press.

러 이해당사자들의 객관적인 시각이 필요한 순간이다11).

제 4 절   국토환경조사와 정보체계

지속가능한 국토환경관리와 환경계획의 실효성 제고를 위해서는 철저하고 충분한 조사와 함께 이들 조사자료에 대한 공유체계를 마련할 필요가 있다. 특히, 환경계획의 실효성을 제고하기 위한 국토환경조사의 체계화 등을 위해서는 두 가지 측면에 대한 검토가 요구된다.

첫째, 국토정책과 환경정책을 지원하기 위하여 각종 조사결과의 연계통합과 공유가 필요하다. 즉, 정부기관에서 생산하는 국토관련 정보의 체계화 및 공유체계를 마련하여야 한다. 각 부처나 기관별로 산발적으로 진행되고 있는 조사를 종합적으로 조정하여 전체 국토환경관리차원에서 필요한 사항을 나열하고 공통조사와 개별조사 항목으로 구분한다. 공통조사 항목은 통합조사하여 시간과 비용을 줄이고 개별조사는 각 부처가 조사하여 그 조사결과를 GIS 도면이나 DB화하여 공동 활용할 수 있도록 하여야 한다. 이를 위하여 조사항목별 조사내용, 주체, 시기, 방법, 인력 등을 제시하는 활용지침을 마련할 필요가 있다. 기초정보에 대한 해석은 추진주체나 정책목표 등에 따라 차이가 있을 수 있으나 해석상의 차이에 대한 타협을 통해 조정이 가능할 것이다.12)

둘째, 중앙부처가 중심이 되어 작성하는 국토환경정보의 체계화와 공유기반 마련이 요구된다. 국토환경관리를 위하여 마련하고 있는 정보도면은 생태·자연도와 비오톱지도 등이 대표적이다.13) 생태·자연도와 비오톱지도는 식생, 습지, 철

---

11) 이해당사자를 계획과정에 참여시키는 방법은 언론보도, 공청회, 워크샵, 초안의 공개검토, 서베이, 인터뷰, 자문위원회 또는 TFT(Task Force Team)의 구성, 대안적분쟁해결(Alternative Dispute Resolution: ADR) 등 갈등해소기법, 장기적 파트너십 구성 등 매우 다양하다(Randolph, 2003). 공간계획적 환경계획과 관련해서는 최근 참여적 토지이용도면 작성, 컴퓨터 시뮬레이션, 비주얼 서베이, GIS 기법 등 다양한 시각화 기법들을 이해당사자들의 참여를 제고하기 위해 사용되고 있다(Moore·Davis, 1997 참조).

12) 최영국, 전게서.

13) 이들 국토환경정보들의 활용방안으로 ① 도시계획 작성 등 행정계획의 수립시 계획가 판단의 기초자료, ② 택지개발계획 등 지구지정 및 개발사업 계획시 활용, ③ 사전환경성검토, 환경영향평가의 영향판단 자료, ④ 토지적성평가와 연계, ⑤ 녹지축(그린네트워크) 설

새, 수달 등 주요 동식물서식지, 지형경관 등 생태경관정보를 제공하기 위하여 작성되며, 각각 3등급(별도관리지역 제외), 5등급으로 토지의 생태적 가치를 구분한다.

　이들 국토환경정보들은 조사대상(도시지역, 비도시지역 등)이나 범위, 작성주체(중앙정부, 지방정부), 축적 등이 달라 연계·공유하기에는 한계가 있지만 중장기적으로는 이들 국토환경정보들의 조사정보를 체계화하고 축적을 조정하는 등 서로 연계·통합할 수 있도록 그 기반을 마련하고 관련 규정·지침들을 정비해 나가야 한다.

　그리고 국토의 환경·생태적 조사에 기초한 기초정보도면과 환경·생태적 가치도면, 환경생태관련 지역지구도면을 구분하여 작성하고, 중앙정부 및 지방정부의 필요와 요구 등에 따라 활용하는 것이 바람직하다. 환경기초정보도면을 토대로 환경·생태적 가치가 높은 지역은 보전적 관리를 하면서 환경·생태관련 지역지구로 지정하는 단계적 방안이 바람직하다. 중앙정부는 환경·생태적 기초정보를 토대로 국토환경 전체적인 차원에서의 가치를 고려하여 환경관련 지역지구를 지

[그림 3-4] **생태자연도**

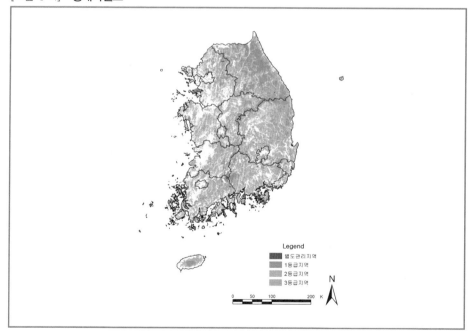

정, ⑥ 녹지총량관리제도의 도입시 실행수단 등이 가능하다(환경부, 2004).

[그림 3-5]　녹지자연도

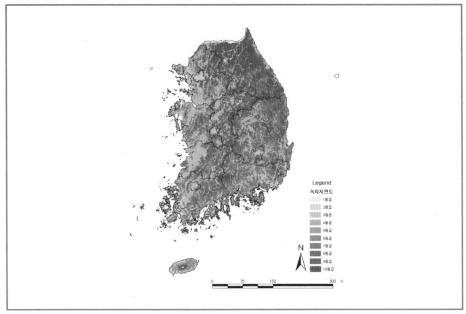

정하는 등 보전관리방안을 마련하는 반면, 지방정부는 지역적 관점에서 기초정보
를 활용하여 보전관리를 도모할 필요가 있다.

부록 : 우리나라 환경계획의 추진동향

1. 환경계획의 유형과 구조

　　우리나라 환경계획에는 법정계획과 비법정계획이 있다. 법정계획은 법규에 의
해 특정기간을 정해 계획을 수립하여 시행하도록 요구되는 것이다. 법정계획은 동
계획이 포괄하는 범위에 따라 환경 전 분야를 총괄·조정하는 종합계획과 대기,
수질, 폐기물 등 특정매체를 다루는 분야별 계획으로 구분된다. 종합계획에는 환
경정책기본법 제12조에 근거한 「국가환경종합계획(구, 환경보전장기종합계획)」과 「환
경보전중기종합계획(구, 환경개선중기종합계획)」이 있다. 분야별 계획에는 자연환경

보전법 제 7 조에 근거한 「전국자연환경보전계획」, 폐기물관리법 제 8 조에 근거한 「국가폐기물관리종합계획」 등이 있다.

비법정계획은 법규에 의해 직접 요구되지는 않지만 법규의 정신에 입각해서 또는 행정부의 고유한 권한에 기초하여 수립하여 시행되는 계획이다. 비법정계획은 특정시점에 있어서 특수한 정책상의 문제에 대한 정책결정자의 관심, 특정문제에 대한 진단과 조속한 해결책을 강구하기 위해서 수립되고 있다.

이러한 환경계획을 시간적 범위, 공간적 범위, 내용적 범위에 따라 구분하면 다음과 같다. 먼저 시간적 범위에 따라서는 전략계획으로서의 성격을 지니는 장기계획과 집행계획으로서의 성격을 지니는 중기계획 그리고 연도별 시행계획으로 구분된다. 장기계획에는 계획기간이 10년인 국가환경종합계획 등이, 중기계획에는 계획기간이 5년인 환경보전중기종합계획 등이 있다. 단기계획에는 매년 작성되는 연도별 시행계획이 이에 해당된다.

공간적 범위에 의해서는 전국을 대상으로 하는 계획과 특정지역 즉 행정단위 또는 특정생태단위 등을 대상으로 하는 계획으로 구분된다. 전국을 대상으로 하는 계획에는 국가환경종합계획, 환경보전중기종합계획, 전국자연환경보전계획, 국가폐기물관리종합계획 등이 있다. 행정단위를 대상으로 하는 계획에는 시·도 환경보전계획, 시·군·구 환경보전계획 등이 있다. 특정생태계를 대상으로 하는 계획으로는 한강, 낙동강, 영산강, 금강 등 수계를 대상으로 하는 4대강 수질보전계획과 수도권 대기질개선계획이 있다.

내용적 범위에 의해서는 환경정책 전분야를 대상으로 하는 종합계획과 특정매체나 환경정책 분야만을 대상으로 삼는 부문별 계획으로 구분된다. 종합계획에는 국가환경종합계획, 중기계획, 시·도 환경보전계획, 시·군·구 환경보전계획 등이 있고, 이들 종합계획에는 개별 부문계획의 내용을 포함하고 있다. 부문별 계획에는 전국자연환경보전계획, 국가폐기물관리종합계획, 대기보전기본계획, 토양보전기본계획 등이 있다.

[그림 3-6] **한국의 환경계획 체계**

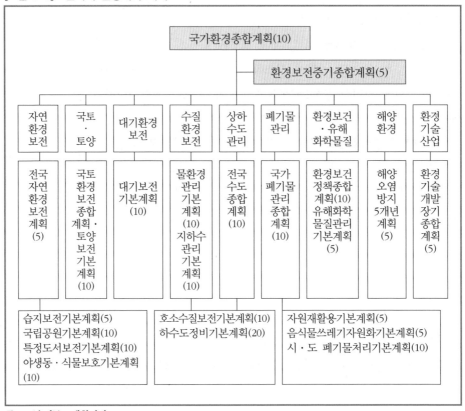

주1 : (숫자)는 계획기간.
주2 : 기타 "환경정보화발전종합계획," "환경교육 · 홍보종합계획" 등.

2. 법정계획으로서의 환경계획

한국의 환경계획은 1990년대 이후부터 활발하게 이루어지고 있다. 그 이유로
는 다음의 몇 가지를 추측해 볼 수 있다. 첫째, 1980년대 후반 그리고 1990년대
초반에 환경오염의 심각성에 대한 국민들의 인식과 우려가 커졌다. 둘째는 1990년
보건사회부 산하의 집행부서였던 환경청이 독립된 정책부서인 환경처로 승격된
것이다. 셋째는 1990년대 환경관련 법이 분권화되고 이에 따라 환경부의 환경부서
가 확장되면서 해당부서에 대한 업무계획의 중요성이 대두된 것이다.

한국에 있어서 국가단위의 종합환경계획이 처음 수립된 것은 1987년 환경보전

법에 의한 「환경보전장기종합계획(1987-2001)」이다. 동 계획은 2000년대를 대비하여 전국에 대한 환경보전 청사진을 제시하고자 하는 것이었다. 동 계획은 전 국토의 환경보전목표가 달성되고 쾌적한 환경이 조성·유지되어 국민생활의 질을 향상시키는 데 그 목적을 두었다. 당시의 열악한 환경기초시설을 조기에 확충하고자 하는 의도를 담은 것으로 주로 환경기초시설의 확충을 위한 투자계획에 치중하고 있다. 정부관료가 전문가의 자문을 받아 수립하였다.

1996년에는 환경정책기본법에 의한 환경보전장기종합계획인 「환경비전21(1996-2005)」이 수립되었다. 동 계획은 21세기 한국이 추구해야 할 환경정책의 방향과 미래환경의 청사진을 담은 것으로서, '모범적인 환경국가의 건설'을 목표로 하였다. 체계적인 환경정책의 발달을 위한 종합적인 환경정책 비전을 제시하고 있는 것이 특징이다. 시안은 분야별 전문가가 환경부 관련 공무원과 협조하여 마련하였다. 시안에 대해 서울과 지방에서 수차례의 공청회를 개최하여 주민의견을 수렴하고 정부부처 협의를 거쳐 확정되었다.

2002년 한국정부는 환경정책기본법을 개정하여 기존의 환경보전장기종합계획의 명칭을 「국가환경종합계획」으로 바꾸고 환경종합계획의 체계를 재정립하였다.

3. 환경계획의 실효성 제고 방안

우리나라 환경계획의 역사는 1990년대 이후부터로 매우 짧은 편이나, 계획이 지향하는 이념이나 내용, 구성, 그리고 수립절차에 있어서는 획기적인 발전을 보였다. 환경부만 해도 짧은 역사에 비해서는 무수하게 많은 환경계획을 수립하였고 다른 정부부처의 환경관련 계획이나 지방자치단체의 환경계획을 포함하면 환경계획의 양은 크게 늘어난다.

그러나 우리나라 환경계획은 실효성 측면에서는 많은 문제점을 보이고 있다. 특히 계획의 구속력 부재와 통합적 실천성의 부족이 두드러진다. 비록 법적으로 요구되는 법상계획일지라도 환경계획은 법적인 구속력이 없어 도상계획으로 끝날 가능성이 높다는 점이다. 그리고 비록 계획이 부처협의를 거쳐서 수립되지만 환경부가 정책을 종합 조정하는 권한을 지니고 있지 못하기 때문에 환경정책과 국토정책, 경제산업정책, 자원정책 등과의 통합성을 높이는 데 기여하지 못하고 있다.

뿐만 아니라 환경부의 내부정책에 있어서조차도 환경종합계획이 매체별 계획과 정책을 통괄하는 강력한 기능을 하지 못하고 있다. 보다 구체적으로 살펴보면 다음과 같다.

첫째, 계획의 위계 및 계획간 관계가 불명확하다. 분야별 계획은 종합계획을 기반으로 수립·실행되어야 하지만, 계획 내용이나 원칙, 수립시기 및 계획기간이 종합계획 취지를 잘 살리지 못하고 있다. 분야별 환경계획은 계획의 기본방향, 목표, 추진전략 등에 있어서 종합계획과 유기적으로 통합되지 못하고 별개의 계획으로 다소 이질적으로 운영되는 경우도 있다.

둘째, 환경오염매체별 중심의 환경계획이 과다하여 여타 국가계획과의 통합성을 높이는 데 한계를 보여 왔다. 환경보전장기종합계획은 오염 매체별 정책들이 계획의 주요 내용을 이루고 있어 환경관리의 공간화에 근본적 한계를 지니고 있다. 해당지역의 환경오염 상황, 개발상태와 향후 발전가능성과 바람직한 방향, 그리고 토양·식생·기후·수질·대기·소음·동식물 서식처 등에 관한 환경지도의 작성과 이를 바탕으로 환경계획이 수립되지 못하여 특히 국토 및 도시계획에 있어서의 통합성을 가지는 데 효과를 보지 못하였다.

셋째, 다수의 계획이 남발되어 분야별 계획이 과도하게 많았고 계획내용도 서로 중복되는 경우가 많았다. 예를 들어, 수자원장기종합계획, 전국수도종합계획, 지하수관리기본계획과 전국자연보전계획, 습지보전계획과 같이 유사한 내용들이 각기 다른 계획에서 중복되어 다루어지고 있다. 이는 과도하게 분화되어 있는 한국의 환경법규와 행정조직 때문이라고 할 수 있다.

넷째, 환경계획의 구속력이 부족하다. 막대한 노력을 들여 작성한 국가계획이 실천에 대한 구속력이 부족하여 도상계획으로 그치고 마는 경우가 있었다는 점이다. 특히 환경종합계획의 내용이 분야별 계획에 구체적으로 반영될 수 있는 구체적이고 실질적인 수단이 없으며 지방자치단체의 환경종합계획에 반영시킬 수 있는 제도적인 장치도 미흡하였다는 점이다.

다섯째, 환경계획에 공간성을 다루는 내용이 부족하여 개발계획을 선도하지 못하고 있다. 환경계획이 프로그램계획 위주로 작성되어 각종 공간개발에서 초래하는 환경성이 사전에 고려되기가 어려운 근본적인 한계를 지니고 있었다. 2000년대에 들어 토지피복도 작성, 국토환경성지도 등 환경정보를 공간화하는 작업이 이루어지고는 있으나 아직은 환경용량의 관리라는 관점에서 국토환경관리 정책의지를 담는 계획 작성에는 충분한 노력이 투입되지 못하였다. 비록 국가환경종합계획, 국토환경관리종합계획 등이 환경계획의 공간화를 위한 시도였으나 개발계획을 선도하려면 보다 상세한 지도로 표현된 환경계획이 수립될 수 있어야 한다.

여섯째, 환경계획의 수립과정에서 이해당사자들의 참여가 미흡하다. 최근 들어 시민단체들의 정책 참여는 괄목하게 증가하고 있지만 도시계획이나 환경계획의 수립과정에 이해당사자들의 참여는 아직 활성화되어 있지 않다. 수립과정에 이해당사자들을 참여시켜 계획내용에 대한 합의를 이끌어낼 수 있어야만 수립된 계획의 집행 시 이해당사자들의 반발을 최소화할 수 있다.

🔍 참│고│문│헌

고영훈, 2001, 환경법, 서울 : 법문사.

김용웅·차미숙, 1997, 국토개발관련 분쟁의 발생실태와 조정방안에 관한 연구, 국토개발연구원.

김종원 외, 2004, 하천유역별 오염총량관리제도의 도입에 따른 지역경제 및 토지이용 변화전망과 정책과제, 국토연구원.

김종원, 2009, "국내 통합수자원관리 추진현황과 과제," 춘천국제물포럼 논문집.

김진범, 2009, "일본 광역지방계획의 주요내용과 시사점," 국토정책 Brief, 국토연구원, 제245호.

대통령자문지속가능발전위원회, 2006, 개발과 보전의 통합적 국토관리체계 구축방안, 제81회 국정과제회의 본보고서.

박창석, 2004, 지역환경보전을 위한 환경계획과 환경평가의 연계방안 연구, KEI.

박태선 외, 2004, 자연형 하천정비를 위한 하천환경 특성분석연구, 국토연구원.

변병설, 2000, "지속가능한 국토환경관리의 비전과 추진과제," 한국공간환경학회지, 제 1권, 제 1 호, pp. 73-85.

이창훈·고재경·정회성, 2005, 국가지속가능발전의 비전과 전망 : 한국의 경험, 한국환경
　　　정책평가연구원·국가지속가능발전위원회·영국대사관·독일대사관·네델란드대사
　　　관 공동주최, 기후변화와 지속가능한 발전 국제워크샵(10월 11일).

이창훈·정회성·황석준·박창석, 2005, "지속가능발전을 위한 환경계획의 새로운 방법론
　　　모색,"「2005년 한국환경정책학회 정기총회 및 정기학술대회」(2월 24일).

정환용, 2003, 도시계획학원론, 박영사.

정회성, 2008, "환경관리 및 계획의 역사적 성찰과 향후 과제,"「한국의 국토·도시·환경
　　　과 공공계획 : 역사적 성찰과 미래전망」, (서울대학교 환경대학원 교육 40주년 기
　　　념행사) (10월 10일), pp. 39-45.

정회성·박창석·이창훈, 2006, "환경계획의 실효성 제고를 위한 정책방향," 법제연구원,
　　　법제연구, 통권 31호, pp. 107-137.

조명래, 2001, "내셔널트러스트운동의 원리와 과제," 국회환경포럼 발제문.

주용준, 변병설, 최준규, 2005, "환경친화적 도로노선을 위한 환경성지표 선정 및 평가방
　　　향에 관한 연구," 환경정책, 한국환경정책학회, 제13권, 제 1 호, pp. 91-111.

최영국 외, 2002, 국토계획과 환경계획체계의 연계방안, 국토연구원.

최영국, 2006, "지속가능한 발전을 위한 환경정책과 국토정책의 조화방안," OECD 환경성
　　　과 평가보고서 발간기념세미나 자료, 한국환경정책·평가연구원.

최영국·김명수, 2007, "문화와 환경이 어우러진 국토 만들기," 국토, 통권 306호, 국토연구원.

최영국·김명수, 2008, "영국, 프랑스, 독일 그린벨트 정책의 최근 동향과 시사점," 국토정
　　　책 Brief, 제168호.

환경부, 2001, 친환경적 국토관리방안에 관한 연구.

환경부, 2003, 국가환경종합계획 기본틀 마련.

환경부, 2005, 지역환경계획 수립 및 집행과정에서의 시민참여 활성화방안.

환경부, 2005, 국가환경종합계획 수립을 위한 연구.

환경부, 2005, 국토환경관리종합계획수립을 위한 연구.

환경부, 2006, 지방자치단체 환경보전계획수립지침.

환경부·한국환경기술개발원, 1995, 환경비전21 : 장기환경정책발전방안 1996-2005.

環境省, 2002, 自然との共生をめざして(自然公園等整備事業の概要).

DTA/GAG, 1994, Planning for Environmental Sustainability, David Tyldesley Associates
　　　with GAG Consultants, Peterborough : English Nature.

Habermas, J., 1985, Theory of Communicative Action, Vol. 1,2, Boston : Beacon Press,

Healy, P., 1996, *Collaborative Planning : Shaping Places in Fragmented Societies*, London : Macmillan.

Moore, C. and Davis, D., 1997, *Participation Tools for Better Land-Use Planning*, Center for Livable Communities.

Randolph, J., 2003, *Environmental Land Use Planning and Management*, Washington et al. : Island Press.

Randolph, John., 2004, *Environmental Land Use Planning*. Island Press.

Rowland, C. K. and Marz, Roger., 1982, "Gresham's Law; The Regulationtory Analogy," *Policy Studies Review*, pp. 572-580.

Selman, P., 1999, "Three Decades of Environmental Planning : What have we really learned?," in : Kenny, M. and Meadowcroft, J. (Eds.), Planning Sustainability, London/N.Y. : Routledge.

PART 04

환경정책의 수단과 도구

제 9 장 직접규제와 통합관리

제10장 경제적 유인제도

제11장 환경정보규제와 자율환경관리

제12장 환경감시와 규제집행

chapter 09 직접규제와 통합관리

제 1 절 직접규제의 의의

직접규제(direct regulation)란 정책당국이 오염을 줄이기 위해 오염물질 배출자의 선택이나 대안을 직접 조정함으로써 오염을 감소시키는 방법이다. 직접규제에서는 당국이 면허, 기준설정 등에 의해 오염물질의 배출을 제한하거나 생산설비, 환경오염방지기술을 규제하여 오염배출자의 행위에 직접적으로 개입한다. 따라서 직접규제 하에서 오염물질 배출자는 행정당국으로부터 제시된 규정이나 지침에 따라 오염감소기술을 채택하거나 배출량을 줄이는 것 외에는 별다른 선택의 여지가 없다.

직접규제는 단순하고 직접적일 뿐만 아니라 대상이 되는 오염물질을 분명하게 정책수단의 대상으로 삼는다는 점에서 최근까지 세계 각국에서 가장 선호되어 온 환경정책 수단들 중의 하나이다. 직접규제의 가장 큰 특징은 배출기준을 설정하여 이행하지 않을 때에 처벌하는 방법으로 대부분 법적 구속력을 포함한다는 것이다.

제 2 절 직접규제의 종류와 평가

오늘날 가장 보편적으로 이용되고 있는 환경오염에 대한 직접규제에는 배출허용기준과 기술기준 설정과 강제, 배출시설의 설치 및 운영에 대한 규제, 특정행위의 금지, 토지이용규제 등이 있다.

1. 배출허용기준과 기술기준

1) 배출허용기준

배출허용기준(emission standards)이란 환경오염물질 배출시설에서 배출되는 오염물질의 최대허용량 또는 최대허용농도를 수치적으로 표현한 것이다. 배출허용기준에 의한 규제방법이 제도화되기 위해서는 규제될 오염물질의 종류, 오염물질에 대한 배출기준, 배출기준이 적용되는 배출시설, 오염물질의 측정방법 등이 정해져야 한다. 배출기준은 배출규제의 목적이나 오염물질의 종류에 따라 배출량이나 배출농도를 규제하는 것이 일반적이다.

구체적으로 살펴보면 배출기준은 ① 배출률(예: 시간당 배출량, g/hr), ② 배출농도(예: 폐수의 BOD농도), ③ 오염물질 배출총량(배출률×농도×기간), ④ 생산 단위당 오염물질 배출량, ⑤ 투입원료 단위당 오염물질 함유량(예: 전력 생산을 위해 사용된 석탄의 황 함유량), ⑥ 오염물질 제거율 등 여러 가지 단위로 표현된다.

배출허용기준은 환경정책 목표인 환경기준과 그 지역의 환경용량에 따라 정해지는 것이 기본원칙이다. 환경용량을 알면 환경기준을 달성할 수 있는 오염물질의 배출총량을 계산할 수 있고 이 총량이 정해지면 각 배출원에서 배출되는 오염물질의 합계가 이 배출총량 이하로 유지되도록 배출기준을 정하면 된다.

그러나 배출허용기준을 정하는 것은 매우 어려운 문제이다. 이는 그 사회의 적정 환경용량이 어느 정도 수준인지를 측정하는 것이 매우 어려울 뿐만 아니라 국민경제와도 밀접한 관련이 있기 때문이다. 배출허용기준을 지나치게 높게 책정하면 기업의 생산활동을 위축시켜 국민경제에 부정적인 영향을 미칠 것이고, 반면 지나치게 낮게 책정하면 오염물질이 과도하게 배출되어 오염규제의 실효성이 저해될 우려가 있다.

2) 기술기준

기술기준(technology standards)은 배출되는 오염물질의 측정이 현실적으로 어렵거나 측정에 막대한 비용이 소요되는 경우에 오염물질 배출자로 하여금 특정기술이나 설계의 사용을 의무화하는 방법으로 적용된다. 이 외에도 특정 요건을 갖춘 원료만을 사용하도록 의무화하는 것이라든지, 어떤 상품이 지녀야 할 특성을 규정해 놓고 반드시 이러한 특성을 충족시키게 한다든지 하는 것도 기술기준의 유형이라 할 수 있다. 기술기준 규제방법은 규제기관의 감시 및 관리가 용이한 장점이 있다. 그리고 단기에 효과적으로 정책목표를 달성할 수 있다.

기술기준은 규격 또는 설계기준이기 때문에 배출자의 자율성이 제한된다. 배출기준의 경우에는 배출자 스스로 기준 달성을 위한 기술의 선택이 자유롭다. 그러나 기술기준의 경우에는 설계기준이나 엔지니어링 기준을 규정하고 이를 의무화하기 때문에 오염자 스스로가 자기에게 맞는 오염저감 방법을 선택할 수 없다.

그러나 배출자에게 일률적인 오염방지기술의 선택을 강요함으로써 오염처리에 있어 개별적 상황의 고려가 어렵다. 이로 인하여 오염처리비용이 과다하게 소요될 수 있고 오염방지기술의 개발이 정체될 수 있다. 뿐만 아니라 규제당국이 적합한 기술을 선정하는 데에도 많은 어려움이 따른다.

2. 배출시설의 설치 및 운영에 대한 규제

인·허가제도는 법령에 의해 일반적으로 금지된 행위를 특정한 경우에 한하여 허용함으로써 적법하게 일정한 행위를 할 수 있도록 하는 제도를 말한다. 환경정책에 있어서 인·허가제도는 여러 나라에서 다양한 부문에 사용되고 있는데 이를 크게 구분하면 두 가지로 나눌 수 있다. 하나는 시설부문에 적용하는 인·허가제도이며, 다른 하나는 원료·제품에 사용되고 있는 인·허가제도이다. 시설부문에 적용되고 있는 대표적인 인·허가제도는 배출시설설치허가제도 및 환경관련 사업에 대한 인·허가제도를 들 수 있다.

1) 시설부문에 대한 인·허가

배출시설허가제도는 국민건강과 생활환경에 피해를 주거나 줄 우려가 있는 오염물질 배출시설의 설치운영에 대해 정부가 사전에 심사하여 설치운영 여부를 결정하는 제도이다. 국가는 배출시설의 자유로운 설치를 법으로 제한하고 배출시설을 설치하고자 하는 자는 법이 정하는 요건을 갖추어 환경오염피해를 줄이고자

한 경우에 한하여 국가는 제한을 해제하여 배출시설의 설치·운영을 개별적으로 허용한다.

규제당국은 배출시설의 설치 그 자체를 사전에 직접 심사하여 설치여부를 결정하고 설치허가 시에는 그 허가 조건을 명시하여 지키도록 한다. 배출업소는 이 허가를 얻어야만 배출시설 설치공사를 시작하게 되는데 시설완공 후에는 허가조건대로 시설을 설치하였는지를 점검받은 후에 시설가동을 할 수 있다. 이러한 배출시설 허가제는 대표적인 사전적 환경규제방식이다.

2) 원료·제품에 대한 인·허가

원료·제품에 적용되고 있는 인·허가제도는 세계 각국에서 여러 원료 및 제품에 적용되고 있으며 특히 화학제품에 많이 사용되고 있다. 1980년대 이후 거의 모든 국가는 새로운 화학물질이 개발되어 시장에 판매될 경우 환경과 인간 보건에 대한 영향을 검사 및 평가한 자료를 정부에 제출하여 제조·판매에 대한 승인을 받도록 하고 있다. 최근 이러한 요구자료의 내용과 절차가 국가에 따라 다르게 발생하는 경제적 비효율성 및 동물실험요구 등을 저감하기 위한 국제협력도 활발히 이루어지고 있다.

3) 환경관련사업 인·허가

환경관련 사업에 대한 인·허가 제도는 기술인력, 시설·장비 등 일정한 요건을 갖춘 자에게만 설계·시공 등을 포함한 환경관련 사업을 하도록 허가하는 제도이다. 환경관련 사업에 대한 진입규제의 일종이라 할 수 있다. 그러나 기본적인 의도는 일정한 요건을 갖춘 자에게만 진입을 허락함으로써 오염방지시설의 질을 제고시켜 오염물질 방지효과를 높이는 데 있다. 환경관련 사업에 대한 인·허가 제도의 예로는 현재 우리나라에서 시행되고 있는 환경오염 장비시설업, 측정대행업, 유독물영업자의 등록, 폐기물처리업의 허가 등이 있다.

3. 특정행위의 금지

특정행위의 금지란 사람의 건강이나 환경에 피해를 주는 행위를 처음부터 일

어나지 않도록 금지하는 것이다. 일반적으로 오염행위의 금지는 매우 비합리적인
규제수단이라고 할 수 있지만 배출허용기준, 인·허가 등의 정책수단을 통해 오염
물질이나 행위를 감소시키는 것이 불가능하거나 또는 오염이 조금만 발생되어도
그에 따른 환경상의 피해가 치명적일 경우에는 이 규제수단의 사용이 합리적일
수 있다. 예컨대 상수원 지역의 진입 및 낚시 등의 행위, 쓰레기의 투기 및 무단
소각 행위, 멸종위기에 처한 동·식물의 거래 등을 금지하는 것들이 이에 속한다.

4. 토지이용의 규제

토지이용규제는 토지를 경제적·효율적으로 이용·관리하려는 것이 그 본래의
목적이었지만 근래에는 환경보전을 위한 규제수단으로 널리 활용되고 있다. 특히
용도지역지구제는 비록 그것이 오염 자체를 제거하지는 못하지만 일정지역을 오염
으로부터 보호하는 강력한 규제수단이 될 수 있다. 일정한 지역을 구획하여 놓고
이 지역 안에서 특정한 행위를 금지하거나 제한하는 규제조치는 그 집행이 단순하
면서도 규제효과는 확실한 것이다. 그러므로 용도지역지구제는 그 자체만으로 또는
다른 규제수단과 결합하여 환경보전을 위한 규제수단으로 널리 이용되고 있다.

개발제한구역(greenbelt)

개발제한구역은 도시공간을 보다 효율적이고 합리적으로 활용하기 위해 공간을 용
도별로 구획(zoning)하는 과정에서 과도한 개발을 차단하고 억제하는 역할을 담당하는
공지(open space)로 확정된 구역이다. 개발제한구역은 인구 및 산업의 과도한 집중을
억제하여 산업화·도시화에 따른 무질서한 도시의 확산을 방지하거나, 자연녹지의 보전·
전통적인 농촌경관의 유지, 국방상의 보안유지, 전국토의 균형적 개발을 위하여 지정되
었다. 과도한 규제로 주민이 생활불편을 겪는 지역, 개발제한구역으로 보존할 가치가
낮은 지역, 지정목적이 달성된 지역 등은 구역을 해제하기도 한다. 1971년 7월부터
1977년 4월까지 8차례에 걸쳐 전국에 총 5,397km^{2}을 지정하고, 2008년 12월 말 기준으
로 1,458km^2(27.0%)를 해제하여 3,939km^{2}가 유지되고 있다.

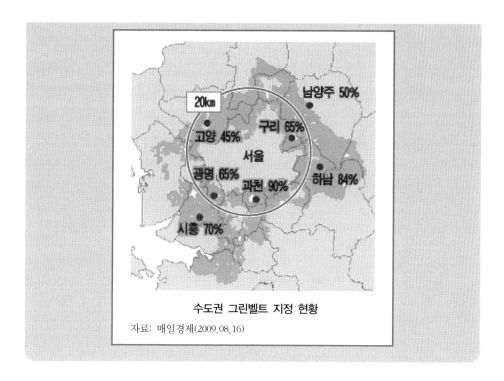

수도권 그린벨트 지정 현황

자료: 매일경제(2009.08.16)

제 3 절   직접규제에 대한 평가

1. 직접규제의 장점

직접규제정책은 그 효과가 신속하고 측정가능하다는 점에서 규제당국은 물론 정치적으로도 선호되는 정책이다. 구체적으로 직접규제는 다음과 같은 장점이 있다.

첫째, 직접규제수단은 정보의 획득량이 적더라도 법규를 만들 수 있으며, 이 법규에 의거하여 계획된 환경목표를 달성할 수 있다.[1]

둘째, 직접규제정책은 오염원인자에게 오염물질의 배출기준을 준수하도록 의무를 부과한다. 즉, 환경오염에 대한 책임이 오염배출자에게 있다는 점을 명확히 하고 있다.[2]

---

[1] M. D. Young, Sustainable Investment and Resource Use, UNESCO, Pathenon, Carnforth, 1992, Chapter 6.

셋째, 규제방법이나 그 효과가 나타나는 경로가 비교적 단순하여 일반국민의 정치적 수용가능성이 높다. 규제대상인 산업체에서도 때로는 선호하는 수단이다.

넷째, 규제내용의 위반여부를 비교적 쉽게 판단할 수 있다는 집행차원의 효율성이 높으며, 배출원에 대하여 동일한 규제기준이 적용되어 형평성의 원칙을 지킬 수 있다.

2. 직접규제의 문제점

직접규제 수단은 비효율적이고 비용의 낭비가 심하다는 문제가 끊임없이 제기되고 있다. 이에 대해 구체적으로 살펴보면 다음과 같다.

첫째, 최적 오염규제를 위해 업체별로 오염저감비용이 오염저감에 따른 사회적 후생증가와 일치하는 수준만큼 오염배출을 규제하여야 한다. 그런데 정책당국이 모든 기업의 한계비용과 한계편익 함수를 파악하여 규제기준을 선별적으로 규정하는 것은 불가능하다. 이는 과도한 환경오염통제비용 지출을 초래하여 경제전반의 효율성이 저하된다는 것이다.

둘째, 설령 개별기업의 오염저감에 따른 비용·편익함수를 파악하고 있더라도 선별적인 규제는 형평성과 같은 정치적인 이유나 정보의 부족, 행정력의 부족으로 획일성을 지닐 수밖에 없고 따라서 비효율성을 피할 수 없다.3)

셋째, 직접규제는 규제기법에 있어서도 한계를 지니고 있다.4) 오염매체별로 규제할 수밖에 없어 규제의 중복이 발생하기 쉽고 효율적인 집행을 어렵게 하며, 환경매체 상호간의 관계를 종합적이고 협조적인 규제를 어렵게 한다. 또한 규제의 초점이 전통적인 점오염원, 지역 환경질 문제 등 좁은 범위의 오염규제에 국한되기 쉽게 된다.

끝으로, 사전적인 "예측과 예방" 전략보다는 사후적인 "반응과 치유"의 정책을 강조하게 되며, 환경정책과 기타 경제분야 정책의 상호의존관계에 대한 고려가 이

---

2) B. S. Frey, Pricing and Regulation Affect Environmental Ethics, Environmental and Resource Economics 2, 1992 : 399~414.

3) 이정전, 「녹색경제학」, 서울 : 한길사, 1994 : p. 96.

4) OECD, Improving the Enforcement of Environment Policies, Environment Monograph, No.8, 1987.

루어지지 않는다.5)

제 4 절 통합오염예방과 통제

1. 목적과 구성요소

1) 목   적

통합오염예방과 통제 또는 통합오염관리는 환경오염간의 상호관련성에 대한 인식을 토대로 환경에 대한 총체적인 영향을 파악하고 대처하는 방안이다.6) 지금까지의 개별매체 관리위주의 환경정책은 환경문제를 근본적으로 해결한 것이 아니고 다른 문제로 치환하는 데 급급하여 왔다는 지적을 받고 있다.7) 이를 위하여 제시된 해결방안이 유럽을 중심으로 논의된 통합환경관리체계(Integrated Pollution Prevention and Control: IPPC)이다. 통합적 관리기법은 종래 대기·수질·폐기물 등으로 나누어졌던 의사결정을 오염물질, 배출원, 그리고 지리학적인 지역에 초점을 맞춤으로써 대기·수질·토양보호를 보다 효과적으로 수행할 수 있도록 하자는 것이다.

통합환경오염관리는 환경관리를 오염물질, 배출원, 그리고 생태지역에 집중하여 환경을 개별매체(single medium)로 나누어서 보지 않고 다수의 매체(multimedia)로 포괄하여 하나의 전체시스템으로 고려할 수 있도록 하자는 취지이다. 즉, 통합오염관리는 대기, 수질, 폐기물정책을 상호 연계시키는 방향을 찾음으로써 오염물질이 환경에 미치는 총 위협이 최소화될 수 있는 방안을 추구하는 것이다.

통합환경관리8)라는 용어는 크게 환경정책과 경제정책 등 여타의 국가정책간의

---

5) OECD, 상게서.

6) Frances Irwin, "Introduction to Integrated Pollution Control," Nigel Haigh and Frances Irwin, Integrated Pollution Control in Europe and North America, Washington D.C.; The Conservation Foundation, 1990 : 3-30.

7) Dryzek, 1987, Rational Ecology : Environmental and Political Economy, New York, NY; Basil Blackwell Inc., pp. 16-20.

8) 통합적 환경관리를 영국에서는 Integrated Pollution Control(IPC), EU에서는 Integrated Pollution Prevention and Control(IPPC) 등으로 표현하고 있으며, 이를 한국에서는 '통합적 환경관리' 혹은 '통합오염예방 및 관리' 등 그 표기가 다양하지만 여기서는 '통합적 환경관리(Integrated Pollution Prevention and Control: IPPC)'로 그 명칭을 통일하여 사용한다.

통합,9) 대기·수질·토양 등 환경매체간의 관리의 통합, 폐기물통합관리10) 등 특정오염현상에 대한 저감대안의 최적혼합 등에 혼용되고 있다.

통합적 환경관리는 규정된 오염물질의 배출을 최소화하거나 방지하고 배출된 물질을 무해하도록 하고, 산업생산과정에서부터 모든 매체까지의 단계별 오염관리 수단을 개발하는 데 주된 목표를 가지고 있다. 통합적 환경관리는 산업의 환경오염관리의 효과성과 효율성을 높이고, 규제기관과 피규제기관인 기업의 역할과 책임을 분명히 하여 규제체계를 강화하고, 환경오염 잠재성이 심한 공정에 대한 관리에 있어 'one stop shop'을 제공한다. 또한 이러한 관리수법은 폐기물 최소화와 청정기술화를 장려하기 위한 적절한 체제를 제공하는 효과가 있다. 변화하는 오염 감축기술과 오염의 영향에 대한 새로운 기술에 대응하는 유연성 있는 체제를 제공하며, 환경보호에 관련된 특정 국제의무를 충족시키기 위한 수단을 제공한다는

표 4-1 통합적 환경관리기법의 장점과 장애요소

통합적 환경관리기법의 장점	통합적 환경관리기법 도입의 장애요소
① 환경오염문제를 다른 환경문제로 전환하는 것을 막고 실질적으로 해결	① 활용 가능한 정책수단에 대한 폭넓은 이해와 정보의 축적이 부족함
② 효율적인 환경오염통제방식을 선택 할 수 있음	② 혁신적인 체제의 변화로 매우 정밀하게 설계하여 접근하지 않으면 조직의 저항과 공동화현상이 발생할 우려가 있음
③ 환경개선에 대한 우선순위 결정능력을 제고함	
④ 다른 국가정책분야와 효율적으로 협조할 수 있음	
⑤ 환경행정체계를 단순하게 할 수 있음	

자료 : Frances Irwin(1990), "Introduction to Integrated Pollution Control," Nigel Haigh and Frances Irwin (eds), Integrated Pollution Control in Europe and North America, Washington D.C.; The Conservation Foundation : 3-30.

---

9) 지속가능한 개발론을 제기하여 유명한 「우리공동의 미래(Our Common Future)」에서는 전자 환경정책과 경제정책 등 여타 국가정책간의 통합을 강조하고 있는데 이러한 통합은 외적통합(external integration)이라고 한다. 외적통합은 내적통합(internal integration)에 비중을 둔 통합오염관리와는 구별되나 외적통합이 내적통합을 촉진하는 기능을 할 수 있다. 예를 들어 환경과 경제의 통합을 위해 도입된 에너지 관련 환경세는 에너지사용 자체를 줄이므로 자동적으로 통합관리의 효과를 가져온다.
10) 통합폐기물관리(integrated waste management)라는 용어도 최근 흔히 볼 수 있는데 이는 통합오염관리의 한 대안으로 발생원 감량, 재활용, 소각, 매립 등의 적정조합(policy mix)을 통하여 감량화를 최우선으로 하고, 이어 재활용, 소각열의 이용, 매립 등으로 폐기물 관리를 하자는 개념이다(정회성 외, 「주요 국가의 폐기물 관리정책의 비교분석에 관한 연구」, 한국자원재생공사, 1994 : 7).

이점도 있다.[11]

2) 구성요소

통합오염관리는 종합적인 위해도의 평가, 종합적인 의사결정, 통합적인 집행과 운영 등 세 가지 요소를 포함하고 있다.[12]

첫째, 환경에 대한 통합적인 인식을 바탕으로 오염물질이 각 매체를 통하여 노출되는 경로나 생애주기를 종합적으로 고려하여 오염물질이나 행위의 위험도에 대한 종합적인 평가(integrated assessments)를 하는 것이다.

둘째, 상품과 용역의 생산과 관련된 생애주기를 통한 배출을 억제하고(원재료와 에너지 투입, 수송, 생산, 제품설계와 이용, 제품의 폐기) 특정지역에서 모든 오염원과 모든 매체에 걸친 오염영향을 막기 위한 대안을 강구하여 의사결정과정을 통합(integrated decision-making process)하는 것이다.

셋째, 통합오염관리를 지원하기 위한 법적, 행정적, 제도적 장치를 마련하는 통합적 정책집행과 운영(integrated implementation and operations)이다.

2. 환경오염통합관리 방법

통합오염관리는 통상 다음의 3가지 방법을 이용한다.[13]

1) 통합오염물질관리

통합오염관리의 첫 번째 방법은 오염물질 관리를 통합하는 것을 지칭한다. 오염물질이라 함은 형태를 변화하고 다른 매체로 이동할 수 있는 변화매개체를 말한다. 오염물질에 중점을 두는 것은 특정오염물질이나 해로운 화학물질의 위험성

---

11) The Department of the Environment and the Welsh Office, 1991, Integrated Pollution Control; A Pratical Guide, London; HMSO : 3-4.
12) OECD, "Integrated Pollution Prevention and Control : The Status of Member Country Implementation of Council Recommendation," Environment Directorate, Environmental Policy Committee, 1994 : p. 5.
13) Frances Irwin, "Introduction to Integrated Pollution Control," Nigel Haigh and Frances Irwin(eds.), Integrated Pollution Control in Europe and North America, Washington D.C.; The Conservation Foundation : 3-30.

을 감소시키며 안전하게 관리하는 데 의의가 있다.

배출원에서 한 개 이상의 환경매체에 들어가거나, 환경매체간의 경계를 넘어 가거나, 한 개 이상의 매체를 통해서 낙하지점에 이르게 되어 환경매체를 연결하는 것은 곧 오염물질이므로 이를 통합하는 것은 당연하다. 그러므로 유독물질과 화학물질의 상업적인 순환에 주목하여 이들을 통합관리할 수 있는 법을 제정하는 것이 보편적인 추세이다. 이에 따라 화학물질들이 생산되거나 시판되기 전에 이들 화학물질의 환경순환과정상의 잠재적 위해성을 평가하고 필요한 경우에는 통제하도록 한다.

오염물질관리를 통합환경관리의 초점으로 맞추는 데 대한 주요 장애요소는 상당수의 오염물질과 다른 오염물질간의 상호작용 가능성에 대한 문제의 범위를 정하는 데 있다. 예를 들어 유럽만 해도 100,000여 종의 화학물질이 등록되어 있으며 우리나라도 40,000여 종의 화학물질이 있어 이러한 물질간의 상호작용을 명백히 규명하는 데에는 한계가 있다.

2) 배출원 통합관리

통합오염관리의 두 번째 방법은 오염물질 배출원(sources) 관리이다. 오염배출원이란 시설의 운영과 생산과정에서의 모든 배출관련 사항을 말한다. 대기·수질·폐기물 관련활동에 대해 모니터링, 허가제도, 또는 환경검사프로그램을 시행하기보다는 오염원의 모든 배출 또는 배출관련 물질을 통합하여 규제하는 것이 바람직하다.

오염물질 배출원은 여러 가지로 구분될 수 있는데 대부분의 통합은 오염배출원으로서의 산업시설에 관심을 쏟고 있다. 개별시설에서의 통합은 매체를 통한 최적활용가능통제기술의 선택, 폐기물의 감소나 재활용대안의 추구, 총배출이나 총비용 감소목적의 통제체계의 설계, 정책이나 사업의 환경영향평가 등의 방법을 이용한다. 통상 특정제품이나 목표집단을 설정하여 통합관리를 한다.[14] 즉, 통합오

---

14) 제품을 연구하는 것은 자원채취부터 마지막 처리 또는 재생산과정까지의 전과정에서의 여러 종류의 배출원을 관찰할 수 있는 기회를 제공하는 이점이 있다. 오염원으로서의 특정 산업부문 또는 목표집단을 관찰하는 것은 오염방지 및 관리방법에 관한 수단을 제공할 수 있다. 유사한 공업단체는 연구 및 개발, 정보수집 및 배분, 계획 및 교육 등을 실행하고 조정하기 위한 공통된 방법을 가지고 있기 때문이다.

염관리는 '최적 활용가능 환경대안(best practicable environmental option)'이라는 개념
으로 접근하는 것이다.

3) 지역통합관리

통합관리의 마지막 대안은 특정지역 관리이다. 이는 지리적 또는 생태학적 지
역(geographical or ecological region)의 특성을 고려한 의사결정을 하는 데 있어서 그
지역에 영향을 줄 수 있는 모든 활동들을 구분하는 효과적인 방법을 제공한다.
토지이용변화, 자연자원관리, 생태계복원 프로그램 등을 통한 환경오염감소의 이
익을 생태계를 보호하고 복원하기 위해 필요한 다른 수단과 연결시킬 수 있는 능
력을 동반한다.

지역적 통합방법은 배출원과 그 영향이라는 측면에서 무엇이 문제인가를 정의
하고 특정지역의 환경질을 유지하기 위해서는 어떠한 조치가 있어야 하는지를 밝
혀 준다. 지리적인 또는 생태학적인 지역은 주요 오염원(예를 들면, L.A. 분지와 같
은 대기질지역) 또는 생태학적 자원(예를 들면, 주요 저수지, 수맥, 만 등)의 위치를 감
안하여 구분된다. 전반적인 오염방지 및 관리는 전체지역에 적용되나 개별 매개중
심의 관리(media-specific management)에 의해 파악되지 않은 부분을 지역의 특성을

[그림 4-1] **북미지역의 생태학적 지역**

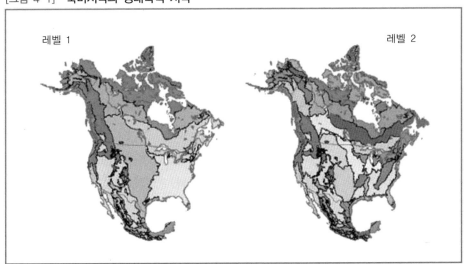

감안하여 검토한다는 것이다.

[그림 4-1]은 북미의 생태학적 지역이다. Level Ⅰ은 북아메리카를 15개 생태지역으로, Level Ⅱ에서는 52개로 분류한 것이다.

4) 통합관리 촉진수단

(1) 제품의 환경성평가

생산된 제품에 대한 환경성평가를 통해 자원추출에서부터 최종처리, 재생산에 이르기까지 전 과정을 통해서 다수의 배출원을 찾게 하는 제품정책(product policies)도 중요한 통합관리의 대안이다. 특히 제품의 전 생애를 통한 환경성평가는 환경표지제도와 결부되어 강력한 통합관리의 수단이 되고 있다. 네덜란드의 제품정책은 제품정보에 대한 포괄적인 체계를 통해 제품의 전 과정 환경영향에 대한 이해를 확대하고, 환경영향을 줄이기 위한 자발적인 수단을 촉진하는 것을 주요 내용으로 하고 있다.

(2) 생산자책임의 강화

확대생산자책임(Extented Producer Responsibility: EPR)은 제품이 사용된 이후 폐기물로 배출되었을 때에도 처리할 책임을 생산자에게 부과함으로써 폐기물관리의 효율성을 제고하기 위한 제도이다. 지금까지 생산자는 생산단계에서 발생하는 환경문제, 즉 작업장의 안정, 공정과정에서의 오염배출, 사업장 폐기물 처리 등에만 책임을 졌다. 그러나 확대생산자책임에 의해 판매·사용된 제품의 폐기물을 처리할 책임까지 지게 된다. 생산자는 제품의 설계단계부터 폐기물이 될 때를 감안할 수 있고 폐기물 처리 책임도 명확해져 폐기물 관리의 효율성이 높아진다는 것이다.

확대생산자책임은 1996년 9월부터 발효된 독일의 「재활용및폐기물관리법(Closed Substance Cycle Management Act)」에서 최초로 제도화되었다. 동 법은 제품의 전과정 중 쓰고 버려지는 폐기단계에서의 환경적인 영향과 관련해서 생산자의 책임을 확대하였다. 재화를 생산하는 자가 책임이 있다는 것을 규정하여 생산과정에서 쓰레기 발생을 억제하고 쓰레기를 덜 발생시키는 제품을 만들도록 의무화하고 있다.

(3) 경제적 수단

경제적 수단의 활용은 산업부문으로 하여금 모든 투입요소(inputs)를 검토할 수 있는 수단을 제공한다는 측면에서 유익한 통합관리 메커니즘으로 간주되고 있다. 기업의 투입요소의 전환이나 감축 그 자체는 다매체적인 오염물질의 배출을 저감하는 효과를 가져오기 때문이다. 대표적인 제도로는 예치금-환불제도, 탄소세제도, 유황세제도 등이다. 탄소세제도는 덴마크·핀란드·노르웨이·네덜란드·스웨덴에서, 유황세제도는 프랑스·노르웨이·스웨덴 등에서 활용하고 있다.

참|고|문|헌

구본현·변병설, 2010, "자연환경시설의 문제점 및 개선방안 연구," 지리학연구, 국토지리학회, 제44권, 제 2 호, pp. 257-266.

권용우·이상문·변병설·이재준, 2005, "환경친화적 토지관리를 위한 유사 환경보전지역의 개선방안 연구," 지리학 연구, 국토지리학회, 제39권 제 3 호, pp. 387-397.

이정전, 1994, 녹색경제학, 한길사.

정회성, 1992, "Economic Approaches as Environmental policy Instrument," 국토계획 제27권, 제 4 호(통권 66호), pp. 207-222.

정회성, 1996, 배출업소에 대한 통합오염관리방안, 한국환경기술개발원.

정회성, 2002, 지속가능한 사회를 향한 환경규제정책의 발전방안, 한국환경정책·평가연구원.

정회성·강철구, 1998, 종합적 환경관리체계의 개선방안 연구, 한국환경정책·평가연구원.

정회성·추장민·전대욱, 2006, 통합적 환경관리체계 구축방안 연구 I, 한국환경정책·평가연구원.

한국환경정책평가연구원, 1999, 개발제한구역 조정을 위한 도시여건 비교분석 연구.

한상운 외, 2008, 통합적 환경관리체계 구축을 위한 정책방안 연구 Ⅲ, 한국환경정책평가연구원.

Department of the Environment and the Welsh Office, 1993, *Integrated Pollution Control : A Practical Guide*, LONDON : HMSO.

Environmental Agency, 1995, "Answer to OECD Questionnaire Survey of the Use Best Available Technology & Environmental Quality Objectives in Environmental Permitting of Industrial Sectors."

Environmental Policy Committee, 1994, *Towads Integrated Pollution Prevention and Control : The Status of Member Country Implementation of Council Recommendation* C(90) 164/final.

EPA, 1990, *Waste Minimization : Environmental Quality with Economic Benefits.*

Frey, B. S., 1992, "Pricing and Regulation Affect Environmental Ethics," *Environmental and Resource Economics 2*, pp. 399-414.

Haigh, Nigel and Irwin, Frances(eds.), 1990, *Integrated Pollution Control in Europe and North America*, The Conservation Foundation.

Her Majesty's Inspectorate of Pollution, 1994, Environmental, Economic and BPEO Assessment Principles for Integrated Pollution Control : Consultation Document.

OECD Pollution Prevention and Control Group, 1994, *The "BAT/EQO," Review : Status, Policy Issues and Case Study Work Plan.*

OECD Pollution Prevention and Control Group, 1994, *Towards Integrated Pollution Prevention and Control : The Status of Member Country*, Implementation of Council Recommendation C (90)164/Final.

OECD, 1987, "Improving the Enforcement of Environment Policies," *Environment Monograph*, No. 8.

OECD, 1994, *Reducing Environmental Pollution : Looking Back, Thinking Ahead, OECD Documents.*

OECD, 1995, *Technologies for Cleaner Production and Products.*

OECD, 1996, *Environmental Requirements for Industrial Permitting.*

OECD, 1996, *Industrial Case Studies on the Use of BAT and Eqo in permits.*

Official Journal of the European Communities, 1996, *Concerning Integrated Pollution Prevention and Control.*

Pearce, David and Brisson, Inger, "BATNEEC : The Economics of Technology-based Environmental Standards, with a UK Case Illustration," *Oxford Review of Economic Policy*, Vol. 9, NO. 4.

Russell, Clifford S. et al., 1986, *Enforcing Pollution Control Laws*, Resources for the Future Washington D.C.

Schmandt, Jurgen, 1985, "Managing Comprehensive Rule Making : EPA's Plan for Integrated Environmental Management," *Public Administration Review* Vol. 45

March/April, pp. 309-317.

O'riordan, Timothy and Weale, Albert., 1989, "Administrative Reorganization and Policy Change : The Case of Her Majesty's Inspectorate of Pollution," *Public Administration* Vol. 67, pp. 277-294.

United Kingdom, The Environment Agency, 1996, *Best Practicable Environmental Option Assessments for IPC.*

Young, M. D., 1992, *Sustainable Investment and Resource Use*, UNESCO, Pathenon, Carnforth.

제 1 절   경제적 유인제도의 의의와 특성

1. 경제적 유인제도의 의의

경제적인 유인장치란 직접적인 규제방식과는 달리 오염물질 배출량을 시장 메커니즘 또는 규제당국이 설정한 가격에 의해 적정수준으로 유지하려는 방식이다. 이 제도는 오염원인자부담원칙에 따라 환경오염물질을 배출한 자에게 그 배출량에 비례하여 비용을 부담하게 하여 오염원인자 스스로가 배출총량을 줄이도록 경제적 동기를 부여하고자 하는 것이다.

2. 경제적 유인제도의 특성

경제적 유인제도에는 규제당국이 배출행위에 세금을 부과하는 방식, 오염억제행위에 대해 보조금을 주는 방식, 배출행위에 대한 권리의 설정 및 거래를 통해 총량적으로 규제하는 방식 등이 있다. 규제당국은 배출시설의 설치행위 그 자체보다는 단지 그 오염행위자가 얼마만큼의 오염물질 또는 오염수준을 배출하는가에 관심이 있다. 그 오염행위의 정도만 잘 측정하여 세금을 부과하든지 보조금을 주면 되기 때문이다.

경제적 유인제도는 오염자의 자율적이고 신축적인 대응을 유도할 수 있다는 특성으로 인해 정태적 측면과 동태적 측면 모두에서 직접규제에 비해 효율적이다.

경제적 유인제도하에서는 직접규제와는 달리 정책당국이 오염원으로 하여금 자신에게 가장 효율적인 오염억제방식을 선택하도록 허용하여 개별 오염원의 구체적인 생산함수를 모르더라도 최적의 배출수준을 유도할 수 있다. 동태적 측면에서의 효율성은 정책이 목표로 하는 오염수준에 도달한 이후에도 오염원으로 하여금 오염방지비용을 낮추기 위한 계속적인 기술개발의 동기를 부여한다는 데서 찾을 수 있다.

경제적 유인제도는 다양한 방법이 있는데 크게 부과금(charge), 보조금(subsidy), 예치금(deposit-refund), 시장형성(market creation), 이행 인센티브(enforcement incentive), 배출권거래제도(tradable permit system) 등으로 나누어진다.

제 2 절 부과금제도

1. 부과금제도의 의의

경제학적 관점에서 보면 환경오염은 오염원인자가 오염으로 인한 외부비용을 지불하지 않기 때문에 발생한다. 환경오염의 외부비용을 오염자가 지불하도록 한다면 환경오염문제는 해결될 수 있다. 즉 모든 환경오염물질 배출자에게 오염물질 배출로 인한 피해만큼 세금을 부과함으로써 오염행위를 교정할 수 있다. 이러한 방법은 영국의 경제학자 피구(A.C.Pigou)가 주장하였기 때문에 피구세(Pigouvian tax)라고 한다.

그러나 피구가 제시하는 환경세는 환경오염의 외부비용을 산출하기 어렵기 때문에 현실적으로 도입하기 어렵다. 이와 같은 어려움 때문에 많은 나라에서는 피구세를 변형하여 배출부과금, 제품부담금, 사용자부담금과 같은 제도를 사용하고 있다.

부과금제도는 오염물질 배출자에 대하여 오염물질을 스스로 처리하거나, 또는 처리 대신에 그 처리에 소요되는 비용에 해당하는 부과금을 납부하게 하는 제도이다. 이 제도는 환경오염의 외부비용을 오염자 개인의 비용으로 내재화시키려는 의도를 가진 피구세의 한 형태이나 부과금이 반드시 오염의 외부비용과 일치하는 것은 아니고 환경기준을 달성하는 데 필요한 오염처리비용을 기준으로 하는 점에서 피구세와 다르다.

2. 부과금제도의 유형

1) 배출부과금

배출부과금은 오염행위에 직접 부과하여 오염행위를 억제하는 경제적 유인제도이다. 기업은 부과금의 납부, 오염물질 배출억제, 이들간의 혼합 등의 세 가지 방법 중 최소의 비용이 소요되는 환경관리대안을 선택하게 된다. 이러한 자율적 선택을 통하여 그 사회의 오염물질 삭감목표를 최소의 비용으로 달성할 수 있다는 것이다. 이 제도는 대부분의 OECD 국가들에서 주로 수질·대기·폐기물분야에 사용되고 있으며 부과의 형태는 일정액을 부과하거나 오염물질의 배출량에 비례하여 부과하고 있다.

2) 제품부담금

제품부담금은 소비과정에서 오염을 유발하는 제품이나 생산과정에 투입되어 오염물질을 배출하는 생산요소에 부과하는 부담금이다. 제품부담금은 세금차별화 효과를 통한 오염저감 유인효과와 재정수입 증대효과를 얻을 수 있어 환경정책에 일반적으로 이용되고 있다. 제품부담금제도 하에서 환경친화적 제품은 부과금 부담을 지지 않으므로 보다 유리한 가격이 형성될 것이다. 반면 환경오염을 초래하는 제품은 제품부담금이 부과되어 불리한 가격이 형성된다.

현재 많은 국가에서 사용하고 있는 제품부담금으로는 자동차관련 제품부담금, 화석연료에 대한 제품부담금, 농업관련 제품부담금, 기타 환경에 유해한 제품에 대한 제품부담금 등이 있다. 우리나라에서도 「환경개선비용 부담법」에 의한 경유 자동차부담금, 「자원의 절약과 재활용촉진에 관한 법률」에 의한 폐기물부담금 등의 제품부담금이 부과되고 있다.

3. 부과금의 요율결정

부과금의 요율은 곧 환경재의 가격으로 이는 한계환경편익곡선과 한계오염피해곡선이 만나는 점에서 결정되는 것이 원칙이다. 구체적으로 설명하면 한계환경편익곡선과 환경오염피해곡선이 만나는 점에서 오염원인자의 환경편익과 오염피해자의 오염피해가 일치하게 되는데, 이렇게 일치된 상태에서의 환경편익 또는 오염피해가 곧 부과금 요율이 된다. 정부는 모든 오염원인자로 하여금 오염물질을 한 단위씩 배출할 때마다 이 가격을 치르게 함으로써 사회적 적정오염수준을 달성할 수 있게 하는 것이다.

이러한 내용을 그림으로 살펴보자. 예를 들어 어느 지역의 한계환경편익곡선과 한계오염피해곡선이 [그림 4-2]와 같이 주어졌다면 한계환경편익곡선과 한계오염피해곡선이 만나는 지점에서의 금액 p^*가 부과금의 요율이 된다. 그리고 오염원인자들은 $op^* \cdot ex^*$의 넓이만큼 부과금을 내야한다.

[그림 4-2] **배출부과금 요율의 결정**

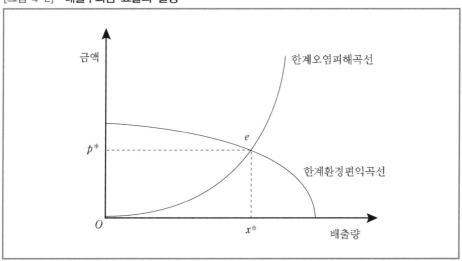

4. 부과금제도의 운영사례

1) 폐수배출부과금

배출부과금은 대기·수질·폐기물 분야 등 각 부문에 걸쳐 폭넓게 사용되고 있으나 가장 널리 사용되고 있는 것은 폐수배출부과금이다. 독일은 1976년 폐수배출부과금제도를 처음 도입한 이후 기업들의 오염방지설비 투자가 급증한 것으로 나타났다. 또한 독일은 새로 개발된 최신 오염방지시설을 도입한 기업에는 부담금의 75%를 감소시켜 줌으로써 수질오염물질의 배출을 감소시킬 동기를 계속적으로 부여하고 있다. 독일의 폐수배출 부과금제도 실시에 따른 특이한 경험은 이 제도 도입 직전 몇 해 동안에 오염방지시설 투자가 급격히 증가하는 것과 같은 공표효과(announcement effect)가 발생하였다는 사실이다.15)

2) 대기배출부과금

대기분야에서 배출부과금을 적용하는 나라는 수질분야에 비해 상대적으로 적다. 이는 배출부과금 징수에 따라 조성되는 재원의 주요 사용처인 종합처리시설의 설치가 어렵고 대기오염물질의 종류가 다양하여 이 제도의 관리비용이 많이 들기 때문이다. 대기부문 배출부과금제도에 성공한 일본의 경우, 배출부과금은 주로 아황산가스(SO_2) 감소에 초점이 맞추어졌으며 배출부과금 도입 후 SO_2가 많이 삭감된 것으로 나타났다.16) 스웨덴의 질소산화물(NO_X) 관련 대기배출부과금 역시 가시적인 효과가 있었던 것으로 나타났다.

3) 폐기물배출부과금

폐기물에 대한 배출부과금은 여러 국가에서 폐기물 매립업자와 소각업자에게 부과시키고 있다. 폐기물 배출부과금은 단지 쓰레기 처리와 재활용 제고에 필요한 재원을 마련하기 위해 사용되고 있다.17) 폐기물의 경우에도 폐기물 배출량 감소에 대한 배출부과금의 역할은 미미한 것으로 알려져 있다. 이는 배출부과금 수준을 높게 책정할 경우에 발생하는 불법적인 투기를 우려하여 배출부과금 수준을 낮게 책정하고 있기 때문이다.

---

15) 다른 대부분의 OECD 국가의 경험을 보면, 폐수 배출부과금이 낮게 책정되어 사회적으로 바람직한 수준으로 오염물질을 감축할 정도의 유인을 제공하지 못하고 직접규제인 허가제도를 보조하는 형태로 사용되고 있다.

16) 일본은 대기배출 부과금을 환경피해보상 재원으로 사용하였다.

17) 폐기물 배출부과금은 쓰레기 수거와 처분에 대한 서비스를 받는 대가로 지불하는 것이 아니라는 점에서 쓰레기 수거료와 다르다.

4) 제품부담금

현재 많은 국가에서 사용하고 있는 제품부담금에는 자동차관련 · 농업관련 · 화석연료 · 기타 환경 유해제품에 대한 제품부담금이 있다.

첫째, 자동차관련 부담금에는 자동차에 부과하는 판매세가 있다. 이는 자동차 배기량 및 삼원촉매장치 설치유무에 따라 차등 부과하는 방식으로 이루어지고 있다. 이 판매세는 배기량이 작고 삼원촉매장치가 부착된 자동차의 시장점유율을 높이는 효과를 가져온다. 자동차뿐만 아니라 자동차 연료에 대해서도 오염유발 정도에 따라 가격을 차등화하고 있다.[18)

둘째, 농업부분의 제품부담금은 인 · 질소 · 칼륨이 함유되어 있는 비료와 살충제에 부과되고 있다. 비료관련 부담금을 부과하는 나라는 오스트리아 · 노르웨이 · 스웨덴 · 핀란드 등이며, 살충제에 부담금을 부과하고 있는 나라는 노르웨이와 스웨덴이다.

셋째, 화석연료에 대한 부담금은 덴마크 · 이탈리아 · 네덜란드 · 스웨덴 등에서 탄소세 형식으로 부과하며 기존의 화석연료에 대한 물품세에 추가적으로 부과하고 있다.

끝으로 자동차, 농업부분, 화석연료의 부담금 이외에도 배터리, 윤활유, 오존층 파괴물질에 대한 부과금 역시 여러 국가들에서 부과되고 있다.

5. 부과금제도의 평가

1) 배출부과금제도의 장점

배출부과금제도는 다음과 같은 장점을 지니고 있다.

첫째, 환경목표를 최소의 비용으로 달성하게 해 줄 수 있다는 점이다. 배출부과금제도 아래에서는 규제당국이 개별기업의 배출 및 처리과정상의 세부적 사항들에 대해서는 관여할 필요가 없다. 오직 그 결과에 대한 정보만으로 충분하기 때문에 그만큼 행정비용을 절약할 수 있다.

---

18) 예를 들어 납부담금의 경우, 납성분의 함유 여부에 따라 가격을 차등화 함으로써 납성분이 포함되지 않은 연료의 사용을 유인하는 것이다.

둘째, 장기적으로 환경기술개발을 촉진시키고 환경관련 산업의 발전에 기여한다. 배출업체는 부과금의 부담을 덜기 위해서 보다 효율적으로 오염물질을 처리하기 위한 기술개발에 노력을 기울일 것이다.

셋째, 규제당국은 배출부과금 징수에 따른 재정수입을 얻게 되고 이 재정수입으로 환경개선을 위한 재원을 마련할 수 있다.

2) 배출부과금제도의 단점

배출부과금제도는 다음과 같은 문제점을 지니고 있다.

첫째, 이 제도는 직접규제보다 그 실시효과가 신속하지 못하고 유동적이다. 부과금이라고 하는 일종의 가격을 통하여 간접적으로 효과를 발생시키기 때문에 실시효과가 그만큼 불확실한 것이다.[19]

둘째, 배출부과금제도가 실시되면 부과금 산정 및 징수에 행정비용이 소요된다. 다만 기존의 각종 공과금 징수체계를 잘 활용한다면, 배출부과금제도가 직접규제보다 비용을 절감할 가능성이 높다.

셋째, 배출부과금의 징수는 기업체들에게 막대한 경제적 부담을 주어 생산비를 높여 물가를 인상시킬 우려가 있다. 물론 배출부과금은 그 요율이 적정수준으로 산정된 이상 가격으로서의 역할을 하는 것이며 따라서 배출부과금이 전가되는 것은 당연하다.

제 3 절   예치금제도

1. 예치금제도의 의의

예치금제도는 폐기물 발생에 대한 책임을 오염원인자에게 예치금이라는 형태로 부과 징수하였다가 발생된 폐기물이 적절히 처리되어 사회가 부담해야 할 환경비용을 감소시켰을 경우에는 적립된 예치금을 반환하는 제도이다.[20] 폐기물예

---

19) 그러므로 신속하고 확실한 효과를 필요로 하는 특정 유해물질의 규제에 대해서는 배출부과금제도만으로는 그 효과에 한계가 있으므로 엄격한 직접규제가 병행되어야 한다.

치금제도는 오염주체로 하여금 오염물질이 유발하는 외부불경제로 인한 사회적 비용을 부담하게 하는 피구세와 오염물질을 감소시킴으로써 외부경제를 창출하게 끔 유도하기 위해 지급하는 피구보조금(Pigouvian subsidy)의 의미를 동시에 지니는 제도이다.

폐기물예치금제도는 두 가지 제약조건이 있다. 첫째, 예치금을 납부한 오염주체만이 보조금을 지급받을 수 있고 둘째, 예치금의 액수와 보조금의 액수가 같아야 한다는 것이다. 폐기물예치금제도는 폐기물의 적정처리를 통한 환경보전에의 기여정도, 경제적 효율성, 그리고 시행에 따른 행정비용 등을 고려할 때 폐기물이 다량으로 발생하는 품목 중 재활용 가능성이 높거나 반드시 적절한 회수・처리가 필요한 품목에 한해 선별적으로 적용된다. 선진국의 예를 보면 대체로 유리병, 캔류, 플라스틱류에 적용하는 경우가 전자에 해당된다면 그 외 형광등, 배터리, 자동차 등은 후자에 해당하는 품목이라고 볼 수 있다.

2. 예치금제도의 유형

폐기물예치금제도는 예치금의 부과 및 보조금의 수령대상에 따라 생산자 예치금제도와 소비자 예치금제도로 대별할 수 있다. 생산자 예치금제도는 제품의 생산자에게 예치금의 납부 의무를 지우는 제도로서 현재 우리나라에서 시행되고 있다.

반면 소비자 예치금제도는 소비자가 제품의 구매 시에 일정액의 예치금을 소매상에게 납부한 후 폐기물을 반환할 때 예치금을 환불받는 제도로서 현재 OECD 국가를 포함한 대다수 선진국에서 사용되고 있다.

3. 예치요율의 결정

이론적으로는 폐기물의 적절한 회수・처리가 전혀 없는 상태에서 발생하는 단위당 환경비용과 폐기물의 단위당 회수・처리비용이 일치하는 점에서 예치요율이 결정되어야 한다. 하지만 이는 결코 쉬운 작업이 아니므로 실제적으로는 단위당 예치요율에 대한 근사치를 사용하게 된다.[21]

---

20) OECD, Deposit-Refund System.

예치요율 산정 시, 회수·처리를 통해 재활용 또는 재이용이 가능한 품목과 그렇지 않은 품목의 요율산정이 상이하게 나타난다. 재활용이 가능한 품목일 경우에는 회수·처리비용에서 해당품목의 생산비용 또는 구입가격을 차감한 수준에서 예치요율이 결정된다. 반면 재활용이 불가능한 품목일 경우에는 예치요율을 회수·처리비용과 같은 수준에서 결정하면 된다.

결국 상이한 두 품목의 회수·처리비용이 동일하다면 그 중 재활용 가능한 품목의 예치요율이 그렇지 않은 품목의 예치요율보다 낮게 책정되는 결과를 가져오게 된다. 왜냐하면 재활용을 하게 되면 재활용품을 직접 사용할 수 있지만 회수·처리하지 않을 경우에는 제품의 생산을 위해 해당품목을 추가로 생산 또는 구입해야 하기 때문이다.

4. 예치금의 운영

폐기물예치금제도는 도입 초기에는 업체에 의해 자발적으로 실시되었다가 최근에는 정부에 의해 제도의 도입이 의무화되는 경향을 보이고 있다. 업체에 의한 자발적인 참여는 재활용 또는 재이용을 통한 비용절감이라는 경제적 이유에 근거한다면 정부 차원의 업체에 대한 의무적인 시행은 환경문제에 대한 인식에 기초한다고 할 수 있다. 많은 국가에서 유리병 및 플라스틱병에 대해 예치금제도를 사용하고 있으며 폐승용차, 금속캔, 그리고 기타잡화 등에 대해서는 몇몇 국가들이 시행하고 있다. 또한 호주, 캐나다, 미국과 같은 나라들의 경우에는 지방정부 차원에서 실시하고 있다.

5. 평   가

폐기물예치금제도 하에서는 상대가격의 변화를 통하여 생산주체로 하여금 폐기물을 덜 발생시키기 위한 제반 노력과 효율적인 회수·처리를 위한 노력을 유

---

21) 예치요율이 어떻게 설정되느냐가 폐기물예치금제도의 실효성을 좌우한다고 해도 과언이 아니기 때문에 예치요율의 설정은 매우 신중하게 결정되어야 한다. 예치요율이 너무 낮으면 회수·처리에 대한 동기가 부여되지 않고, 반대로 너무 높으면 기업의 투자 위축과 소비자에 대한 과다한 비용전가를 가져오게 된다.

도하며, 소비주체로 하여금 보다 환경친화적 제품을 구매하도록 유도한다. 이 제도는 오염주체에게 부과금을 부과한다는 측면에서 오염원인자부담원칙에 부합되고, 배출된 폐기물을 적절히 회수·처리하여 사회적 편익을 창출하는 데 대한 보조금 형태의 지원이란 측면에서 의의가 있다.

피구의 공해세 이론과 코오스의 정리

후생경제학의 창시자로 유명한 피구(A. C. Pigou)는 그의 명저 「후생경제학」에서 환경오염은 사적비용과 사회적 비용, 그리고 사적 편익과 사회적 편익간의 괴리에서 발생하는 문제라고 보았다. 그러므로 그 차액만큼을 정부가 세금을 부과하거나 보조금을 지불함으로써 해결할 수 있을 것이라고 보았다. 이러한 피구의 이론은 배출부과금과 보조금이론으로 발전하였다고 할 수 있다.

반면 코오스(Ronald Cause)는 환경오염문제는 환경에 대한 권한이 분명하게 설정되지 않는 탓으로 환경의 이용에 대해서 시장원리가 작동하지 않기 때문에 생기는 문제라고 주장하였다. 따라서 정부가 환경에 대한 소유권 관계를 명확하게 설정하여 관련 당사자간에 권한과 책임을 분명하게 해주면 이들간의 자발적인 타협으로 적정환경오염관리가 가능할 것이라고 보았다. 이른바 '코오스의 정리(Cause's Theorem)'로 환경오염배출권 거래제도와 자율환경관리는 이러한 사고에 따른 것이라고 할 수 있다.

제4절 환경오염배출권 거래제도

1. 개념 및 의의

배출권 거래제도는 오염문제의 근원적 원인이 환경에 대한 재산권의 부재 혹은 불완전성에 있다는 인식하에서 환경에 대한 재산적 권리를 설계하고 경제주체간에 배분하여 거래되도록 함으로써 효율적인 의사결정을 촉진하고자 하는 정책수단이다.[22] 배출권 거래제도는 1970년 캐나다의 데일즈 교수에 의해 제안되었

---

22) 정회성, 1995, "오염허가증 거래제도와 활용방안," 환경정책 제3권 제1호, pp. 27-51.

다.23) 이어 몽고메리 교수는 오염권 거래제도와 배출권 거래제도를 구별하고 전자가 보다 효율적인 방법임을 수리적으로 입증한 바 있다.24)

배출권 거래제도는 오염행위와 관련된 권리를 비교 가능한 정량적 개념으로 정의하고 이의 거래를 허용하는 제도라 할 수 있다. 배출권 거래제도는 직접규제와 간접규제가 혼합된 형태로서 배출업소가 오염물질을 배출하기 위해서는 사전에 특정량의 오염물질 배출허가증을 취득하여야 한다는 점에서 직접규제로서의 성격을 지닌다. 그러나 일단 취득한 배출허가증은 자유롭게 매매할 수 있어서 배출허가증 거래시장에서 형성된 가격에 따라 오염배출량(또는 오염권)을 사회적으로 최적 배분해 준다는 점에서 배출부과금과 비슷하다.

배출권 거래제도하에서는 일정량의 오염물질 배출에 대한 권리를 의미하는 배출권이 오염업체들에게 할당된다. 오염업체는 배출권 보유량 이하로 배출량을 줄이거나 다른 업체로부터 부족한 양에 해당하는 배출권을 구입하여야 한다. 배출량보다 배출권을 초과 보유하는 업체는 잉여 배출권을 판매할 수 있다.

[그림 4-3] **환경오염배출권 거래제도 모식도**

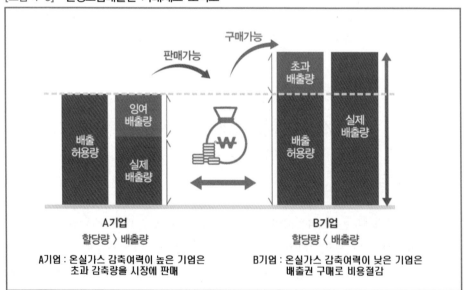

23) J. H. Dales, 1970, Pollution, Property ane Prices, Toronto; University press.
24) David W. Montgomerry, 1972, "Markets in Licenses and Efficient pollution Control Programs," Journal of Economic Theory, December, 5, pp. 395-418.

배출권 거래제도하에서 오염물질의 배출저감비용이 작은 업체는 배출량을 더 삭감하는 대신 상대적으로 비용이 큰 업체에게 배출권을 판매함으로써 이익을 얻을 수 있다. 배출권의 거래가격은 판매자의 추가적 배출삭감 비용보다는 크고 구매자가 절약하게 되는 삭감비용보다는 작은 수준에서 결정될 것이며 결과적으로 총 배출량이 증가하지 않으면서 거래 참여업체 모두가 이익을 얻을 수 있다. 배출권 시장이 효율적으로 운영되어 이와 같은 호혜적 거래가 성사된다면 비용상으로 최선의 사회적 자원배분이 달성될 수 있다.

배출권 거래제도하에서는 보통 오염물질별로 단일 유형의 배출권이 발행된다. 그러나 통합위해도를 평가하여 매체간 거래를 허용하는 오염권 거래제도의 도입이 주장되고 있다.

2. 환경오염배출권의 종류

1) 권리의 내용에 따른 분류

배출권 거래제도는 오염의 권리가 무엇인지에 따라 배출권 거래제(emission permit)와 오염권 거래제(pollution permit 또는 ambient permit)로 구분할 수 있다. 배출권거래제는 특정 오염물질을 일정기간 동안 일정량 배출할 수 있는 권리를 거래할 수 있도록 하는 것이다. 온실가스, 휘발성 유기화합물질 등 균등 혼합성 오염물질에 적합하다.

오염권 거래제는 특정 지역에 있어서의 특정 오염물질 오염도를 일정기간 동안 일정수준 증가시킬 수 있는 권리를 사고 팔 수 있도록 하는 제도이다. 먼지, 아황산가스 등의 불균등 혼합성 오염물질이 오염권 거래제에 적용하기 적합한 물질이다. 이 제도하에서는 오염영향권별로 차별화된 배출권이 인정된다.

2) 배출권의 인정기준에 따른 분류

배출권의 인정기준에 따라 배출총량을 기준으로 거래를 허용하는 방식(allowance-based system)과 배출기준을 초과 달성하여 취득한 신용을 기준으로 하는 방식(credit-based system)이 있다.

배출허용권 거래(marketable pollution allowances)는 총량적 관리목표를 설정한 다음에 1회에 한해 소비할 수 있는 배출권을 거래하도록 하는 방식이며, 배출총량에 대한 직접 관리수단이다. 즉 우선 배출이 허용되는 총량을 규정하고 이를 거래할 수 있도록 하는 제도로서 총량거래제도(cap-and-trade system)라고도 한다.

삭감인증권 거래(tradable pollution credits)는 엄격한 심사에 의해 기준 대비 추가적 삭감량만큼 인정받고 이를 거래하도록 하는 것이다. 삭감인증권 거래는 인증심사과정의 복잡성으로 높은 거래비용을 초래할 가능성이 크기 때문에 기존의 규제수단에 보조적으로 사용되는 경우가 많다. 본격적인 배출권 거래제 도입 전의 과도기적 단계로 활용되는 경우가 많다.

3. 운영절차

배출권 거래제도의 적용절차는 먼저 환경의 질에 대한 목표를 설정하고 다음으로 설정된 목표 달성을 위해 허용 가능한 오염행위의 수준을 결정하는 단계를 거쳐, 마지막으로 이에 상응하는 오염수준을 경제주체간에 배분하여 거래토록 하는 절차를 따른다. 구체적으로 살펴보면 다음과 같다.

첫째, 특정 환경관리지역의 환경질 목표를 설정하고 이를 유지달성하기 위해 허용 가능한 배출량의 총량을 규정한다.

둘째, 개별오염자의 오염허용량을 할당한다. 할당방식은 기존배출량을 참고할 수도 있고 경매를 통할 수도 있다.

셋째, 오염자간 배출량의 자유스러운 거래를 허용한다. 새로 진입하는 기업이나 시설을 확장코자 할 경우에는 기존 기업으로부터 해당 규모만큼의 배출허용량을 취득하여야 한다.

넷째, 배출량 거래비용을 최소로 하는 배출량 거래시장을 구축한다. 최근에는 정보통신기술이 발달하여 인터넷을 이용한 배출권 거래시장이 바람직하다.

다섯째, 기업이 배출량의 범위 내에서 배출행위를 하는지 감시하고 이를 위반한 경우에 제제를 가하여 자신이 보유하고 있는 배출량 범위 내에서만 배출행위를 하도록 한다.

표 4-2 배출권의 초기분배 방식

분배방법	내용	재정이전	특징
무상분배	과거배출실적, 연료사용량 등을 기준으로 무상배분	없음	다양한 분배기준 적용가능, 현실적용이 용이함
보조금	충분한 양을 무상분배 후 정부가 필요량만큼 구입	정부⇒오염원	정부의 재정부담이 큼
수익경매	배출권을 유상으로 경매	오염원⇒정부	오염원의 재정부담이 큼, 사전적 가격정보 제공을 통한 시장거래 활성화
무수익경매	오염원간의 경매(double auction) 방식으로 배출권 보유를 조정	오염원⇒오염원	경매설계가 복잡, 사전적 가격정보 제공을 통한 시장거래 활성화
직접판매	일정한 가격으로 정부가 오염원에게 직접판매	오염원⇒정부	오염원의 재정부담이 큼, 배출권시장의 왜곡방지를 위한 정부개입수단
배분권거래	배출권을 할당받을 수 있는 권리에 대한 시장거래	오염원⇒오염원	배출권의 기간간 재배분을 시장기능에 맡김

　　배출권 거래제도가 효과를 보려면 배출권 관리체계가 장기간 안정적으로 유지될 수 있어야 한다. 배출권 거래제도의 주요 장점중의 하나가 효율성과 형평성을 균형있게 고려할 수 있다는 점이다. 이러한 장점을 최대한 살리기 위해서 가장 중요한 것이 배출권 초기배분방식의 세심한 설계이다. 배출권의 할당방법은 무상분배, 경매, 직접판매, 배분권 거래 등 다양한데, 관련 이해당사자간의 분배문제와 효율성을 종합적으로 고려하여 최적의 방식을 설계해야 한다.

4. 배출권 거래제도 적용사례

1) 미국 환경보호처의 배출권 거래제도

　　미국 환경보호처(EPA)는 대기오염관리를 위해서 1970년대 중반부터 배출량 거래제도(Emission Trading Programs)를 개발하여 1986년에 확정된 정책을 발표하였다. 대기오염 배출량 거래제도는 탄화수소, 질소산화물, 먼지, 황산화물, 일산화탄소의 다섯 가지 대기오염 물질을 배출하는 오염원에 대하여 실시하고 있다. 배출량 거래제도 아래에서 거래의 대상이 되는 것은 배출량삭감신용(emission reduction credit)이다. 규제당국은 공장이 문을 닫거나 축소 운영되는 경우, 특별한 기술이나 설비의 채택을 통해 배출량을 저감하였을 경우에 그 삭감된 오염량을 신용으로 인증한다. 배출량삭감신용은 단위시간당 오염물질 배출량을 단위로 하며 발전시설이나 정유시설과 같은 점오염원뿐만 아니라 자동차나 배와 같은 이동오염원에 대해서도 인증될 수 있다.

미국 환경보호처(EPA)의 배출권 거래제도

미국 환경보호처가 시행하고 있는 배출량 거래는 개별적인 거래마다 정부의 인가를 필요로 하며 거래를 허가받기 위해 정교한 환경모델의 사용이나 또는 정부가 설정한 거래비율에 따라야 한다. 이 배출량 거래제도의 핵심적인 수단은 배출량삭감신용으로 현재 총량·상쇄·예탁·상계라는 네 가지 형태의 대기오염 배출권 거래가 인정되고 있다.

① 총량(bubbles) : 기존의 배출원에 대하여 규제 준수의 유연성을 제공하기 위해 여러 개의 배출원을 묶어 하나의 총량적 규제를 준수하면 되도록하는 제도로서 1979년에 도입되었다. 같은 구역 안에 있는 배출원들을 함께 묶어 묶음 전체로써 규제기준을 만족하는 한 서로 오염물질의 배출을 자유롭게 조정할 수 있다.

② 상쇄(offset) : 대기오염 기준을 만족하지 못하는 지역에서의 경제성장을 가능하게 하면서 동시에 대기질을 향상시키고자 1976년에 개발된 제도이다. 환경오염의 정도가 환경기준을 초과한 오염지역에 새로운 기업 또는 공장을 설치하려 하거나 기존 업체가 사업을 확장하려 할 때, 이에 따른 오염물질 배출량 증가를 기존 오염원의 배출량 감소로 상쇄할 때에만 이를 허용하는 정책이다.

③ 예탁(banking) : 배출삭감신용에 대해 미래 이용을 위한 예탁을 허용하는 제도로, 1977년 대기정화법 개정에서 도입되었다. 예탁된 배출삭감량의 인출 사용은 대기오염 기준의 만족을 위해 부득이한 경우에만 사용하도록 한다.

④ 상계(netting) : 1980년부터 시행되고 있는데 공장전체 배출량이 순수 증가하지 않을 경우에 공장의 설비 변경에 대한 인허가 의무를 면제할 수 있도록 허용하는 정책이다.

2) 기타 사례

오염권 거래제도는 매우 효과적인 환경규제방식으로 평가되어 현실정책에의 활용도가 증가하고 있다. 오염권 거래제도의 사례를 들어보면 다음과 같다.

우선 미연방 대기정화법상의 아황산가스 거래제도가 있다. 1990년에 개정된 「대기정화법」은 산성비 통제를 위한 배출권 거래제도 등 보다 다양한 거래제도를 활용하고 있다.[25] 동 법에서는 연간 SO_2 배출량을 1980년 수준 대비 1000만 톤 감축하기 위한 목표를 정하고 배출권 거래제도를 통해서 지역별 전력회사의 배출량 감축을 시도하였다.

둘째, 독일의 배출권 거래제도이다. 독일에서 허용되고 있는 배출권 거래는 대기오염에 한하며, 미국의 대기오염 배출권 거래의 상쇄와 상계에 해당하는 두 가지 제도를 도입하고 있다. 대기환경이 열악한 지역에서 신규 오염시설을 입지하기 위해서는 기존의 오염원으로부터 신규시설의 추가적 오염물질 배출량을 상계할 수 있는 양의 배출삭감을 확보하도록 하고 있다. 또한 오염 배출원의 설비 변경 시에 이로 인한 오염 증가분 이상을 같은 구역에 속하는 다른 설비로부터 삭감할 것임을 증명할 경우 설비변경에 대한 인증절차를 면제받을 수 있다.

셋째, 온실가스 통제를 위한 공동이용 메커니즘도 배출권 거래제도의 일종이다. 기후변화협약을 인준한 국가들은 1995년 독일 베를린에서 개최된 당사국회의에서 공동이행정책을 수립하였다. 1997년에 일본 교토에서 채택한 교토의정서(Kyoto Protocol)에서는 부속서 B국가간에 공동이행계획을 통해서 자신에게 부여된 기후변화가스 총량을 충족시킬 수 있도록 하였다. 즉 부속서 B국가가 다른 국가의 기후변화가스 저감사업에 재정적인 지원을 할 경우 이에 따른 감축분을 자신의 배출총량을 만족시키는 것으로 인정받는 것이다.

5. 환경오염배출권 평가

1) 장　점

배출권 거래제도의 장점은 다음과 같다.

첫째, 일반적으로 명령·강제의 직접규제 방식보다 낮은 비용으로 목표 환경질을 달성할 수 있다. 이론적으로는 최소의 비용으로 목표 환경질을 달성할 수

---

25) Hoi-Seong Jeong, 1992, "Modified Economic Incentives and Environmental Pollution Regulation : A Case Study on the U.S. Air Pollution Policy," 「과학기술정책」 제4권 제2호(1992년 12월) : 93-106.

있다.

둘째, 경제적 효율성을 유지하면서 초기 배분의 자유로운 조정을 통해 경제주체간의 이익배분에서 형평성을 달성할 수 있다. 예를 들면 배출권의 초기배분 시유·무상 분배방식의 적절한 혼합을 통해 배출업소의 경제적 부담을 적정수준으로 유지할 수 있다.

셋째, 배출권 거래제도에서는 기존의 저감기술 도입이나 새로운 저감기술의 개발유인이 높다.

넷째, 가격규제인 배출부과금제도와는 달리 오염물질의 총량을 설정하기 때문에 환경오염물질 총량에 대한 직접통제가 가능하다. 그러므로 오염삭감효과가 직접적이다.

다섯째, 배출권 거래제도에서는 신규 오염원의 진입이나 기존 오염원의 확장 등의 외생적 변화가 배출권 시장에 의해 내생적으로 조정되므로 규제당국의 특별한 조치가 불필요하게 된다. 그러므로 배출권 거래제도 아래에서 기업은 자율적으로 장단기 저감계획이나 기술도입 등의 의사결정을 할 수 있다.26)

끝으로, 배출권 거래제도와 관련하여 발생하고 있는 재미있는 현상의 하나는 배출권 구입이 환경운동의 하나의 수단으로 활용될 수 있다는 점이다. 즉 환경개선을 바라는 주민이나 단체가 배출권을 구입하여 이를 폐기함으로써 보다 높은 환경질을 달성할 수 있다는 것이다.27)

2) 단 점

배출권 거래제도의 단점은 다음과 같다.

---

26) 명령 및 강제에 의한 직접규제의 경우 대상지역에 새로운 배출원을 신설할 때 목표 환경질을 유지하기 위해서는 배출허용기준을 새로이 강화하여야 할 것이다. 그러나 허용기준의 수시 변경은 현실적으로 많은 어려움이 있다. 반면 배출권 거래제도의 경우 허용 가능한 배출총량이 일정하게 정해져 있다. 그러므로 새로운 배출원의 진입에 의한 오염도의 증가는 원천적으로 불가능하다. 대신 새로운 오염원의 진입은 배출권의 수요증가를 의미하므로 이는 배출권 시장에서 배출권의 가격인상으로 반영되고, 이러한 가격인상에 의해 오염원간에 삭감량의 분배가 재조정된다.

27) 예컨대, 2000년 산성비 경매에서는 산성비퇴치기금(the Acid Rain Retirement Fund), 메릴랜드환경법학회(Maryland Environmental Law Society), 아이삭왈튼리그(Isaac Walton League), 버지니아대기보전회(Verginia/Clean Air Conservancy) 등 다수의 환경단체들이 참여하여 배출허용량을 구입한 바 있다.

첫째, 추가적인 감시 및 강제비용과 행정비용이 소요되는 점을 들 수 있다. 개별 배출원에 할당된 배출량을 준수하고 있는지 감시하기 위해서는 모든 배출원에 연속측정망을 설치하여야 한다. 정부는 배출권의 거래를 승인하고 이를 정산하기 위한 추가적인 행정비용이 소요되며 거래자의 탐색 등 거래비용이 발생된다.

둘째, 독과점, 불완전 정보 등에 따른 배출권 가격의 불안정성, 정산에 따른 시장의 불안정성 등 경제주체가 당면하는 불확실성과 불안정성의 문제가 발생된다.

셋째, 오염권을 권리로 인정한다는 문제가 있다. 환경단체들은 사회적으로 지탄받아야 마땅한 범죄행위인 환경오염행위를 권리로 인정하여 사고 팔 경우에 발생할 도덕적 해이(moral hazard)현상을 우려한다.

참고문헌

이정전, 2000, 환경경제학, 박영사.

정회성, 1992, "Economic Approaches as Environmental Policy Instruments," 국토계획, 제27권, 제6호, pp. 207-222.

정회성, 1995, "오염허가증 거래제도와 활용방안," 환경정책, 제3권, 제1호(6월), 환경정책학회, pp. 27-51.

Anderson, Frederick R. et al., 1977, *Environmental Improvement through Economic Incentives*, Washington, D. C., Resources for the Future.

Ayres, R and Kneese, A. V., 1969, "Production, Consumption and Externalities," *American Economic Review* 59, pp. 282-297.

Coase, Ronald M., 1960, "The problem of social cost," Journal of Law and *Economics*, pp. 1-44.

Commoner, Barry, 1972, "The Environmental Costs of Economic Growth," Robert and Nancy S. Dorfman(eds), *Economics of the Environment : Selected Readings*,

New York; W.W.Norton & Company, Inc., pp. 261-283.

Cook, Brian J, 1988, *Bureacratic Politics and Regulatory Reform; The EPA and Emmissions Trading*, New York : Greenwood press.

Dales, J. H., 1968, *Pollution, Property & Prices : An Essay in Policy Making and Economics*, Toronto; University of Toronto Press.

Jeong, Hoi-Seong, 1992, "Modified Economic Incentives and Environmental Pollution Regulation : A Case Study on the U.S. Air Pollution Policy," 과학기술정책 제 4 권 제 2 호, pp. 93-106.

Kelman, Steven, 1981, *What Price Incentives? Economists and the Environment*, Boston, Massachusetts.; Auburn House Publishing Company.

Kneese, Allen V. and Bower, Blair T., 1968, *Managing Water Quality : Economics, Technology & Institution, Baltimore; Resources for the Future*.

Krupnick, Alan J. Oates, Wallace E. and Van De Verg, Eric., 1982, "On the Marketable Air Pollution Permits : The Case for a System of Pollution Offsets," *Erhard F. Joeres and Martin H. David(eds.), Buying Better Environment : Cost-Effective Regulation through Permit Trading, Madison*, WI; The University of Wisconsin Press, pp. 7-23.

Montgomery, W. David, 1972, "Markets in Licences and Efficient Pollution Control Programs," *Journal of Economic Theory,* December, 5, pp. 359-418.

OECD, 1980, *Pollution Changes in Practice*, Paris : OECD.

OECD, 1989, *Economic Instruments for Environmental protection*, paris; OECD.

Pearce, David, Markandya, Anil and Barbier, Edward B., 1989, *Blueprint for A Green Economy*, London; Earthscan Publications Ltd.

Repetto, Robert., 1989, "Economic Incentives for Sustainable Production," Gunter Schramm and Jeremy J. Warford(eds.), pp. 69-86.

Rhoads, Steven E., 1985, *The Economists View of the World : government, Markets and Public Policy,* Cambridge : Cambridge University Press.

Seneca, Joseph J. and Taussig, Michael K. 1984, *Environmental Economics(3rd ed.),* Englewood Cliffs, NJ; Prentice-Hall, Inc., pp. 20-105.

Susan, Rose-Aikeman, 1977, "Market Models for Water pollution control : Their Strengths and Weaknesses," *public policy* 25(3), pp. 383-406.

Tietenberg, T. H., 1985, *Emissions Trading : An Exercise in Reforming Pollution Policy*, Washington D.C., Resources for the Future, Inc.

chapter 11 환경정보규제와 자율환경관리

제 1 절   개   요

환경관리를 위해서는 앞 장에서 살펴본 직접규제와 경제적 유인 외에도 다양한 사회적 규제수단이 활용되고 있다. 이 중 최근들어 새로운 환경규제수단의 하나로 주목을 끌고 있는 것이 환경정보규제와 자율환경관리이다. 이들 수단은 시민의 환경의식 성장, 기업의 환경경영에 대한 인식 확산, 세계화시대에 있어서의 유연한 정책수단의 필요성 등 복합적인 요인 때문에 각광을 받고 있다. 자율환경관리나 정보규제는 직접규제나 경제적 유인제도의 규제에 대한 대안일 필요는 없지만, 직접규제와 이들 수단은 상호 보완적으로 운영될 수 있다. 즉, 자율환경관리는 별도정책으로서의 성격을 지니고 있다기보다는 정부의 정책적인 개입에 이용되고 합치되는 환경관리수단의 하나라고 할 수 있다. 이들은 지구환경시대 규제개혁과 관련하여 각광을 받고 있는 산업환경관리수단이다.

1. 환경정보규제의 의의

정보공개규제는 자발적이든 강제적이든 기업이나 공공기관에 대하여 일반 국민이 그들의 관할범위에 있는 원료물질, 제품 및 생산과정 그리고 각종 개발행위에 관한 환경정보를 공개하도록 하는 것이다. 정보규제는 환경규제수단 다양화의 필요성은 물론 환경정보의 수집, 통합 그리고 전파비용의 급격한 감소로 그 효용성이 높아지고 있다.[1] 공개는 다양한 목적으로 사용될 수 있다. 즉, 기업에 대하여 오염배출을 줄이는 자발적인 행동을 취하도록 촉진하거나, 새로운 개발사업을 허가하기 이전에 일반국민과 다른 이해당사자의 참여를 촉진하고, 현행의 환경기준이나 인허가에 대한 집행을 강화하는 수단으로 쓰일 수 있다.

2. 자율환경관리제의 개념

자율환경관리제 또는 자율환경관리협정(Voluntary Agreement: VA)은 정부, 기업, 민간부문이 바람직한 환경목표를 달성하기 위해 상호협력을 하거나 기업들이 자체적으로 환경목표를 선언하고 이를 자발적으로 추진하는 환경관리형태를 지칭한다. 자율환경관리제라는 용어는 산업협정(industrial covenants), 협약(negotiated agreements), 자율규제(self regulation), 행동규범(codes for conduct), 생태계약(eco-contracts) 등의 광범위한 정책수단과 접근방법을 설명하는 데 사용한다.[2]

OECD에 의하면 자율환경관리제는 "바람직한 사회적 성과를 가져올 자발적인 활동을 촉진하기 위해 정부에 의해 장려되고 자기이익에 근거한 참여자에 의해 수행되는 정부와 기업사이의 협약"으로 정의된다.[3] 자율환경관리제의 궁극적인 목표는 기업이 스스로 환경목표를 설정하여 이를 충족시키며 기업의 의사결정에서 환경측면을 강화시켜 주기 위한 것이다.[4] 이는 시장원리에 의한 환경정책 수단으로 기업의 자발적인 협약을 통해 정부와 기업간의 환경개선을 위한 파트너십을 구축하는 방법으로 이해될 수 있다.

---

1) Tom Tietenberg, 1999, "Disclure Strategies for Pollution Control," Thomas Sterner(ed.). The Market and the Environment: The Effectiveness of Market-Based Policy Instruments for Environmental Reform, Cheltenham, UK: Edward Elgar: 14-49.
2) OECD/OCDE, 1998, Voluntary Approaches for Environmental Policy in OECD Countries, ENV/EPOC/GEEI(98)30, p. 10.
3) Mark Storey, Demand Side Efficiency: Voluntary Agreements With Industry: OECD Policies and Measures for Common Action WP, December, 8, 1996, p. 13.
4) IEA의 조사에 따르면 자율협약 프로그램 도입의 주된 이유는 ① 에너지효율성 개선, CO_2 배출저감활동 등에 기업의 참여 촉진, ② 생산자와 소비자의 동기부여 증대 및 에너지 절약과 에너지, 기타 환경목표 달성을 위한 책임감 고취, ③ 경제적, 경쟁력 맥락에 보다 잘 부응하는 정책수단의 개발 등에 있다.

제 2 절 환경정보규제

1. 유해화학물질 배출량보고제도

1984년 인도 보팔시의 유니언 카바이트사 폭발사고 이후 1985년 미국의 웨스트 버지니아 등에서 동일한 사고가 발생하자 미국은 1986년 환경보호와 지역사회 "알"권리법(EPCRA: Environmental Protection and Community Right to know Act)을 제정하면서 두 가지 획기적인 정책을 도입하였는데, 그 중 하나가 유해화학물질배출량보고제도(TRI: Toxic Release Inventory)이다.

유해화학물질 배출량 보고제도 하에서 유해화학물질을 사용하는 업체는 동 사용량과 환경배출내용을 매년 정기적으로 정부에 보고하여야 한다. 이렇게 보고된 환경관련 정보의 일부는 지역주민이 알 수 있도록 공개된다. 이에 따라 당초의 감축목표는 계획보다 빨리 달성되었다. 뿐만 아니라 직접규제를 강화하였을 경우보다 행정비용을 크게 절감할 수 있었으며 산업체측에서도 배출을 저감하기 위해 비용효과적인 방법을 선택할 수 있었다.

이와 비슷한 사례로 캐나다에서도 1991년 ARET(Accelerated Reduction/Elimination Toxics)라고 불리는 프로그램을 도입하였다. ARET는 캐나다의 주요기업, 기관 및 정부기구에 대하여 특별한 물질을 감축(2000년까지 30개 물질 90%, 87개 물질 50% 배출감소)하도록 하였다.[5] 1993년 OECD는 공식적으로 "오염물질배출·이동등록제 (Pollutant Release Transfer Registers: PRTR)"의 도입을 회원국들에게 권고하였다.

인도 보팔시 유니언 카바이트사 폭발사고

1984년 12월 3일 인도의 보팔에서는 화학약품의 대량 누출사고가 있었다. 미국의 다국적 기업인 유니언 카바이드사(Union Carbide)는 화학약품 제조회사로서 인도 보팔시에 현지공장을 설립하여 농약을 제조 판매하였다. 이 공장은 농약제조의 원료로 사용되는 메틸이소시아네이트(MIC : methyliso-cynate)라는 유독가스를 탱크에 저장하여 사

---

5) 전병성, 1998, "자율환경관리제 도입의 정책방향," 자율환경관리제의 확대를 위한 토론회, 1998, 환경부/한국환경정책·평가연구원 : p. 54.

용해 왔는데, 이 유독가스가 누출되는 사고가 일어난 것이다. 메틸이소시아네이트는 인체에 치명적인 가스로 사람의 폐와 눈에 심각한 장애를 유발하고 중추신경계와 면역체계를 파괴하는 독극물이다.

동 유독가스 누출 사고로 저장탱크에서 2시간 동안 유독가스 36톤 정도가 누출되어 인근주민 2,800여 명이 사망했고, 20만 명 이상이 피해를 입었다. 생존자들도 대부분 실명, 호흡기 장애, 중추신경계 마비의 증상을 보였다. 이 사고는 저장탱크에 대한 안전수칙을 지키지 않고, 조기경보체계도 작동하지 않아 발생하였으며 공장이 인구가 밀집한 빈민가 인근에 위치하여 많은 사상자를 발생시켰다.

2. 환경표지제도

환경표지제도는 제품의 환경성에 대한 정보를 표시하도록 함으로써 기업체로 하여금 환경친화적 제품의 개발 및 생산을 촉진하고 소비자로 하여금 이러한 환경친화적인 제품을 선택·사용하도록 하는 제도이다. 환경표지제도에는 세 가지 유형이 있다.

첫째는 환경마크제도로서 제품의 제조·유통·사용·폐기 과정에서 동일 용도

[그림 4-4] **세계 각국의 환경마크제도**

독일	한국	캐나다	일본
미국	EU	스웨덴	프랑스

의 다른 제품에 비해 환경오염을 적게 일으키고 자원을 절약할 수 있는 제품임을 인증하는 제도이다.[6] 독일의 "푸른천사(Blue Angel)" 이후 범세계적으로 널리 보급되어 많은 국가에서 시행되고 있다. 우리나라의 "환경마크," 캐나다의 "환경적 선택(Environmental Choice)," 일본의 "환경마크(Eco-mark)," 미국의 "그린실(Green Seal)" 등이 이에 해당한다.

둘째는 제품의 환경성 자기주장제도로서 생산자가 자사제품의 환경성을 주장할 수 있는 방법 및 조건을 규정하는 제도이다. 생산자로 하여금 환경성 과대 주장을 하지 못하도록 규제하여 소비자 기만행위를 방지하기 위한 제도이다.

셋째는 환경성적표지제도로서 제품의 환경성 정보를 도표 및 그래프 등으로 표시하는 제도이다. 환경성 수준에 따라 소비자의 차별구매를 유도하고자 하는 취지이다.

3. 전생애평가제도

전생애평가(Life Cycle Assessment: LCA)는 제품의 생산에서 폐기까지의 전생애에 걸쳐 발생 가능한 환경영향을 정의하고 평가하는 분석기법이다. 전생애는 사전(事前)단계(upstream: 원료 및 제품생산의 초기단계)와 사후(事後)단계(downstream: 소비 후 폐기물로 버려지는 단계)까지를 모두 포함한다.

전생애평가의 기본 목적은 모든 관련 당사자(생산자·유통업자·소비자·NGOs·규제당국 등)에 대하여 특정한 제품이 일정단계에서 발생하는 환경비용뿐 아니라 생산·소비·폐기의 모든 과정에서 발생하는 환경비용을 포괄적으로 인식할 수 있도록 정보를 제공하는 것이다. 전생애평가기법은 환경마크제도와 결부되어 활용되기도 하며 동 자료를 이용하여 생산자포괄책임을 묻는 데 사용할 수도 있다.

---

6) 이러한 체계에 참여하는 것은 자발적이나 환경라벨을 사용하도록 인정하는 것은 공식적인 위원회나 독립적인 전문가 기구에 의해 이루어진다.

캘리포니아 주민제안 65

캘리포니아는 1986년 국민제안으로 480종의 화학물질 중의 한 가지 이상을 생산하거나 사용 또는 수송하는 회사는 그 화학물질에 의해 영향을 받을 잠재성이 있는 자에게 알려야 할 의무를 부과하였다.

목록에 포함된 화학물질은 이들 물질의 사용이나 이들에 대한 노출이 수용 불가능한 임계치(unacceptable risk threshold)를 넘을 경우 암을 유발하거나 재생산체계에 영향을 줄 수 있는 것으로 판정된 물질이다. 어떤 회사의 제품이 이들 화학물질을 함유하여 지속적으로 사용할 경우에 부정적인 건강영향을 초래할 우려가 있는 경우 위해도에 대한 경고표지 등 통지사항을 모든 제품에 부착하도록 하였다. 그리고 기업활동이 인근 지역사회에 대기, 수계 등을 통해 독성물질을 장기간 배출하여 안전수준을 위반할 우려가 있는 경우에는 기업은 이러한 위험성을 지역사회에 통지하여야 한다. 규제대상이 되는 기업은 10명 이상의 정규직원을 고용하고 있는 영리목적의 기업으로 통지대상은 이들 화학물질의 위험에 노출될 우려가 있는 사람이나 집단이다.

기업이 노출위험도가 높은 사람이나 지역에 적절한 방법으로 통지하지 못하였을 경우 주민, 다른 기업, 환경단체는 동 기업을 상대로 소송을 제기할 수 있다. 소송에서 승소한 원고는 합의금의 일정한 부분을 취득할 수 있다.

자료 : Tom Tietenberg, 1999, "Disclure Strategies for Pollution Control," Thomas Sterner(ed.), The Market and the Environment : The Effectiveness of Market-Based Policy Instruments for Environmental Reform, Cheltenham, UK : Edward Elgar : 14-49.

제 3 절   자율환경관리

1. 자율환경관리의 유형

자율환경관리는 경험적인 실험에 의해 발달해 오고 있는 제도이다. 그러므로 선험적으로 이론화된 모형은 없다. 그러나 몇 가지 기준으로 분류하면 그 성격이 다소 명료해진다.

1) 특성에 따른 분류

자율환경관리는 우선 그 특성에 따라 목표지향적 자율협약, 성과지향적 자율협약, 연구개발을 위한 상호협력, 자율적인 감시와 보고 등으로 나눌 수 있다.7)

(1) 목표지향적 자율협약

목표지향적 자율협약(target-based VA)은 협상에 의한 계약(negotiated agreement)이라고도 한다. 협상을 통해 설정된 목표가 법적 구속력을 갖거나 향후의 규제조건이 되어 강력한 규제의 사전예고로서의 성격도 지닌다. 이러한 협약에는 통상 세 가지 방법이 있다. 첫째, 자율활동이 협정의 목표를 충족시키지 못하여 엄격한 법규시행이나 강력한 규제와 같은 강제활동이 수반되는 경우이다. 둘째, 특정기간 내에 에너지효율성을 어느 정도 향상시킨다는 목표나 환경오염물질의 배출량을 저감시키기 위한 기업의 장기계획에 대한 약정이다. 끝으로 법적 구속력을 가지는 협정이나 계약을 체결하는 경우이다.8)

(2) 성과지향적 자율협약

성과지향적 자율협약(performance-based VA)은 협의를 통한 자발적인 성과목표로 구성된다. 이 경우에는 법적 구속력이나 향후의 규제내용이 전제가 되지는 않는다. 기업은 일차적으로 새로운 경제적 이익을 얻기 위해, 이차적으로는 시장과 소비자에 환경친화기업으로서의 책임과 신뢰감을 얻는 효과를 노리며 참여한다. 성과지향적 자율협약 프로그램은 산업별로 어떤 성과기준을 설정하여 그것을 달성하는 제도이다.9)

성과지향적 자율협약은 목표를 결정하는 주체에 따라 프로그램결정형과 참여자결정형으로 구분된다. 전자는 자율협약의 프로그램에 의해 결정된 특정한 성과목표를 참여자가 선택하는 방식이다. 반면 후자는 참여자가 스스로 일정기간 동안

---

7) Mark Storey, 1996, Demand Side Efficiency : Voluntary Agreements With Industry, OECD, Dec., 1996 : 15-17.
8) 온실가스 배출저감을 위한 네덜란드, 독일 등 유럽국가의 강제성 높은 프로그램이 이에 속한다.
9) 성과 지향적 자율관리의 사례로는 Green Lights, Climate Wise, Motor Challenge, the Voluntary Aluminum Industry Partnership(VAIP), Coalbed and Landfill Methane Recovery Outreach 등이 있다. 우리나라의 환경친화기업 지정제도가 이에 속한다고 하겠다.

의 자신의 성과향상 목표를 수립하는 방식이다.

(3) 연구개발을 위한 상호협력

연구개발을 위한 상호협력(co-operative R&D VA)은 미개척분야를 진보시키려는 새로운 기술개발에 초점을 둔다. 이 방식은 법적 구속력을 가지는 실천목표나 자발적인 성과목표를 포함하지 않는다. 다만 현실적으로 달성할 수 있는 기술개발을 위해 정부가 기업이나 연구기관의 생산공정 및 제품개발 연구에 대한 유인장치를 마련하여 지원하는 경우이다. 연구개발을 위한 상호협력 자율협약 프로그램은 신규 또는 고도성과기술(high-performance technologies)의 개발과 상업화를 촉진하고, 공공부문과 민간부문간의 공동연구 목표를 수립하기 위해 경제적 수단을 이용하는 것이 특징이다.10)

(4) 자율적인 감시보고

자율적인 감시보고(monitoring and reporting VA)는 모든 자발적인 환경협약의 일반적인 구성요소이다. 기업은 절감목표, 추진일정, 감시, 보고 등의 계획을 수립하여 정부와 협의하여 약정을 맺게 된다. 기업의 추진실적과 추진상의 문제점에 대한 꾸준한 평가와 개선노력이 자율협약의 성공의 필수적인 요소이기 때문이다. 때로는 자율적인 감시보고만을 독립적으로 약정할 수도 있다. 자율감시와 보고 약정은 거의 모든 자율관리프로그램에 필수적으로 포함된다. 보고는 개별 자율관리프로그램별로 자체적으로 수행되기도 하며,11) 구체적인 실적보고지침에 기초한 국가자율 보고기능과 연계될 수도 있다.

2) 참여주체에 따른 분류

자율환경관리는 참여주체에 따라서 기업의 자발적 환경개선서약, 환경개선사적계약, 환경개선협정, 자율환경관리정책 등 네 가지 유형으로 나누어 볼 수 있다.12)

---

10) 미국 에너지부(DOE)의 Industry of the Future 프로그램이 대표적인 예이다.
11) 예를 들면, Green Lights와 the VAIP는 자체적으로 수립한 보고기능을 갖고 있다.
12) OECD/OCDE, Voluntary Approaches for Environmental Policy in OECD Countries, ENV/EPOC/GEEI(98)30, pp. 9-11. 통상 관심의 대상이 되는 자율환경관리는 사적환경개선협약을 제외한 세 가지를 주로 말한다.

(1) 자발적 환경개선서약

기업의 자발적 환경개선서약(unilateral commitments)은 환경개선계획이 오염물질을 배출하는 업체 자신에 의해 수립되고 정부, 주주, 고객, 그리고 종업원에게 통지되는 경우이다. 환경개선목표, 법규준수 조치, 감시 및 보고 등은 서약하는 기업에 의해 자발적으로 결정된다. 그럼에도 불구하고 기업들은 선언의 신뢰성을 증진시키거나 효과성을 높이기 위해 제3자에게 이행상황 감시나 분쟁해결 권한을 이양할 수 있다.13)

(2) 환경개선사적계약

환경개선사적계약(private agreements)은 기업 또는 기업집단과 이들이 배출하는 오염물질로 인해 피해를 받는 자 또는 집단인 근로자, 지역주민, 인근공장 또는 이들의 대표자(공동체조직, 환경단체, 노동조합, 사업자단체 등)간에 체결된 계약이다. 이 협약은 환경관리프로그램을 운영하거나 오염저감 시설을 설치하는 것을 약정하는 것이다.14)

(3) 환경개선협정

환경개선협정(negotiated agreements)은 환경정책을 담당하는 자치단체, 정부, 연방 등의 공공당국과 배출업체인 기업이 맺는 약속이다. 이 협정은 환경오염 감축목표의 달성을 위한 시한을 포함한다. 정부는 배출업소의 자율적인 행동이 합의된 목표를 달성하는 한 배출기준이나 환경세 등 새로운 규제입법을 하지 않는다고 약속한다.15)

---

13) 대표적인 예는 캐나다의 화학물질제조업체협회가 시작한 책임배려운동(responsible care initiative)이다. 이는 화학산업에 대한 공중의 신뢰 저하와 보다 엄격한 규제의 위협에 대응하여 고안되었다. 이 프로그램은 사업장의 안전과 환경에 대한 이행상태 증진을 위해 고안된 원칙과 규칙을 포함하여 이의 시행을 다짐하고 있다.
14) 캐나다의 자동차노동조합이 30개 공장과 50,000명의 종업원 그리고 부품의 생산자와 공급자를 포함하는 자동차산업과 청정생산조건에 관해 계약을 체결한 사례가 있다. 독일의 볼보사가 영국정유사와 아황산가스 피해 저감을 위한 협약을 체결한 경우도 있다.
15) 협상에 의한 환경개선협약은 네덜란드 국가환경정책계획(National Environmental Policy Plan)의 핵심수단이다. 네덜란드에서는 이를 서약(covenants)이라고 부르는데 네덜란드 정부는 기후변화가스와 여타 환경오염물질 저감을 위해 100개 이상의 산업부문과 서약을 체결하였다.

(4) 자율참여환경관리제도

자율참여환경관리제도(public voluntary programme)는 이행기준, 기술기준, 관리방식 등 정부가 수립한 기준에 배출업소가 동의하여 참여하는 경우이다. 자율참여환경관리제도는 가입회원의 조건, 오염감축 의무조건, 이행상황 감시기준, 그리고 결과의 평가방법 등을 규정한다. 이 제도를 운영하는 당국은 참여기업에 연구 및 기술개발비 보조, 기술 및 정보 지원, 환경표지 부착사용 등의 혜택을 부여한다.16)

2. 자율환경관리의 설계변수

자율환경관리제를 성공적으로 추진하기 위해서는 프로그램의 개발과 설계가 현실성이 있어야 한다. 자율환경관리제를 도입하고자 할 경우에는 다음의 몇 가지 사항을 결정하여야 한다.17)

1) 기업의 참여방식

자율환경관리는 개별기업을 대상으로 추진될 수도 있고 일단의 기업이나 산업군 등 집단을 대상으로 추진될 수 있다. 대기업들이 자신의 환경개선계획을 수립하여 추진하는 자율환경개선선언은 전자의 경우이다. 개별기업은 폐기물배출과 재활용, 에너지와 자원의 사용 등에 대해 법규상의 요구수준보다 강화된 기업환경관리계획을 수립하고 실천할 수 있다. 특정산업분야 등 기업집단을 대상으로 한 자율환경관리도 널리 활용되고 있다.

개별기업을 대상으로 하느냐 산업집단을 대상으로 하느냐는 무임승차의 문제를 야기한다는 점에서 중요한 의미를 지닌다. 개별기업은 환경개선을 위한 비용을 지불하지 않고 자율환경관리프로그램을 제공하는 편익을 누리고자 하는 욕구가 있을 수 있기 때문이다. 때문에 집단모형의 경우에는 무임승차를 방지하기 위한 감시비용과 불이행제재 비용이 필요하게 된다.

---

16) 주요 사례로는 유럽연합이 1993년부터 시행하고 있는 생태경영 및 감사계획(eco-management and auditing scheme), 미국 환경보호처의 에너지별(energy star), 녹색전등(green lights), 33/50프로그램 등이 있다.

17) OECD/OCDE, Voluntary Approaches for Environmental Policy in OECD Countries, ENV/EPOC/GEEI(98)30, pp. 12-13의 내용을 수정 보완한 것임.

2) 참여대상의 지역적 범위 결정

이론적으로 볼 때 어떤 형태의 지역적 범위를 지니는 자율환경관리모형도 개발할 수 있다. 즉 지방모형, 국가모형, 지역모형 그리고 범지구모형도 가능하다. 일본의 지방자치단체가 추진하였던 공해방지협정은 지방모형의 전형이다. 중앙의 환경담당 행정기구가 주도가 되어서 추진하는 국가모형이 보편적인 자율환경관리제이다.

개별국가의 환경규제는 법적 효력이 그 영토 내에 국한되어 일개 국가가 타국의 기업으로 하여금 자국의 환경기준을 충족시키도록 요구할 수는 없다. 그러나 개별기업은 부품제공업체나 타국에 입지한 자회사 또는 공장에 본사가 입지한 국가의 엄격한 환경기준을 적용할 수도 있다.

3) 법적 구속력의 유무와 정도

자율관리의 법적 효력은 이 제도의 성공을 위해 매우 중요한 의미를 지닌다. 협약 불이행에 대한 제재조치를 포함하거나 법원의 판결에 의해 집행이 가능한 자율환경관리프로그램의 경우 협약 당사자의 구속이 가능하다. 자율환경관리프로그램이 이러한 구속력을 가질 경우는 보다 효과적으로 운영될 수 있을 것이다.

합의에 의한 자율환경관리의 경우에는 여기에 참여한 기업들이 통상 준수의무를 지게 마련이다. 하지만 정책당국도 통계자료의 구축, 정보교류의 촉진, 조사연구 및 보고의 조정 등의 책무를 지니는 경우가 많다. 그리고 기업의 환경오염 저감노력이 성공적으로 추진될 경우에는 추가적인 법적 규제를 제정하지 않기로 묵시적으로 합의하게 된다.

4) 참여제도의 개방성 정도

자율환경관리는 통상적인 법적 절차의 범위 밖에서 운영된다. 때문에 반드시 투명해야 하거나 모든 이해관계자에게 공개해야 할 필요는 없다. 본질적으로 자율환경관리는 일방선언일 경우에는 해당 기업에 국한된 문제이며 협약에 의한 자율환경관리일 경우에는 쌍방 당사자만이 존재한다. 그러나 추가적인 참여자가 가능하며 실제로도 지역사회단체, 환경단체 등 제3자의 역할이 점차 증가하고 있다.[18]

---

18) 예를 들면 책임배려운동도 캐나다에서 시작하던 초기에는 개별기업의 배타적인 자체보고

일방적인 환경개선선언이나 합의된 자율관리를 통한 오염자와 오염피해자간의 계약에서도 정책당국이 개입하는 현상이 목도된다. 계약의 집행을 보장하기 위해 또는 당사자간의 분쟁을 중재하기 위해서 정책당국의 개입이 필요하기 때문이다. 추가적인 당사자의 존재는 자율환경관리제의 효과성을 증진시키기 위한 핵심적인 변수가 된다. 제 3 자의 개입은 자율환경관리가 초래할 수 있는 산업계 이해에 의한 포획의 가능성을 줄이는 데 기여할 수 있다.

5) 환경오염저감목표의 설정유무

환경오염저감목표의 설정이유는 오염저감목표를 설정하는 방법 또는 이를 달성하기 위한 조치들을 집행하는 것과 관련되어 있다. 목표 지향적인 모형은 환경개선목표가 구체적으로 관련당사자에 의해 설정될 경우를 지칭한다. 반면 환경개선목표는 정부의 입법절차에 의해 설정되고 이 목표를 달성하기 위한 조치들을 선택, 실행하는 문제가 협약에서 고려될 경우 집행지향적 모형이라고 부른다.

정부가 운영하는 자율환경관리는 통상 집행지향적인 자율환경관리이다. 반면 기업이 스스로 한 자율환경관리서약이나 오염자와 피해자간에 맺어진 환경개선사적계약은 기업 자신에 의해 또는 합의에 의해 환경오염 저감목표가 설정되는 것이 일반적이다.

제 4 절   운영사례

광의의 개념으로 파악할 때 자율환경관리는 일본 지방자치단체가 1960년대 초부터 기업과 체결한 공해방지협약이 그 최초일 것이다. 일본 자치단체는 중앙의 규제수준보다 강한 오염규제를 위해서 관할지역의 기업과 각종 오염물질저감을 위한 신사협정인 공해방지협정을 체결하여 성공을 거두었다.

미국의 환경보호처는 1986년 유해화학물질관리를 위한 수단으로 화학물질배출

에 의존하였으나 1993년부터는 지역공동체가 참여하는 독립적인 위원회에서 평가보고하고 있다. 네덜란드에서도 환경협약을 체결하는 절차를 제 3 자에게도 공개하는 새로운 행정절차가 채택되었다.

목록제도(Toxic Release Inventory: TRI)를 도입한 바 있다. 1988년에는 33/50프로그램을 도입하여 유해화학물질 배출량을 자발적으로 감축하도록 한 바 있다.[19) 산업계의 자발적인 환경개선서약은 캐나다 화학산업계가 1984년에 도입한 책임배려운동(responsible care)을 들 수 있다. 책임배려운동은 세계화학산업의 생산량 기준으로 86%인 40여 개국에서 도입·시행되고 있다.

자율환경관리는 1990년대에 들어서 각국이 종래 환경규제가 기업에 대해 너무 과도한 부담을 주고 있지 않나 하는 의문에서 출발한 환경규제의 합리화 정책과 함께 각광받고 있다. 각 국가가 기업에 부담을 주지 않으면서도 높아지는 대내외적인 환경개선 요구를 만족시키기 위한 환경규제의 개혁 또는 합리화를 추구하면서 특히 자율환경관리에 관심을 보이고 있는 것이다.

각국이 활용하고 있는 방식은 그 나라의 문화적 배경을 반영하여 다소 상이하다. 그러나 기업의 자율환경개선서약을 제외하면 일본형, 미국형, 유럽형에 따라 다소 다른 특색을 보이고 있다. 일본은 정부가 개별기업과 행정지도의 성격을 지니는 협정을 체결한다. 반면 네덜란드 등 유럽에서는 산업조직과의 환경개선협정이 선호되며, 미국에서는 자율참여환경정책이 많다.

자율협약 프로그램의 주요대상은 산업 및 상업부문이며, 주된 목적은 연료대체, 재생가능한 에너지이용, SO_2, NO_X와 같은 오염물질저감 등에 있다.

🔍 참|고|문|헌

에너지관리공단, 1998, "에너지절약을 위한 자발적 협약(VA) 도입 방안."

전병성, 1998, "자율환경관리제 도입의 정책방향," 자율환경관리제의 확대를 위한 토론회,

---

19) Seema Arora and Timothy N. Cason, 1996, "Why Do Firms Volunteer to Exceed Environmental Regulations? Understanding Participation in EPA's 33/50 Program," Land Economics 72(4), Nov., 1996 : 413-432.

환경부/한국환경정책 · 평가연구원.

정회성, 1996, 배출업소 통합관리방안 연구, 한국환경기술개발원.

정회성, 1998, "미국의 환경규제개혁과 상식주도정책," 환경포럼, 한국환경정책 · 평가연구원, 제 2 권, 제 8 호(통권 17호).

정회성, 1999, "새로운 환경오염 통제수단으로서의 자율환경관리," 환경정책, 한국환경정책 · 평가연구원, 제 7 권, 11호, pp. 149-167.

정회성 · 강철구, 1998, 종합적 환경관리체계의 개선방안 연구, 한국환경정책 · 평가연구원.

정회성외 7인, 지속가능한 사회를 향한 지역자율관리의 효과적 추진방안, 한국환경정책 · 평가연구원.

하성훈, 1998, 기업의 자율적 환경관리제도 정착을 위한 자발적 협약(Voluntary Agreement)의 도입에 관한 연구, 현대환경연구원.

Allenby, Braden R. and Richards, Deanna J., 1994, *The Greening of Industrial Ecosystems*, National Academy of Engineering.

Christie, I., H. Rolfe and Legard, R., 1995, *Cleaner Production in Industry*, London : Policy Studies Institute.

EPA, July 20, 1994, Environmental News.

Forstner, Ulrich., 1998, *Integrated Pollution Control, Springer.*

Imura, Hidefumi., 1997, "Environmental Regulatory Reform in Japan," Lho, Sangwhan (ed.), *Environmental Regulatory Reform in OECD Countries*, Korea Environment Institute.

Imura, Hidefumi., 1998, "The Use of Unilateral Agreements in Japan Voluntary Action Plans of Industries Against Global Warming," OECD/OCDE, ENV/EPOC/GEEI(98)26.

James, P., 1994, "Business Environmental Performance Measurement," Business Strategy and the Environment, Vol. 3, No. 2, pp. 58-67.

Mariam, Haile., 1997, "United States Environmental Protection Agency's Regulatory Reinvention Initiatives," Lho, Sangwhan(ed.), *Environmental Regulatory Reform in OECD Countries*, pp. 181-230.

Mazurek, Janice., 1998, "The Use of Unilateral Agreements in the United States : The Responsible Care Initiative," OECD/OCDE ENV/EPOC/GEEI(98)25.

Mikesell, Raymond F., 1992, *Economic Development and the Environment*, Mansall.

OECD, 1997, *Voluntary Actions for Energy-Related CO_2 Abatement.*

OECD, 1998, "Voluntary Approaches for Environmental Policy in OECD Countries,"

Working Party on Economic and Environmental Policy Integration.

Peattie, K. and Ratnayaka, M., 1992, "Responding to the Green Movement," *Industrial Marketing Management*, pp. 103-110.

Roberts, Peter, 1995, *Environmentally Sustainable Business : A Local and Regional Perspective*, Paul Chapman Publishing Ltd.

Storey, Mark, 1996, *Demand Side Efficiency : Voluntary Agreements with Industry, Policies and Measures for Common Action Working Paper* 8, OECD.

Suurland, Jan A., 1997, "Greening The Economy : Dutch Experiences in Integrating Environment and Economic Policy," Lho, Sangwhan(ed.), *Environmental Regulatory Reform in OECD Countries*, 101-124.

Tietenberg, Tom, 1999, "Disclure Strategies for Pollution Control," Thomas Sterner(ed.) *The Market and the Environment : The Effectiveness of Market-Based Policy Instruments for Environmental Reform, Cheltenham,* UK : Edward Elgar : pp. 14-49.

환경감시와 규제집행

제 1 절   환경감시와 이행강제의 중요성

환경문제가 본격적으로 거론되기 시작한 1970년대 이래 각국이 환경개선을 위해 많은 법률과 규정을 제정하였다. 하지만 여전히 환경문제를 속시원하게 해결하지 못하고 있는 데에는 규제를 준수하는 행위가 높은 비용을 소요함에도 불구하고 배출원의 이익에 직접 기여하지 못하는 환경문제의 속성 때문이라고도 할 수 있다.

환경관리에 막대한 비용이 소요되기 때문에 배출업소는 배출규제를 위반하고자 하는 유인을 갖게 되며, 효과적인 감시·감독(monitoring)이 병행되지 않는다면 환경규제의 효율성은 크게 떨어지게 된다. 따라서 오염원의 환경관리가 규제기준을 준수하고 있는지를 감시하고 위반시에 이를 지도하거나 처벌함으로써 위반행위를 교정하고 잠재적 위반자를 경고하는 것은 환경정책의 집행과정에서 핵심을 이루는 부분이다. 뿐만 아니라 규제준수에 대한 감시활동은 규제대상기업과 규제당국, 그리고 국민 사이를 연결하는 중요한 연결고리가 되기도 한다.

배출행위를 감시한 결과 기업의 불이행사실이 적발되었을 때, 이에 대해 적절한 제재를 가하여 이행을 촉구하여야 한다. 불이행행위 제재 또는 이행강제(enforcement)란 감시활동의 결과가 제반 환경법규를 위반하는 경우로 나타날 경우 이에 대한 처벌을 가하는 행위를 의미한다. 불이행행위 제재는 바람직하지 않은 행위나 상태가 발생할 경우 이를 바람직한 상태로 변화시키거나 또는 바람직하지 않은 행위나 상태의 발생을 예방하는 활동으로 정의할 수 있다. 위반행위에 대한 제재는 위반행위에 대한 교정을 위한 것도 있지만 잠재적인 위반자에 대한 위반행위 억제효과도 있다.

제재의 방법으로는 벌금, 과징금의 부과 등 경제적 불이익을 주는 조치가 있으며, 경고, 시설개선, 조업정지, 허가취소(폐쇄명령) 등 행정상의 조치를 주기도 하며, 업주나 시설관리인에 대한 처벌 등 형사상의 조치도 있다. 이 같은 억제효과는 위의 감시활동과 밀접하게 연결되어 발휘될 것이다. 예를 들어 아무리 강력한 강제행위, 즉 불이행에 대한 강력한 처벌이 있더라도 지도점검체계가 약하여 적발확률이 낮으면 강제효과는 그만큼 낮아질 것이다. 반면 위반행위 적발률이 100%에 육박하면 강제강도가 다소 낮더라도 강제효과는 클 것이다.

제 2 절 환경감시의 유형과 감시방법

1. 환경감시의 유형의 의의와 유용성

환경정책 상의 감시라는 개념은 크게 환경감시와 오염원감시로 나누어 볼 수 있다. 환경감시(ambient monitoring)는 환경질의 변화를 관측조사하는 것으로 환경의 질 개선이라는 감시·감독의 궁극적인 목표를 평가할 수 있다는 점에서 가장 중요한 감시활동이라 할 수 있다. 오염원감시(source monitoring)는 배출원의 각종 오염배출행위에 대해 조사하고 여러 가지 오염방지시설의 적정설치와 정상가동여부를 확인하는 절차를 말한다. 오염원감시는 규제준수여부에 대한 감시로서 오염배출원이 법규상의 규제내용을 성실하게 준수하고 있는지의 여부를 파악하는 것을 말한다. 직접규제방식을 택하든 경제적인 유인장치를 활용하든 규제당국은 배출업소의 행위에 대해 감시감독을 하게 마련이다.

배출원감시는 초기준수감시(initial compliance monitoring)와 지속준수감시(continuous compliance monitoring)로 나누어진다. "초기준수"에 대한 점검은 배출시설 설치허가에는 반드시 그 배출시설에서 발생하는 오염물질을 처리할 수 있는 환경오염 방지시설을 설치하여야 하는바, 그 시설의 적정 설치여부를 점검하는 것이다. "지속준수"감시는 배출시설의 설치 후에 오염방지시설의 성실한 운영으로 배출허용기준의 계속적인 준수여부를 감시하는 것을 말한다.

　　환경감시를 통해 축적된 정보는 환경법규 및 각종 환경정책의 효과를 평가할 수 있는 정보를 제공하고, 우선적 관리대상의 도출 및 개선작업을 가능하게 한다. 그리고 환경법규 위반으로 인한 경쟁력 상의 이익을 봉쇄함으로써 모든 기업이 동등하게 규제를 준수하도록 유도한다. 뿐만 아니라 우선적으로 관리되어야 할 산업부분, 기업, 기타 경제주체를 파악하여 집중적인 준수 유도 및 지원활동을 가능하게 한다.

주민 환경감시단

　　(사)안산환경개선시민연대는 경기도 안산시 반월공단 내 악취로 민원이 반복적으로 발생되어 주민들의 불편이 계속되자, 시에서 운영하던 「민간환경감시단」을 개편하여 구성한 것이다. 이 단체는 반월공단 내 악취배출업소 등 환경오염행위 감시활동을 하고 있다.

　　서울시 올빼미 환경순찰대는 서울시와 서울환경연합 등 시민단체가 주축이 되어 구성된 것이다. 동 단체는 상수원보호지역 및 한강과 지류천의 수질오염행위를 집중 감시하고, 수질보전활동 등을 공동으로 추진하는 활동을 한다. 순찰대는 51명으로 구성되어 있다.

　　구미시 토미 환경지킴이는 구미시 지역주민들이 자율적으로 구성한 것이다. 이 단체는 하천 감시활동 및 방제활동에 자율적으로 참여함으로써 환경오염사고 예방에 기여하고 있다.

(사)안산환경개선시민연대 활동모습

2. 정책수단과 준수감시

직접규제방식을 택할 경우 규제당국은 해당업소가 허가된 시설을 성실하게 운영하는지 배출허용기준을 제대로 지키는지를 감시하고 이를 위반할 경우에는 처벌하게 된다. 우리나라처럼 농도규제방식을 택할 경우에는 배출허용기준의 준수여부가 지도·점검의 주요 인자가 된다. 배출허용기준의 준수여부는 성실한 시설운영 노력으로도 판단해 볼 수 있으므로 시설운영일지나 시약의 사용 등에 대한 기록을 남기게 하여 이를 점검하는 경우도 있다.

세계의 어느 나라도 배출업소에 대해 전적으로 경제적 유인장치에 의존하는 나라는 없다. 경제적 유인장치를 택하더라도 지도·점검은 매우 중요한 배출업소 규제행위가 된다. 이 경우의 점검은 정확한 오염물질 배출량이나 오염농도에의 기여도를 산정하기 위한 지도·점검이라는 점이 직접규제의 경우와 다르다. 즉 시설의 정상 설치나 운영여부에 대한 점검이 아니고 실제 배출량을 정밀하게 측정하여야 하는 것이므로 측정 및 점검이 보다 어렵고 중요할 수도 있다. 배출량이나 오염기여도가 배출업소의 비용이나 이익에 직접적인 영향을 주기 때문에 배출업소는 그 양을 속이려 하는 동기를 가지게 된다.

부과금의 경우 기록된 배출량을 적게 하려는 동기를, 보조금의 경우 기록된 배출감소량을 크게 하려는 동기를 가지기 마련이다. 배출권 거래제도일 경우에도 배출허가증 보유량에 대한 점검, 그리고 보유량의 범위 내에서 배출하였는지에 대한 점검이 필요하다.

3. 배출행위 감시방법

배출행위를 감시하는 방법은 다양한데 기본적으로 그 과정은 [그림 4-5]와 같다. 감시를 위한 표본을 설계하고 수집·운반하며 이어 분석과 정리를 하여 허가기준과 비교한다. 이 과정을 통해서 어떤 업체의 위반행위가 발견되면 이에 대한 제재조치가 뒤따르게 된다.

감시방법은 배출구로부터의 시료채취에서 여러 가지 오염방지시설의 정상가동 여부를 점검하는 다소 인위적인 방법도 있으며, TMS(telemetering system)라는 기계

[그림 4-5] 감시행위 과정상의 활동과 선택

단계	표본설계 →	표본수집 →	표본저장 과 운반 →	표본 분석 →	자료정리 →	배출기준과 비교 → 준수 여부 판정
도해 선택	표본유형 ·포착 ·정리 ·지속	표본결정 ·추출 ·실제이용	저장/ 운반조건 ·용기 ·온도	특성검증 ·무게 ·광학 ·전기 ·생화학	통계처리 ·평균 ·표준오차 ·백분위수	개략적 산정 ·백분율 차이
	표본수	수동/자동	시간 ·초 ·분 ·시 ·일 ·주	반응시간	수동/자동	공적품질 관리기준 ·Shewhart ·Cusum ·Mosum
	표본빈도			민감도 강도 편기 오차 수동/ 자동		

자료 : Clifford S. Russell et al., 1986, *Enforcing Pollution Control Laws*, Resources for the Future, Washington D.C.

적인 장치에 의해 준수여부를 점검하는 방법도 있다. 규제자가 직접 배출장소를 방문하는 실사를 통해서 감시하는 방법도 있으며, 배출업소로 하여금 자기보고를 주기적으로 제출하도록 하여 규제준수여부를 판별하는 방법도 있다.

어떠한 방식이든 장단점이 있으며 소요되는 비용의 정도에도 크게 차이가 있으므로 위해도나 경비조달가능성 등을 감안하여 그 방식을 선택하여야 한다.

제 3 절 환경감시의 행태 분석과 결정인자

1. 관련행위자의 행태적인 측면

배출업소의 오염배출행위에 대한 관리활동에는 크게 감시 및 강제를 담당하는 규제당국과 피규제자로서 환경규제에 대한 준수여부를 결정하는 배출업소(혹은 오염원)가 있다.

1) 규제당국 측면

규제당국은 감시 및 제재활동의 주체로서 오염원의 규제준수를 유도하는 역할을 한다. 규제당국의 감시 및 강제활동에는 오염원의 배출상태에 대한 지도 및 점검, 적발 시의 행정처분 및 고발, 위반행위에 대한 벌과금의 부과 등이 있다. 경제적 유인제도로 배출부과금제도를 활용할 경우에는 배출원의 배출량을 조사하고 평가하여 배출부과금을 부과하는 것도 규제당국의 역할이다. 특히 감시의 빈도와 위반 시의 벌칙을 조정함으로써 오염원의 규제준수를 적절히 유도할 수 있도록 노력해야 한다. 배출원에게 필요한 기술적인 정보를 제공하거나 직접적인 기술지원을 하는 것도 규제당국의 몫이다.

규제당국의 입장에서 보면 식(4.1)이 보여 주는 바와 같이 환경규제가 초래하는 이익(환경규제이익)과 환경규제를 위한 비용(환경규제비용)을 비교하여 전자가 많을 때 환경규제에 적극적일 것이다.

$$환경규제편익(관내+관외) - 환경규제비용(직접비용+간접비용) \cdots \quad (4.1)$$

첫째, 환경규제의 편익은 환경규제를 통해서 개선 또는 보전된 환경질을 의미하는데 규제당국은 주민에게 높은 환경수준을 제공함으로써 국민의 지지를 받을 수 있을 것이다. 오염원의 규제준수가 증가할수록 환경의 질은 향상될 것이며 이에 따라 사회적 편익이 증가한다.

그런데 환경규제를 위해서는 행·재정적인 자원의 투입이 필요하다. 오염원의 규제준수율을 높이기 위해서는 규제당국은 지도단속에 보다 많은 비용을 지불하여야 하며 오염배출업소도 공해방지시설의 설치와 운영에 보다 많은 비용을 지불하여야 한다.[20] 그런데 규제당국이 지불하는 규제비용은 단순히 직접적인 규제행정에 따른 비용만이 아니다. 환경행정에 소요되는 인건비, 장비구입비, 시설설치비 등의 직접행정비용 이외에도 기업이 지불하여야 할 비용 때문에 만일 환경규

---

20) 합리적인 규제자라고 한다면 환경규제의 편익이 자신에게 귀착되지 않고 규제를 약화하여도 자신이 지불하여야 할 비용이 적다면 규제수준을 사회적인 적정수준에 미달하도록 할 것이다. 때문에 공간적인 누출효과가 높은 배출시설에 대한 규제수준은 사회적인 적정수준보다 낮아질 가능성이 매우 높다.

제의 강도가 타 지역과 달라서 동 지역의 산업이 이탈한다면 자치단체가 지불하여야 하는 지역개발 손실은 커질 수 있다.[21)

2) 배출업소 측면

배출업소는 환경규제의 준수를 위해 오염관리를 위한 비용을 부담한다. 규제준수를 위한 오염관리비용이 너무 높을 경우 규제를 준수하기보다는 위반하고 벌칙을 이행하는 것이 보다 유리할 수 있다. 이론적으로 배출업소는 배출기준의 유지를 위한 비용과 위반 시 받게 되는 처벌의 화폐적 기대가치를 비교하여 전자가 큰 경우에는 위반(violation)을, 후자가 큰 경우에는 준수(compliance)라는 전략을 택할 것이다. 따라서 규제준수에 소요되는 비용이 큰 배출업소, 예를 들면 오염유발량이 높거나 낙후된 시설을 갖고 있는 업소는 고의적인 '위반'을 선택할 가능성이 높다.

그러므로 배출업소의 입장에서 보면 규제준수여부에 대한 의사결정은 통상 다음과 같은 시각에서 결정될 것이다. 즉 소극적인 제재일 경우에는 식(4.2)와 같이 규제위반이 초래하는 비용(cost of noncompliance)에 적발확률(probability of detection)을 곱한 것에서 규제위반이 가져오는 이득(benefit of noncompliance)을 뺀 값에 의해 결정될 것이다. 능동적인 유인의 경우에는 식(4.3)과 같이 환경규제를 준수함으로써 발생하는 편익(benefit of compliance)이 환경규제위반이 초래하는 편익보다 클 경우에 환경규제를 준수할 것이다 .

$$\text{불이행 적발확률} \times \text{규제위반의 비용} - \text{규제위반의 이익} \quad \cdots \quad (4.2)$$

$$\text{규제준수의 이익} - \text{규제위반의 이익} \quad \cdots \quad (4.3)$$

만일 식(4.2)와 식(4.3)에서 첫 번째 항의 값이 크면 클수록 규제준수율은 높아질 것이다. 개개 정책수단의 우수성은 이 차이를 크게 하는 것일수록 좋은 것이라고 할 수 있으나 개개수단의 우수성은 해당 지역의 사회적, 경제적, 문화적 특성에 따라 다르다고 할 것이다. 위의 식에 의하면 높은 규제준수를 유도하기 위

---

21) 지방자치단체 정책결정자들은 환경규제의 강화로 자신의 규제행정비용지출이 늘고 자기 지역의 경제성장에 부담이 되는 경우에 지역주민의 지지를 받을 수 있는가에 대해 우려할 것이다. 그런데 만일 규제효과 즉 편익이 전부 자기지역주민에게 귀착되지 않고 대부분이 타 지역으로 유출된다면 규제활동에 매우 소극적이 될 것이다.

해서는 규제위반행위에 대한 적발가능성을 높이고, 규제준수에 따른 이득을 크게 하거나, 규제위반의 이익이 적게 하여야 한다는 것이다. 이상의 각 변수들을 보다 구체적으로 살펴보도록 하자.

첫째, 불이행 적발확률은 규제당국의 감시활동의 적극성과 감시체계의 효율성을 지칭하는 것이다. 이는 규제당국의 예산 및 인력 등 정책의지, 담당인력의 전문성, 지역주민의 참여도, 조직의 효율성, 기술적 전문화의 정도, 공무원의 청렴도, 지역환경단체의 활동 등 다양한 인자에 의해 영향을 받을 것이다. 적발확률을 높이기 위해서는 규제당국은 보다 높은 행정비용을 지출하여야 할 것이다. 따라서 적발확률은 규제당국의 규제노력의 정도 즉 행정집행비용과 정(正)의 함수로 나타날 것이다.

둘째, 규제위반비용은 기업이 법규를 위반함으로써 지출하여야 할 비용을 지칭한다. 규제위반의 비용으로는 규제위반에 대해 부과되는 각종 과징금 또는 벌과금, 영업정지 또는 허가취소에 따른 손실, 그리고 소비자 및 시장의 신뢰상실에 따른 매출손실 등이 있을 것이다.

셋째, 규제위반의 편익은 규제를 위반함으로써 절약되는 환경오염방지비용이 될 것이다. 규제위반의 이익은 규제이행에 소요되는 비용의 다른 측면인데 규제수준과 수단이 이를 결정한다. 규제로 오염자가 부담하여야 할 각종 비용, 오염기업의 고용인이 부담하여야 할 비용 등이 이에 포함될 것이다.

넷째, 배출업소가 누릴 수 있는 규제준수의 이익도 다양하다. 규제준수로 위반에 따른 각종 법적 행정적 조치를 피할 수 있으며 특히 환경친화기업으로서 시장과 지역주민의 신뢰를 얻을 수 있다는 점이다. 우수한 배출업소에 대한 정부의 지원도 있을 것이므로 이것을 누리는 이득도 적지 않을 것이다.

2. 배출업소 관리정책에 대한 시사점

이상에서 배출업소의 관리에 대한 규제당국과 배출업소 측면에서의 행태에 관해 살펴보았다. 그러나 환경규제에 대한 준수여부는 이 같은 기본적인 틀의 범위 내에서 보다 다양한 요인의 영향을 받는다. 예를 들어 기준의 명확성, 정책결정자나 집행자에 대한 신뢰도, 환경기준에 대한 주민의 지지도, 기준준수비용의 저렴도 등이 그것이다.[22] 문제는 어떠한 요인이 보다 중요하며 이러한 요인들을 어떻게 조합하는 것이 효과적이냐 하는 것인데 이는 규제대상, 사회경제적 특성 등 다양한 측면을 고려하여 결정된다.

1) 환경규제개혁

이상의 논의는 배출업소 관리에 대해 다음과 같은 시사점을 주고 있다. 우선 정부가 규제기준을 제정하였다고 해서 그것이 액면 그대로 집행되는 것은 아니라는 점이다. 때문에 배출원의 오염배출행위에 대한 정부의 감시ㆍ감독 등 강제가 일정부분 불가피하다는 것이다. 그리고 환경규제를 준수하기 위해서는 막대한 비용이 소요되는데 규제당국이 규제준수여부를 완벽하게 감시한다는 것은 거의 불가능할 것이다.

이러한 관점에서 중요하게 고려하여야 할 것이 규제수단이다. 정부정책이 규제준수에 소요되는 비용을 적게 할 경우 규제위반의 이익을 줄여 주어 보다 높은 준수율을 보여 줄 수 있다.[23] 환경규제의 수단이 합리적으로 구축되어야 하는 당위성을 보여주는 것으로 "저비용 고효율"의 환경규제 개혁의 당위성을 보여 준다.

그리고 시민사회의 출범은 규제 집행자가 보다 다원화될 수 있는 가능성을 보여주고 있다. 환경규제를 정부가 독점하던 시대에서 지역주민과 환경단체가 환경감시에 적극 나섬으로써 정부와 자치단체 그리고 기업에 압력을 행사할 수 있다.

2) 지방자치와 환경규제

규제당국이 배출업소의 적극적인 환경관리를 유도하기 위해서는 막대한 재정적, 인적 투자가 필요하다. 행정인력의 투입은 물론 각종 첨단장비를 동원해서 환

---

22) 환경규제에 대한 정부간 역할분담, 행정적 제재와 사업적 처벌의 조합형태, 행정적 또는 법적 규칙제정 절차, 정부의 다양한 오염방지행위를 통합하는 환경규제당국의 능력, 기업ㆍ노동ㆍ소비자ㆍ환경단체를 대표하는 자문기구, 지방정부ㆍ광역정부ㆍ국제기구간의 행위연대, 환경오염피해자나 보호론자의 사법적 절차에의 접근용이성, 주기적인 점검에 의해 운영되는 허가제도, 환경오염방지기술의 개발과 보급에 대한 정부보조나 연구지원, 기존업체에 대한 강제적 재허가 절차의 유무, 오염피해에 대한 공중교육프로그램의 존재여부 등도 오염배출원의 준수여부에 영향을 줄 수 있는 요인이다.

23) 미국에서 오염권 거래제도가 도입되면서 기업의 환경규제준수율이 크게 향상되었다. 그 이유는 이 제도로 기업이 법규를 준수하는 방안이 다양화됨에 따라 준수비용이 감소되었기 때문으로 분석된다.

경질의 변화와 배출행위를 감시하고 감독해야 하기 때문이다. 그러므로 규제당국의 입장에서 보면 환경규제의 편익이 누구의 관내에 귀착되느냐가 매우 중요한 관심사가 될 것이다. 특히 지방자치단체가 규제집행업무를 전담할 경우 환경규제 강화의 편익이 자기 관내에 귀착되지 않고 타 관내에 귀착되며 특히 규제강화가 자기지역의 산업유치에 장애가 된다면 환경규제에 소극적일 수밖에 없을 것이다.

경험적인 연구에서 지방자치단체 간의 산업유치경쟁으로 강한 환경규제가 약한 환경규제로 대체해 가는 '규제의 그레샴의 법칙(regulatory analogy of Gresham's Law)'이 발생하는 경우가 목격된다. 물론 지역주민의 환경의식이 높아 강한 환경규제를 요구할 경우에는 환경정책이 정책우선순위가 높아 환경규제가 강화될 가능성도 크다. 이 경우에도 환경규제의 편익이 관내에 귀착될 경우에 한한다. 만일 규제의 편익이 관내에 귀착되지 않는다면 규제당국은 막대한 규제행정비용을 스스로 부담하려 하지 않을 것이 자명하다.24)

규제의 그레샴의 법칙과 역선택의 논리

"악화(惡貨)가 양화(良貨)를 구축한다(Bad money drives out good money)"는 말은 영국의 경제학자 그레샴이 주장한 것으로 이를 그레샴의 법칙(Gresham's Law)이라 한다. 이 말을 뜻 그대로 풀이하면 실질 가치(금 함유량)가 다른 두 가지 화폐가 같은 액면가치로 유통될 때 실질 가치가 높은 쪽(금 함유량이 높은 재화 : 양화)은 별로 유통되지 않고 실질 가치가 낮은 쪽(금 함유량이 낮은 재화 : 악화)이 널리 유통된다는 의미다. 그레샴이 살던 16세기 영국에서는 금이나 은, 동을 주된 화폐로 썼는데 정부에서는 재정 부담을 줄이려고 이따금 금화에 구리를 일부 섞는 방식으로 순도가 떨어지는 화폐를 생산했다. 이때 사람들은 순도가 높은 화폐는 쓰지 않고 저장해 두고 순도가 낮은 화폐만 사용했다.

현재는 거의 모든 국가에서 귀금속 주화 대신 지폐를 주로 사용하고 있어 그레샴의 법칙은 현실적인 화폐 유통의 법칙으로서 의미는 퇴색하고 역사적인 의미만 가지고 있다.

---

24) 대체로 지방분권화는 환경관리에 있어서의 지역간 차이를 크게 하는 경향이 있다. 선진국에서는 일본의 일부 자치단체나 미국의 켈리포니아 등은 지방자치단체가 중앙(또는 연방)정부보다 강한 환경규제를 가지고 있기도 한다. 그러나 지방자치단체의 환경행정에 대한 중앙정부의 개입은 환경문제의 외부성 이외에도 환경관리에 있어서의 지역간 격차가 심화된 것과 유관하다.

그러나 현재에도 선택 오류나 정보 부족으로 동종의 정책이나 상품 중 나쁜 것들이 좋은 것들을 압도하는 사회 병리 현상의 패러독스를 설명할 때 많이 이용된다. 예를 들어 관리자가 정책을 선택할 때 단기 성과만 염두에 두고, 장기적이고 전략적인 정책(양화)을 택하기보다는 단기적이고 정형화된 쉬운 정책(악화)을 선택하는 경우 이에 해당한다.

역선택도 이에 해당한다. 중고차시장에서 중고차를 파는 사람은 자신의 차가 결점이 많다면 이미 정해진 중고차 시세에 자신의 차를 내놓게 되지만, 질 좋은 차를 가진 사람은 자기 차의 성능에 비해 평균적으로 책정된 시장가격이 만족스럽지 못하기 때문에 차를 시장에 내놓지 않으려고 한다. 결과적으로 시장에는 질이 안 좋은 차가 상대적으로 더 많아지게 된다.

자료 : C.K. Rowland and Roger Marz, 1982, "Gresham's Law ; The Regulatory Analogy," Policy Studies Review, pp. 572-580 ; 한국경제신문, '악화가 양화 구축하게 된 상황,' 2009. 05. 20일자.

제 4 절 배출원 감시와 규제집행의 정책설계

1. 일반적인 고려사항

배출업소가 규제기준을 위반했을 때 감수해야 하는 벌칙의 화폐적 기대가치는 감시빈도가 높을수록, 감시활동의 효율성 즉 위반행위 적발확률이 높을수록, 위반 시 벌칙이 강할수록 크게 된다. 규제당국은 감시의 빈도를 높이거나, 위반적발 능력을 강화하거나, 위반 시 벌칙을 강화할수록 배출업소의 규제준수율을 높일 수 있다. 그러나 감시활동의 빈도를 높이고 감시활동의 효율성을 높이기 위해서는 규제당국도 보다 많은 자원과 인력을 투입하여야 한다.

규제빈도의 증가는 규제에 순응하기 위한 기업의 부대비용을 증가시키므로 생산활동이 위축될 수 있다. 즉 감시활동의 강화는 기업의 준수율을 높여 주지만 다른 한편으로는 감시비용과 기업부담의 증가라는 비용을 초래하기도 한다. 감시활동이 완화되더라도 위반적발 시 처벌이 엄정하면 준수율을 높일 수가 있다. 그러나 단순한 벌칙의 강화는 생산공정상 불가피하게 발생하는 예외적 상황으로 인한 우발적인 위반은 물론, 감시활동의 부정확성으로 인한 "잘못된 적발"에 따른 처벌로 기업에 피해를 줄 우려도 있다.

적발가능성이 높으면 높을수록 위반업소의 기대 범칙금을 높임으로써 규제준
수유인을 크게 한다. 그러나 "잘못된 적발"이나 "적발사항의 간과" 등의 오류와
관련된 형평성의 문제를 야기할 가능성을 높게 한다.25) 그러므로 단순한 벌칙의
강화는 바람직하지 않으며 여러 가지 요인을 고려하여 감시감독 수준을 정하여야
한다.

이 밖에 감시감독제도의 설계에 있어서 중시되어야 하는 요소는 배출부과금,
배출허용기준 등 정책수단의 선택과 감시 및 강제활동과의 관련성, 위반실적과 감
시ㆍ강제행위와의 관계, 벌칙의 한계적 특성, 실수와 고의에 대한 차별화 등이다.
특히 과거의 위반실적과 감시 및 강제활동을 연계시키는 방안은 감시감독의 효율
성을 배가시킬 수 있는 효과적인 전략으로 평가되고 있다. 실수와 고의에 대한
차별화는 매우 효과적인 강제 메커니즘이지만 양자간의 구별이 객관적으로 이루
어지기는 매우 힘든 현실 때문에 실제로 이용되기에는 어려운 점이 많다.

2. 최적정책결합 및 집중관리의 원칙

환경규제의 실효성을 높이기 위해서는 기본적으로 모든 오염원을 상시 감시하
고 위반행위에 대해서는 단호히 처벌하여야 할 것이다. 하지만 감시감독을 위한
인력과 재원은 한정되어 있으며, 감시해야 할 배출원은 너무나 많다. 이러한 현실
에서 가장 바람직한 감시감독전략은 최적정책결합과 집중관리의 원칙이다.

1) 최적정책결합의 원칙

최적정책결합(optimal policy mix)은 배출부과금이나 총량규제, 정기지도단속, 수
시 단속, 환경오염신고제도, 시민소송 등 다양한 정책수단의 복합적 형태로 나타
난다. 예를 들어 세탁소와 같은 소규모 업소의 VOC규제를 위해 연속측정장비를
설치하고 이를 전산화하여 감시한다는 것은 이로 인한 사회적 편익에 비해 소요
되는 감시비용이 너무나 높을 것이다. 반대로, 엄청난 대기오염물질을 배출하는

---

25) 실제로 위반하고 있는 오염원을 준수상태로 오인하는 "제 1 종 오류(type I error)"와 실
제로 준수상태에 있는 오염원을 위반으로 적발하는 "제 2 종 오류(type II error)"는 모두
적발가능성의 실질적 효과를 떨어뜨린다. 완만한 감시체계와 부패한 공무원조직은 전자의
오류를, 비과학적이면서 의욕적인 감시활동은 후자의 오류를 각각 크게 할 것이다.

표 4-3 효율적 환경규제집행을 위한 최적정책결합(예)

구분		오염부하 발생량 (잠재적 피해)	
		낮음	높음
감시용이성	낮음	−쓰레기 등 생활폐기물 투기행위 −환경오염신고제도를 통한 단속과 대국민 홍보 및 교육 강화	−소규모 유해폐기물 배출업소, 축산폐수배출업소 등 −낮은 빈도의 정밀 지도단속과 엄격한 처벌, 시민소송의 활성화
	높음	−자동차, 산발적 난방시설 등 −높은 빈도의 단속과 낮은 처벌, 연료규제 등 투입물 규제 시행	−발전소, 석유정제시설, 폐수종말처리장 등 대규모 배출업소 −상시측정을 통해 배출부과금, 총량규제 및 배출권거래제도 실시

발전소에 대하여 2~3년에 한 번 정도의 수시 단속만 실시하는 것은 막대한 사회적 피해를 고려할 때 감시감독의 실효성이 지나치게 낮게 되는 결과를 초래할 것이다.

2) 집중관리의 원칙

최적정책결합의 도출과 함께, 집중적인 지도단속을 통해 보다 효과적인 환경정책의 집행을 유도할 수 있는 분야가 있다. 특히 다음과 같은 요인들이 집중관리의 필요성을 결정한다.

첫째, 배출원의 위해도이다. 배출원의 규모가 크거나 배출오염물질이 위해도가 높을수록 보다 큰 환경적 피해를 유발할 가능성이 높다. 따라서 배출원의 규모나 배출오염물질의 위해도에 비례하도록 감시 및 강제를 위한 자원을 증가시키는 것이 비용효과적이다. 이는 오염부하가 상대적으로 큰 업종에 대한 특별관리를 합리화시켜 준다.

둘째, 과거의 위반실적이다. 과거의 위반실적이 많을수록 미래에도 위반할 가능성이 크다. 따라서 과거의 위반실적이 많은 오염원일수록 보다 자주 점검하고 보다 강하게 처벌하는 전략이 필요하다. 예를 들어 위반실적에 따라 등급을 나누고 상습위반업체에 대해 보다 강화된 점검을 실시한다면 업체로서는 적발에 대한 대비뿐만 아니라 등급의 하락이 가져오는 집중감시를 피하기 위해서도 '준수'하려는 유인을 보다 많이 갖는다. 이는 상습적인 위반을 예방하기 위해서도 중요하며,

제한된 자원으로 보다 효율적인 감시감독을 수행하는 데 매우 효과적인 수단이 될 수 있다.

셋째, 오염피해의 잠재적 규모이다. 인구밀집지역 또는 생태적으로 민감한 지역 등 환경오염에 대한 사회적 피해의 수준이 높은 지역에 감시·감독 인력이 집중되어야 한다. 감시감독의 궁극적 목표도 환경의 질을 향상시켜 사회적인 후생수준을 높이자는 것이다. 그러므로 잠재적 오염피해의 규모가 큰 지역 또는 현재 오염도가 높은 지역에 대해서는 보다 많은 인력 및 자원을 투입하여 보다 강한 감시 및 강제정책을 추진해야 한다.

3. 불이행 제재수단의 선택

법규에 대한 위반행위가 발생할 경우 이에 대한 제제를 어떻게 할 것이냐가 중요한 과제가 된다. 제재방법은 사회적 제재, 경제적 제재, 형사적 제재로 나눌 수 있다.

경제학자들은 경제적 제재가 효과적이라고 주장한다. 사회는 어떤 사람을 감금하기 위해서는 불가피하게 사회적 비용을 지불할 필요가 있다. 특히 형사범에 대해서는 집행비용이 보다 많이 들고 입증하기가 보다 어렵다. 뿐만 아니라 형사처벌은 해당자로 하여금 세원이 될 수 있는 소득창출기회를 원천적으로 봉쇄하는 효과도 있다. 이러한 논거에서 백커는[26] 벌금이나 금전적인 제재가 형사적인 처벌(incarnation)보다 적은 사회적인 비용을 초래한다고 주장한다. 더구나 판사는 인과관계 입증의 어려움 등으로 환경문제에 대한 형사처벌에 소극적인 태도를 보일 수 있는 문제가 있다고 그는 말한다.

그러나 경제적인 제재만으로는 불법행위에 대해 충분한 제재를 가하지 못한다는 문제가 있다.[27] 우선 법이 정하는 벌금이 현재의 감시체계의 효율성에 비추어 낮아 충분한 제제가 될 수 없으며, 불법행위자의 재산이 벌금보다 적을 수도 있다. 때로는 범법자가 느끼는 주관적인 적발확률이 실제 확률보다 낮을 수도 있으

---

26) G. Becker, 1968, "Crime and Punishment : An Economic Approach," Journal of Political Economy 78 : 169-217.

27) Steven C. Hackett, 2001, Environmental and Natural Resources Economics, pp. 194-195.

며, 벌금의 많은 부분이 기업의 비용으로 보험회사·소비자·정부 등에 전가될 가능성이 높다는 문제도 있기 때문이다.

경우에 따라서는 사회적 제재가 기능을 발휘할 수도 있다. 시장의 평판은 다음과 같은 조건이 충족될 경우 효과적일 수가 있다. 첫째, 기업의 환경성과에 대한 객관적인 정보가 최소의 비용으로 구득 가능할 경우, 둘째, 소비자나 환경단체가 환경적으로 위해한 상품을 거부할 수 있도록 잘 조직되어 있는 경우, 셋째, 동 기업보다 우수한 환경기록을 가지는 기업이 제공하는 대체 제품이 있는 경우, 넷째, 구매거부가 환경기록이 불량한 기업에 시장점유율의 저하, 기업인지도가 저하됨에 따른 가격우위의 감소 등 의미 있는 비용이 기업에 부과될 경우 등이 그것이다.

참|고|문|헌

김용건, 정회성, 이영순, 1997, 배출규제 위반행위에 대한 감시·감독제도 개선방안, 한국환경정책·평가연구원.

김홍균, 노상환, 성명재, 손원익, 최중욱, 1996, 환경오염 저감을 위한 세제 및 관련제도 개선방향.

정회성, 1996, 배출업소에 대한 통합오염관리방안, 한국환경기술개발원.

정회성, 1999, "중앙정부와 지방자치단체간 환경행정의 역할분담 방안," 환경부, 충북대학교 사회과학연구소 공동주최 「환경행정발전을 위한 세미나 : 환경행정의 역할분담과 민간참여방안」(6월 30일), pp. 32-46.

정회성, 2000, "효과적인 배출업소관리를 위한 중앙·지방간 기능분담," 녹색소비자연대 등, 환경관리업무의 지방자치단체 이양문제에 관한 공개토론회.

정회성, 2002, 지속가능한 사회를 향한 환경규제정책의 발전방향, 한국환경정책·평가연구원.

정회성·안기희, 1985, "현행 환경정책의 적격성 분석," 공해대책, 제16권, 제15호.

한국경제신문, '악화가 양화 구축하게 된 상황,' 2009.05.20일자.

한국환경과학연구협의회, 1993, 선진국의 배출시설 관리에 관한 조사 연구.

환경공무원교육원, 1996, 배출시설관리.

환경관리공단, 1996, 공공환경기초시설 전문관리방안연구 최종보고서.

환경정책평가연구원, 2004, 지방화·세계화시대 지역 환경관리의 과제와 정책방안.

Becker, G., 1968, "Crime and Punishment : An Economic Approach," *Journal of Political Economy* 78 : pp. 169-217.

Decicco, J. and Bonanno, E., 1998, "A comparative analysis of the criminal environmental laws of the fifty states : the need for statutory uniformity as a catalyst for effective enforcement of existing and proposed laws," *The Criminal Justic Quarterly*, pp. 235-294.

Environmental Law Institute for EPA Office of Waste Programs Enforcement, RCRA Enforcement Division, 1987, *State Hazardous Waste Enforcement Study*, Vol. 2, ELI, Washington D.C.

Hackett. Steven C., 2001, *Environmental and Natural Resources Economics,* pp. 94-195.

James, D. E., H. M. A. Jansen., & J. B. Opschoor(eds.), 1978, *Economic Approach to Environmental Problems*, Amsterdam : Elsevier Scientific Publishing Company.

Mitnick, Barry M., 1980, *The Political Economy of Regulation : Creating, Designing, and Removing Regulatory Forms*, N.Y., Columbia University Press.

OECD, 1997, *Reforming Environmental Regulation in OECD Countries*, OECD.

Rowland, C. K. and Marz, Roger., 1982, "Gresham's Law; The Regulationtory Analogy," *Policy Studies Review*, pp. 572-580.

Russell, Clifford S. Harrington, Winston and Vangham, William J., 1998, *Enforcing Pollution Control Laws*, Washington D.C.; Resources for the Future.Robert Costanza and Carl Folke, 1997, "Valuing Ecosystem Services with Efficiency, Fairness, and Sustainability as Goals," Gretchen C. Daily(ed.) *Nature's Services : Societal Dependence on Natural Ecosystem,* pp. 49-68.

Russell, Clifford S., 1990, "Monitoring and Enforcement," Paul R. Porteney(ed.), *Public Policies for Environmental protection*, Washington D.C.; Resource for the Future, pp. 243-274.

US EPA, 1996, *FY 1995 Enforcement and Compliance Assurance Accomplishments Report.*

PART 05

환경정책의 평가와 분석

제13장   비용 · 편익분석
제14장   환경영향평가제도

비용 · 편익분석

제 1 절   발달과정과 이론적 구조

1. 발달과정

비용·편익분석은 미연방이 1936년 「홍수방지법(The Flood Control Act of 1936)」을 제정, "편익이 누구에게 귀착되든 편익은 비용을 초과해야 한다"고 규정하면서 적용되기 시작하였다. 그러나 비용과 편익을 측정하는 일관성 있는 방법이 제시되지 않아 미연방정부의 공병단(army corp. of engineers) 등 각 기구는 서로 다른 접근방식을 사용하였다.

그러다가 1950년 연방유역 정부간위원회(the federal interagency river basin committee)가 녹색책자(green book)로 알려진 "강유역사업의 경제성분석 실무 지침서(proposed practices for economic analysis of river basin projects)"를 출간하면서 공공사업과 관련된 정부기구들에게 통일된 최적사례지침을 제시하였다.1) 이후 비용·편익분석은 정부의 공공사업은 물론 정책의 경제적 타당성을 평가하는 수단으로 널리 이용되고 있다.

개발에 따른 환경파괴 문제가 대두되면서 1972년 미국 에너지성에서 고속핵증식로 사업기술의 경제성 분석을 필두로 수질개선책, 대기오염 방지계획, 유독물질

---

1) Steven C. Hackett, 2001, Environmental and Natural Resources Economics : Theory, Policy, and the Sustainable Society, Armonk, New York : M.E. Sharpe, p. 122.

규제 등과 같은 환경정책에 대해서도 비용·편익분석이 활용되고 있다. 1990년에 제정된 미연방의 대기정화법은 법 시행에 따른 비용과 편익을 분석하여 국회에 제출하도록 환경보호처에 요구하기도 하였다.

그러나 환경문제에 대한 비용·편익분석은 많은 의문과 비난을 불러일으키고 있기도 하다. 특히 1980년 레이건 대통령이 새로운 환경규제의 도입에 대해 비용·편익분석을 요구하여 많은 논란을 야기한 바 있다.

2. 이론적 구조

비용·편익분석의 평가기준은 잠재적 파레토 개선(potential pareto improvement)이라는 개념에 기초하고 있다. 이는 어떤 정책으로 인해 얻은 자의 복지향상이 잃는 자의 복지감소를 상쇄하고도 남음이 있다면 전체적으로 사회복지 수준이 향상되었다고 볼 수 있기 때문에 이 정책은 사회적으로 바람직한 것으로 평가한다는 것이다. 따라서 이러한 결과가 발생하려면 정책으로 인한 총편익의 화폐가치가 총비용의 화폐가치를 초과해야만 한다.

환경정책 분석수단으로서의 비용·편익분석의 기본전제는 환경오염이 인간의 복지수준을 저하시키는 요인이지만 환경개선을 위한 투자 또한 인간의 복지에 공헌할 수 있는 희소자원의 소비라는 것이다. 그러므로 환경개선을 위한 행위는 환경개선에 따른 이익이 환경개선을 위해 소요되는 비용보다 클 때만 정당화된다는 것이다. 만일 전자가 후자보다 적다면 환경개선행위는 경제적 관점에서 정당화될 수 없다.

그런데 환경재는 시장가치가 존재하지 않는 경우가 많고 또 환경성은 간접적이고 무형적이기 때문에 유무형의 환경개선 편익 및 비용의 정확한 산정이 어렵다는 문제가 있다. 그리고 계량적 기법인 비용·편익분석은 비계량적인 환경요소를 계량적, 가측적 요소로 취급함으로써 여타 경제적 항목의 가치화에 비해 환경요소의 가치를 과소평가할 우려도 있다.

제 2 절 비용과 편익의 구조

1. 비용과 편익의 개념과 측정

비용·편익분석에서는 비용과 편익을 인식하고 예측하며 추정하고 가치를 부여하는 문제가 매우 중요하다. 일반적으로 비용과 편익은 시장가격을 그 추정의 근거로 삼는다.

그런데 이때 인식되는 비용은 기회비용의 개념으로, 편익은 소비자의 잉여를 추정의 이론적인 근거로 삼는다. 기회비용(opportunity costs)이란 어떤 재화나 용역을 특정용도에 사용함으로써 상실하게 되는 차선의 타 용도에서 발생하는 효용을 말한다. 그리고 소비자잉여(consumer's surplus)는 효용을 금전적인 가치로 표현하는 개념으로, 각 개인이 어떤 재화에 대하여 지불하고자 하는 의사, 즉 지불용의 (willingness-to-pay)로 추정된다.

비용·편익분석에서는 활용되는 모든 투입물과 산출물의 가격 즉 비용과 편익은 완전경쟁이 이루어졌을 때 존재할 수 있는 가격으로 환산하여 측정된다. 완전경쟁시장 하에서는 시장가격이 기회비용이나 소비자의 지불용의를 정확하게 표현해주기 때문이다. 그런데 현실의 자본주의 경제체제 하에서는 불완전경쟁이 보편화되어 있으므로 많은 경우 비용과 편익은 사회적 편익과 사회적 비용을 대변하는 잠재가격(shadow price)으로 계산된다.

2. 할인율의 결정

1) 할인의 기본원리와 기능

일반적으로 투자사업의 특징은 초기에 비용이 투자되는 반면에 편익은 장기간에 걸쳐 나타난다는 것이다. 그러므로 투자사업의 비용과 그에 따른 편익을 비교하기 위해서는 분석의 기준시점을 결정하여야 한다. 이 과정에서 "할인"의 개념이 중요하다.[2]

---

2) "할인"의 개념을 보다 쉽게 이해하려면 복리계산의 메커니즘을 살펴보면 된다. 만약 현재 1

만일 지금으로부터 n년 후에 비용 또는 편익이 F원 발생하며, 이때의 할인율을 r이라 하면 비용 또는 편익의 현재가치(PV)는 다음과 같이 표현된다.

$$PV = \frac{F \times 1}{(1+r)^n} = F \times DC$$

여기서 DC는 할인계수(discount factor)라 한다. 예컨대 10년 후의 1만원은 5%의 할인율(discount rate)을 적용할 때 $DC = 0.61$이므로 지금의 6,100원과 같다는 것이다. 여기서 0.61은 이자율 5%에서 파생되는 10년 기간의 현재가치요소(present value factor)라고 한다. 이러한 할인과 복리계산간의 관계를 고려할 때, 할인율(discount rate)이 높을수록 할인요소(discount factor)는 낮아지고, 기간(time horizon)이 길어질수록 할인요소는 더욱 빠른 속도로 떨어진다.

희소한 자원의 효율적 배분을 위하여 할인과정을 통한 비용·편익의 비교가 필요하다는 데 거의 모든 경제학자들과 정책 분석가들이 동의하고 있다. 그러나 어떤 할인율이 적용되어야 하는지에 대하여는 아직 의견의 일치를 보지 못하고 있다. 학자들 간에 주장되는 할인율의 범위도 장기 정부채권의 실질수익률에 근거한 2~4%의 낮은 할인율에서 단기 소비자금융의 이자율에 근거한 20%까지 큰 폭의 차이를 보이고 있다.[3]

그런데 할인은 정부의 다양한 정책결정에는 물론 정치 및 사회적인 측면에서도 막중한 의미를 지닌다. 특히 투자사업이 환경에 영향을 미칠 경우 그 경제적 비용이나 편익은 단기간에 나타나나 환경적 비용·편익은 장기에 걸쳐 나타난다. 예를 들어 관광지 개발을 위하여 산림을 파괴할 경우, 관광지 이용이라는 편익은 수 년 내에 발생하나, 산림파괴에 따른 환경손실 비용은 수십 년에 걸쳐 나타나게 된다. 따라서 이 경우 할인율의 수준이 사업의 타당성을 결정하는 데 중요한 요인이 된다.

2) 할인율 결정이론

할인율을 어떻게 결정하여야 하는가에 대해서는 다양한 이론이 제시되고 있

만원이 5%의 복리이자로 투자되었다면 10년 후에는 1.63만원만큼의 가치를 갖게 된다. 동일한 원리로 현재 0.61만원을 5%의 이자율로 투자하였다면 10년 후에는 1만원을 받게 된다.

3) R. C. Lind(ed.), 1982, Discounting for Time and Risk in Energy Policy, Washington D.C., Resources for the Future.

다. 이러한 제안 중 중요한 것은 첫째, 개인의 순수한 시간선호, 둘째, 사회적 시간선호, 셋째, 자본의 기회비용, 넷째, 위험과 불확실성, 다섯째, 미래세대의 이익 등으로 구분하여 볼 수 있다. 다음에서는 할인율의 선택 이론의 논거를 살펴본다.

(1) 개인의 순수한 시간선호

사회적 할인율은 사회의 구성원인 개인의 시간에 대한 선호를 평균하여 산출되는 순수시간선호(pure time preference)여야 한다는 견해이다. 여기서 개인의 시간선호에 영향을 주는 요인으로는 근시안적 태도(pure myopia), 조급함(impatience principle), 사망위험(risk of death), 소비의 한계효용체감(diminishing marginal utility of consumption) 등을 들고 있다. 그러나 사회적 할인율은 사회의 집합적 의사결정과 관련이 있으므로 순수한 개인적 시간선호에 의해 영향을 받을 수 없다는 주장이 일반적이다. 그 근거로는 다음과 같은 것이 제시되고 있다.

첫째, 조급함의 원칙에 따라 행동하는 것은 개인의 전 생애에 걸친 복지를 극대화하는 것이 아니라는 것이다. 그러므로 조급함이라는 비합리적인 행동을 이유로 사회적 활동을 할인하는 것은 바람직하지 않다는 것이다.

둘째, 개인이 원하는 것이 반드시 공공정책에 의미를 갖지는 않는다는 것이다. 예를 들어 국민연금과 같은 강제저축은 저축에 대한 개인의 선호에 우선하여 추진된다.

셋째, 사회적 할인율에서 개인의 시간선호는 기본적 가치판단이 잘못된 것이라는 주장도 있다. 즉, 사회적 할인율에서 문제가 되는 것은 미래세대의 만족이지 미래의 만족에 대한 오늘의 평가가 아니며, 할인율 조정은 이와는 아무런 관계가 없다는 것이다.

(2) 사회적 시간선호

사회적 시간선호율(social rate of time preference)은 사회적 후생이나 소비의 효용이 시간이 지남에 따라 떨어지는 것을 측정하는 것으로 다음과 같이 표현된다.

$$i = ng + z$$

i : 사회적 시간선호율
g : 1인당 실질소비증가율
n : 소비 증가에 따른 추가 효용의 하락율(소비의 한계효용 탄성치)
z : 순수 시간선호율

1인당 소비가 증가하지 않는다면(g=0) 사회적 시간선호율은 개인적인 순수시간선호율인 z와 같게 된다. 만일 소비가 감소하는 경우(g<0)라면 사회적 시간선호율은 순수시간선호율 z보다 적게 된다. 그리고 소비가 증가할 것으로 예상되면(g>0) 사회적 비율은 개인적 비율보다 높아진다. 사람이 미래에 더욱 많은 것을 갖게 될 것으로 기대하면 미래를 위하여 현재를 포기하려 하지 않을 것이기 때문이다. 실제로 지난 수백 년간 기술진보에 의해 생활수준은 발전해 왔으며, 후세대는 이전 세대보다 부유하게 살았다.

그런데 순수시간선호 요소가 매우 높아 사회적 할인율도 높게 평가되는 경우도 있을 수 있다. 개도국 경제에서 개인의 시간선호를 반영하는 실질 차입이자율이 15~20%가 되는 경우가 있다. 세계은행과 같은 국제기구에서도 프로젝트를 평가할 때 일반적으로 10% 또는 그 이상의 이자율을 사용한다. 절대빈곤 상태의 개도국에서 이렇게 이자율이 높은 것은 현재의 배고픔을 면하는 것이 10년 이후 의식주의 안정을 보장하는 것보다 시급하기 때문이다. 그러나 높은 시간선호율은 빈곤을 면하기 위한 단기적 조치만 가능케 할 수 있다.

(3) 자본의 기회비용

자본의 기회비용(opportunity costs of capital)은 어떤 사업을 수행함에 따라 포기하게 되는 최선의 투자 회수율을 의미한다. 이는 투자사업에서 얻는 수익은 최소한 대체되는 사업만큼은 높아야 할 것을 요구하는 기회비용 차원의 할인율로 희소한 자본의 최적배분을 달성하기 위하여 정당화된다. 자본의 기회비용은 자본이 부족하고, 농업분야 등에 잠재실업이 존재하는 개도국에서 매우 높게 마련이다.

(4) 위험과 불확실성

비용과 편익은 그것이 실현될 가능성이 위태롭거나 불확실해질 경우(risk and uncertainty)에는 더 낮게 평가되어야 한다는 견해이다. 일반적으로 할인과 관련된 불확실성의 유형에는 사망위험(the risk-of-death), 개인의 미래선호에 대한 불확실성, 편익과 비용의 규모에 대한 불확실성 등이다.

첫째, 사망위험은 개인이 현재의 소비를 자제함에 따른 미래의 과실을 즐기기 이전에 죽을 수 있으므로 미래보다 현재를 선호한다는 것을 의미한다. 즉, 나이가 많은 사람이 젊은 사람에 비해 특정시점의 미래에 대한 가치를 적게 부여한다. 그러나 개인은 죽을지라도 사회는 그렇지 않으며, 따라서 개인의 사망위험이 사회

의 할인율을 결정하는 데 적절한 기준이 되지 않는다는 비판이 설득력 있게 제기
된다.4)

둘째, 개인의 미래선호에 대한 불확실성은 많은 재화와 서비스에 있어서 발생
할 수 있는 것이다. 일반적으로 의식주나 에너지, 환경에 대한 선호는 앞으로 더
욱 증가하지, 줄어들지는 않을 것이다. 따라서 문제가 되는 프로젝트나 정책이 이
들에 관련될 때에는 불확실성을 이유로 할인을 할 근거가 없어지게 된다.

셋째, 편익과 비용규모에 대한 불확실성을 반영하기 위하여 할인율을 낮출 경
우에는 또 다른 문제를 야기할 수 있다. 할인율의 인하는 위험의 규모가 시간에
따라 지수형태(exponentially)로 증가할 경우에만 적절한 수단이 된다. 그런데 위험
요소가 이러한 형태를 지닐 것이라고 믿을 수 있는 근거는 희박하다. 그러므로
위험을 할인율로 조정하여 반영하려는 것은 적절하지 않다는 반론이 제기된다.

(5) 미래세대의 이익

미래의 복지(the interest of future generation)는 공공재의 성격을 지니고 있다. 따
라서 개인의 미래를 위한 투자는 적정수준보다 부족하므로 적절한 사회적 할인율
은 시장할인율보다 낮아야 한다는 주장도 있다.

마글린(Marglin)은 시장할인율에서 투자가 사적인 투자자에 의해서는 고려될 수
없는 사회적 결과를 가져와도 반영되지 않는다고 한다. 비슷하게 센(Sen)은 현세
대의 구성원 모두가 본인의 후손뿐 아니라 미래세대의 복지에 대하여 관심을 가
지고 있지만, 미래세대에게 발생하는 편익은 일반적인 이자율에는 반영되지 않는
다고 한다. 그러므로 이들은 세대간의 형평성을 달성하기 위하여 사회적 할인율은
사적 의사결정에 사용되는 할인율보다 낮게 책정되어야 한다고 주장한다.

3. 판단기준

비용·편익분석에서 정책대안들의 결과를 비교하여 최종 정책을 선택하는 데
널리 사용하는 수단으로 순편익법, 편익·비용비, 내부수익률 등이 있다.

---

4) D. W. Pearce and C. A. Nash, 1981, The Social Appraisal of Projects : A Text in Cost-
   Benefit Analysis, London : Macmillan.

1) 순편익법

순편익법(net benefit method)은 단순히 정책의 총편익과 총비용의 규모를 비교하여 계산하는 것이다. 순편익이 0보다 크면 그 정책대안은 사회에 순편익을 발생시키므로 정책이 가치가 있음을, 반대로 0보다 작으면 정책대안은 사회에 편익보다는 비용을 더 발생시키므로 정책으로 가치가 없음을 가리킨다. 그리고 순편익이 0이면 대안이 정책으로 집행되었을 때 사회 전체의 복지에 변화가 없음을 가리킨다. 순편익법에 의하면 순편익이 가장 큰 대안이 선택되는데 자원이 무한할 경우에는 순편익이 0 이상인 모든 사업이 정당화될 것이다.

2) 편익·비용비

편익·비용비(benefit-cost ratio)는 정책의 총편익을 정책에 투입된 총비용으로 나눈 값, 즉 단위당 편익을 가리킨다. 정책대안의 편익·비용비가 1보다 크면 그 대안은 비용에 비해 더 큰 편익이, 편익·비용비가 1보다 작은 대안은 비용에 비해 낮은 편익이 발생됨을 가리킨다. 그러므로 편익·비용비가 1보다 큰 경우의 정책만이 정책으로 의미가 있는 것이다. 편익·비용비가 1보다 작은 정책의 경우는 자원의 낭비와 함께 사회의 복지수준을 떨어뜨리기 때문에 기각되어야 한다. 편익·비용비가 1인 대안은 사회의 후생변화에 아무런 영향을 미치지 못함을 가리킨다.

3) 내부수익률

내부수익률(internal rate of return)은 시간대별로 편익과 비용이 발생하는 정책을 평가하는 데 널리 사용하는 방법이다. 여기서 내부수익률이란 현재가치의 편익과 비용을 서로 동일하게 만드는 할인율로, 이를 식으로 표현하면 다음과 같다.

$$\sum_t \frac{B_t}{(1+\lambda)^t} = \sum_t \frac{C_t}{(1+\lambda)^t}$$

여기에서 B: 편익, C: 비용, λ: 내부수익률을 각각 의미한다.

내부수익률에 의한 기본적인 대안평가는 대안들의 내부수익률과 할인율, 즉 시간의 투자가치와 비교하여 이루어진다. 즉, 대안의 내부수익률이 할인율보다 높다면 투자비용의 수익률이 할인율보다 높다는 것을 의미하므로 그 대안은 실질적으로 편익을 증가시키는 정책대안으로 볼 수 있다. 이와 반대로 대안의 내부수익률이 할인율보다 낮으면 이는 투자된 비용의 수익률이 할인율보다 작음을 의미하므로 실질적인 사회적 후생을 감소시키는 정책으로 볼 수 있다.

4) 평가 및 활용

정책대안을 평가하는 데 있어서 어느 기준이 더 적절한가를 가리키는 특별한 이론은 없다. 정책의 특성에 따라 적절한 분석기법을 사용하는 것이 바람직하다. 다만 내부수익률을 이용하여 정책의 경제성을 평가하는 경우 일관성 있는 결과를 분석자에게 제공하지 못한다는 점에 유의하여야 한다. 왜냐하면 정책기간에 따라 구해지는 내부수익률은 다수가 존재할 수 있어 분석자에게 여러 가지의 결과를 제시하게 되기 때문이다. 반면에, 그 중 어느 것이 최종적으로 선택되어야 하는지에 대해서는 이론적인 근거를 제시하지 못한다. 이러한 맥락에서 내부수익률 보다는 순현재가치법이 더 적절한 방법이라 하겠다.

표 5-1 경제성 평가방법에 대한 비교

분석기법	판단방법	장 점	단 점
편익/비용 비율(B/C)	B/C ≥1	· 이해가 용이하고 사업규모 고려 가능 · 비용편익 발생시간의 고려	· 편익과 비용의 명확한 구분이 어려움 · 상호배타적 대안선택의 오류 발생 가능
내부수익률 (IRR)	IRR≥r	· 사업의 수익성 측정 가능 · 타 대안과 비교 용이 · 평가과정과 결과이해 용이	· 사업의 절대적 규모를 고려하지 않음 · 수 개의 내부수익률이 도출될 가능성이 존재
순현재가치 (NPV)	NPV≥0	· 대안 선택시 명확한 기준제시 · 장래발생편익의 현재가치제시 · 한계순현재가치 고려하고 타 분석에 이용가능	· 대안 우선순위 결정시 오류발생가능하고 이해의 어려움

자료 : 한국개발연구원, 2000, "예비타당성조사 수행을 위한 일반지침 연구."

4. 소득분배효과 및 감응도 분석

1) 소득분배효과

소득분배효과(income distribution effect) 분석은 공공투자사업이 경제적으로 타당하더라도 그 편익이나 비용이 특정집단에게 집중된 경우 정치·사회적 타당성을 상실할 수도 있다. 예를 들어 부유층에 편익이 집중되거나 빈곤·소외계층에 비용이 과다하게 귀착되는 사업은 경제적으로는 타당할지라도 사회적 불평등을 심화시켜서 정치·사회적으로는 수용되기 어려울 수가 있다. 따라서 공공사업의 효과 또는 이득이나 비용이 누구 또는 어느 계층에 귀착되느냐가 매우 중요한 과제가 된다. 소득분배효과 분석은 사업이나 정책이 계층간의 소득불균형 문제 해소에 긍정적인 영향을 주거나 최소한의 부정적인 영향을 주는 대안을 찾기 위한 방법이다. 즉 효율성을 강조하는 시장원리에 의한 사업평가의 한계를 완화하기 위한 것이다.

2) 감응도분석

정책분석에서는 자재비, 토지비, 공사비, 인건비 등과 같은 파라메타값들이 시간에 따라 변화하는 것이 아니라 일정한 것으로 취급된다. 그러나 현실적으로 파라메타값들은 기술혁신이나 유류파동 그리고 노동조합의 활동 등 경제 외적인 변화에 따라 변하며, 이러한 파라메타값의 변화는 정책분석결과에 큰 영향을 미치게 된다. 이러한 파라메타값의 불확실성을 감안하는 실용적인 방법으로 감응도분석(sensitivity analysis)이 있다. 감응도분석이란 파라메타값의 변화가 최종적인 결과에 어떠한 영향을 미치는가를 분석하는 수단이다.

감응도분석의 작업방법은 간단하다. 새로운 수치를 적용하여 편익과 비용을 다시 추정하여 편익·비용비율을 구하거나 내부수익률을 계산하면 된다. 그리하여 원래의 투자사업 평가수치와 불확실성 요인을 감안하여 다시 계산한 수치와 비교하여 정책결정자의 판단을 돕는 것이다. 감응도분석에서 고려해야 할 요인은 적용할인율, 생산물의 가격, 주요 생산요소의 가격변화로 인한 공사단가의 변화, 공사기간의 연장과 시설의 내용연수 등이다.

제 3 절 환경문제와 비용 · 편익분석

1. 환경문제에 대한 비용편익분석의 구조

환경을 고려한 비용편익분석은 다음과 같이 조정된다. 첫째, 특정사업에 따른 비용에 환경훼손비용을 포함하고, 편익에도 환경개선효과를 반영하는 것이다. 이를 수식으로 표시하면 다음과 같다.

$$\sum_t (\ B_t - C_t \pm E_t)\ (1-r)^{-t} > 0$$

여기서 E는 환경효과이며, 환경이 개선되면 (+), 악화되면 (−)가 된다. 공공투자가 초래하는 환경효과를 측정하는 기법에 대해서는 많은 연구가 이루어지고 있다. 그러나 환경효과는 시장에서 거래되는 재화가 아니므로 정확한 비용 · 편익의 측정이 어렵고 한번 조사하는 데에도 많은 시간과 비용이 소요되는 문제를 지닌다.

2. 환경개선의 편익과 비용

1) 환경개선사업에서의 편익과 비용

(1) 환경개선의 편익

일반적인 소비자의 효용은 시장재화의 소비를 통해서 얻어진다. 즉, 재화를 소비함으로써 편익이 발생한다는 것이다. 그런데 환경오염이 있을 경우 이러한 편익을 누릴 수가 없게 된다. 그러므로 환경개선사업에 있어서의 편익이란 환경오염으로 인한 피해의 화폐적 보상(monetary compensation), 즉 환경피해의 반사적 가치로 규정할 수 있다.[5] 다시 말하면 오염배출로 인한 인체 피해, 재산의 피해, 쾌적성 상실, 생태계 파괴 등 환경오염과 파괴의 직접 또는 간접적인 피해에 대해서 오염 발생 이전의 복지 상태로 환원하는 경제적 보상의 시각에서 인식하게 된다.

---

[5] A. M. Freeman Ⅲ, 1979, The Benefit of Environmental Improvement, Baltimore : Johns Hopkins University Press, p. 3.

(2) 환경개선사업의 비용

환경개선사업의 비용에는 오염원이 지불하는 저감비용이나 정부의 감시·감독비용과 같은 직접비용뿐 아니라 환경정책이 유발한 기타 경제적 효과로 인해 발생하는 모든 간접비용까지도 포함되어야 한다.

환경과 관련된 공공사업이나 정책의 직접비용은 몇 가지 기준을 통해 재분류된다. 직접비용은 설치비와 운영비로 분류될 수 있다. 설치비는 오염물질의 저감을 위해 설치되는 공장이나 설비와 같은 자본재에 대해 지출되는 비용이다. 설치비는 일종의 고정비용으로서, 단기적으로는 고정되어 있어서 기업의 생산량이나 오염물질 배출량이 변하여도 설치비 자체는 변하지 않는다. 운영비는 이미 설치된 오염저감시설을 작동하고 유지하는 데 소요되는 비용이다. 운영비에는 재료비·부품비·인건비·연료비 등이 포함된다. 이러한 운영비는 일종의 가변비용으로서 생산량이나 저감량에 따라 달라지게 된다.

2) 환경서비스와 가치측정

환경은 우리에게 매우 다양한 서비스를 제공한다. 환경의 중요성에 대한 인식이 확산되면서 환경의 가치에 대한 인식의 범위도 확산되고 있다. 환경자원의 보전가치에는 본질적으로 사용가치와 비사용가치 두 가지 요소가 포함되어 있다. 자연환경은 우리 인간에게 필요한 식량 등 많은 자원을 직접 생산·제공하여 우리의 후생수준을 높여준다. 뿐만 아니라 보전된 자연자원은 많은 방문객들이 찾아와서 즐기므로 인간의 만족도를 높여주기도 한다. 그러므로 환경의 가치는 그 환경이 우리의 후생(행복)에 직접적으로 기여한 정도, 즉 실재적인 사용가치(actual use value)에 의해 판단되었다. 이렇게 인식된 자연자원의 가치를 사용자 가치(user values)라 한다.

그런데 자연자원은 실제 이용자뿐만 아니라 미래의 잠재적 이용자들도 거기에 가치를 부여한다는 것이 인식되었다. 이같이 인식된 가치를 선택유보가치(option value)라 한다. 어떤 자연자원의 장래 이용자가 생애 중 동 자연자원을 언젠가는 이용할 수 있을 것이라는 유보된 선택에 따른 지불용의(willingness to pay)가 있다는 것이다.

이보다 더 포괄적인 개념이 순수존재가치(pure existence value)이다. 어떤 진귀

한 자연자원의 존재 그 자체에 대한 인식만으로도 인간은 만족을 느낄 수 있으므로 이들의 보전에 가치를 부여하여야 한다는 것이다. 실증적인 연구들은 이러한 존재가치가 이용가치에 못지 않게 중요한 것임을 밝히고 있다.

하천 수질개선의 가치

하천의 수질개선으로 인한 가치는 크게 사용가치와 비사용가치로 나누어진다.

여기에 사용가치에 속하는 편익은 직접 사용가치와 간접 사용가치로 구분할 수 있다. 직접 사용가치에는 생활용수, 산업용수, 그리고 농업용수로 이용하는 것과 수상 위락활동 및 낚시 등이 있다. 간접 사용가치는 수질개선으로 인하여 수변 행위를 간접적으로 고양시키거나 쾌적성을 증가시킬 때 발생하는 가치로서 여기에는 수변 위락활동 제고와 수변 산책이나 물의 경치를 조망할 때 발생하는 심미적 만족감 등이 있다.

그리고 비사용가치에는 자연환경이 보존되는 것의 인식으로 인해 이것이 누구에게 이용되는지 여부와 상관없이 느끼는 효용과, 개선된 자연환경을 다음 세대가 즐길 수 있도록 물려준다는 측면에서 발생하는 효용 등이 있다.

3) 가치측정기법

환경재의 가치를 평가하는 기법은 크게 간접 방법과 직접 방법으로 구분할 수 있다.

간접 방법은 재화의 가치가 시장에서 재화의 구매를 통해 나타낸 선호행위로부터 환경의 가치를 분리해 내는 방법이다. 즉, 소비자들의 선택의 결과인 시장자료를 이용하여 환경에 대한 가상적 수요곡선을 추정하고 소비자 잉여 개념을 바탕으로 환경의 가치를 측정하는 것이다. 이 방법에는 여행비용법(travel cost method), 속성가격법(hedonic price method) 등이 있다.

여행비용법은 특정 장소를 방문하는 사람의 여행비용 속에 해당 장소에 대한 여행자의 가치평가가 내재되어 있다는 가정 하에 특정 지역의 관광가치를 평가하는 방법이다. 여행비용법은 여행에 소요된 직접적인 금전 비용과 시간 비용에 따라 방문횟수가 어떻게 반응하는가를 기본모델로 삼는다. 다른 것이 동일하다는 전제 하에 여행비용이 증가하면 관광지의 방문횟수가 줄어든다고 보고 여행비용과 방문횟수와의 관계를 추정하는 것이다.

속성가격법은 자연환경이 주택과 같은 자산의 가치에 미치는 영향을 파악하여 환경의 가치와 환경질 개선의 편익을 추정하는 방법이다. 속성가격법에서는 주택이나 직업의 가치가 이를 구성하는 여러 특성들의 가격으로 분할될 수 있다고 가정한다. 이는 환경재에 대한 시장이 명시적으로 존재하지 않기에 시장재인 주택이나 노동과 같은 대체시장을 이용하여 간접적으로 환경재에 대한 가치를 측정하는 방법이다.

반면에 직접 방법은 소비자들에게 설문조사를 통하여 가상적 시장을 제공하고 가상적 상황에서 응답자로부터 환경재에 대한 지불의사금액을 유도하여 환경의 가치를 평가하는 방법이다. 대표적으로 조건부가치측정법(contingent valuation method)이 있다. 조건부가치측정법은 각 개인이 환경재의 이용과 관련된 의사결정을 하여야 할 가상적인 상황을 설정한 설문조사를 통해 개인이 갖는 환경재의 가치를 평가하는 방법이라고 할 수 있다. 이 방법은 여행비용법이나 속성가격법과 같은 간접평가방법과는 달리 환경재의 가치를 보다 직접적으로 개인에게 질문하여 구하는 방법으로 개인의 효용을 직접 평가할 수 있다.

3. 할인율의 문제

1) 환경문제와 할인율 딜레마

할인율의 결정은 환경문제와 관련하여 매우 중요한 의미를 지닌다. 환경재의 형성은 장구한 세월이 소요되는데, 할인을 한다는 그 자체는 시간적인 제약을 둔다는 개념이기 때문이다. 그런데 문제는 높은 할인율도 낮은 할인율도 환경친화적이지 않을 수 있다는 데 있다.

환경문제는 상대적으로 장기간에 걸쳐 그 피해가 나타나므로 할인, 특히 높은 할인율에서는 피해의 규모가 과소평가된다. 그 결과 현세대로 하여금 환경을 보전하기 위한 투자를 소홀히 하게 만들며, 이에 따른 비용부담은 미래세대에게 고스란히 전가된다. 이와 같이 할인율이 높아지면서 장기적으로 발생하는 환경파괴의 영향은 상대적으로 미미한 것이 된다. 이에 따라 대응책의 중요성도 없어지게 되는데 이를 "할인의 횡포(the tyranny of discounting)"라고 한다.

방사성폐기물 관리와 할인율의 횡포

발생확률은 낮으나 일단 발생하면 그 피해가 천문학적인 사업에 대해 할인을 할 경우, 그 피해가 미미해지게 된다. 방사성폐기물 처리사업 같은 것이 그 전형적인 예가 될 수 있다.

방사성폐기물 관리에 대한 대책을 철저히 하지 못할 경우 100년 후에 10조원의 손실을 가져올 수 있고, 또한 사고 발생가능성은 100년에 1회라고 가정하자. 만약 할인율이 8%로 설정된다면 100년 후에 발생할 10조원 피해의 현재가치는 PV＝10조원× $1/(1.08)^{100}$ ＝10조원×1/2200＝45억 원에 불과하게 된다. 그리하여 방사성폐기물의 처리비용이 45억 원보다 높으면 방사성폐기물에 의한 미래의 피해가 10조원이라도 이를 방지하기 위한 조치가 타당성을 잃게 된다.

이처럼 미래에 막대한 환경영향을 줄 수 있는 사업이 할인을 통해서 그 영향이 사소한 것으로 되어버린 현상을 학자들은 할인의 횡포(tyranny of discount)라고 한다.

그런데 높은 할인율이 반드시 환경파괴적이라고 할 수 없는 문제도 있다.[6] 할인율이 높아지면 장기투자를 필요로 하는 공공사업의 편익이 과소평가되고 총비용이 상대적으로 과대평가되어 개발프로젝트의 타당성이 낮아진다. 그리하여 특정사회의 전반적인 투자수준이 떨어지며, 이에 따라 투자에 필요한 자연자원의 수요도 줄어들게 된다. 높은 할인율이 환경파괴적 개발프로젝트를 억제하여 현재의 환경친화적인 자연자원 이용이 유지되도록 할 수도 있다는 것이다.

할인은 미래의 가치를 낮게 평가하므로 미래세대를 불리하게 한다. 그런데 할인의 이유 중 하나인 미래세대가 현세대보다 잘 살고, 이에 따라 소비의 한계효용이 낮을 것이라는 전제의 근거도 불확실하다. 따라서 환경론자들은 미래세대의 이익을 보호하기 위해서 할인율을 낮게 조정할 것을 주장하고 있다. 현세대가 미래세대 등 후손에 대한 이타주의(altruism)를 가지고 있으므로 할인율이 낮아져야 한다는 것이다.

---

6) A. Markandya and D. W. Prearce, 'Development, the Environment, and the Social Rate of Discount', The World Bank Research Observer, vol. 6, no. 2, July 1991, pp. 137-152, The World Bank.

2) 환경문제에 대한 할인율 결정이론

(1) 0의 할인율

Mishan은 영향을 받는 세대가 의사결정에 참여하지 못할 경우 필연적으로 자의성(arbitrariness)이 개입된다고 하면서, 이 경우 "0"의 할인율을 적용하여야 한다고 주장한다. 세대간의 비교에 있어서는 서로 다른 시간대의 사회적 가치를 비교할 수 있는 만족할 만한 방법은 없다. 그러므로 현실적으로 "0"의 할인율이 현세대의 개인적 시간선호율이나 이자율을 사용하는 것보다는 바람직하다는 것이다. 그러나 "0"의 할인율은 그 자체로 또 다른 자의성을 의미할 수 있다는 비판을 받을 수 있다.

(2) 세대간 정의원칙의 적용

Howarth와 Norgaard(1993)는 미래의 복지는 공공재로서, 현세대가 개인적 애타주의에 따라 본인의 후손을 위해 남겨두는 것으로는 자원의 효율적 배분을 달성할 수 없다고 주장한다. 이는 현세대가 미래세대가 원하는 바를 판단하는 것(selfish altruism)과 현세대가 미래세대가 원하는 것을 선택할 수 있도록 최대한 남겨두는 것(disinterested altruism)은 근본적으로 다르기 때문이다. 그러므로 설령 후손에 대한 이타주의가 존재한다 하더라도 할인율 조정을 통하여 해결하는 것은 문제가 있다. 왜냐하면 할인율 조정은 미래세대의 선호 그 자체가 아니라 미래세대의 선호에 대한 현세대의 평가를 조정하는 것이기 때문이다.

그런데 비용편익분석은 자원배분의 효율성을 다루는 것이지 분배의 형평성을 다루는 것이 아니다. 그러므로 세대간의 복지 분배에 관한 사항은 사회후생함수나 세대간 정의의 원칙을 이용하여 세대간 자원이전의 원칙을 명확히 하고 이를 엄격히 지킴으로써 이루어져야 한다는 것이다.[7] 결국 비용편익분석은 정책분석의 기준 중 일부에 불과하므로 현세대와 미래세대에 대한 부의 분배를 규정하는 윤리적 원칙과 연관되어 사용하여야 한다는 것이다.

(3) 지속가능성 조건의 적용

Markandya and Pearce(1990)는 환경을 이유로 한 할인율의 조정은 일반적으로 효과가 없으며, 어떠한 경우에도 최선의 해결책이 되지 않는다고 한다. 그러면서

7) R. B. Howarth and R. B. Norgaard, "Intergenerational Transfers and the Social Discount Rate," Environmental and Resource Economics 3 : 1993, pp. 337-358.

비용편익분석체계 안에서 지속가능성이라는 조건을 도입하여 미래세대가 사용할 수 있는 자연자원을 보전할 것을 주장하고 있다.8) 이에 따르면, 특정 프로젝트에 의해 환경이 파괴될 경우 환경개선을 목적으로 한 다른 프로젝트를 수행토록 하여 환경파괴를 보상하여야 한다. 예를 들어 열대우림을 파괴하는 프로젝트는 다른 지역에 동일한 양 이상의 식목사업을 추진토록 하여 다음 세대에 물려줄 열대우림의 총량은 동일해야 한다.

제 4 절 환경정책 결정기준으로서의 비용·편익분석 평가

비용·편익분석은 환경정책 평가수단으로 널리 이용되고 있다. 그러나 환경정책 평가수단으로서의 비용·편익분석에 대한 비판도 많다.

켈만(Kelman, 1981)은 환경문제에 대한 경제주의적 처방을 비판함은 물론 경제학을 "비도덕적인 과학(Immoral Sciences)"이라고 호되게 비판한 적도 있다9). 이러한 비판은 특히 도덕적인 측면에서 형평성, 이타주의나 자발성 등 소중한 가치를 경제주의적인 사고로 접근하려는 데에 대한 비판이다. 비용·편익 분석에 대한 비판은 1980년 미국 레이건 정부가 출범하면서 취한 정부규제에 대한 비용·편익분석의 의무화에 대한 논란과 함께 크게 제기되었다.

비용·편익분석에 대한 비판은 환경재에 대한 정확한 비용과 편익 추정이 어렵다는 점, 인권이나 생명을 경제적 가치로 환산하는 데에 대한 도덕적인 비판, 그리고 경제성 분석이 초래할 수 있는 형평성의 문제 등에 대한 논란이 주를 이루고 있다.

측정의 불확실성에 대한 비판은 여타의 어떠한 분석기법도 같은 문제를 지니므로 사실상 논란의 대상은 아니다. 그러나 환경개선편익 추정이 여러 가지 원인에 의해서 과소평가될 가능성이 크다는 점을 인식하여야 할 것이다. 레이건 정부의 비용·편익분석 의무화가 내면에는 환경규제완화 입법이 민주당이 지배하는 의회를 통과하기 어렵기 때문에 취한 조치라는 점을 상기할 필요가 있다.

---

8) D. W. Pearce and R. K. Turner, op. cit., 1990.
9) Steven Kelman, 1981, "Cost-Benefit Analysis; An Ethical Critique," Regulation(Jan./Feb).

환경문제에 대한 경제분석이 형평성의 문제를 초래한다는 지적에 대해서도 유념할 필요가 있다. 통상 환경오염의 물리적인 피해는 사회적 또는 경제적 약자에게 집중되는 경향이 있다. 그러나 경제학적인 논리에 의하면 환경개선에 대한 지불용의는 소득수준이 낮은 경제적인 약자가 적을 것이다. 때문에 경제적 약자보호를 위한 환경개선의 우선순위가 낮게 평가될 가능성이 높다.

참고문헌

곽승준·유승훈, 1999, 영월 동강댐 건설로 인한 환경피해의 사회적 비용 - 자연보존의 화폐적가치 추정, 고려대학교 경제연구소.

김광임 외 4인 공저, 2002, 대규모 개발사업의 환경경제성 분석 도입방안 I, 한국환경정책·평가연구원.

김광임 외 5인 공저, 1999, 「수질오염의 사회적 비용 계량화 연구 : 한강수계를 중심으로」, 한국환경정책·평가연구원.

김광임, 1997, 음식물쓰레기 처리방법별 기술 및 비용편익 분석, 한국환경정책·평가연구원.

김혜천·정회성, 1986, "환경개선의 경제적 편익에 관한 연구," 서울대 환경대학원 : 환경연구, pp. 117-136.

이정전, 2000, 환경경제학, 박영사.

정회성, 1983, "환경오염개선의 편익추정기법에 관한 고찰 I," 「환경보전협회보」 제7권, 제17호.

정회성, 1983, "환경오염개선의 편익추정기법에 관한 고찰 II," 「환경보전협회보」 제7권, 제16호.

한국개발연구원, 2000, 「예비타당성조사 수행을 위한 일반지침 연구」.

Cline, W. R., 1992, *The Economics of Global Warming, Institute for International Economics*, Washington D.C.

Freeman Ⅲ, A. Myrick, 1979, *The Benefits of Environmental Improvement : Theory and Practice*, Baltimore : The Johns Hopkins University Press.

Hackett, Steven C., 2001, *Environmental and Natural Resources Economics : Theory, Policy and the Sustainable Society*, Armonk, New York : M.E. Sharpe.

Hotelling, H., 1931, "The Economics of Exhaustible Resources," *Journal of Political Economy*.

Howarth, R. B. and Norgaard, R. B., 1993, "Intergenerational Transfers and the Social Discount Rate," Environmental and Resource Economics 3.

Kelman, Steven, 1981, *What price Incentives? Economists and the Environment*, Boston; Auburn house, pp. 69-77.

Lind, R. C.(ed.), 1982, *Discounting for Time and Risk in Energy Policy*, Washington D.C., Resources for the Future.

Marglin, S. A., "The Social Rate of Discount and the Optimal Rate of Investment," *Quarterly Journal of Economics 77*.

Markandya, A. and Prearce, D. W., 1991, "Development, the Environment, and the Social Rate of Discount," *The World Bank Research Observer*, vol. 6, no. 2, The World Bank.

Nordhaus, W. D., 1991, "To Slow or Not to Slow : The Economics of the Greenhouse Effect," *The Economic Journal*.

Pearce, D. W. and Nash, C. A., 1981, *The Social Appraisal of Projects : A Text in Cost-Benefit Analysis*, London; Macmillan.

Pearce, D. W. and Turner, R. K., 1990, *Economics of Natural Resources and the Environment*, Harvester Wheatsheaf.

Sen, A. K., 1982, "Approaches to the Choice of Discount Rates for Social Benefit-Cost Analysis," in R. C. Lind(ed.), *Discounting for Time and Risk in Energy Policy*, Resources for the Future, Washington D.C.

chapter 14 환경영향평가제도

제 1 절 환경영향평가제도

1. 환경영향평가의 도입 배경

인구의 증가와 산업의 집중화 현상은 자원의 고갈, 자연 생태계 파괴, 지구의 온난화, 오존층 파괴, 지구의 사막화, 자연의 자정능력의 초과 등 범지구적인 환경문제를 가속화시키고 있다. 하지만 과거의 환경정책은 지역적이고 소극적이며 개별적 차원에서 사후관리방식의 해결에 치중함에 따라 복잡하고 다양해지고 있는 현대의 환경문제를 사전에 예방하기에는 한계가 있다. 이에 따라 사전예방을 위한 효과적인 수단으로 각종 개발계획의 수립과정과 정책의 구상단계에서부터 환경 및 생태계에 대해 사전예방적 해결방안을 모색하는 보다 적극적인 환경관리 정책이 필요하게 되었다.

이러한 노력의 일환으로 환경에 현저한 영향을 미칠 것으로 우려되는 각종 개발사업을 계획·추진하려고 할 때에는 환경오염의 방지 및 환경보전을 위한 사전예방적 조치의 일환으로 환경영향평가제도가 도입되었다. 환경영향평가제도는 미국이 1959년 초 환경질위원회(Council of Environmental Quality: CEQ)에서 설립을 제안하고 1969년 국가환경정책법(National Environmental Policy Act: NEPA)에서 명명되어 1970년 시행되었다. 그 후, 제도의 타당성이 입증됨에 따라 전세계적으로 환경영향평가의 제도화가 진전되어 현재는 110여 개 국가에서 도입하고 있다.

이렇듯 환경영향평가가 세계 각국에 널리 보급된 배경은 도시화·산업화를 거치면서 환경문제를 이미 경험한 선진국의 사례뿐만 아니라, 개발에 따른 심각한 환경파괴를 직접 경험하면서 이를 방지하기 위한 환경영향평가제도의 도입에 대한 공감대가 형성되었기 때문이다. 또한, 환경영향평가제도의 확산의 이면에는 경제협력개발기구(OECD)와 유엔환경계획(UNEP), 세계은행 등 국제기구의 노력이 있었다.

2. 환경영향평가의 의의와 기능

환경영향평가는 환경에 중대한 영향을 미치는 계획, 사업 등에 대한 환경영향을 미리 분석·평가하여 개발과 보전의 조화를 통해 지속가능한 개발이 가능하도록 그 부정적 영향을 제거·감소시킬 수 있는 제도이다. 환경영향평가제도는 경제성장을 지속하기 위한 개발의 필요성은 인정하되, 개발사업이 환경에 미치는 영향을 사전에 검토하여 나쁜 영향을 최소화하기 위한 제도이다.

현재 미국, 일본 등 여러 나라에서 채택하고 있는 환경영향평가제도는 각 나라마다 도입배경 및 시기, 법체계, 사회적·문화적 여건에 따라 운영상 많은 차이점을 보이고 있다. 각국에서 시행하고 있는 환경영향평가의 공통적 기능은 다음과 같다.

첫째, 개발에 따른 환경영향의 사전예방적 기능이다. 개발사업의 계획단계에서 환경영향평가를 함으로써 당해 개발사업이 환경에 심각한 영향을 미치고 환경파괴의 우려가 있을 경우, 개발사업을 취소하거나 적절한 환경오염 저감방안을 마련하게 함으로써 개발행위에 따라 야기될 수 있는 환경파괴를 미연에 방지토록 한다.

둘째, 주민에 대한 이해조정기능이다. 환경영향평가 과정에서의 주민의 참여는 사업계획수립 전반에 관한 절차적 민주성을 기한 제도라 할 수 있다. 환경영향평가는 당해 사업의 일반적 현황과 주변환경에의 영향에 대해 지역주민에게 설명하여 다양한 주민의견을 청취하도록 하고 있다. 이러한 절차는 주민과의 이해를 조정함으로써 마찰을 피할 수 있는 것이며 지역·집단이기주의(NIMBY)를 해소할 수 있는 중요한 수단이 될 수 있다.

셋째, 의사결정과정의 참여기능이다. 계획 수립된 개발사업과 관련하여 미래의 불확실한 환경변화를 예측하고 폭넓은 지식과 경험을 축적하여 정책결정과정에 참여할 수 있도록 한다. 환경에 대한 영향에 대해 객관적으로 분석한 정보를 제공함으로써 개발계획의 결정자 등에게 친환경적 개발계획을 수립할 수 있도록 합리적 의사결정을 하는 데 도움을 준다.

아랄해 고갈

아랄해는 중앙아시아의 중심에 위치한 내륙해로서 220만 평방킬로미터의 지역을 차지하고 있으며 약 4000만 명의 인구가 아랄해를 중심으로 살고 있다. 구소련은 제2차 세계대전 이후 우즈베키스탄의 수도인 타슈켄트(Tashkent)에 목화밭을 개간하고 아랄해의 수원인 아무다리아강과 시르다리아강의 물을 이용하여 관개시설을 정비하였다. 목화생산을 위해서 1300km의 사막을 가로지르는 운하와 75만ha의 수로를 건설하였다.

그 결과 세계 4번째의 큰 호수인 아랄해는 1960-1987년 사이에 수면이 13m나 하락하고 면적은 40%, 수량은 66%가 감소하고, 염분농도는 300%나 증가하였다. 아랄해 재앙은 계속되어 그 면적은 1990년대에는 10분의 1로 축소되었고, 해수면은 1960년대보다 15m나 낮아졌고, 북쪽이 육교처럼 드러나서 두 개의 호수로 나누어졌다.

그리하여 1950년대 연간 40,000t의 어획을 올려 약 6만 명을 고용하였던 아랄해의 어업은 폐업되었고 24종의 고유어종 중 20종이 멸종되었다. 과거 어업도시였던 잠불(Dzhambul)은 사막 한가운데 남겨졌으며 녹슨 배들이 황량하게 곳곳

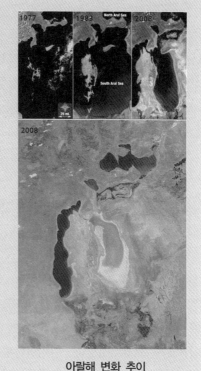

아랄해 변화 추이
자료 : 미항공우주국(NASA)

에 버려져 있다. 1990년까지 1960년대 출몰하였던 포유류의 절반 정도와 조류의 4분의 3이 사라졌다. 아무다리아와 시르다리아강 하구삼각주지역에서의 면화생산도 중단되었다. 뿐만 아니라 매년 7만 5천t의 염진이 에어로졸의 형태로 약 20만km^{2}의 농지와 목초지에 날려 중앙아시아의 농지와 목초지가 급격하게 사막화되었다.

여름은 더욱 더워지고 겨울은 더욱 추워지며 서리가 내리는 기간도 180일 이상으로 증가되었고 1960-1980년 기간 중 아무다리아 삼각주의 목초지도 81%나 감소하는 환경적 재앙을 초래하였다. 1990년대까지 세계에서 네 번째로 큰 내륙해였던 아랄해는 그 규모의 1/4만이 남게 되었다. 물이 줄어 바닥이 드러나면서 아랄해는 카자흐스탄 쪽의 북아랄해와 우즈베키스탄 쪽의 남아랄해로 나누어졌다.

카자흐스탄

남아랄해

우즈
베키스탄

투르크
메니스탄

아랄스크
북아랄해

코크아랄 댐

1960년대
이전의
아랄해

그런데 최근 카자흐스탄을 중심으로 아랄해 복구를 위한 노력이 추진되면서 남아랄해는 계속 수량이 줄어들고 있는 반면 북아랄해는 수량이 늘고 있다. 우즈베키스탄은 면화 산업을 유지하고 호수 바닥에서 가스와 석유를 개발하겠다며 아랄해 재생 노력을 사실상 포기했다. 그러나 카자흐스탄 정부는 세계은행의 도움을 받아 2001년부터 5년간 8800만달러(약 1040억원)를 들여 코크아랄 댐을 쌓아 시르강 강물이 남아랄해로 흘러가는 걸 막고 북아랄해로 유도하였다. 1분이면 걸어서 건널 수 있는 작은 댐이지만, 댐 건설 이후, 물의 염도(鹽度)가 떨어지고 물고기가 늘면서 2007년 어획량이 1년 만에 100배인 2000t으로 증가하는 결과를 가져왔다.

제 2 절 각국의 환경영향평가제도

1. 미   국

미국은 국가환경정책법(NEPA)에 따라 인간 및 환경에 중대한 영향을 미치는 계획이나 그 밖의 연방정부 행위에 대하여 환경영향평가를 실시하고 이를 문서로 제출토록 의무화하였다. 환경영향평가제도의 시행에 따른 전반적인 감독과 절차 등은 대통령직속 국가환경위원회(Council of Environmental Quality: CEQ)가 책임지고 있는데, CEQ는 NEPA절차 이행을 위한 규칙을 정하고, 연방의 여러 기관은 이에 따라 소관사업의 특성에 따른 절차 등 가이드라인을 제정하여 시행하고 있다.

평가서의 작성주체인 연방기관들은 제안행위를 정하고 그 행위에 대해 환경영향평가서를 작성하는 것이 필요한지의 여부를 판단하기 위하여 간단한 문서의 환경평가서(Environmental Assessment: EA)를 작성한다. 만일, 환경의 영향이 적을 것으로 판단되는 경우에는 사업의 기본적 내용을 포함한 간단한 문서를 작성하여 공표한다. 또한 주무부서는 환경영향을 줄이기 위한 조치들을 취해야 하며 이상의 요구사항들이 충분히 지켜지고 있는지를 감시해야 한다.

환경영향평가서는 반드시 요약절을 추가하되 여기에는 전문적이고 기술적인 용어의 사용을 금지하고 있으며, 불필요한 지연을 줄이기 위하여 시간을 제한하고 초안이 나오기 전에 부서간 협조, 분쟁의 조속한 해결을 강조하고 있다.

환경영향평가 절차는 주관관청의 결정, 환경평가(EA)의 주민에 대한 고지, 스코핑과정의 실행, 초안평가서의 작성, 검토를 위한 초안평가서 문서화, 공청회의 개최, 최종평가서의 작성, 최종평가서의 배포, 문서화, 최종평가서의 채택, 관청의 결정, 결정의 기록작성 등의 과정을 거치게 된다.

2. 일   본

일본은 1972년 6월 "환경보전대책에 대한 각의 요해"에 따라 정부기관과 그에 소관되는 공공사업에 대하여 사업실시 주체가 미리 또는 필요에 따라 환경에 주는 영향의 내용 및 정도, 환경파괴의 방지책, 대안의 비교 검토 등을 포함하는 조사 검토를 시행하고, 그 결과에 따라 필요한 조치를 취하도록 지도해 왔다.

일본은 개별법, 사업관청의 행정지도 등의 형태로 환경영향평가가 실시되어 왔으나, 환경영향평가의 적절하고 원활한 실시가 중요한 정책과제로 등장하면서 1984년에 "환경영향평가실시에 관한 요강"이 마련되어 통일적인 규칙에 따라 실시하게 되었다.

1993년에 제정된 「환경기본법」에서는 환경영향평가의 법제화의 필요성에 따라 환경보전시책의 하나로서 국가의 환경영향평가 추진을 위한 조치 강구를 규정하였다. 1997년에는 환경영향평가를 반드시 해야 될 도로·댐·철도·비행장·발전소 등의 제1종 사업과 사업의 인·허가 기관이 스크리닝 절차에 따라 실시여부를 결정하는 제2종 사업으로 구분하고 있다.

사업자는 환경보전의 견지에서 의견청취를 위한 준비서를 작성하여 공고·공람하고, 이해관계자와 관계 시·정·촌장 등의 의견을 수렴한다. 또한 환경영향평가 준비서의 기재사항에 대한 검토를 하고 필요한 조치를 강구하여 환경영향평가서를 작성하여야 한다. 작성한 평가서는 환경청 장관에게 송부하고 환경청 장관은 환경보전의 관점에서 필요한 의견을 제시해야 하며, 사업자는 이에 대해서 답변한 후 환경영향평가서 기재사항을 검토하고 필요한 보완을 해야 한다.

3. 독   일

독일의 환경영향평가제도는 유럽연합(EU)의 지침에 따르도록 되어 있다. 유럽연합지침에 의하면 환경영향평가 대상사업은 대규모 사업 및 환경적 파급 영향이 심각하게 예상되는 9종의 필수적인 사업과 가맹국의 특성을 고려한 필수사업에 준하는 사업 등 12종 사업을 대상으로 하고 있다.

독일은 환경영향평가를 환경적합성심사라 부르며, 1970년대 초기부터 제도도입이 검토되었다. 환경영향평가서의 절차규정에 관해서는 1974년 내무성이 법률원안을 작성해 국회에 상정하였으며, 연방공공조치의 환경적합성 심사원칙이 내각에서 결정되었다. 이 심사원칙은 연방관청이 행하는 공공조치에 있어서 환경의 영향 및 그 영향의 경감조치 등을 심사하는 것으로 정하고, 내무성의 관여 등의 절차적 내용이 포함되어 있다.

그 후 1990년에 EC의 지침에 따라 환경영향심사법이 제정되었고 환경영향평가가 의무화되었다. 이 법은 개별법에 특별한 규정이 없는 한 자동적으로 적용되지만 개별법 및 주법에 「연방환경심사법」보다 엄격한 평가절차가 정해져 있는 경우에는, 이것이 우선 적용되고 「연방환경심사법」의 절차는 적용되지 않는다.

독일의 환경영향평가서 대상사업은 Positive lists 방식을 채택하고 16개 분야의 사업유형을 제시하고 있으며, 각 사업유형별로 수많은 개별단위사업들이 규정되어 있다. 행정주체는 사업의 인·허가 승인기관이며, 평가서의 작성주체는 원칙적으로 사업의 승인기관이다.

4. 캐 나 다

캐나다는 1973년에 환경영향평가제도를 도입하였다. 그러나 법적인 구속력과 운용조건에 관한 법적 해석의 혼란이 발생하여 이를 해소하기 위한 법제화가 시도되어, 1992년 6월 캐나다 「환경영향평가법(Canadian Environmental Assessment Act, CEAA)」이 제정되었다.

대상사업은 ① 연방관청이 사업의 제안자인 경우, ② 연방관청이 사업을 실시하기 위해 그 제안자에 대하여 출자하거나 또는 자금공여를 보증한 경우, ③ 연방관청이 사업을 실시하기 위해 인허가, 면허를 주는 경우, ④ 그 밖의 행위를 한 경우의 4종류로 구분된다. 구체적인 대상 목록은 CEAA시행 규칙에 따라 대상리스트, 제외리스트, 법률리스트, 포괄적인 조사리스트 등으로 구분된다.

CEAA에 의한 심사단계는 자기관리환경영향평가와 공개심사(public review)에 의한 환경영향평가로 구분되는데, 환경영향평가의 범위, 검토사항을 고려하여 주무 성청 및 환경성 장관이 상세한 검토가 필요하다고 판단할 때 시행한다. 또한 법적 구속력은 없지만 내각의 검토에 위임된 정책 및 계획 제안에 따른 환경영향평가가 실시되고 있다. 캐나다에서는 평가서와 관련하여 문서·정보를 공개하는 공개등록대장 설치, 공중참가를 촉진하기 위한 기금의 설치 등이 운영되고 있다.

5. 한   국

1970년대 우리나라는 도시화와 산업화가 급속히 진행되면서 경제논리에 입각한 국토개발계획으로 심각한 환경오염과 지역간 불균형 개발을 야기시켰다. 하지만 경제성장정책의 부작용이 발생하고 균형개발과 환경오염 대책의 필요성이 제기되었다. 이에 따라 1977년에 「환경보전법」의 제정과 함께 동법 제5조에서 환경영향평가제도의 도입근거를 두게 되었다.

환경보전법에서는 '사전협의'라는 표제하에 도시의 개발이나 산업입지의 조성, 에너지 개발 등 환경보전에 영향을 미치는 계획에 관해서는 미리 보건사회부장관과 협의하여야 한다라고 규정하여 환경영향평가제도 도입의 근거를 마련하였다. 하지만 이 규정은 환경영향평가라는 용어를 사용하지 않았고 규정 자체가 불명료한 문제가 있었다.[10]

1980년도에 이르러 중앙행정기관으로 환경청이 발족되면서 「환경영향평가서 작성 등에 관한 규정」을 제정·고시함에 따라 환경영향평가제도가 비로소 시행되었다. 1981년에 개정된 환경보전법에서는 평가주체를 행정기관뿐만 아니라 공공단체 및 정부투자기관의 장을 포함시켰고 철도, 공항, 매립 및 개간사업, 아파트 지구 개발사업을 추가하여 10개 분야로 확대하였다. 또한 1981년 환경영향평가서 작성 등에 관한 규정에서 평가분야를 3개 분야 19항목으로 규정하는 등 본격적으로

---

10) 구연창, 「환경보전법」, 삼영사, 1981, p. 203.

시행하게 되었다.

　1986년에 개정된 환경보전법에서는 환경영향평가 대상사업에 민간부문의 개발사업인 관광단지를 추가하여 11개 분야로 확대 시행하였다. 특히, 환경영향평가서의 검토 및 이에 따른 사업계획의 조정 및 보완조치가 가능하도록 해서 환경영향평가 협의결과를 당해 사업계획의 인·허가 또는 승인기관의 장에게 동 내용을 반영토록 요구할 수 있게 되었다.

　1990년 환경청이 환경처로 승격되면서 환경보전법을 폐지하고 환경정책의 이념과 방향에 대한 규정을 주된 내용으로 하는 환경정책기본법으로 개별법화하는 과정에서 환경영향평가제도가 환경정책기본법으로 이관되고 환경영향평가에 관한 규정도 대폭 보완·강화되었다.[11] 1992년 8월에 개정된 환경정책기본법 시행령에서는 지역단위의 개발사업에 대한 환경영향평가협의 업무를 지방환경청으로 위임하여 현지 특성을 반영하는 환경성검토가 가능하도록 하였다.

　1993년 6월에는 단일법으로 「환경영향평가법」이 제정되어 동년 12월부터 시행되었다. 환경정책기본법에서 환경영향평가 대상사업의 범위·시기·협의절차 등 구체적이고 집행적인 사항까지 정해야 하는 등 입법 기술상의 어려움과 그동안의 제도 운영에서 드러난 문제점을 개선·보완하고 제도 운영의 효율적 추진을 위한 취지이다.

　환경영향평가법에서는 환경영향평가의 절차를 개선하고 대상사업의 사후관리제도를 강화하는 등 기존의 법·제도적 체계를 수정·보완하였다. 환경영향평가서 작성 등에 관한 규정 및 환경영향평가서 검토 및 협의내용이 3차에 걸쳐 개정되었다. 실질적 주민의견수렴을 위하여 설명회 또는 공청회를 의무적으로 개최하도록 하는 한편, 평가서 협의요청 및 사후관리를 사업승인기관이 담당하도록 하였다. 또한 지방자치제 실시 이후 지방자치단체의 자율적인 지역환경관리 기능을 제고한다는 차원에서 시·도 조례에 의하여 지역적 특수성을 고려, 소규모 대상사업에 대하여도 자체 환경영향평가를 실시할 수 있도록 하였다.

---

11) 우선, 대상사업의 경우 종전의 11개 분야 32개 단위사업에서 15개 분야 47개 단위사업으로 확대되었으며, 평가서 초안에 대한 주민의 의견을 반영한 최종평가서를 작성하도록 하였다. 또한 평가협의내부조사·확인 등의 제도를 도입하였고, 평가협의내용에 대한 이의 신청, 사업계획의 변경에 따른 재협의, 평가협의 내용의 이행여부조사 확인 등 사후관리제도를 도입하여 평가협의 내용의 이행에 실효성을 확보하도록 하였다.

특히, 환경영향평가의 주요 핵심내용의 하나인 환경영향평가서에 대한 검토를 체계화·전문화하기 위해 1997년 하반기에는 환경영향평가법의 제2차 개정을 통하여 환경영향평가서 전문 검토기관인 「한국환경정책·평가연구원」을 설립하여 운영하고 있다.

1999년에는 환경정책기본법에서 사전환경성검토제도를 의무화하는 규정을 신설하여 환경영향평가시 사실상 배제되어 온 상위 기본계획에 대하여 입지의 타당성, 주변환경과의 조화여부 등을 검토하게 되었다. 이후, 각종 개발사업에 대한 환경영향평가 이외에도 사업의 특성, 입지 등에 따라 개별적으로 실행되어 온 인구·교통·재해 등의 영향평가를 환경영향평가제도에 통합하여 운영하기 위한 「통합환경영향평가법」을 제정하였다.

1999년에 제정한 「환경·교통·재해등에관한영향평가법」의 가장 큰 목적은 환경영향평가 절차를 통일하고 단일의 환경영향평가서를 작성케 하여 절차의 중복에서 오는 낭비와 비능률을 줄이자는 것이었다. 그러나 실제 운용에 있어서는 종전과 같이 소관부처별 입장에서 분야별로 평가서를 작성하고 협의하는 체계가 계속되었다. 때문에 오히려 더 번거롭고 불필요한 분야까지 평가를 하여야 하는 등 시간적·경제적 낭비가 많았다.

그리하여 통합영향평가제도의 개혁에 대한 주장이 강하게 제시되었다. 이에 정부는 『환경영향평가 제도개선 T/F』와 포럼(전문가·지방환경청·환경영향평가 대행업자, 시민단체 등으로 구성)을 구성하였고, 이를 통해서 환경영향평가제도 전반에 대한 개선방안을 마련하였다. 이 방안을 토대로 2008년 3월에는 개선된 「환경영향평가법」을 마련하여 2009년부터 시행하고 있다.

개정 「환경영향평가법」에서는 교통·인구·재해 영향평가에 관한 사항을 전부 삭제하고 법률의 명칭도 「환경영향평가법」으로 환원하였다. 동법은 환경영향평가시 기본적으로 고려하여야 하는 "환경영향평가 기본원칙"을 제시하고, 현행의 "환경영향평가의 기준"을 해당 사업의 "환경보전목표 설정시 참고하여야 할 기준"으로 변경하였다. 그리고 모든 평가대상사업에 대한 스코핑 의무, 주민의견 수렴 절차의 강화, 평가서 등의 정보통신망 이용 공개, 경미한 사업계획변경 절차의 간소화 등을 담고 있다.

제 3 절   전략환경평가제도와 수행절차

1. 필요성과 의의

환경영향평가제도는 제정 당시에는 환경에 중요한 영향을 미치게 될 제안에 대해 마련하였지만, 초기 의도와는 달리 개발사업에 따른 저감방안 수립 위주로 운영되면서 지속가능한 개발의 실현에 다음과 같은 한계를 드러냈다.

첫째, 기존의 환경영향평가제도는 당해 개발사업에 연계되어 촉진되는 사업들과 간접적으로 촉진되는 사업으로부터 발생되는 환경영향에 대한 평가를 고려하는 데는 한계가 있다.

둘째, 사업의 상위단계인 계획과정에서 환경적 · 생태적 측면을 고려한 입지선정이나 사업의 규모, 토지이용계획 등 사업대안이 검토되어야 하지만, 실시설계 과정에서의 환경적 영향의 검토는 대부분 저감방안의 수립 수준에 그치는 등 대안의 선정이 제한되어 있다.

셋째, 환경영향평가 대상을 벗어난 소규모의 개발사업에 대하여는 환경영향평가가 적용되지 않는다. 그러나 지역의 특성 및 사업의 유형에 따라 소규모 개발에 따른 환경영향이 환경영향평가 대상사업보다 클 수 있다.

이러한 문제점을 극복하기 위해 의사결정의 보다 상위 단계인 정책 · 계획 · 프로그램(Policy, Plan, Program: PPP) 단계에서부터 환경에 미칠 수 있는 영향에 대해 전략적 접근의 필요성이 요구되었으며, 이러한 영향을 평가하는 과정을 전략환경평가(Strategic Environmental Assessment: SEA)라 한다. 즉, 전략환경평가는 개별사업 수준에서 나타나는 환경적인 영향을 정책, 계획단계에서 미리 검토함으로써, 환경평가의 목적인 사전예방을 보다 강화하여 개발과 환경보전의 조화를 통한 지속가능한 개발을 유도할 수 있는 유용한 수단인 것이다.

우리나라에서도 환경영향평가제도의 한계성을 극복하고 정책 · 계획 · 프로그램 등과 같은 상위단계에서 환경성을 고려하기 위한 방안으로 개별법령 및 국무총리훈령에 의거하여 사전환경성검토제도를 실시하여 왔다. 동 제도는 1999년 12월 법제화되어 각종 행정계획 및 개발계획 수립시 보다 면밀하게 환경성 평가를 실시할 수 있는 토대가 마련되었다.

2. 절   차

전략환경평가와 사업단계의 환경영향평가는 원칙적으로 환경영향평가의 기본 틀인 스크리닝, 스코핑, 환경평가, 보고서 작성 공표, 의사결정을 위한 고려, 모니터링 및 추가적인 환경평가 단계를 거쳐 진행된다는 점에서 동일하다.

1) 스크리닝

전략환경평가가 시행되고 있는 대부분의 나라들은 그 첫 단계로서 계획 및 개발사업 등의 제안으로 인한 잠재적인 영향을 확인하기 위해 체크리스트 혹은 이와 유사한 기능을 가진 방법을 이용하여 스크리닝을 실시한다. 미국 주택 및 도시개발부(U.S.HUD)는 전략환경평가의 필요성 여부 결정에 대한 판단 기준의 한 예로 4가지의 기준을 제시하고 있다.

- 연구지역을 가진 상위 정부 또는 다른 관청이 있는가?
- 지역 내에 인구증가나 주택 개발과 같은 미래 서비스에 대한 수요를 촉진하는 높은 변화율이 있는가?
- 지역에서 대중의 역할이 얼마나 중요한가?
- 지역 내에 독특한 환경 특성이나 민감한 부지가 있는가?

2) 목적과 목표의 설정

모든 정책·계획·프로그램(PPP)은 당연히 달성해야 하는 목적이 설정되어 있으나, 개별사업에 비하여 그 완성도가 낮기 때문에 각 방면과의 조정을 실행하는 과정에서 그 내용도 유연하게 변경할 수 있다. 따라서 PPP의 입안, 대안 등을 설정할 때에는 PPP 본래 목적에 부합되는가를 검증하거나, 효과적으로 달성하기 위해서도 우선 목적이 명확하지 않으면 안 된다.

3) PPP의 대안 확인

PPP에 대한 대안이 설정되면 정책결정자는 대안의 각각에 대해 비교과정을 통

해 효율적으로 목적 및 목표를 달성할 수 있고, 환경적 측면에 대해 충분한 고려
를 했는지 등, 서로 대립하는 목적들간에 최선의 대안을 선택한다. 일반적으로 대
안은 전문가와의 논의, 비용·편익분석, 매트릭스 등과 같은 기법을 통하여 확인
되며 대중의 참여에 의해서도 결정된다.

4) PPP에 대한 기술

PPP에 대한 기술은 PPP가 실제 어떠한 영향력이나 효과가 있으며 해당 PPP가
책정됨으로써 어떠한 변화가 발생하는가를 설명한다. PPP에는 10년 주기, 50년 계
획 등과 같은 시간적인 요소가 명시되어야 한다. 시간적 범위가 클수록 PPP와 지
속가능한 개발의 개념은 더욱 조화를 이룰 수 있지만 PPP의 실행으로 인한 영향
예측의 불확실성 또한 증대된다.

5) 평가항목의 선정

스코핑이란 국가의 PPP 수립시에 발생할 수 있는 모든 환경 요소와 PPP에 의
한 환경영향, 그리고 잠재적인 영향의 분석에 얼마나 많은 관심을 기울여야 할 것
인가에 대한 중요한 사전 검토이다. 스코핑은 의사결정에 영향을 주는 주요한 환
경문제 및 환경요소가 어떻게 평가되어져야 하는지를 확인하기 위하여 실행된다.

6) 환경지표의 설정

환경지표는 스코핑에서 선정된 환경항목에 관하여 기준이 되는 환경상태나 예
측된 영향의 묘사와 측정, 그리고 대안 비교와 PPP 실행 결과의 모니터링에 사용
된다. 환경지표는 일반적으로 환경상태에 대한 지표, 영향평가에 대한 지표, 실행
에 따른 지표 등 세 가지 유형으로 분류할 수 있다.

7) 환경기준에 대한 기술

환경기준에 대한 기술이란 스코핑 과정에서 설정된 주요 환경항목에 대해 현
재의 환경현황을 지표를 사용하여 인식하는 것이다. 이때 PPP에 대한 영향은 개
발이 진행될 때와 진행되지 않을 경우에 대해 서로 다른 상태로 평가된다. 이를
기초로 정책이나 계획의 실시를 통해 환경기준 등을 초과하여 문제가 발생할 우

려가 있는 환경항목이나 문제가 발생할 수 있는 지역을 명확하게 파악할 수 있다.

8) 영향예측

스코핑 과정에서 도출된 환경항목에 대하여 PPP로 인한 영향을 예측한 것으로 여기에는 환경기준에 의하여 PPP에 의한 영향의 정도와 유형을 결정한다. 일반적으로 PPP는 넓은 지역에 걸쳐 영향을 미치며, 그 결과도 매우 다양한 형태(계획, 프로그램, 프로젝트)로 나타난다. 때문에 PPP에 의한 영향의 범위는 프로젝트에 의한 영향의 범위보다 훨씬 광범위하다.

9) 영향평가 및 대안의 비교

영향평가란 미래에 발생 가능한 영향의 예측 및 영향의 정도, 필요한 평가항목에 대하여 이러한 영향들의 중요도를 판단하는 것이다. 예측된 영향이 PPP의 목적들과 조화되고 있는지의 여부도 함께 검토해야 한다. 영향평가에 대한 가장 일반적인 기법은 범위, 발생빈도, 이슈의 논점 등과 같은 개별영향의 중요도를 정리한 매트릭스를 사용하는 방법이다. 대안비교에 있어서도 매트릭스 방법이 가장 일반적으로 사용되는 기법이다. 한쪽의 축에 대안들을 나열하고 다른 축에 환경요소들을 나열하여 대안에 대한 순위를 나타낼 수 있으며, 전문가의 판단을 반영할 수 있다.

10) 저감방안

전략환경평가의 실시 목적은 선정된 PPP로 인한 부정적인 영향을 최소화하고, 가능한 한 환경을 개선함으로써 PPP에 의한 긍정적인 영향을 최대화하는 것이다. 그러므로 PPP에 의한 영향을 회피, 저감하거나 환경적·사회적·경제적인 요소들을 보상하기 위한 저감방안의 마련이 중요하다. 전략환경평가는 계획 초기의 의사결정 단계에서 영향을 피할 수 있는 조치를 검토하는 것이 가능하여 개별사업 수준의 환경영향평가보다 광범위한 저감방안을 고려할 수 있는 장점이 있다.

11) 사후관리

사후관리는 초기에 설정되었던 PPP의 목적과 목표가 달성되어졌는지에 대한

[그림 5-1] 환경평가과정에서의 SEA와 EIA의 관계

과정	전략환경평가(SEA)	환경영향평가(EIA)
스크리닝	기획과정의 일환으로 SEA에 해당하는 정책, 계획, 프로그램인지 여부의 결정을 위한 스크리닝	공식적인 EIA에 해당하는 사업인지 여부결정에 대한 스크리닝
스코핑	SEA의 범위와 구체적인 수준 결정을 위한 스코핑	EIA의 범위와 구체적인 수준의 결정을 위한 스코핑
환경평가	제안자의 제안행위의 평가를 실행하고 SEA 결과에 비춰 바람직한 방향으로 제안서를 수정	개발자가 제안된 사업의 평가를 실행하고 EIA 결과에 따라 바람직한 방향으로 제안서를 수정
제안행위 초안확정 및 보고서 작성	제안자가 제안행위의 최종화된 초안에 대해 SEA 보고서를 작성하고 허가기관에 사업의 승인에 있어 적절히 활용하도록 제출	개발자가 제안사업의 초안에 대해 EIA 보고서를 작성하고 허가기관이 적절히 활용하도록 EIA 보고서를 제출
보고서 공표	SEA 보고서는 다른 환경기관과 주민에게 정보제공과 의견제시가 이루어질 수 있도록 작성	EIA 보고서를 정보제공 측면과 의견의 청취를 위하여 다른 환경기관과 주민에게 공포
의사결정을 위한 고려	허가기관은 제안된 행위에 대한 의사결정에 반영할 수 있도록 SEA 보고서와 자문결과를 포함하여 모든 적절한 정보를 고려	허가기관이 EIA와 자문결과를 포함하여 모든 적절한 정보를 제안된 사업에 대한 의사결정에 고려
모니터링 및 추가적 환경평가	필요에 따라 행위의 실행과 그것의 환경영향에 대한 모니터링 방법이 작성되고 계획과정의 후반단계에서 필수적으로 고려되어야 할 세부적 환경평가의 수행에 대한 준비	사업실행과 이에 따른 환경영향에 대한 모니터링 방법의 작성

자료: N. Lee and H. Walsh, 1992, SEA an Overview, Project appraisal, Vol. 7, No. 3: 318.

여부를 검토하는 것이다. 사후 관리를 통하여 복원이 필요한 부정적인 영향이 무엇인지를 확인할 수 있다. 또한 장래에 유사한 평가를 실시할 경우 영향 예측의 실증적 자료의 역할을 할 수 있어 환경영향평가의 경우와 마찬가지로 중요하게 인식하여야 한다.

3. 기대효과

전략환경평가는 부문별로 제한된 적용범위와 정책수준에서의 평가의 어려움 그리고 모니터링 프로그램의 부족 등으로 적절히 시행되지 못하고 있다. 그러나 전략환경평가에 대한 지속적인 연구와 논의의 거듭으로 어렵고 미비한 점이 점차 해결되어가고 있다. 만일, 환경영향평가가 정책, 계획, 프로그램 등 의사결정의 상위단계에서 적용되어진다면 환경영향평가가 지속가능한 개발을 달성하는 가장 유용한 수단으로 활용될 수 있다.

현재까지 SEA를 이용한 실제적인 경험은 미국, 호주, 뉴질랜드, 네덜란드, 세계은행과 같은 기관들을 포함하는 소수의 국가와 기관에 한정되어 있으나, 최근 영국 등에서는 지방정부개발계획 수립시 이와 같은 전략환경평가의 도입에 대해 특별한 관심이 모아지고 있다. 기대할 수 있는 효과는 다음과 같다.

첫째, 전략환경평가제도는 입지선정이나 사업의 취소 등과 같은 대안의 검토를 가능하게 함으로써 환경적 위험성이 상대적으로 적은 최적의 입지에 부지선정이 이루어질 수 있도록 한다.

둘째, 현행 환경영향평가의 문제점으로 제시되고 있는 누적영향, 간접영향, 복합영향 등에 대해 보다 합리적이며 용이하게 평가할 수 있으며, 이를 통해 장기적인 환경계획의 수립이 가능하다.

셋째, 정책, 계획 및 사업에 대해 의사결정단계에서 환경적 측면을 충분히 고려하여 주정부 혹은 지자체에서 계획하고 있는 환경관리 정책 목표와 일관성을 유지할 수 있으며, 지역의 특성을 고려한 정책수립이 가능하여 보다 효율적인 환경관리가 이루어질 수 있다.

제 4 절 환경영향평가제도의 한계와 발전방향

1. 환경영향평가제도의 한계

환경영향평가제도는 환경적·생태적 파괴에 대한 사전적 예방수단으로 현재까지 개발된 정책도구 중 가장 이상적이라는 데 이견은 없지만, 계속적인 보완과 발전을 필요로 하는 제도라는 점에서도 인식을 같이 하고 있다. 그 이유는 다음과 같은 한계를 지니고 있기 때문이다.

첫째, 정보의 부족 및 환경문제의 불확실성이다. 자연과정과 인간활동의 관계 속에서 발생하는 환경영향변수는 매우 다양하며 상호 유기적으로 연계되어 있어 복잡성을 띠고 있다. 더욱이, 이들 각각의 환경변수들은 상호 복합적으로 영향을 주고받으며, 시간의 변화에 따라 장·단기적으로 누적·상승적 영향을 미친다. 환경영향평가는 이러한 환경변수의 정보와 자료를 바탕으로 하여 가변적이고 미확정적인 미래 상황에 대한 예측·평가인 만큼 그 결과는 불확실할 수밖에 없다.

둘째, 환경가치의 객관화, 계량화가 어렵다는 점이다. 환경의 가치를 그대로 반영하는 시장이 존재하지 않기 때문에 환경의 가치를 평가하기 어렵다. 선진국에서는 환경의 가치를 계획사업의 비용측면에서 객관화시키려고 노력하고 있다. 따라서 환경영향평가과정에서 비용편익분석에 큰 관심을 보여왔다. 그렇지만, 환경의 가치기준이 여러 가지 요인과 여건에 따라 차이가 있을 수 있고 그 가치 또한 금액으로 계량화시키는 것은 어려움이 있다. 환경가치의 객관화와 계량화의 어려움 때문에 환경영향평가 과정에서의 신뢰성과 객관성은 경우에 따라서 직관적 추리와 전문지식에 의한 판단에 의존하게 된다.

셋째, 대상사업의 한정성이다. 환경에 영향을 주는 행위는 인간활동 전반에 걸쳐 나타난다. 이들 모두를 환경영향평가대상으로 삼아 환경영향을 조사·예측·평가하는 것은 불가능하다. 따라서 환경영향평가 대상 사업의 영역을 설정하는 것은 다소 문제의 소지가 있다. 일반적으로 환경에 별로 영향을 주지 않는 것으로 고려되는 행위를 열거하는 Negative System방식과 환경에 악영향을 주는 행위를 열거하는 Positive System방식을 채택하여 환경영향평가를 실시하지만 한계가 있다.

넷째, 개발과 보전의 적절한 판단기준의 부재이다. 환경영향평가가 추구하는 기본적인 이상은 개발과 보전의 조화에 있다. 그러나 환경영향의 변화정도에 대한 예측치에 다양한 변수가 산재되어 있기 때문에 환경질의 변화에 대한 가치를 객관적으로 비교하고 정량화하는 것은 쉽지 않다. 또한 개발정책의 시행으로 인하여 자연환경이 일단 파괴되면 다시 원상태로 회복하는 것이 어려울 뿐만 아니라 특수한 자연경관 및 생물종으로부터 얻을 수 있는 편익이 불확실하기 때문에 이러한 개발과 보전의 적절한 판단은 더욱 어렵다.

2. 환경영향평가제도의 발전방향

1) 누적영향평가제도

누적영향이란 장기간에 걸쳐 지역의 경계를 넘어 추가적 혹은 상호 관련적으로 환경체계에 변화가 축적되는 것을 말한다. 이러한 변화는 하나 혹은 여러 개의 사업, 유사한 혹은 서로 다른 종류의 사업들로부터 기인한다. 한 개의 개별사업이 환경에 미치는 영향은 공간적, 시간적 규모가 한정되어 있기 때문에 심각하지 않게 고려될 수 있다. 그러나 반복되는 여러 개의 사업들로 인한 환경영향은 장기간에 걸쳐, 지역의 경계를 넘어 축적될 것이며, 그 결과는 심각한 누적영향으로 나타나게 된다.

누적영향평가란 누적된 환경영향을 체계적으로 분석하고 평가하는 과정이다. 지역·국가규모의 계획과 관리정책의 발의시에는 이러한 문제를 조사할 필요가 있다. 이미 미국·캐나다와 같은 선진국가들의 환경정책은 사업수준에서의 잠재적인 누적영향을 평가하도록, 제안된 사업들에 대한 영향평가를 요구하고 있으며, 이러한 누적영향평가에 대한 평가방법과 지침을 마련해놓고 있다. 누적영향에 대한 평가와 분석의 국가적 요구는 환경적 변화의 개연성과 포괄성에 대한 국가의 광역적인 관점을 반영하는 것이다.

누적영향평가의 실행은 환경변화 원인에 있어서의 다양성, 축적되는 경로의 다양성, 시간적·공간적으로 서로 다양한 영향들을 고려해야 하는 필요성 때문에 복잡하다. 그러나, 일정지역에서의 장기간에 걸친 집중적인 개발이 이루어질 경우, 10년 혹은 50년 주기의 누적영향을 검토·분석하고 예측하기 위한 누적영향평가

기법의 도입과 제도의 확립은 필수적이라고 할 수 있다.

2) 건강영향평가제도

건강영향평가(Health Impact Assessment: HIA)는 "정책(policy), 계획(plan), 프로그램(program) 및 프로젝트(project)가 인체 건강에 미치는 영향과 그 분포를 파악하는 도구, 절차, 방법 또는 그 조합"으로 정의할 수 있다. 영국, 미국, 캐나다, EU, 호주 등 선진국에서는 사업 시행이 건강에 끼치는 긍정적 영향은 최대화하고 부정적 영향은 최소화하도록 의사결정권자에 정보를 제공하는 건강영향평가를 실시하고 있다. 또한 세계보건기구(WHO)에서는 동남아지역 국가 내에서 시행되는 댐 건설 등에 대한 사업을 대상으로 건강영향평가를 수행하도록 인적 · 재정적 지원을 하고 있다.

건강영향평가의 시행 방법은 나라마다 다른데 크게 세 가지 방법으로 나누어진다. 첫째, 법령에 의해 수행되는 경우, 둘째, 의사결정권자가 스스로 수행하는 경우, 셋째, 사업자 스스로 수행하는 경우이다. 이러한 방법들이 한 나라 내에서 공통적으로 사용되는 경우가 많다. 건강영향평가의 대상도 나라마다 차이가 있으

[그림 5-2]　**건강영향평가의 구성 요소**

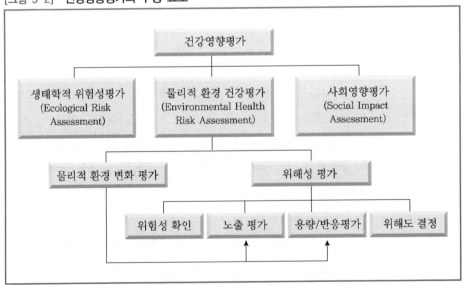

자료 : 이영수, 2010, 건강영향평가제도의 발전 방안, 환경포럼.

나 개별 개발사업과 정책이나 상위계획 등 모두를 대상으로 하는 경우가 많다.

우리나라는 대기오염, 수질오염, 소음·진동 영향이 건강에 미치는 영향 등 물리적 요인을 우선 평가하는 것으로 정하였다. 환경평가와 건강영향평가 자료의 효율적 연계, 다른 건강결정요인에 대한 평가방법의 어려움, 건강영향평가 결과의 파급효과 등을 고려한 것이다. 건강영향 추가·평가는 2010년 1월 1일부터 시행되었다.

참|고|문|헌

구연창, 1981, 환경보전법, 삼영사.

변병설, 2000, "환경영향평가상의 경관영향평가의 효율화방안," 환경정책연구, 한국환경정책·평가연구원, 제 3 권.

이영수, 2010, "건강영향평가제도의 발전 방안," 환경포럼, 제 4 권, 제15호.

환경부, 2000, 전략환경영향평가 기법개발 및 중점평가 도입방안에 관한 연구.

환경부, 2001, 환경영향평가의 객관성 확보를 위한 절차 개선 연구 - 주민참여제도를 중심으로.

Berry, Brian J. L. and Horton, Frank E., 1974, *Urban Environmental Management Planning for Pollution Control*, Englewood Cliffs, New Jersey : Prentice-Hall, Inc.

Cheremisinoff, P.E. Paul, N. and Morresi, Angelo., C. P. E., 1977, *Environmental Assessment and Impact Statement Handbook*, Ann Arbor; Science Publishers, Inc.

Clark, Michael., 1988, *The Role of Environmental Impact Assessmet in the Planning Process*, Oxford; Alexandrine Press.

Duerksen, C.J., 1983, *Environmental Regulation of Industrial Plant Siting*, Washington D.C. : The Conservation Foundation.

Fitzpatrick, Patricia A. Sinclair, John. and Mitchell, Bruce., 2008, "Environmental Impact Assessment Under the Mackenzie Valley Resource Management Act : Deliberative Democracy in Canada's North?," *Environmental management Volume 42, Number 1 1-18 0364-152X*, Springer-Verlag.

Lee, N. and Walsh, H., 1992, SEA an Overview, Project appraisal, Vol. 7, No. 3 : 318.

Munn, R.E., 1989, "Toward Sustainable Development : An Environmental Perspective," F. Archibugi and P. Nijkamp(eds), *Economy and Ecology : Towards Sustainable Development*, Dordrecht : Kluwer Academic Publishers.

Ortolano, Leonard., 1984, *Environmental Planning And Decision Making*, Standford University.

Soderstrom, Edward Jonathan., 1981, *Social Impact Assessment : Experimental Methods and Approaches*, New York : Praeger Publishers.

Tatsuoka, Maurice M., 1988, *Multivariate Analysis*, New York; Macmillan Publishing Co.

Venugopal, T. Giridharan, L. Jayaprakash, M. and Periakali P., 2008, "Environmental impact assessment and seasonal variation study of the groundwater in the vicinity of River Adyar, Chennai, India," *Environmental monitoring and assessment Volume 149, Numbers 1-4*, Springer Netherlands.

PART 06

환경정책 추진상의 제 문제

제15장 환경정책 실패와 환경규제 개혁

제16장 지방자치와 환경정책

제17장 환경분쟁과 환경조정

제18장 주민참여와 환경운동

chapter 15 환경정책 실패와 환경규제 개혁

제 1 절   환경정책 실패와 규제개혁

환경정책에 대한 비판은 환경문제를 해결하기 위한 정책의 도입이 본격화된 70년대 중반 이래로 경제학자를 중심으로 꾸준히 제기되었다. 경제학자들이 제기한 환경정책 비판은 명령과 통제 위주로 되어 있는 초기 환경정책의 비효율성에 대한 것이었다. 즉 초기 환경입법에서 주로 채택된 각종 기술기준이 기업이 취할수 있는 기술적 대안의 선택범위를 지나치게 제약하여 최적기술 대안의 선택을막고 있다는 것이다. 그러므로 부과금, 배출권 거래제도 등 경제적인 유인장치를활용하여 효율적인 환경관리를 하여야 한다는 것이다.[1] 뿐만 아니라 행정편의를위한 각종 절차나 규정이 과도한 집행비용을 초래하므로 이에 대한 개혁이 필요하다는 것이다.

이와 연결된 다른 주장은 현행 환경규제가 과도하여 사회적인 손실이 크다는것이다. 환경규제의 수단이 비효율적인 기술규제에 의존한 것도 문제지만 환경질목표치가 과도하거나 기업에 대한 배출허용기준이 그 편익에 비해서 과도하다는것이다. 이러한 논리에 의해서 1981년 초 레이건 미국 대통령은 연방정부가 도입하는 모든 사회규제기준에 대해서 비용-편익 분석을 의무화한 바가 있다. 이어

---

1) 경제학자들은 명령과 통제에 의한 현행 환경기준을 배출부과금 등 경제적인 유인장치로 바꾸면 50-80%의 비용절감효과를 볼 수 있다고 주장한다(Alan J. Krupnick, 1995, "The Regulatory Reform Act of 1995," Testimony delivered to the U.S. Senate Committee on Governmental Affairs, March, 8, 1995).

클린턴 대통령도 유사한 정책을 도입하였다. 여전히 일부 경제학자들은 정부의 많은 규제가 편익보다 비용을 더 많이 초래한다고 주장하고 있다.[2]

이러한 배경으로 규제완화 또는 규제개혁이 1980년대 이후 선진국의 보편적인 화두가 되었다. 각국은 신보수주의 물결과 함께 각종 규제완화 정책을 도입하였다. 이러한 물결에 있어서 환경정책도 예외는 아니어서 미국·영국·네덜란드 등 주요 국가들은 환경규제의 개혁에 적극적으로 나서고 있다. 비록 국가에 따라 접근방식과 강조점이 다르긴 하나, 모든 국가들이 지나친 환경규제 때문에 자국산업의 경쟁력이 약해져서는 안 된다는 우려를 공통적으로 지니고 있다.

정부가 시장에 개입하는 방법은 민간부분의 행위를 규제하거나 정부가 직접 재화나 용역을 생산하여 국민에게 제공하는 두 가지이다. 전자는 경제규제와 사회규제로 나누어지는 정부규제이고, 후자는 관료제와 공기업을 통한 정부서비스 제공을 지칭한다. 그러므로 정부실패 논리에서 전자는 규제완화 또는 규제개혁의

수질개선 정책의 실패 사례

오염원에 대한 감시감독의 강화는 수질개선 효과를 높이는 중요한 수단이다. 그러나 규제집행이 이원화되어 있는 상황에서 지방자치단체가 규제집행을 소홀히 할 경우 정책효과는 불확실해질 수밖에 없다.

지방자치단체가 오염물질 배출행위를 철저히 감시감독하지 않는 상황에서 중앙정부가 아무리 많은 예산을 투자하고 규제를 강화한다고 해도 그 효과는 상쇄될 수밖에 없다. '93-98년까지 정부가 「맑은물 공급 종합대책」과 「물관리 종합대책」에 의해 수질개선을 위해 환경기초시설에 투자한 돈만도 10조 1,813억 원에 이르고 있으나 수질이 크게 개선되지 않고 있는 것도 한 예이다.

그러므로 규제집행에 대한 대리인의 노력을 감시하고 평가함으로써 성과에 상응하는 다양한 인센티브를 도입하여야 정책실패를 줄일 수 있다고 한다.

자료 : 고재경, 2001, "수자원 관리정책의 정부실패에 관한 연구 : 주인-대리인 모형을 중심으로," 서울대학교 환경대학원 박사학위 논문.

---

2) 참고로 1981년부터 1996년 중반까지 미국 연방정부 규제에 대해 규제기관이 제출한 비용·편익분석을 평가한 바에 의하면 동 기간 동안 정부규제의 순편익은 1조 6천억이라고 한다. 그러나 절반이 넘는 정부규제가 비용·편익기준을 통과하지 못하고 있으며 특히 환경보호처의 발암물질에 대한 규제가 매우 비효율적이라고 한다(Robert W. Hahn, 1999, "Regulatory Reform : Assessing the Government's Numbers," AEI-Brookings Joint Center for Regulatory Studies Working Paper 99-6, July, 1999.

논리로, 후자는 행정개혁과 민영화의 논리로 귀착된다. 환경정책과 관련하여 특히 강조되는 것은 환경규제로서 규제실패는 다양한 분야에서 발생할 수 있으며 규제개혁의 정당성과 필요성을 강조하기 위해서 특별히 "규제의 실패(Regulatory failure)"라고 부르기도 한다.3)

제 2 절 정부 및 정책 실패 이론

1. 개   관

후생경제학에서는 시장의 실패를 환경문제의 발생 원인으로 보고 이를 치유하기 위해서는 다음의 세 가지 가정에 근거해서 정부의 개입이 필요하다고 보고 있다.4)

첫째, 정부가 시장의 실패 정도를 정확히 계산할 수 있다는 가정이다. 이에 따라 정부가 시장의 실패에 따른 부과금의 부과, 명령과 통제의 정도를 정확하게 산정할 수 있을 것으로 본다. 둘째, 정부가 시장에 효율적으로 개입할 수 있다는 가정이다. 즉 정부의 능력은 믿을 만하다는 것으로 정부의 관료조직이 효율적으로 작동할 것이라는 믿음이기도 하다. 셋째, 정부가 공익을 위해서 최선을 다할 것이라는 가정이다. 정부조직의 구성원이 공익의 보호자로서 선의의 자비로운 계획가처럼 이타적으로 행동할 것이므로 신뢰해도 된다는 것이다.

그러나 정부실패에 대한 논의는 이러한 가정들이 비현실적이며 시장의 불완전성이 그 자체만으로는 정부개입의 정당성과 필요성을 보장해 줄 수 없다는 점에 초점을 둔다. 즉 시장기구가 불완전한 것과 마찬가지로 정부의 정책과정도 정책의 수립에서부터 집행 그리고 평가에 이르기까지 불완전하여 환경오염과 파괴에 대해 적절히 대응하지 못하고 환경재의 비효율적인 이용을 초래하는 수도 있다는 것이다. 시장기구가 불완전한 만큼 정부로 대표되는 공공부분도 불완전하다. 정책

---

3) OECD, Reforming Environmental Regulation in OECD Countries, 1997.
4) 고재경, 2001, "환경정책에 대한 정부의 실패연구 : 수질개선 정책을 중심으로," 서울대학교 환경대학원 환경계획학과 박사학위 논문.

을 수립하는 정책과정도 결함이 많으며 수립된 정책을 집행하는 행정체계도 불완전하다. 현실세계에서 모든 재화의 생산과 배분을 시장에 맡겼을 경우 시장의 실패가 있는 것처럼 "정부의 실패 또는 정책의 실패(policy or government failure)"의 가능성 때문에 정부에 전적인 신뢰를 줄 수 없는 것도 사실이다.

시장의 자원배분에 대한 정부개입을 비판하는 이론은 크게 신제도주의이론과 공공선택이론으로 대별해 볼 수 있다.5)

2. 신제도주의

신제도주의 경제학에서는 불완전정보, 비싼 거래비용, 제한된 합리성, 불완전한 계약 등에 대한 가정이 보다 현실적이라는 점을 강조한다. 우선 정부가 시장개입을 효율적으로 하려면 환경문제에 따른 사적비용과 편익, 그리고 사회적 비용과 편익의 차이를 정확히 계산할 수 있어야 한다. 만일 정부의 정보가 불확실하다면 환경오염 행위자들은 자신의 선호나 행동을 자신에게 유리하게 전략적으로 표출하게 마련이다.

이를 피하기 위해 정부가 제도를 설계하려 한다면 막대한 거래비용이 필요할 것이다.6) 거래비용(Transaction Costs)이란 계약과 관련해 사회가 지불하여야 할 비용을 총칭한다. 구체적으로 협상비용, 규제행정비용, 협약체결비용, 계약이행비용 그리고 이러한 제도를 형성·유지·변화·선택하는 것과 관련된 비용을 말한다. 이러한 거래비용은 정보비용, 계약비용, 집행비용 등으로 구분되기도 한다. 그러므로 거래비용의 존재를 고려하면 시장의 실패에 대한 정부의 개입은 필연이 아니고 하나의 대안에 불과하다.

---

5) Hacket은 공급 측면의 이론과 수요 측면의 이론으로 나누고 있다.
6) 거래비용에 대한 논의는 정부의 조세부과를 통한 환경오염문제 해결을 주장한 피구의 논리를 비판하기 위한 코오즈(Cause)의 주장에서 제기되었다. 코오즈는 환경오염 등 외부효과는 재산권이 분명히 설정되지 않기 때문에 발생한다고 보면서 재산권만 명확하게 설정하면 경제주체의 자발적인 조정에 의해 자원이 합리적으로 배분될 것이라는 것이다. (Roland Cause, A Theory of Social Costs, 1937)

3. 공공선택론

공공선택이론(Public Choice Theory)은 정치과정의 결함을 드러내어 시장의 상대적인 장점과 비교우위를 강조한다. 공공선택론자들은 정치가나 관료들도 시장에서의 개인이나 기업과 같이 개인적인 이익이나 경력을 위해 행동하는 합리적인 경제인으로 가정하는 것이 현실적이라고 말한다. 그런데 현재의 정치과정에서는 개인적인 선호를 사회적인 수요로 전환하여 합리적인 공공선택을 가능하게 하는 의사결정 규칙이 없다. 특히 투표규칙이 전략적인 행동과 조직에 취약하기 때문에 공공재에 대한 집합적인 수요가 특정 개인이나 집단의 선호에 의해 좌우될 수 있다.

따라서 정부의 시장개입, 즉 정책의 공급이 시장의 실패라는 공익적인 요구보다는 특수이익집단의 정책요구에 의해 좌우되는 경향이 있다. 뿐만 아니라 정책집행과정에서도 규제를 담당하는 관료조직이 피규제자에 의해 로비, 경력관리, 뇌물 등에 의해 포획되어 정책효과를 보다 불확실하게 할 수 있다.

제 3 절 환경규제 실패론에 대한 비판적 고찰

환경문제의 본질적인 불확실성 때문에 환경규제정책은 수립과정에서부터 어려움을 지닌다. 규범적인 기준을 따른다고 해도 환경정책을 필요로 하는 구체적인 정책내용의 설계에는 커다란 어려움이 있는데 정부의 실패를 논하는 이해집단의 관점에서 보아도 환경정책은 다소 특이성을 지닌다. 우선 공공선택론의 논지에 따라 환경정책을 정책의 수요와 공급의 측면에서 살펴보도록 하자.

1. 환경정책의 수요 측면

환경정책을 수요 측면에서 보면 쾌적한 환경정책을 원하는 수요자로서의 국민과 환경정책의 도입과 강화를 거부하는 역수요자로서의 기업이 있을 수 있다.

1) 국민과 미래세대

쾌적한 환경의 수요자는 보편적으로 일반국민이다. 보다 구체적으로 환경정책의 수요자는 일반국민, 특히 역사적으로 볼 때 환경오염 피해자와 미래 세대이다. 이들 정책수요자가 공공재적인 성격의 환경재에 대한 선호를 정책과정에 투입하려는 요구는 낮게 마련이다. 개별 국민은 강한 무임승차(free-riders)의 욕구를 지니게 되기 때문이다. 뿐만 아니라 정치과정에 참여하는 데에는 적지 않은 비용이 소요되므로 환경오염 피해의 정도가 매우 크지 않는 한 정책에 대한 요구를 구체적으로 표현하려는 동기가 약하게 마련이다. 미래 세대는 그들의 정책수요를 표현할 방법이 없다. 작금에는 환경보전에 대한 욕구가 강한 사람들이 환경단체를 결성하여 정책수요를 다양한 방법으로 정치과정에 투입하고는 있다.

2) 기   업

전통적으로 환경오염을 초래하거나 자연을 훼손하는 주체는 산업활동과 개발행위를 하는 기업이다. 기업은 생산활동에 의해 발생하는 외부비용을 내재화하지 않음으로써 생산비를 절감하고 이에 따라 타 기업과의 경쟁에서 상대적인 우위를 점하고 이윤을 증대시킬 수 있다. 물론 최근에는 쓰레기 배출, 자동차 배기가스, 도시하수 등 국민 개개인의 소비행위가 환경오염의 주요 원인이 되고 있는 것은 사실이다.

그러나 국민경제에 있어서 생산활동의 주체인 기업이 환경오염과 파괴의 주체인 것은 부정할 수 없으며 이들은 개별적으로 또는 산업협회 등을 결성하여 집단적으로 환경규제정책의 도입을 가급적이면 피하려고 한다. 자유 시장경제체제를 택한 국가이거나 사회주의체제를 택한 국가이거나를 막론하고 환경오염이 극심한 상태에 이르러서야 환경정책이 도입되는 것은 이 같은 생산주체의 저항 때문이다.

2. 환경정책의 공급 측면

환경정책의 주요한 공급자는 정치인과 관료이다. 이들의 행태는 정책 수립과정과 집행과정으로 나누어 살펴볼 수 있다.

1) 정책수립 과정

민주주의가 발달한 나라일수록 정치인의 역할이 크다. 정치인은 쾌적한 환경의 수요자인 일반국민의 이익을 대변할 수도 있고 기업의 이익을 대변할 수도 있다.

일반국민의 환경의식이 낮은 경우 정치가들의 선택은 단순하다. 대부분의 정치인들이 정치자금을 제공하고 막강한 영향력을 지닌 기업의 이익을 대변하는 정책을 택할 수밖에 없다. 그러나 국민의 환경의식이 다소 높아졌을 때 정치인들은 투표수와 정치자금의 두 가지 선택지 사이에서 고민하기 마련이다. 보편적으로 정치인들의 행동은 각 국가의 정치체제의 특성에 따라 달리 나타날 것이다.

핵심은 자신이 대표하는 지역과 집단의 선호가 투표과정에서 어떻게 표출되느냐일 것이다. 예를 들어 지역대표제 중심의 정치체제 하에서는 환경이익도 철저하게 지역의 이익을 토대로 표출될 것이다. 즉 경제적 이득에 비해 환경피해가 심한 지역을 대표하는 정치인일수록 친환경적인 성향을 보일 것이고 환경보전의 이득이 타 지역에 많이 전가되고 기업의 영향력이 큰 지역을 대표할수록 환경문제에 적은 관심을 보일 것이다. 비례대표제 중심의 정치체제 하에서는 지역이해보다는 폭넓은 환경이해를 대변하는 정치인이 출현될 가능성이 있다.

국가의 정치문화에 따라 관료조직이 환경정책의 주요 공급자가 되는 경우도 있다. 민주주의가 발달할수록 관료조직은 정치과정에 통제되는 경향이 높기 때문에 관료조직이 자발적으로 환경정책을 도입하는 데 주도적인 역할을 하기는 힘들다. 오히려 민주주의가 덜 발달한 나라에서 행정수반의 미래지향적인 비전과 결단으로 환경정책이 도입되고 운영된 경우가 간혹 있다.

2) 정책집행 과정

환경정책은 관료조직에 의해 집행되기 마련이다. 그러므로 관료제의 내부구조를 살펴봄으로써 환경규제정책의 특성을 일부 파악할 수 있다.

우선 검토해 볼 것은 현대의 거대한 행정조직의 특성이다. 환경정책이 수립되는 과정에서와 마찬가지로 환경정책 수행을 위한 행정조직의 정비에도 규범적인 기준인 환경오염의 심화보다는 국민 여론의 성숙이 더 주요한 전제조건이 된다.

개발과 안정이 국가의 핵심목표가 되어 있는 현대사회에서 개발 즉 환경파괴로 이득을 누리는 집단의 이해는 폐쇄적이고 경직된 관료조직에 쉽게 투영되었다. 하지만 환경보전이라는 의제가 적시에 침투하는 것은 용이하지 못했다. 이에 따라 1970년대 초에 이르러서야 비로소 주요 선진국가에서 환경정책의 수행을 위한 행정조직이 정비되었다.

환경행정조직의 정비는 관료조직 내부에 새로운 정책 경쟁관계가 형성됨을 의미한다. 정부의 행정조직에는 경제 및 산업개발을 주요 업무로 하는 관료조직이 있는 반면 환경정책을 수립하고 집행하는 조직이 있다. 환경정책의 특성상 정책의 집행에 있어서도 정책수립 시와 마찬가지로 개발관료와 환경관료간의 정책경쟁이 불가피하다. 그리하여 관료간의 예산획득을 위한 경쟁으로 인해 상대적으로 관료조직의 정치적 기반이나 능력이 큰 부서가 담당하는 공공재가 사회에서 필요한 적정수준보다 많이 생산되는 경향이 있다. 그 결과 개발이라는 공공재는 과잉생산되고, 환경보전이라는 공공재는 과소생산되는 경향을 보여 왔다.7)

관료조직의 목표에 대해 정부실패론에서는 관료조직에 종사하는 사람들도 합리적인 경제인으로 공익보다는 자신의 재량권의 극대화, 예산의 극대화, 부서의 유지 및 확장8) 등을 추구하기 마련이라고 본다. 민간기업과 달리 기술혁신, 새로운 관리기업의 개발 등으로 효율성을 향상시켜서 예산을 절감한다고 해도 조직은 차기 예산이나 인력을 삭감당할 가능성이 높다. 뿐만 아니라 정부부문은 민간부문과 달리 공공재가 비효율적으로 생산된다고 해서 생산자를 바꿀 수 없다. 따라서 공공관료에게는 효율성 향상에 대한 내적 및 외적 동기가 매우 약하다고 본다. 이러한 평가에 대해 환경조직도 예외일 수는 없을 것이다.

규제기관의 피규제자에 대한 포획가능성과 환경정책간의 관계도 논란거리이다. 포획이론에서 규제는 규제를 받는 기업의 이익을 위해서 이루어진다고 본다. 규제

---

7) 물론 환경정책은 규제행정이 주이기 때문에 중앙환경행정부서는 기업 등에 독자적인 규제기준을 여타 행정부서와 독립적으로 제정하여 시행할 수 있다. 그러나 항상 산업활동에 대한 영향 등을 빌미로 한 경제 및 개발부서의 저항에 직면할 수밖에 없다.

8) 환경파괴의 많은 부분이 조직의 사회적 기능을 다한 개발관련 조직이 조직의 유지를 위해 계속적으로 사업을 추진하는 과정에서 이루어지는 경우가 많다. 예를 들어 수자원이나 에너지원을 개발하기 위해 개발연대 초기에 설립된 기관이 경제성 있는 개발가능지를 다 개발하였을지라도 경제성이 낮은 개발지를 무리하게 개발하면서 환경파괴를 하는 경우이다.

비용은 동질적인 소수집단에 집중되는 반면 편익은 불특정 다수에게 분산되기 때문에 자금과 조직력을 동원한 기업이 규제가 자신에게 유리하도록 영향력을 행사한다는 것이다. 주로 경쟁적 규제에서 많이 발견되는 현상이지만 환경규제와 같은 사회적 규제에서도 관찰될 수 있을 것이다. 환경규제기관이 피규제자에 포획될 수 있다는 것은 환경규제가 사회적인 적정수준보다 낮을 수 있다는 점을 시사한다.

3. 환경정보

환경문제에 대한 문제 제기와 정책의 수립에 있어서 중요한 역할을 하는 것은 정보이다. 환경문제가 지니는 본질적인 불확실성은 환경정책의 필요성에 대한 인식 그리고 정책의 수립에 막대한 영향을 줄 수 있다. 시장기구의 역할이 극히 제약되어 있는 환경재의 이용에 대한 정보의 생산과 유통에 있어서는 상대적으로 정책의 수요자가 불리하다. 환경정보는 크게 환경오염 통제에 관한 정보와 환경오염 피해에 대한 정보로 나누어볼 수 있다.

그런데 정치경제적 약자나 미래세대 그리고 동식물의 이해를 대변할 수 있는 환경피해 비용은 오염통제 비용 또는 개발이익보다 계측이 어려우며 다소 공공재의 성격을 보이기 마련이어서 시장에서 생산되고 유통되기가 어렵다. 즉 환경재가 시장기구에 유통되지 않는 공공재적인 성격을 보일 뿐만 아니라 환경정보의 생산에 고도의 과학성과 전문성이 필요하기 때문에 환경피해에 관한 정보는 과소공급되기 마련이다.

정치인의 정책활동과 관료의 정책집행을 감시하기 위해서도 정책성과에 대한 정확한 평가가 필요하다. 국민은 정치인과 관료를 감시해야 하고 정치인은 관료를 감시하여야 하는데 이러한 감시가 효과적으로 수행되기 위해서는 정부산출량이나 서비스에 대한 정확한 계량화가 필요하다. 보편적으로 정부산출물은 비시장적이기 때문에 최종산출물의 생산량이나 가치를 정확하게 측정하기 어려운 경우가 많다. 정부산출물의 경우 투입물과 최종산출물과의 기술적인 관계가 불확실하고 애매하다. 정부가 제공하는 서비스 역시 수치화가 어렵고 가격을 매기기가 매우 힘들다.

정책성과의 계량화라는 측면에서 볼 때 환경정책은 더욱 어려움이 크다. 우선 정책목표의 다양성과 상호 충돌성이 높아 정책목표의 계량화가 어렵다. 다른 정부

산출물과 마찬가지로 시장이 존재하지 않으므로 산출물에 대한 가격이 없다. 공공재로서 수요의 계측이 불가능하기 때문이다. 환경정책은 경쟁관계에 있는 개발정책에 비해서 여러 가지 불리한 점이 있다. 우선 정책의 성과가 장기에 걸쳐 지속적으로 나타난다는 점이다. 정책효과에 비가측적인 요소가 많이 포함되어 있다는 점도 불리한 점이다. 따라서 개발성과는 과대평가되고 환경보전의 성과는 과소평가될 가능성이 높다.

제 4 절 환경규제 정치에 대한 비평

현대의 환경정책은 압도적으로 직접적인 규제, 즉 명령과 통제 위주로 되어있다. 경제학자들은 이러한 접근의 비효율성을 강도 높게 비판하고 있다. 우선 직접규제는 기업의 자율적인 환경오염통제 대안의 선택가능성을 봉쇄하여 자원낭비를 초래한다고 이들은 비판한다. 하지만 정책의 집행비용을 고려할 때에는 정책수단에 대한 평가가 다소 달라질 수 있다. 직접규제를 위한 기술정보의 수집도 어렵지만 경제적 수단을 위한 오염통제비용과 오염피해비용 관련 자료의 구입도 용이한 것은 아니다. 기업의 환경규제 준수여부를 감시하는 데에는 경제적 수단이 더욱 문제가 있을 수 있다.9) 뿐만 아니라 행정부패가 심하고10) 만성적인 인플레를 겪고 있는 나라에서는 경제적 수단이 직접규제보다 효과가 낮을 수 있다.

지방분권화를 택하고 있는 국가에서는 환경정책이 중앙정부와 지방정부간의 다층적인 집행구조를 형성하게 된다. 중앙정부에서 수립된 정책이나 프로그램이 지방정부를 통해서 수행되기 마련인데 중앙과 지방간의 권한배분구조에 의해 그 영향은 달라질 것이다. 이에 더하여 모든 지역이 동질적일 수는 없을 것이므로

---

9) 현재는 각종 전자장비가 발달하여 기업의 오염배출량을 쉽게 측정하여 관리할 수 있지만 환경정책 도입 초기에는 기업의 오염배출량관리가 매우 어려운 과제였다.
10) 어느 나라이든 행정부패가 심한 곳이 직접 돈이 오가야 되는 세무행정이다. 직접규제에 의한 시설의 설치와 운영여부에 대한 감시보다는 배출량을 측정 조사하여 부과금을 부과하거나 보조금을 지급하는 경우가 행정비리의 발생을 용이하게 할 수 있다. 피규제자가 얻을 수 있는 불법행위의 이득이 분명하게 계산될 수 있기 때문이다. 물론 경제적 수단이 기업에 제공하는 최소비용수단의 선택가능성이 법규위반의 유인을 다소 경감시켜줄 가능성은 있다.

지역의 경제사회적인 상황에 의해 영향을 받게 된다. 즉 지역주민의 환경의식의 강도에 따라 정책집행의 강도가 결정되게 마련이다.

이러한 이유로 정부실패론자들이 주장하는 것처럼 환경정책의 수립과정에서 환경정책이 정책수요자의 요구에 의해 도입되었다는 주장은 액면 그대로 수용하기 어렵다.[11] 문제는 환경오염과 자연파괴가 보편화되어 국민의 환경정책에 대한 지지도가 매우 높은 경우이다. 이 경우 대중 정치인들은 소수의 기업을 비난하면서 다수국민의 지지를 얻을 수 있어 환경정책의 도입에 적극적일 수가 있다. 이러한 현상은 서구의 민주국가들이 1960년대 말부터 1970년대 초에 걸쳐 경험하였던 것이다. 그러나 이 경우에도 선거공영제도가 보장되고 비례대표가 인정되어 기업의 정치적 영향력이 비교적 약한 국가에서 성공적이었다.

그런데 민주주의 국가에서의 정책은 정치집단간의 타협으로 나타나 많은 집단의 이해를 수용하여야 하기 때문에 정책목표가 다소 애매하게 나타나는 경우가 많다. 특히 환경정책은 다수 국민을 향한 강한 수사(strong rhetoric)를 구사하면서도 산업계의 막강한 로비를 수용해야 하는 특성을 지닌다. 즉 정책목표는 매우 강하나 추상적이며 그 실현수단, 즉 집행대안은 취약하여 불이행에 대한 처벌이 약한 경우가 많다. 1970년대 초 미국 등 서구의 각 국가가 환경정책을 도입하면서 환경기준을 높게 책정하고 이에 따른 배출기준도 강화하였지만 이의 불이행에 대한 제재는 강하지 않았던 것이 그 예이다.

🔍 참|고|문|헌

고재경, 2001, "수자원 관리정책의 정부실패에 관한 연구 : 주인-대리인 모형을 중심으로," 서울대학교 환경대학원 박사학위 논문.

---

11) Roger G. Noll, 1999, "The Economics and Politics of the Slowdown in Regulatory Reform, Washington D.C. : AEI-Brookings Joint Center for Regulatory Studies.

곽대종, 1999, "환경부 규제개혁 평가," 한국경제연구원, 규제연구.

규제개혁위원회, 2001 · 2000, 규제개혁백서.

김태윤, 1999, 규제대안 개발연구, 한국행정연구원.

대외경제정책연구원, 2000, 선진국의 주요 환경조치 현황과 무역효과에 관한 연구.

대한 · 서울상공회의소, 2000, 환경법규 합리화를 위한 정책건의.

문태훈 외, 2000, 21세기 환경규제 합리화 방안 연구 : 규제의 품질향상 방안을 중심으로, 환경부 기획관리실.

이병국 외, 2000, 국제환경규제 동향 및 환경규제가 기업경쟁력에 미치는 영향분석, 전경연 규제개혁팀, 부기능과 중복규제 : 실태와 개선사례.

전재경, 1999, 환경규제개혁의 평가와 방향, 한국법제연구원.

정회성, 2002, "환경정책에 대한 지속가능성 체계접근법과 구성요소," 국토계획, 제37권, 제 4 호(통권121호), pp. 7-27.

정회성, 2002, 지속가능한 사회를 향한 환경규제정책의 발전 방향, 한국환경정책평가연 구원.

하병기, 1999, 규제개혁의 거시경제적 효과분석, 산업연구원.

환경부, 1999, 환경규제개혁 : 환경규제 이렇게 달라졌습니다.

환경부, 2000, 21세기 국민환경의식조사.

EU, European Communities, 1997, "Indicators of Sustainable Development-A Pilot Study Following the Methodology of the United Nations Commission on Sustainable Development," Luxembourg.

Green Ministers Committee, 2000, *Increasing Sustainable Development Awareness across Government : Preparing Strategies for Action*, England.

Hahn, Robert W. and Hird, J. A., 1991, "The Costs and Benefits of Regulation : Review and Synthesis," *Yale Journal on Regulation* Vol 8(1).

Hahn, Robert W., 1999, "Regulatory Reform : Assessing the Government's Numbers," *AEI-Brookings Joint Center for Regulatory Studies,* Working Paper pp. 99-6.

Krupnick, Alan J., 1995, "The Regulatory Reform Act of 1995," *Remarks delivered to the U.S. Senate Committee on Governmental Affairs.*

Noll, Roger G., 1999, "The Economics and Politics of the Slowdown in Regulatory Reform, Washington D.C. : *AEI-Brookings Joint Center for Regulatory Studies.*

OECD, 1996, *Overview of Regulatory Impact Analysis in OECD Countries*, Paris : OECD.

OECD, 1997, *Reforming Environmental Regulation in OECD Countries*, Paris : OECD.

OECD, 2000, *Reducing the Risk of Policy Failure : Challenges for Regulatory Compliance*, Paris : OECD.

Portney, Paul R. and Robert N. Stavins., 2000, *Public Policy for Environmental Protection*.

Thaddeus(ed.), 1995, *A Sustainable World Defining and Measuring Sustainable Development*, California : Center for the Environment and Public Policy.U.S. EPA, 1996, *Re-inventing Environmental Regulation*, Washington D.C. : EPA

U.S. EPA, 2001, *The United States Experience with Economic Incentives for Protecting the Environment*, Washington D.C. : U.S. EPA.

지방자치와 환경정책

제1절 지방자치와 환경정책

환경문제가 가진 또 다른 특성 중 하나는 이 문제가 본질적으로 지닌 공간성 (spatial dimension)이다.

대부분의 환경오염현상은 일정한 공간을 중심으로 발생한다. 대기오염현상은 보편적으로 하나의 공장이나 공업단지 또는 도시를 중심으로 일어나며, 수질오염은 공장이나 도시가 입지한 수계를 중심으로 발생한다. 물론 지금의 환경오염현상이 경제성장과 도시화에 따른 오염원의 대규모화와 공간적 확산에 의해 광역화되는 경향이 있지만, 환경오염현상은 항상 특정지역을 중심으로 발생하며 또 피해정도는 그 지역의 자연적 조건과 매우 밀접하게 관련되어 있다.

환경오염문제가 지니는 본질적인 입지고정적(location-specific) 특성은 환경문제에 대한 정책적 접근에 있어 매우 중요한 두 개의 시사점을 제시한다. 우선, 환경오염현상에 대한 접근에는 항상 당해 지역의 지리학적인 특수성이 잘 고려되어야 한다.[1] 뿐만 아니라 환경의 질에 대한 주민의 욕구도 주민의 인구사회학적인 구

---

[1] 예를 들어 대기오염의 경우에는 풍속, 풍향, 지형, 대기온도, 혼합고 등이, 수질오염의 경우에는 수량, 유속, 수온 등이 오염현상의 주요 결정변수가 된다. 대기오염사고로 유명한 런던은 높은 습도와 안개가, 로스엔젤레스는 계곡이 깊은 분지라서 대기오염물질의 확산이 어렵다는 자연적 특성이 있다. 오염에 따른 피해의 정도는 당해 지역의 인구밀도 또는 산업밀도, 동식물 등 자연자원의 분포에 따라 달라진다. 즉 같은 양, 같은 종류의 오염물질이 배출되더라도 배출되는 장소에 따라 인체 또는 생태계에 미치는 영향이 크게 달라진다.

성에 따라 달리 나타난다. 환경문제의 이 같은 특성은 환경오염의 관리에 있어 개별 지역의 특수성이 충분히 고려되어야 하며 환경오염문제의 해결에 지방분권적인 접근이 필요함을 시사한다.

두 번째로, 환경오염은 행정구역의 경계를 존중하지 않는다. 이러한 환경오염의 공간성은 환경서비스의 공급에 따른 비용부담과 편익수혜의 범위를 달라지게 하여 많은 경우 기존 행정구역의 경계와 불일치를 초래한다.2) 그런데 작금의 환경오염현상은 환경파괴의 광역화로 특징지어진다. 특히 환경오염문제가 기존의 행정구역범위를 벗어나서 환경재의 이용과 관련된 이득과 손실이 동일지역에 발생하지 않는 현상이 보다 빈번해지고 있다. 이는 '지역이기주의' 논쟁을 불러일으키며 상위행정단체의 개입을 초래하곤 한다. 이 같은 환경파괴 범위의 공간적 확산은 환경관리에 있어 광역적 관리에 대한 요구를 수반하며,3) 환경관리의 중앙집권화의 논리적 배경을 제공한다.

환경문제의 원인과 특성은 지방자치와 관련하여 다양한 함의를 가진다. 우선 환경재의 특성, 즉 환경재가 지니는 양면성—기초수요재로서의 성격과 사치재로서의 성격—은 지방자치와 관련해서도 특별한 의미를 지닌다. 환경질을 기초수요재로 파악한다면 모든 국민에게 생존을 위해 필요로 하는 일정수준 이상의 환경질을 공급한다는 차원에서 중앙정부의 역할이 보다 강조되어야 한다. 이것은 형평성의 관점에서도 정당화되고 또 효율성의 측면에서도 지지를 받을 수 있을 것이다. 그런데 환경문제를 우월재라는 시각에서 바라본다면 주민의 선택 폭을 넓혀 준다는 점에서 지방자치단체의 역할이 강조되어야 한다. 즉 지방자치단체에 의해 주민의 선호도가 적절히 반영된 환경재가 공급되는 것이 바람직하다는 것이다.

제 2 절   지방분권화의 환경정책상 영향

지역적인 성격과 범세계적인 성격을 동시에 지니고 있는 환경정책에 대해서는

---

2) 학자들은 환경재 이용에 따른 외부성의 공간적인 의미를 강조하기 위하여 근린효과 (neighborhood effects)나 누출효과(spillover effects)란 표현을 쓰기도 한다.

3) 김선기, "환경문제의 외부성과 광역적 대응 : 상수원 수질보전을 중심으로," 「지방행정연구」, 제 7 권 제 1 호, 1992년 2월 : 13-26면.

중앙집권화와 지방분권화 두 쪽 주장 모두 설득력을 지닌다. 본 절에서는 지방자치가 환경정책에 초래할 영향에 대해 분석해 보도록 한다.

1. 지방분권화의 환경정책상 의의

1) 환경관련정보의 공개

지방자치는 환경정보의 공개로 인한 연구개발의 촉진이라는 측면에서 환경보전에 이바지할 것이다. 지방자치는 중앙정부의 비밀행정주의의 폐해를 다소나마 줄여 줄 것으로 기대된다. 환경오염문제는 그 인과관계가 매우 복잡하여 많은 경우 중지를 모아야 해결책을 찾을 수 있다. 그런데 관료조직은 개발사업과 환경관련 정보를 일반대중은 물론 전문가에게도 공개하길 주저하고 있다. 그리하여 개발행위에 따른 환경파괴를 잘못 예측하거나 그 정도를 과소평가하여 많은 문제를 야기하고 있다. 지방자치는 중앙정부에 의한 환경정보의 독점을 다소 완화할 수 있어 환경보전대책에 대한 연구를 보다 활발하게 하여 줄 것이다.

2) 환경행정능률의 증진

지방자치는 정부 간 역할분담으로 환경행정의 효율을 증진시킬 수도 있다. 지방자치의 활성화는 궁극적으로 정책의 형성과 수립은 중앙정부가, 수립된 정책의 집행은 지방자치단체가 담당하는 정부 간 분업의 형태로 발달할 것이다. 이 같은 중앙과 지방 간 정책기능의 분담은 환경행정의 관점에서 통솔범위의 원칙을 활용할 수 있다는 장점이 있다. 환경정책의 집행업무는 주민과 시·공간적으로 밀접하게 관련되어 있어 주민의사를 잘 반영할 수 있는 시·도 그리고 시·군·구가 담당하고, 중앙정부는 이들의 업무수행을 지원및 감시·감독함으로써 업무의 전문성을 살릴 수 있을 것이다. 특히 지방정부의 적극적인 환경행정 참여는 지역특성에 따른 환경관리라는 효과도 창출할 수 있다. 누구보다도 자기 지역의 경제·사회적, 자연적인 특성을 잘 아는 지방자치단체가 지역의 특성에 맞는 환경관리계획을 작성하여 집행한다면 보다 원활하고 효과적인 환경관리가 가능할 수 있다.4)

---

4) 예를 들어 대기오염이 특히 문제가 되는 지방자치단체는 대기관리위주의 행정조직으로, 수질오염이 특히 심각한 곳은 수질관리위주의 행정조직을 갖는 것이 일률적으로 구성된

3) 주민참여의 증대

지방자치에 따른 환경관리권한의 지방이양은 환경행정에의 주민참여의 증대라는 긍정적인 효과로 이어질 가능성이 있다. 환경보전이 힘든 이유 중 하나는 지역주민들의 환경오염 폐해에 대한 무지에 기인한 무관심이다. 지역주민들의 무관심으로 개발행위는 의례 개발자의 의도대로 수행되고 환경파괴행위는 가속화되어 왔다. 그 이유는 행정비밀주의에 의해 개발행위가 관련 주민들에게 사전에 알려지지 않아 주민들 간에 충분한 토론을 거칠 수 없었기 때문이다.

지방자치는 개발행위에 대한 의사결정과정을 다원화하여 주므로 개발행위가 사전에 공개되어 보다 장기간 심의될 가능성을 높여준다. 환경관련정보의 공개와 이에 따른 활발한 연구·토론은 환경문제에 대한 지역민의 관심을 불러일으켜 환경정책의 형성과 집행 과정에 주민참여를 활성화시킬 수 있다. 이해관계주민의 높은 관심은환경파괴적인 개발행위에 대한 효과적인 압력수단이 될 것이다.

4) 정부의 책임성 증대

지방정부가 중앙정부보다 공해피해 주민의 압력에 훨씬 민감하게 반응할 것이라는 점도 간과할 수 없는 지방자치의 이점이다. 미국이나 일본의 예에서 보듯이 개발위주의 사고를 지니고 있는 중앙정부가 환경오염문제에 적절히 대응하지 않았을 때 지방자치단체가 주민의 압력으로 환경관련법령이나 조례를 제정하여 중앙정부에 앞서 환경문제에 대응하였음은 널리 알려진 사실이다. 그 이유는 환경파괴가 국지적인 현상에서 출발하여 광역화되는 경향이 있고, 또한 지역 단위에서 압력단체를 조직하는 것이 전국 규모에서 압력단체를 조직하는 것보다 더 용이하기 때문이다. 또 환경관련 압력단체가 자원을 지방정부에 집중하는 것이 중앙정부에 집중하는 것보다 더 용이하게 환경보호 목적을 달성할 수 있으리라는 점도 적지 않은 지방자치의 이점이다.

5) 환경정책의 실험장 제공

지방자치의 활성화는 환경정책의 실험장을 제공하여 환경정책에 혁신을 가져다

지방환경청체제보다 합리적일 수 있다. 또 지역산업의 업종구성을 감안한 행정인력의 구성으로 행정능률을 올릴 수도 있을 것이다.

줄 가능성도 있다. 우리나라 부과금제도의 모태인 미국의 「1977년 대기정화법」 상의 '불이행벌과금(Noncompliance Penalties)' 제도는 Connecticut주가 공해업소의 만연한 법규 불이행에 대한 대안으로 개발한 것을 연방법이 수용한 것이다. 또 미연방의 「1990년 대기정화법」이 도입하고 있는 '시민소송보상제'는 California주에서 주민발의에 의해 도입한 제도를 모방한 것이다. 일본의 경우에도 중앙정부 차원에서는 법상 환경영향평가제도가 도입되기 훨씬 이전에 몇몇 지방자치단체는 이를 도입하여 활용함으로써 동 제도를 발전시킨 바 있다.

6) 지역 간 갈등의 완화

지방자치는 개발과 환경보전을 둘러싸고 일어나는 지역 간 갈등의 해소에 다소 도움을 줄 수도 있다. 일반적으로 개발행위에 대한 정부의 의사결정은 부유하고 정치적 영향력이 강한 지역에서는 환경보전적이거나 보다 환경을 덜 파괴하는 방향으로, 빈곤하고 정치적 영향력이 약한 지역에는 더 환경파괴적인 방향으로 내려지는 경향이 있다.[5]

그런데 개발과 보전에 대한 모든 의사결정 권한이 중앙정부에 집중되어 있는 경우에는 이러한 의사결정이 이해관계 지방자치단체의 참여나 의견수렴 없이 행해지는 경우가 허다하다. 그리하여 개발손실에 대한 보상의 부재는 물론 환경파괴적이거나 환경오염피해를 양산하는 개발에 대한 지역주민의 집단적인 반발을 '지역이기주의'라고 매도하기도 한다.

반면, 지방자치가 활성화되면 피해주민의 의사가 자치정부를 통해 수렴되고 적절한 보상이 이루어짐으로써 지역갈등의 해소는 물론 「파레토 개선」(pareto improvement)의 가능성까지 기대할 수도 있다. 또 환경오염 피해주민에 대한 보상은 환경파괴적인 개발행위의 시도 자체를 억제하는 효과가 있어 그 자체로 훌륭한 환경정책 수단이 될 수 있다.

---

5) 이러한 주장은 환경오염문제에 대해 국민이나 정책결정자의 이해가 어느 정도에 이르렀을 경우를 전제로 한다. 우리나라의 경제개발 초기인 1960년대와 1970년대까지는 환경오염문제에 대한 주민과 정책결정자의 무지로 환경파괴적인 개발행위가 울산, 마산, 대구, 구미, 서울, 인천, 부산 등 정치적으로 영향력이 강한 지역에 집중되었다. 그러나 1980년대 후반 이후의 환경파괴적 개발은 정치적인 영향력이 약한 지역에 집중되고 있음을 부인하기 어렵다.

2. 지방분권화의 환경정책상 문제점

1) 개발우선주의의 팽배

지방자치는 환경정책상 많은 문제를 야기할 가능성도 크다.

우선 정부정책에 있어서 개발우선주의의 팽배로 환경오염현상을 보다 심화시킬 우려가 있다. 본격적인 지방자치는 지방정부의 행정실적에 대한 비교평가를 필연적으로 요구할 터인데 평가기준으로 보다 가시적이고 계량화가 용이한 경제성장이나 고용창출 등 비환경친화적·친개발적 지표가 동원될 가능성이 많다. 만일 지역주민의 관심이 '개발의 질'보다 '개발의 양'에 있다면 재선 가능성을 최우선으로 고려해야 하는 자치단체장 등 정책결정자들은 환경보전보다 경제개발에 정책 우선순위를 둘 가능성이 크다. 재선을 목전에 둔 지방자치단체장 등 정책결정자들이 단기적인 실적을 확보하기 위해 '내가 재임하는 기간 중에(Please in My Term of Office: PIMTOO)' 졸속으로 의사결정을 함으로써 개발에 따른 환경파괴를 최소화하려는 노력을 소홀히 할 수 있다. 환경투자는 그 효과가 장기간에 걸쳐 나타나기 때문에 정책결정자가 단기적 시각을 가질 경우 우선순위에서 밀리는 경향도 있다.

뿐만 아니라 지방자치단체 간에 벌어지는 경제개발 경쟁은 이른바 죄수의 오류현상(prisoner's dilemma)을 초래하여 환경파괴를 한층 가속화시킬 수도 있다. 예를 들어, 어떤 지방자치단체가 환경보전에 특별한 관심을 가지고 보다 엄격한 환경기준을 적용하려 해도 이 자치단체는 자기 행정구역에 입지해 있거나 입지할 예정인 기업이나 개발업자들이 받을 상대적인 불이익을 우려하지 않을 수 없다. 이 같은 우려 때문에 지방자치단체들은 주민들의 높은 환경욕구에도 불구하고 중앙정부가 요구하는 것 이상의 환경보전행위는 하지 않을 가능성이 있다. 이러한 '죄수의 오류' 현상이 모든 지방자치단체에 확산되어 환경파괴를 보다 심화시킬 가능성이 있다. 이 같은 개발경쟁은 님비(NIMBY)와 반대되는 '제발 내 집 앞에 (Please In My Front Yard: PIMFY)' 현상을 촉발하여 환경파괴를 가속화시킬 수도 있다.

죄수의 오류현상

'죄수의 오류현상(prisoner's dilemma)'은 1950년에 메릴 플러드(Merril Flood)와 맬빈 드래셔(Melvin Drasher)가 가설을 정립하고 후에 알버트 터커(Albert Tucker)가 발전시킨 것으로 그 내용은 다음과 같다.

각각 상대방의 범행을 알고 있는 두 범인(A, B)이 있다고 하자. 이들은 구속되기 전에 서로의 범행에 대해 입을 다물기로 합의했다. 범인들은 다른 증거가 없기 때문에 상대의 범행에 대해 입을 꾹 다물고 있으면 둘 다 무죄 석방될 수 있다는 것을 알고 있다. 경찰은 이들이 입을 다물고 있자 상황타개용으로 하나의 미끼를 던진다. 즉 상대의 범죄를 증언하는 자에게 포상금을 약속하는 것이다. 범인은 침묵(협동), 자백(배반) 중 어떤 행동을 취하게 될까?

약간 복잡하기 때문에 여기에 점수를 부여해서 상황을 단순화시켜보자. 둘이 같이 침묵을 지켰을 때는 무죄 방면되는데 여기에는 각자 3점을 부여한다. 둘이 같이 상대의 범행을 증언했을 때는 둘 다 구속된다. 그러나 증언으로 죄가 약간 가벼워진다고 보고 여기에 1점을 준다. 한 사람이 침묵하고 다른 사람이 증언했을 때는 증언한 사람은 무죄 방면되고 포상금도 받게 되어 5점의 최고점수를 얻게 되는 데 반해 침묵한 사람은 구속되기 때문에 최악의 점수 0점을 받는다. 각 전략에 대한 점수는 두 범인의 점수의 합으로 한다. 이것을 도식화하면 다음과 같다.

구 분	협 력	배 반
협 력	A : 3 B : 3	A : 0 B : 5
배 반	A : 5 B : 0	A : 1 B : 1

범인들은 협동, 배반 중 과연 어떤 것을 선택할까? 가장 높은 점수는 둘 다 협동해서 침묵을 지키는 것이다. 이때 모두 자유를 얻고 합 6점을 득점한다. 그러나 이런 결과는 일어나기 어렵다. 그 이유는 다음과 같다.

A가 협동 카드를 내는데 B가 배반 카드를 낸다면 A는 구속되고(0점) B는 자유를 얻으면서 보상금까지 받게 될 것이다(5점). A가 배반 카드를 내는데 B가 협동 카드를 낸다면 이번에는 A가 자유와 보상금을 받게 되고(5점) B는 구속된다(0점). B가 A와 같이 배반 카드를 낸다면 둘 다 1점을 얻게 된다. A가 협동할 경우 최고 3점, 최저 0점이고 A가 배반할 경우 최고 5점, 최저 1점을 얻을 수 있다. 따라서 A와 B 모두 배반 카드를 내게 된다. 결국 상호배반으로 치닫는 최악의 선택을 하게 되어 전체의 득점은 최하인 2점에 그친다.

2) 국보적 자연환경의 파괴

지방자치의 활성화는 국가적으로 매우 중요한 자연생태계의 보전을 더욱 힘들게 할 수 있다. 어떤 자연자원의 보전과 관리의 실익에 대한 가치평가는 국가전체의 입장에서 보느냐 또는 지방자치단체의 입장에서 보느냐에 따라 현저하게 다를 수 있다. 어떤 자원이 가지는 외부성이 전 국토에 균일하게 미칠 경우 지방자치단체의 입장에서 평가한 이 자원의 가치는 국가 전체의 입장에서 본 그것보다 현저히 적을 것이다. 만일 이들 자원에 대한 보호 관리의 책임을 전적으로 지방자치단체에 일임한다면 지방자치단체는 이들 자연자원의 보전 가치를 과소평가할 가능성이 다분하다.

예를 들어 국립공원이나 희귀 동식물이 서식하는 지역의 보전 중요성에 대한 지방자치단체나 지역주민의 평가는 국가나 국민전체의 평가보다 현저히 낮을 수 있다. 역으로 이러한 지역의 상대적 개발가치에 대한 지역입장에서의 평가는 국가적 입장에서의 평가보다 클 것이다. 그리하여 이 자치단체는 이들 자원의 개발을 서두르고 보호와 보전을 소홀히 할 가능성이 크다. 만일 이들 자연자원이 여러 자치단체의 영역에 걸쳐 있고 중앙정부가 부분적인 개발을 허용한다면 관련 자치단체 간의 개발경쟁으로 중복·졸속개발 등 환경파괴가 심해질 가능성도 있다. 일례로 지리산, 설악산, 덕유산 등 주요 국립공원의 무분별한 개발로 인한 환경파괴 현상은 중앙정부의 강력한 통제 하에서도 심한데, 지방자치가 활성화된다면 이런 현상은 보다 더 심해질 수 있다.

3) 지역 간 갈등의 격화

지방자치는 오염문제의 광역화에 따른 지역 간 갈등을 심화시킬 수 있는 반면 이에 대한 조정은 어렵게 한다는 문제가 있다. 지방자치의 활성화는 중앙정부의 직권에 의한 지방정부 간 갈등의 조정능력을 약화시킴으로써 자치단체 상호 간의 협상능력이 현저히 증가하지 않는 경우 심각한 문제를 야기할 수 있다. 이에 더하여 환경오염에 대한 주민의 관심 및 우려의 증가와 함께, 님비현상에 따른 저항을 조직화하고 정치세력화 하여 지역갈등을 보다 심화시킬 수 있다.

4) 환경정책상 불평등의 초래

지방자치는 환경상 불평등의 문제를 심각하게 제기할 우려가 있다. 우선 지방자치단체 상호 간의 환경정책상 불평등 문제가 거론될 수 있다. 잘 사는 지역은 주민소득과 교육수준이 높아 환경에 대한 관심이 높을 것이다. 또한 지방자치단체의 가장 중요한 세원인 부동산의 가격도 높을 것이기 때문에 이들 자치단체는 환경보전에 투입할 자원도 풍부할 것이다. 반면에 못 사는 지역은 환경오염에 대한 주민의 관심도 낮고 투자재원도 부족할 것이다. 이러한 이유로 상위정부에 의한 적절한 통제와 조정이 없다면 환경정책상의 불평등은 지방자치로 인해 보다 심화될 가능성이 있다.

환경정책상 불평등의 문제는 동일 지방자치단체 내부에서도 제기될 수 있다. 지방자치가 본격화되면 지역계획, 도시계획, 지구단위계획의 활용에 있어 지방정부의 역할이 증대될 것이다. 그러면 환경이 비교적 양호한, 부유한 지역은 보다 더 깨끗해지는 반면, 오염된 지역 즉 가난한 지역은 오염이 심화되는 현상이 보편화되어 환경정책상 심각한 형평성 문제를 야기시킬 수도 있을 것이다. 그 이유는 비교적 부유하고 교육수준이 높은 사람들이 환경오염에 대한 관심도 높고 자치단체의 의사결정과정에 대한 영향력이 상대적으로 클 것이기 때문이다.

제 3 절   환경친화적 지방자치제의 운용

1. 환경정책에 관한 정부 간 관계모형

환경정책에 대한 중앙과 지방 간의 관계는 여러 모형으로 분석해 볼 수 있다. 정부체계는 크게 국가연합(confederated system), 연방정부(federal system), 단일정부(unitary system) 등의 형태로 나누어 볼 수 있다. 그러나 구체적인 정부간 관계는 해당 국가의 사회, 경제, 문화, 기술 등 다양한 변수에 의해서 시대에 따라 다른 모습을 지니게 마련이다. 예를 들어 미국의 연방제에 관한 한 연구는 미국연방제가 갈등형 단계(1930년 이전), 협력형 단계(1930년-1950년), 집중형 단계(1940년-1960

년), 창조형 단계(1950년-1960년대), 경쟁형 단계(1960년-1970년), 계산형 단계(1970년-1980년), 계약형 단계(1980년-1990년) 등으로 변천해 왔다고 주장한다.[6]

영국의 지방자치를 연구한 엘콕(Elcock)은 단일 국가의 경우 대리인모형, 동반자모형, 그리고 교환모형 등의 3가지 이념적인 중앙·지방간의 관계가 있다고 한다.[7] 대리인모형(agent model)은 지방자치단체를 중앙정부의 단순한 대리인으로 파악하여 지방은 중앙의 감독 하에 국가정책을 집행한다고 본다. 이 모형에서는 지방정부를 중앙정부의 일선조직으로 보고 지방정부의 역할을 중앙에서 결정한 정책의 효율적인 집행에 한정한다. 동반자모형(partnership model)은 지방이 고유한 권능을 가지고 독자적인 결정을 할 수 있어 중앙정부와 지방정부가 동반자적인 상호관계로서 공공서비스를 제공한다는 것이다. 지방정부는 정책을 집행하는 데 필요한 권한과 책임을 보장받아 스스로 자원을 동원하여 정책집행에 있어 실질적인 역할을 수행한다. 교환모형(exchange model)은 대리인 모형과 동반자모형의 절충형으로 중앙과 지방이 상호의존관계에 있다고 본다.

메이(May, 1996) 등은 환경정책 운영과 관련해 강제형 정부 간 정책과 협력형 정부 간 정책으로 이원화하여 분석하고, 후자가 향후 지속가능한 개발을 위한 정부 간 관계의 기본모형이 되어야 한다고 말한다.[8] 강제형 정부 간 정책(coercive intergovernmental policy)에서 지방정부는 상위정부에서 처방된 규칙에 따라야 하는 규제 대리인으로 간주된다. 이 경우 정책목표를 달성하기 위한 구체적인 기준과 절차가 중앙정부에 의해 적시되고 지방정부는 단지 이에 따라야 하기 때문에지방정부가 새로운 정책을 개발할 수 있는 재량범위는 극히 제한된다. 만약 자치단체가 중앙이 제시하는 의무에 따르지 못할 경우에는 제재조치가 뒤따른다. 협력형 정부 간 정책 (cooperative intergovernmental policy)에서는 자치단체가 상위정부의 정책목표를 달성하기 위한 능력과 의지를 제고하는 데 관심을 갖는다. 지방정부는 중앙정부와 공유하는 정책목표를 달성하기 위해서 적절한 수단을 찾고 수행하는 규제신탁자

---

6) Deil S. Wright, 1988, Understanding Intergovernmental Relations(3rd ed.), Pacific Grove, CA; Brook/Cole, Chapter 3.

7) H. Elcock, 1982, Local Government, London : Macmillan, pp. 3-7.

8) May, Peter J., Raymond J. Burby, Neil J. Ericksen, John W. Handmer, Jennifer E. Dixon, Sarah Michaels and D. Ingle Smith, 1996, Environmental Management and Governance : Intergovernmental Approaches to Hazards and Sustainability, London : Routledge, pp. 2-5.

로서의 역할을 담당한다. 중앙정부는 지방정부가 따라야 할 절차나 과정을 제시할 수는 있다. 그러나 정책성과를 가져올 수 있는 수단이나 대안에 대한 처방은 자치단체의 몫이다.

2. 정부 간 행정기능의 분담기준

1) 합리적 기능 배분의 중요성

환경오염은 특정한 공간을 중심으로 발생한다. 환경문제의 이와 같은 지역성은 환경오염에 대한 정책의 수립과 집행에 있어 개개 지역의 특수성이 잘 고려되어야 한다는 것을 의미하며, 환경오염문제에 있어 지방분권적인 접근을 요구한다.

그런데 대부분의 환경오염물질은 기상학적 또는 수리학적 힘에 의해 확산되기 때문에 환경오염의 파급효과에 분명한 경계가 없으며 행정구역의 경계와 일치하지 않는 경우가 많다. 어떤 사업에 따른 긍정적 효과와 부정적 효과의 공간적인 불일치 현상은 환경문제에 대한 지역 간 마찰의 원인이 되며, 지역 간 환경갈등을 불러일으키기도 한다. 이 같은 환경파괴의 공간적 범위 확산은 환경관리에 있어 광역적 관리에 대한 요구를 수반하며, 환경관리의 중앙집권화에 대한 논리적 배경을 제공한다.

합리적인 환경관리는 완전히 집권화된 체제도 아니고 완전히 분권화된 체제도 아니며, 집권화와 분권화가 적절히 조화를 이루는 체제에서만 가능하다. 그러므로 문제는 어떻게 합리적인 정부 간 역할분담체계를 형성할 수 있느냐 하는 것이다.

2) 기능배분에 대한 기존 이론

정부의 행정기능을 정부 간에 어떻게 분담할 것이냐에 대해서는 많은 제안들이 있다. 예를 들어 1962년 2월에 발족한 일본의 임시행정조사위원회는 「행정사무에 관한 개혁의견」에서 행정은 국민에 가까워야 하고 지역실정에 상응하게 종합적으로 실시할 필요가 있다면서 정부 간 사무배분의 기준으로 현지성의 원칙(주민참여, 지방자치존중, 시정촌우선), 지역 종합성의 원칙, 경제성의 원칙 등을 제시하고 있다.9) 또한 Musgrave(1980)는 정부의 기능은 공공서비스의 편익이 미치는 범

---

9) 정세욱, 「지방행정학(전정판)」, 서울; 법문사, 1990년.

위에 따라 중앙과 지방 상호 간에 배분되어야 한다고 주장한다.10) 백성운(1987)
은 정부기능의 총규모와 정부지출의 총규모가 고정되어 있다는 전제 하에서 편
익지역, 규모의 경제, 주민선호, 공공재의 순수성, 누출효과, 가치재 등의 다양
한 기준을 중앙과 지방의 행정기능 배분과 재원 배분에 이용할 것을 제안하고
있다.11)

　　이상은 일반적인 행정기능의 분담기준으로 제시된 것들이다. 학자에 따라서는
보다 구체적으로 규제정책 또는 환경정책의 중앙-지방 간 배분의 판단기준을 제시
하기도 한다. 예를 들어 Mashaw & Rose-Ackerman(1984)는 중앙정부와 지방정부
중 누가 규제정책의 의사결정기능을 담당할 것이냐에 대해서는 규범적인 주장과
실증적인 주장이 있을 수 있다고 말한다.12) 규범적인 기준으로는 외부성, 죄수의
오류(prisoner's dilemma), 행정에 있어서 규모의 경제와 불경제, 다양성과 획일성의
구체적 편익비교, 정치적 감응도와 시민참여 등을 들고 있다. 실증적 기준으로는
관료와 정치가에 대한 유인의 정도, 기업과 이익단체의 정치적 동인, 지방정부에
대한 기업의 협상능력 등을 제시하고 있다. Ewringmann & Hansmeyer(1979)은 배
출된 오염물질의 공간적 확산과 유해성의 정도, 환경재의 이용에 대한 선호도의
동질성 정도, 대규모 환경재 생산비용상 우위정도를 정부 간 환경정책기능의 배분
기준으로 제시하고 있다.13)

3) 기능배분 기준

　　이같이 다양하게 제시된 정부행정기능의 배분 기준은 두 가지 관점으로 정리
할 수 있을 것이다.

　　첫째는 환경행정업무 자체의 성격이 특정 정부수준에 부합할 수 있어 이에 따

---

10) R. A. Musgrave and P. B. Musgrave, 1980, Public Finance in Theory and Practice(3rd
　　ed.), New York; McGraw Hill.
11) 백성운(1987), 정부간 기능배분과 재원배분의 연결기준에 관한 연구, 고려대학교 박사학위
　　논문.
12) Jerry L. Mashaw and Susan Rose-Ackerman, "Federalism and Regulation," Eads and Fix
　　eds, The Reagan Regulatory Strategy.
13) D. Ewringmann and K. H. Hansmeyer, 1979, "The Institutional Setting of Regional
　　Environmental Policy," Siebert, Horst, Ingo Walter, and Klaus Zimmermann, eds.,
　　Regional Environmental Policy : the Economic Issues, New York : New York University
　　Press : 152-186.

른 배분기준을 정립할 수 있다는 것이다. 경제학의 원리를 가지고 설명하면 모든 재화의 생산에는 그 재화의 생산에 따르는 한계비용과 이 생산이 초래하는 한계편익을 일치시켜 주는 적정수준이 있다. 그러므로 공공서비스의 제공에도 이의 공급에 따르는 한계비용과 한계편익을 일치시켜 주는 어떤 공간적 범위가 있을 것이며, 이 범위에 해당하는 자치정부가 공공재의 공급주체가 되어야 한다. 만일 우리가 어떤 공공서비스의 공급이 가져오는 편익을 알 수 없다면 최소의 비용으로 그 재화를 생산할 수 있는 행정단위가 이 공공서비스의 공급주체가 되어야 한다. 통상 정부의 통치구조는 단계별로 영역화되어 업무가 계층화되어 있으므로, 효율적으로 환경정책서비스를 제공할 수 있는 행정주체로 하여금 환경서비스를 공급하도록 하여야 한다. 이러한 관점이 환경정책업무의 성격에 따른 배분기준이라고 할 수 있을 것이다.

두 번째의 관점은 공공정책이란 다양한 의견을 가지는 국민적 합의의 과정이며 이 합의과정의 정통성과 효과성을 극대화할 수 있는 정책배분이 필요하다는 것이다. 즉 정책과정의 민주성 제고가 하나의 커다란 전제가 되어야 한다. 또 정책수행의 효과성이란 정책담당주체의 정책의지와 정책수행능력에 의존하는데 이에 대한 검토가 없는 정책기능의 배분은 실로 위험천만하고 커다란 낭비를 초래할 수 있다. 아무리 환경정책이 국가적으로 중요한 과제일지라도 특정 지방자치단체는 이것을 정책 우선순위에 포함시킬 정책의지가 없거나 이를 효과적으로 수행할 만한 정치행정적 능력이 없을 수 있다. 이러한 관점에서 보면 대상 국가 또는 지방자치단체의 정치행정 여건에 대한 고려가 필요하며 이는 정책기능 배분의 주요한 판단기준이 되어야 할 것이다. 이 같은 시각을 정치행정적 측면의 배분기준이라고 할 수 있다.

이상의 두 관점을 수용하여 다음과 같은 다섯 가지 기준을 제시하고자 한다.

첫째, 환경재의 특성은 그것의 사용에 따른 편익과 비용이 공간상으로 누출된다는 데 있으므로 이 같은 누출의 정도를 고려하여 환경정책업무를 정부 간에 배분하여야 한다. 환경보전이나 환경개선에 따른 편익이 미치는 범위도 환경재의 성격에 따라 천차만별이다. 그러므로 환경재의 생산이나 소비가 미치는 외부불경제나 외부경제의 공간적 범위가 환경정책업무의 정부 간 배분의 한 기준이 될 수 있을 것이다.

둘째, 극히 유해한 오염물질의 관리나 사후 회복이 불가능한 민족적 또는 국가적 자연자원의 관리는 중앙정부가 담당하고 그렇지 않은 오염현상이나 자연자원의 관리는 지역의 여건을 감안한 다원적인 관리가 바람직할 것이다. 그것은 환경오염현상은 종류가 다양하고 이에 따른 위해도도 매우 달라서 어떤 오염물질은 극소량의 농축으로도 치명적인 피해를 줄 수 있으며, 어떤 오염물질은 피해정도가 미미할 수 있기 때문이다.

셋째, 여타 경제재의 생산과 마찬가지로 환경서비스의 생산에도 규모의 경제나 불경제가 존재할 수 있다. 그러므로 환경서비스의 생산과 유통에 따른 비용함수를 분석하여 담당 정부의 수준을 결정하는 것도 중요한 환경행정 업무배분의 기준이 될 수 있다. 환경서비스의 생산이나 환경정보의 관리에 규모의 경제가 있을 경우는 집권적 관리가 필요하고 그렇지 않을 경우에는 분권화가 필요하다고 본다.

넷째, 환경오염업체나 개발업체에 대한 통제에는 해당 행정주체의 정책의지와 행정관리능력이 요구되므로 우선 해당 자치단체가 상호갈등을 야기하는 주민의 요구를 수용하고 비교평가하여 우선순위를 정하고 자원을 배분할 수 있는 정치적 능력을 갖추고 있는지에 대한 검토가 필요하다. 만약 당해 정부의 환경담당공무원이 전문적인 정보와 지식을 요구하는 환경행정을 수행할 수 있는 능력을 갖추고 있지 못할 경우에는 전문성을 요구하는 업무를 지방에 이관해서는 안 된다. 또 발전소나 주요 기간산업체에 대한 감시와 집행은 이들 산업이 입지한 기초자치단체로는 불가능할 수 있다.

다섯째, 환경행정기능의 배분은 이해 관련 주민을 최대한으로 참여하게 하는 민주성을 지녀야 한다. 정책과정에 있어서 주민참여의 촉진은 보다 본질적으로 우리의 정치적 이상인 민주주의의 완성을 위해서도 꼭 필요하다. 그러므로 환경정책에 대한 주민참여의 촉진이라는 관점에서, 현저한 기술적 제약이 없는 한 가능한 많은 환경정책업무를 지방자치단체에 이관하는 것이 바람직하다.

참|고|문|헌

김선기, 1992, "환경문제의 외부성과 광역적 대응 : 상수원 수질보전을 중심으로," 지방행정연구, 제 7 권, 제 1 호, pp. 13-26.

변병설, 2001, "통일시대에 대비한 국토환경관리방안," 환경정책연구, 한국환경정책·평가연구원, 제 7 권, pp. 19-20.

양장일, 1992, "서울의 지역별 대기오염도와 소득분포간의 상관관계에 관한 연구," 서울대학교 환경대학원 석사학위논문.

오희환, 김규복, 1992, 지방행정기능분석에 관한 연구(II), 지방행정연구원.

이기우, 1992, "중앙과 지방의 관계," 한국지방자치학회 주최 지방자치의 좌표와 진로에 관한 세미나, pp. 21-57.

정덕주, 1989, "중앙·지방정부간의 사무배분에 관한 연구," 경남대학교 대학원 박사학위논문.

정세욱, 1990, 지방행정학(전정판), 법문사.

정회성 외, 1993, "지방자치단체의 환경예산분석과 환경적합성 평가에 관한 연구," 한국환경기술개발원.

정회성, 1993, "지방화시대의 환경정책 발전방안," 한국지방자치학회, 지방자치연구, 제5권, 제 1 호, pp. 71-96.

정회성, 1994, 지방자치시대의 환경정책, 한국환경기술개발원.

정회성, 1994, "지방화시대 중앙과 지방정부의 환경재정 강화방안," 배기성·유일호 편, 「국가예산과 정책목표」, 한국개발연구원, pp. 207-261.

정회성, 1995, "환경행정에 있어서 중앙과 지방과의 역할분담," 환경정책, 제 3 권, 제 1 호, pp. 139-159.

정회성, 2003, "한국의 환경규제와 정부간 관계," 소진광·이제훈 편저, 「지방분권과 공공재정」, 경원대학교 출판부, 2003년 12월, pp. 255-288.

한표환, 1992, "지역환경기준의 설정과 유지방안에 관한 연구," 지방행정연구, 제 7 권, 제1 호, pp. 27-40.

Asch, P. and Seneca, J. J., 1978, "Some Evidence on the Distribution of Air Quality," *Land Economics* 54(4)(August), pp. 278-297.

Ashworth, Graham, 1992, *The Role of Local Government in Environmental*

Protection-First Line Defence, London : Longman.

Beer, Samuel H., 1977, "A Political Scientist's View of Fiscal Federalism," Wallace E. Oates, ed., *The Political Economy of Fiscal Federalism*, Lexington : Lexington Books, pp. 3-20.

Crotty, Patricia M., 1987, "The New Federalism Game : Primacy Implementation of Environmental Policy," *Publius : The Journal of Federalism* 17 (Spring), pp. 53-67.

Davis, Charles E. and James P. Lester, 1987, "Decentralizing Federal Environmental Policy : A Research Note," *The Western Political Quarterly* 40(3) (September), pp. 555-565.

Davis, Charles E. and James P. Lester, 1989, "Federalism and Environmental Policy," James P. Lester. ed., *Environmental Politics and Policy : Theories and Evidence*, Lexington; Lexington Books, pp. 57-84.

Dye, Thomas, 1988, "A Theory of Competitive Federalism," paper presented at the annual meeting of the Southern Political Science Association, Atlanta.

Elcock, H., 1982, Local Government, London : Macmillan.

Ewringmann, D. and Hansmeyer, K. H., 1979, "The Institutional Setting of Regional Environmental Policy," Siebert, Horst, Ingo Walter, and Klaus Zimmermann, eds., *Regional Environmental Policy : the Economic Issues*, New York : New York University Press, pp. 152-186.

Haefele, Edwin T., 1973, *Representative Government and Environmental Management*, The Johns Hopkins University Press.

Jones, Charles O., 1974, "Federal-State-Local Sharing in Air Pollution Control," Publius 4, pp. 69-85.

May, Peter J., Raymond J. Burby, Neil J. Ericksen, John W. Handmer, Jennifer E. Dixon, Sarah Michaels and Smith, D. Ingle, 1996, *Environmental Management and Governance : Intergovernmental Approaches to Hazards and Sustainability*, London; Routledge, p. 4.

Musgrave, R. A. and Musgrave, P. B., 1980, *Public Finance in Theory and Practice*(3rd ed.), New York : McGraw Hill.

Nice, David C., 1987, *Federalism : The Politics of Intergovernmental Relations*, New York : St. Martins Press.

Oates, Wallace E., 1977, "An Economist's Perspective on Fiscal Federalism," Wallace E. Oates, ed., *The Political Economy of Fiscal Federalism*, Lexington : Lexington Books, pp. 3-20.

Rowland, C. K. and Roger Marz, 1982, "Gresham's Law : The Regulatory Analogy," *Policy*

Studies Review 1(3) (May) : pp. 572-580.

Ruhl, J. B., 1988, "Interstate Pollution Control and Resource Development Planning : Outmoded Approaches or Outmoded Politics," *Natural Resources Journal* 28(2) (Spring), pp. 293-314.

Siebert, Horst, 1979, *Regional Environmental Policy : The Economic Issues*, New York University Press.

Tiebout, Charles, 1956, "A Pure Theory of Local Expenditures," *Journal of Political Economy* 64(October), pp. 416-424.

Wright, Deil S., 1978, *Understanding Intergovernmental Relations,* North Scituate, MA : Duxbury Press.

환경분쟁과 환경조정

제 1 절 환경분쟁의 개념

쾌적한 환경에 대한 국민의 욕구가 높아지면서 환경오염에 대한 국민의 의식
도 변화되어 헌법에 보장된 환경권을 적극 주장하는 방향으로 바뀌어가고 있다.
이에 따라 환경분쟁도 지속적으로 증가하는 추세이다. 즉 공사장 또는 공장에서
발생한 대기, 수질, 소음·진동 등 환경오염으로 인하여 야기되는 건강상·재산상
피해와 관련된 분쟁뿐만 아니라 쓰레기 소각장과 같은 환경기초시설의 설치 또는
운영에 따른 문제점도 계속 늘어나고 있다. 또한, 국제공항 인근지역의 항공기 소
음 피해로 인한 집단 피해배상 신청 등 환경분쟁의 양상이 복잡·다양해지고 있
으며, 피해범위도 확대되고 있다.

환경분쟁은 "현재 및 미래에 걸쳐 일정지역에서 인간의 환경권을 침해하거나
자연환경을 파괴하는 사태에 직면하여 일어나는 당사자 간 또는 관련집단 간의
다툼이 합의에 이르지 못한 상태"라고 할 수 있다. 갈등과 분쟁이 다소 혼용되고
있는 바, 갈등은 포괄적으로 '의견불일치의 상태'를 의미하는 반면, 분쟁은 '활동상
의 마찰과 갈등상태'로 심리적인 대립감은 배제된다.[1]

환경분쟁은 주로 다양한 사회집단들이 자신들의 욕구를 충족시키기 위하여 자
연자원에 대한 접근권을 우선적으로 확보하려는 과정에서 발생하는 갈등으로 흔

---

1) 정회성 외, 1997, 지역간 환경분쟁의 합리적 해소방안, KDI 주관 '97년 국가정책개발사업,
한국환경정책평가연구원, pp. 1-3.

히들 인식된다. 이렇게 보면 환경분쟁은 정치·경제적인 가치와 보전가치 간의 근본적인 갈등에서 비롯되는 것으로 보인다. 그러나 환경분쟁들의 양상을 보면 성장과 보전 간의 근본적인 가치갈등에서 발생하는 갈등보다는 당사자 간의 이해관계의 대립에서 발생하는 환경갈등의 빈도가 더 크게 나타난다.

환경갈등은 네 가지 주된 요인으로 인해 표출되는데, ① 경쟁적 정책과 가치에 부여된 적실한 비중에 대한 불일치, ② 시설설치나 개발에서 파생되는 비용과

지역주민의 집단저항

환경혐오시설 등 지역이 원하지 않는 토지이용(LULUs : Locally Unwanted Land Uses) 형태의 시설 입지는 지역 주민들의 반대와 항의로 어려움을 겪고 있다. 이와 같은 원하지 않는 시설입지에 대한 주민이나 지역에서의 반대를 '님비(NIMBY : Not In My Back Yard)' 현상이라 부른다. 반면 지역의 복지증진이나 재정적인 수입 증대 등이 예상되는 개발이나 시설의 입지를 둘러싼 지역 간의 집단적 경합이나 경쟁은 '핌피(PIMFY : Please In My Front Yard)' 현상으로 불린다.

님비는 일반적으로 시설의 입지에 따른 당사자의 배제, 부동산가치 하락, 편익과 비용부담의 불일치, 위험성의 인지와 불확실성 등에 대한 우려를 불식시키지 못하기 때문에 야기된다. 그리고 이들 인자들은 상호 상승작용을 통해 집단적 분쟁으로 치닫게 된다. 님비에 따른 집단적 분쟁은 흔히 시위와 농성과 같은 물리적인 힘을 동원하거나 소송을 통하여 법적, 제도적인 구제를 요구하며, 계획의 철회나 변경 또는 새로운 대안의 선택을 주된 목표로 한다.

핌피에 따른 지역 간 분쟁의 원만한 해결도 대단히 중요한 사회적 과제이다. 그러나 상대적으로 보다 더 심각한 분쟁은 지역에서 꺼려하거나 싫어하는 님비 관련시설의 입지를 둘러싼 지방자치단체 내부 및 외부의 분쟁, 특히 지역주민과 자치단체 및 인근 자치단체간의 줄다리기이다. 전통적인 견해에 따르면, 님비는, '① 당해 시설은 중요한 사회적 편익을 제공하기 위하여 필요하며 ② 편협한 지역이기주의로 인하여 사회적 선을 달성할 수 없다'는 내재적 전제가 있다.

그러나 님비현상을 지역이기주의라는 부정적 의미로만 한정시키는 것은 자칫 특정 집단만을 위한 언어의 남용이 될 수 있다. 오히려 분쟁을 방조할 빌미마저 제공하게 되어 분쟁 해소에 별다른 도움을 주지 못할 수도 있다. 실제로 우리나라의 폐기물 처리 정책과정에서 보여주듯이 님비현상이 정책과 기술의 발전에 긍정적으로 기여한 경우도 많다. 그러므로 님비라는 어휘보다 '지역주민의 집단저항', '집단반발'이나 '집단반대'가 보다 정확한 표현이 아닐까 한다.

자료 : 연합뉴스

편익의 새로운 분포에 대한 불일치, ③ 환경·건강적 위해로부터의 적절한 보호
수준에 대한 불일치, ④ 토지 등 고정자원의 사용에 대한 불일치가 그것이다.

제 2 절   지역환경분쟁의 발생원인

1. 일반적 원인

환경갈등과 분쟁은 다양한 원인에 의해 발생한다. 우선 정치사회의 발전이라
는 측면에서 보면 경제개발로 지역간 상호의존성이 증가하고 분권화와 민주화로
주민의 권리의식이 향상된 것을 원인으로 들 수 있다. 반면 지방자치로 인해 자
치단체의 자율성과 독립성이 강화되어 지역이익 우선을 외치는 목소리가 커지고
정치사회가 민주화됨에 따라 시민의 권리의식이 향상된 것 또한 원인 중 하나이
다. 방사성폐기물처리장 등 각종 공공시설을 둘러싼 지역 갈등도 있다. 이들 시설
의 설치·운영에 따르는 편익과 비용은 모든 국민에게 골고루 분산되나, 이로 인
해 편익이 집중되는 지역과 비용이 집중되는 지역 사이에는 갈등과 분쟁이 발생
하고 있다.[2)]

상·하수도의 공급, 쓰레기처리 등 환경행정서비스 제공에 있어 규모의 경제가 작용하는 경우가 많아 광역적인 환경관리로 환경행정의 효율화를 기할 수 있다는 점도 환경분쟁의 발생원인이 된다. 광역적인 환경관리의 필요성은 높지만 이용률의 조정, 설치·운영비용의 분담, 시설의 입지, 관리주체와 법적 성격 등에 대한 자치단체간의 의견조정이 용이하지 않은 경우가 발생하기 때문이다. 또 어떤 지방자치단체가 공급하는 행정서비스의 이익은 그 구역을 넘어서 확산되는 경우가 있으며, 또 환경관리 소홀로 인하여 발생한 수질오염, 대기오염 등의 피해는 인접 자치단체 주민에게 물리적, 경제적 손실을 주는 경우도 있다.

환경규제정책에는 약한 규제가 강한 규제를 축출하는 '그레샴의 법칙3)'이 작용할 수 있어 환경규제의 강도에 따른 지역갈등이 야기될 수 있다. 즉, 지방자치단체 간의 경제개발을 위한 경쟁은 각자치단체로 하여금 자기지역에 입지한 기업에게 상대적으로 유리한 조건을 제공하기 위해 약한 규제를 선택하는 유인이 될 수 있다. 모든 자치단체들이 이러한 경쟁에 뛰어들면 환경규제의 수준이 전체적으로 하향 평준화되는 결과를 초래할 수도 있다.

환경관리에는 막대한 재원이 필요한데 환경관리에 따르는 비용과 부담을 어떻게 중앙과 지방 그리고 지방자치단체 상호 간에 나누느냐도 지역 환경갈등의 원인이 된다. 환경관리에 따르는 비용과 편익이 대부분 동일 행정구역에 귀착되지 않기 때문에, 정부는 모든 국민에게 기초수요로서의 환경, 즉 일정수준 이상의 환경질을 제공할 책무가 있다.

환경영향평가와 환경관련시설의 설치·운영으로 인한 환경행정에 대한 국민의 높은 불신도 지역 간 환경갈등의 원인이 되고 있다. 어떤 형태의 개발도 환경오염과 자연파괴를 야기한다는 생각과 기존의 부실한 환경기초시설로 인한 피해의식이 국민들 사이에 광범위하게 퍼져 있어 지역 간 환경갈등이 심화되는 측면이 있다.

---

2) 정회성 외, 전게서, pp. 7-8.
3) "악화(惡貨)는 양화(良貨)를 구축한다(Bad money drives out good money)" 16세기 그레샴의 화폐에 대한 법칙이나, 현재는 상징적 의미로 사용되고 있다. 예를 들어 장기적이고 전략적인 정책(양화)을 택하기보다는 단기적이고 정형화된 쉬운 정책(악화)을 선택하는 경우 정책분야에 그레샴의 법칙이 적용된 것으로 볼 수 있다.

2. 정부 · 정부간 환경분쟁 발생의 주요원인

정부 간 환경분쟁 발생의 가장 큰 요인은 개발이나 환경사업의 시행에 따른 비용과 편익의 지역적 불일치라는 경제적 요인이다. 원전, 발전소, 댐 등 국가적 차원의 사업을 추진하는 경우 이에 따른 편익은 전국적이거나 광역적인 반면에 동 사업으로 인한 피해는 관련 지역과 주민에게 집중됨에 따라 갈등이 발생된다. 쓰레기처리장, 하수처리장 등 광역시설의 설치, 상수원 보호구역이나 국립공원 · 생태계보전지역 · 개발제한구역의 지정 등에 대한 분쟁도 결국은 경제적 형평성의 결여가 주요원인이다.

정부 간 환경분쟁 발생에는 상이한 행정구역, 인 · 허가 및 승인과정의 중복과 불명확성, 관련업무에 대한 협의와 협력의 부족 등 행정 · 제도적인 요인도 내재되어 있다. 특히 수자원과 수질관련 정부 간 분쟁은 광역성이 강한 문제에 대한 행정 · 제도적인 장치의 미흡이 중요한 요인이다.

정부 간 환경분쟁에는 특정시설의 입지가 초래하는 부정적인 환경영향에 대한 주민의 우려가 기초자치단체를 통해서 표출되면서 발생하는 경우도 있다. 특히 해당 시설의 건설 · 관리에 대한 기술적 저감대책의 미흡이나 신뢰성의 부족 그리고 주민들이 가지는 심리적 불안감의 증폭 등이 자치단체를 통해서 표출되는 경우도 있다.

3. 정부 · 주민 간 환경분쟁 발생의 주요원인

정부 · 주민 간 환경분쟁은 공공목적을 위한 시설이 특정지역에 입지하는 경우 개인이나 지역에 직접적인 재산상의 피해나 환경오염 등 불이익을 초래함에 따라 발생한다. 시설입지로 인한 환경오염이나 건강상 위해, 지역경관의 훼손, 지역이미지 훼손으로 인한 지가하락 등으로 경제적 손실을 보게 되는 경우 분쟁이 발생한다.

특정 환경혐오시설의 입지 · 운영에 따른 환경 및 건강상의 위해 우려 등 부정적인 환경영향에 대한 심리적 불안감 때문에도 발생한다. 특히 기존의 환경혐오시설에 대한 완벽하지 못한 설치 · 운영관리로 인한 주민의 불안감이 매우 크기 때문이다.

정부·주민 간 환경분쟁은 이해당사자와 주민의 참여부족, 행정의 민주성과 투명성의 결여, 정당한 의사결정 절차의 소홀 등 정치적 요인도 작용한다. 대체로 경제적·기술적 요인과 중첩되게 마련이지만 정당한 주민참여 절차의 무시는 분쟁해소를 위한 협상이나 설득을 어렵게 하는 경우가 많다.

제 3 절   환경분쟁의 특성과 유형

1. 환경분쟁의 특성

환경분쟁이 다른 분쟁과 비교하여 그 해결이 특별하게 어려운 원인은 환경분쟁에 내재한 몇 가지 속성에서 찾을 수 있다.

우선 환경 영향의 불가역성이다. 환경분쟁에는 서식처의 파괴나 종의 멸절과 같은 회복할 수 없는 환경적 영향이 포함되어 있다. 생태계는 중요한 특성들이 있다. 무엇보다도 생태 용량의 한계가 편재되어 있다는 점이다. 자원의 한계는 물론 쓰레기를 받아들여 이를 처리할 수 있는 능력에도 한계가 있다. 그리고 쓰레기를 무해한 형태로 보관하는 능력에도 한계가 있다. 이와 아울러 생태계는 상호의존적 요소로 구성되어 있을 뿐만 아니라 그 체계가 복잡하므로 어떤 행위에 대한 결과를 예측하는 것이 거의 불가능하다. 어떤 행위는 돌이킬 수 없는 환경적 변화를 야기하는데 종의 멸절이나 생태적 단순화가 그 대표적 예이다.

둘째, 환경분쟁의 성격·경계·비용의 비확정성이다. 환경분쟁은 그 비용·당사자·경계에 관한 정확한, 아니 개략적인 결정을 하기 어려운 경우가 많다. 여기서 특히 문제가 되는 것은 비용이다. 분쟁당사자가 대칭적인 부담을 하기 어렵다는 점이다. 환경론자와 개발업자 간에 비용에 대한 인식과 부담의지는 서로 차이가 난다. 또 상당한 비용을 전가하는 갈등을 시작할 수 있고 비용을 계산함에 있어 그것의 지리적 경계와 적절한 시간적 범위를 정하는 데어려움이 있다. 개발의 악영향이 미치는 지리적 경계에 따라 추가적인 이해관계자가 배제되거나 포함될 수 있다. 그리고 악영향의 시간적 범위, 예를 들어 미래세대에의 영향까지 포함시키느냐 하는 문제 등에 대한 합의를 형성하는 것이 극히 어렵다..

셋째, 공익의 대변, 즉 대표성과 정당성의 문제이다. 환경분쟁의 특이한 측면은 어떤 입장의 주창자들은 그 주장이 그들 자신의 관심만을 표명하는 것이 아니라 공익도 대변하고 있다는 것이다. 즉 각자의 입장을 공익과 일체화함으로써 분쟁당사자들은 정치적 공격을 봉쇄하고 공공의 지지를 획득할 수 있을 것으로 기대하는 것이다. 그런데 공익문제는 두 가지 측면을 갖고 있다. 어느 일방이 자신의 주장을 공익의 유일한 합법적 대변이라고 간주할 때 타협 내지 수용은 어렵게 된다는 점과 공익주창이 공공을 정당하게 대변하는 것으로 볼 수 있느냐 하는 점이다. 분쟁당사자들이 분쟁을 옳음 대 그름으로 간주하면 타협의 가능성은 거의 없게 된다. 공익이 무엇인가에 대한 혼란이 있을 뿐만 아니라 공공 그 자체가 무엇을 포함하고 있는지에 대해서도 의견의 불일치가 있다.

끝으로, 합의의 실행가능성이다. 환경분쟁의 합의는 전례가 드문 새로운 것들이 많다. 때문에 당사자들이 합의내용을 예기치 못한 방식으로 해석할 수 있어 그 집행에 어려움이 야기된다. 뿐만 아니라 분쟁의 당사자 내지 이해관계자를 쉽게 확정할 수 없는 경우도 많다. 이에 따라 합의과정에 참여하지 않은 이해관계자가 합의사항에 이의를 제기할 수도 있다. 이해당사자, 특히 환경집단은 그 응집력이 약하므로 집행단계에 와서는 분열되어 집행을 곤란하게 할 수도 있다. 그리고 분쟁의 대상이 정부의 의사결정권한 내에 속하는 경우 합의를 실행하기 위해서는 정부의 승인을 필요로 한다. 그런데 정부가 협상의 당사자로서 참여하지 않은 경우 합의내용의 승인이 법령위반 등의 이유로 거부되어 비공식적 합의의 실행이 좌절될 수도 있다.

2. 환경분쟁의 유형

환경분쟁은 분쟁의 당사자, 주체, 성격, 추구하는 이익, 해당 환경문제의 특성 등에 따라 다양한 양상을 띤다.

분쟁의 당사자를 중심으로 보면 환경분쟁은 민간 당사자간의 분쟁인 사법상의 분쟁과 공공부문 즉, 정부나 자치단체가 개입된 분쟁인 공법상의 분쟁으로 나눌 수 있다. 분쟁의 주체를 기준으로 보면 중앙정부와 자치단체 간, 자치단체상호 간

(광역-기초, 광역-광역, 기초-기초), 자치단체(광역, 기초)와 주민 간, 중앙정부와 지역
주민 간의 갈등 등으로 나누어 볼 수 있다. 쟁의의 성격에 따라서는 지방자치단
체 상호 간의 권한의 존부 및 범위에 관한 권한분쟁(법적 분쟁), 지방자치단체가
상호이익을 추구하는 과정에서 발생하는 이익분쟁으로 나누어진다. 분쟁이 추구하
는 이익의 성격에 따라서는 적극적인 이익을 추구하는 유치분쟁(PIMFY), 소극적으
로 불이익을 회피하려는 기피분쟁(NIMBY)으로 나눌 수 있다.

　　분쟁의 대상이 되는 환경문제의 성격에 따라서는 수자원의 보전과 이용에 관
한 문제, 혐오시설의 입지와 관리에 관한 문제, 자연보전지역의 지정과 관리에 관
한 문제, 대기환경 및 소음·진동과 관련된 문제 등으로 나누어진다.

온산공단의 '온산병' 논쟁과 환경갈등

　　온산공단은 1974년 정부가 온산지구 일대의 19개 부락, 512만평을 비철금속공업 위
주의 산업기지개발단지로 지정하면서 개발되기 시작하였다. 정부는 이 단지를 비철금속
공업뿐만 아니라 정유 및 유류비축, 화학펄프공업의 육성과 그에 따른 관계공업을 유치
하여 국제경쟁력 있는 중화학공업단지로 개발하기 위한 계획을 수립하였다.

　　본 계획에 의거, 온산지역에는 1978년 고려아연이 첫 가동을 시작한 이래 한국광업
제련, 동해펄프, 쌍용정유, 효성알미늄, 풍산금속, 럭키, 한림화학, 제일물산, 광업제련,
경기화학 등 중금속제련 가공업체와 화학공업업체 12개 업소가 입주하여 대규모 공단을
형성하였다(온산병이 사회문제가 된 1985년에는 석유화학 5개 공장, 비철금속 5개 공장
등 12개 업체가 가동 중이었으며, 2005년 기준, 221개 업체가 입주해 있다).

　　온산공단 가동에 의한 일차적 주민피해는 연안어업이었다. 울주군 온산면은 1종 공동
어장 4개소와 미역양식장 10개소 등 총 300백만 평방미터 규모의 연안어업에 의존하고
있었다. 그러나 온산공단에서 내보낸 중금속 폐수로 연안어업은 심각한 피해를 보기 시작
했고, 이에 따른 온산공단 수산물 피해보상 규모는 가동초기인 1978-1980년에 8억 6천만
원에 달했다. 이를 연평균으로 환산하면 공장이 들어서기 전 이 지역 연안어업 연간 총생
산액의 20% 수준이다. 1980년경부터 대기오염에 의한 농작물 피해도 나타났다. 1981년
온산면 내 200만평 정도의 논밭 가운데 공장과 인접한 6만평 면적의 벼가 시드는 사건이
발생하였는데, 중앙농업기술연구소의 검사 결과 유황에 의한 피해임이 확인되었다.

　　1983년부터는 '온산병'으로 지칭되는 인체피해 문제가 본격적으로 등장하였다. 오염
물질 노출사고로 인한 인체피해 사고는 이전부터 발생하곤 하였다. 예를 들어, 1980년
6월 동양펄프의 원목이 주원인으로 간주된 당월리 주민 100여 명의 집단 피부병 발생,

1982년 6월 한국광업의 유독가스 누출로 인한 목도리 주민 105명의 2주간 병원입원 등
이 그것이다. 1983년경부터는 온산지역 주민 수백명에게 '이타이이타이병' 증세와 비슷
한 괴질이 발생하였다. 1985년 초 언론을 통해 온산지역의 공해병이 큰 사회문제화 되
자 환경청은 1985년 3~4월 해당 지역에 대한 역학조사를 한 후 공해병이 아니라고 부
인하였다. 하지만 지역과 환경단체에서 이런 결과를 강력히 반박하자 5월에 환경청은
환경오염과 괴질과의 연관성을 부인하면서도 다른 한편으로는 해당지역주민들에 대한
이주계획을 수립할 것임을 발표(1985년 10월 4일 : 온산지역 주민의 이주대책)하였다.
이를 계기로 온산공단지역의 주민들은 1987년부터 3단계에 걸쳐 91년까지 외부로 이주
하게 된다.

출처 : 정회성·이창훈, 2005, 환경갈등 현황 및 정책과제, 한국환경정책평가연구원.

제 4 절 환경분쟁의 관리 및 조정

1. 환경분쟁의 예방과 해소 원칙

환경분쟁을 예방하고 해결하기 위해서는 첫째, 환경자원에 대한 재산권의 획정
이 필요하다. 재산권적 시각에서 볼 때 환경은 재산권의 정의와 배분은 물론 집행
을 저해하는 여러 가지 문제점을 안고 있다. 많은 경우에 사유재산권, 또는 소유권
의 정의가 어렵거나 사실상 불가능하며 사유재산권의 정의가 가능하더라도 이를
집행하는 데 많은 어려움이 있다는 사실 등이 그것이다. 이러한 이유로 환경은 사
유재산권이 정립되지 않은 채 공유재산권이나 지역재산권, 혹은 자유재산권의 범주
에 남아 있다. 하지만 이러한 공동소유권 하에서는 환경에 대한 관리가 적절히 이
루어지기 힘들다. 환경분쟁을 포함하여 모든 환경문제는 환경의 이용과 보전에 대
한 권한과 책임의 문제로 인식될 수 있으므로 환경에 대한 재산권의 정의와 분배
문제를 명확히 하도록 하여야 한다.

둘째, 오염자부담원칙이 준수되도록 하여야 한다. 오염자부담원칙(Polluter Pays
Principle: PPP)은 대다수의 국가에서 적용되는 환경관리의 최우선 원칙이다. 환경오
염의 발생은 환경자원이 가지는 외부성으로 인한 시장의 실패에서 기인하므로 환
경오염현상을 막기 위해서는 환경오염이라는 외부불경제를 환경오염 유발자의 비

용함수에 내부화(internalize)시켜야 한다. 이는 모든 사회구성원이 자신이 유발한 환경오염으로 인한 피해를 사회적 비용의 형태로 사회에 부담지우는 대신 자기 스스로 부담하게 한다는 원칙으로 환경분쟁과 갈등 해결을 위한 보편적인 기준이 되고 있다.

표 6-1 재산권의 종류와 소유자 및 특징

유 형	소유자	특 징
사유재산권 (private property)	개인	사회적으로 인정된 사용 및 처분권한이 있으며 타인의 피해를 유발하지 않아야 함
공유재산권 (common property)	특정인 집단	외부인의 사용금지권한을 갖으며 보존과 유지의무가 있음
지역재산권 (state property)	지역 시민	지역정부가 정한 규칙 내에서의 사용
자유재산권 (open Access, nonproperty)	없음	선점자가 사용권을 취득하며 특별한 의무는 없음. 공공재의 비극을 초래

자료 : The World Bank, Property Rights and the Environment : Social and Ecological Issues, 1995.

셋째, 수혜자부담원칙을 제한적으로 활용할 수도 있다. 수혜자부담원칙(beneficiary pays principle)은 어떤 공공사업에 의해 이익을 받은 사람이 있을 때 그 이익의 한도 내에서 그 사업에 필요한 비용의 전부 또는 일부를 그 사업의 수혜자에게 부담시킨다는 원칙이다. 수혜자부담원칙은 오염자부담원칙에 반하는 것으로 오염자부담원칙이 적용되기 어려운 상황에서만 제한적·보완적으로 활용하여야 한다.

넷째, 능력자부담원칙도 활용될 수는 있다. 능력자부담원칙(ability-to-pay principle)은 그 자체로서는 부담의 당위성에 대한 논리적 근거를 찾기 어려우나 현실적인 정책기준으로 자주 사용되고 있다. 지역 간 개발정도의 차이가 중앙정부에 의한 인위적인 토지이용규제나 환경기준의 차별적 적용에 의한 경우가 많다는 점에서 부담능력도 중요한 기준이 될 수 있다고 볼 수 있다. 현실적으로 부담능력의 고려 없이는 비용 분담 자체가 불가능하므로 능력자 부담원칙은 오염자·수혜자 부담원칙과 함께 보조적인 기준으로 사용되는 경우가 많다.4)

---

4) 예를 들면 팔당과 대청 지역에 지정되어 있는 상수원 수질보전 특별대책지역 내의 지방자치단체 간 환경기초시설 운영비 분담문제의 경우, 물의 사용량에 근거한 수혜자부담원칙과 각 지자체의 재정능력(재정자립도 등)에 근거한 능력자부담원칙을 적용하고 있다.

2. 전통적 분쟁해결 방법과 대안적 분쟁해소기법

1) 전통적 분쟁해결 방법

환경적 관심과 개발이익 추구 사이의 갈등은 그 발생빈도와 강도가 지속적으로 증가하고 있다. 그러나 이를 합리적으로 해결하는 것은 용이하지 않다.

환경갈등을 해소하는 방법에는 여러 가지가 있다. 갈등을 해결하는 대표적 방법으로는 전통, 규제, 소송, 시장규제, 협상 등을 들 수 있다.[5] 지금까지 개발에 따른 환경갈등은 전통에 따른 관례, 정부의 결정 내지 규제와 같은 행정절차, 법원의 결정과 같은 사법적 절차 등의 방법에 의해 해결되어 왔다.

그런데 오늘날과 같이 다원적이며 점차 개인주의화되고 있는 사회에서는 공유될 가치기반이라는 것이 더 이상 존재하지 않는다. 때문에 관례에 의거하여 상충되는 가치를 가진 집단 내지 개인 간의 분쟁을 해결할 가능성은 거의 사라지고 있다. 그리고 정부 또한 이러한 분쟁을 만족스럽게 해결할 수 없는 경우가 많다. 이는 정부 자신이 갈등의 한 당사자라는 사실과, 정당이 특별한 이익집단이나 조직화된 주민들의 압력을 관리·통제하기보다는 거기에 부응·동조하는 동맹체로 분열되어 정치제도의 역동성이 약화된 데에 기인한다.[6]

이러한 정부, 특히 의회의 무력화로 인하여 분쟁해결의 책임을 법체계에 귀속시키고 있으나 사법부가 이를 제대로 처리하기를 기대하는 것은 무리인 것 같다. 왜냐하면 사법적 의사결정 과정에는 몇 가지 문제점이 내포되어 있기 때문이다. 구체적으로 사법적 의사결정은 과다한 비용이 소요될 뿐만 아니라 시간소비적이라는 점, 즉시적 관심을 요구하는 상황에서는 부적절하다는 점, 소송이 갖는 대립적 성격으로 인하여 갈등당사자들이 호의적 관계를 갖는 것이 거의 곤란하다는 점, 재판의 규칙과 절차에 따른 한계 때문에 갈등의 본질은 거의 검토되지 않으며 특히 공평성과 효율성 측면을 고려하기 곤란하다는 점 등이 그것이다.[7]

---

5) H. Raiffa, The Art and Science of Negotiation, Cambridge : Harvard University Press, 1982, p. 7.

6) L. Susskind & A. Weinstein, "Towards a Theory of Environmental Dispute Resolution," Boston College Environmental Affairs Law Review, Vol. 9, No. 2, 1980, p. 312.

7) L. Susskind & C. Ozawa, "Mediated Negotiation in the Public Sector : The Planner as Mediator," Journal of Planning Education and Research, Vol. 4, 1984, p. 5.

2) 대안적 분쟁해소 기법

전통적 방법에 의한 분쟁해결은 그 결정에 대해 끊임없이 도전을 받을 뿐만 아니라, 분쟁을 적시에 효율적이면서 단호한 방법으로 해결하는 능력을 점차 상실하고 있다. 그리하여 분쟁 중이거나 분쟁의 가능성이 있는 문제에 대하여 이해당사자들이 마주 앉아 상호 수용할 수 있는 해결책을 도출하는 대안적 분쟁해소 (Alternative Dispute Resolution: ADR) 기법[8]이 등장하였다. 여기에는 협상 내지 조정, 정책대화(policy dialogue), 공공자문(public consultation) 등의 방법이 있다. 이들 대안적 방법은 하나의 중요한 요소를 공유하고 있는데 그것은 대립적 과정이 아닌 합의형성, 공동문제해결 또는 협상의 형태로 자발적인 합의를 도출하고자 한다는 점이다.

이러한 접근방법은 전통적 방법에 비해 다음과 같은 잠재적 장점을 가진 것으로 평가되고 있다. 첫째, 직·간접적으로 영향을 받는 당사자가 의사결정과정에 참여할 수 있다. 둘째, 강요된 기준보다는 협상된 기준에 당사자들이 보다 순응적일 수 있다. 셋째, 정보를 구득하는 데 소요되는 비용은 감소하는 데 반해 정보의 신뢰성은 제고된다. 넷째, 어떤 상황에서는 협상이 자원배분에 있어 효율적인 기재가 될 수 있다. 다섯째, 책임이 공공 의사결정자로부터 민간 의사결정자로 이전됨에 따라 정부의 규제행위에 따른 비용이 감소한다.[9]

갈등은 당사자 간의 직접적인 대면협상에 의해 해소하는 것이 가장 바람직하다. 하지만 개발·환경에 관한 갈등은 분쟁당사자 간의 상호불신이 심하고, 이해관계가 첨예하게 대립되어 협상이 교착상태에 봉착하는 경우가 대부분이어서 협상과정에 중립적인 제3자가 개입하게 되는 것이 상례이다. 다시 말해 환경협상의 경우 이를 조정하는 중립적인 제3자가 개입하는 '조정된 협상(mediated negotiation)'[10] 즉, 환경조정의 형태로 이루어지는 것이 일반적이다.

---

8) F. P. Grad, "Alternative Dispute Resolution in Environmental Law," *Columbia Journal of Environmental Law*, Vol. 14, No. 1, 1989, pp. 157-185.

9) A. F. Popper, "An Administrative Law Perspective on Consensual Decisionmaking," Administrative Law Review, 1983, p. 255.

10) 조정된 협상은 중립적 개입자의 존재를 강조하면서 제3자의 조력을 활용하는 다른 형태의 합의적 접근방법과 구별하기 위하여 사용된 용어이다. L. Susskind & C. Ozawa, "Mediated Negotiation in the Public Sector : Mediator Accountability and the Public Interest Problem," American Behavioral Scientist, Vol. 27, No. 2, 1983, p. 255.

3. 환경조정의 의의와 목표

환경조정은 갈등에 관련된 사람들이 그들의 상이점을 공동으로 탐색·조정하려는 자발적인 과정으로 볼 수 있다. 환경조정에서 제 3 자는 해결을 강제할 권한은 없으며 다만 갈등당사자 스스로 그들의 상이점을 해소하는 데 조력할 뿐이다. 즉 갈등당사자 스스로가 '실효성 있는 해결책'이라고 생각하는 것을 도출하였을 때 조정된 갈등은 해소된다.

환경조정은 상이한 이해관계자와 조정자 간 대화를 통해 해결책을 공동으로 설계하는 과정이다. 그 규칙은 선의의 협상윤리이며 그 부산물은 갈등당사자들의 상호이해 증진으로 문제를 보다 분명히 정의하게 한다는 점이다. 따라서 환경조정은 매우 융통성이 있어 쇄신을 유도할 수 있는 수단이 될 수 있다.11)

환경조정의 목표는 개발·환경에 관한 갈등을 해소하여 지역에서 원하지 않는 토지용도를 성공적으로 입지시키는 것이다. 환경조정의 목표와 기준은 다음과 같이 적시되어 있다.12)

첫째 기준은 형평성으로, 입지과정은 공평하여야 하며 공평한 것으로 인식되어야 한다. 입지과정이 공평하고 그 결과가 공평한 것이 되기 위한 기준은 그 과정이 주민참여를 촉진시키는가, 결정 내지 해결책이 기존의 관례와 일치하고 있는가, 결과를 당사자들이 수용할 것인가, 과정이 당사자 간의 관계를 개선시키는가 등이다.

둘째 기준은 과정의 효율성으로 그 과정이 신속하면서도 비용이 적게 드는 결과를 가져오느냐 하는 것이다.

셋째 기준은 사회적 편익을 극대화하는 결과의 산출이다. 공공의사결정과정은 사회적 순편익을 제고하는 것이어야 한다. 이를 평가하는 기준은 과정이 상호이익의 여지를 남겨두지 않는 방법으로 당사자들의 이해를 조화시키느냐, 결정이 장래에 있어 좋은 선례가 되는가, 결과가 공공의 건강과 안전을 보호하는가 등이다.

---

11) USEPA, Using Mediation When Siting Hazardous Waste Management Facilities, prepared by H. S. Bellman, C. Sampson & G. W. Cormick, Washington D.C., 1982, p. 6.

12) T. J. Sullivan, Resolving Development Disputes through Negotiation, New York : Plenum Press, 1984, pp. 202-203. Wiener는 천연자원에 관한 갈등분석을 통하여 소송보다 협상이 시간, 경비 및 결과에 있어 효율적임을 밝히고 있다. N. J. Wiener, "Is Arbitration an Answer?," Natural Resources Lawyer, Vol. 15, No. 2, 1982, pp. 449-456.

참 | 고 | 문 | 헌

권영길, 1997, "환경문제에 대한 지방정부의 갈등관리," 광운대 대학원 행정학박사학위논문.

권원용, 1993, "도시계획분야에 있어서 협상론의 도입을 위한 시론적 고찰," 국토계획, 제 28권, 제 4 호.

김선희, 1991, "NIMBYs," 국토개발연구원, 국토정보.

김진현 · 양봉민, 1994, "환경오염방지사업의 비용배분방안에 관한 연구," 한국환경경제학회지, 제 3 권, 1호.

김형국 외, 1994, 지방자치시대의 지역간 갈등현상과 해소방안, 정무장관(제1)실.

문현주, 1995, 폐기물처리시설의 효율적 관리와 님비와 지역간 분쟁의 해결방안, 한국환경기술개발원.

이달곤, "국제협상력 강화를 위한 정책방안," 한국행정연구원, 한국행정연구, 제 3 권, 1호.

이달곤, 1995, 협상론 : 협상의 과정, 구조 그리고 전략, 법문사.

이수장, 1996, "기피시설입지의 갈등해소에 관한 연구," 서울대 대학원 환경계획학과 행정학박사학위논문.

정회성 외, 1997, 지역간 환경분쟁의 합리적 해소방안, 한국환경정책 · 평가연구원.

정회성, 1994, 지방자치시대의 환경정책, 한국환경기술개발원.

정회성, 1996, 환경문제에 대한 지방자치단체간 이해갈등의 합리적인 조정방안, 한국환경기술개발원.

정회성 · 이성우 · 강철구, 1998, "국토환경의 보전 및 이용관련 분쟁의 조정원칙과 방향," 환경정책, 제 6 권, 제 1 호, pp. 111-133.

정회성 · 이창훈, 2005, 환경갈등 현황 및 정책과제, 한국환경정책 · 평가연구원.

정회성 · 조용모 · 김운수, 1997, "광역상수원 보호구역지정에 따른 자치단체 등 협력유도 : 팔당호 하류지역의 상수원보호구역 지정을 중심으로," 서울시정연구, 제 4 권, 제 2 호, pp. 174-211.

Amy, D., 1987, *The Politics of Environmental Mediation*, New York : Columbia University Press.

Bingham, G. and Miller, D. S. 1984, "Prospects for Resolving Hazardous Waste Siting Disputes through Negotiation," *Natural Resources Lawyer*, Vol. 17, No. 3, p. 473.

Bingham, G. and Haygood, L. V., 1986, "Environmental Dispute Resoltion : The First Ten

Years," *The Arbitration Journal*, Vol. 41, No. 4, Dec. p. 4.

Bingham, G., 1986, *Resolving Environmental Disputes : A Decade of Experience*, Washington D.C. : The Conservation Foundation, pp. 30-43.

Clark, P. B. and Emrich, W. M., 1980, *New Tools for Resolving Environmental Disputes*, Washington D.C. : U. S. Department of Interior.

Coase, R., 1960, "The Problem of Social Cost," *Journal of Law and Economics*, Vol. 3, pp. 1-44.

Dear, Michael, 1992, "Understanding and Overcoming the NIMBY Syndrome," *The Journal of the American Planning Association*(Summer), pp. 288-300.

Dinar, A. and Loehman, E. T., 1995, *Water Quantity/Quality Management and Conflict Resolution.*

Folberg, J., and Taylor, A., 1984, *Mediation : A Comprehensive Guide to Resolving Conflicts without Litigation*, San Francisco : Jossey-Bass.

Heiman, Michael, 1990, "From 'Not in My Backyard" to Not in Anybody's Backyard : Grassroots Challenge to Hazardous Waste Facility Siting, *Journal of the American Planning Association*(Summer), pp. 359-362.

Kenyon, Daphne A., 1991, *The Economics of NIMBYs*, Cambridge, MA : Lincoln Institute of Land Policy.

Lewicki, R., 1993, *Negotiation : Readings, Exercises, and Cases*, Irwin.

Mazmanian, Daniel and Morell, David, 1990, "The "NIMBY" Syndrome : Facility Siting and the Failure of Democratic Discourse," Norman J. Vig and Michael E. Kraft (eds.), *Environmental Policy in the 1990s*, Washington D.C.; Congressional Quartyerly Press, pp. 125-143.

Moore, C., 1989, *The Mediation Process*, San Francisco : Jossey-Bass.

Ozawa C., and Susskind, L., 1985, "Mediating Science-Intensive Policy Disputes," *Journal of Policy Analysis and Management,* Vol. 5, No. 1, pp. 27-30.

Ozawa, C., 1993, "Improving Citizen Participation in Environmental Decision making : The Use of Transformative Mediator Techniques," *Environment and Planning C,* Vol. 11, pp. 103-117.

Porter, R., 1988, "Environmental Negotiation : Its Potential and Its Economic Efficiency," *Journal of Environmental Economics and Management.*

Pruitt, D. G. and Carnevale, P. J., 1993, *Negotiation in Social Conflict*, Buckingham : Open University Press, p. 2.

Raiffa, H., 1982, *The Art and Science of Negotiation,* Cambridge : Harvard University Press, p. 7.

Sullivan, A., 1990, "Victim Compensation Revisited : Efficiency versus Equity in the Siting of Noxious Facilities," *Journal of Public Economics*, Vol. 41, pp. 211-225.

Sullivan, T. J., 1984, *Resolving Development Disputes through Negotiation*, New York : Plenum Press, pp. 202-203.

Susskind, L. E., Richardson, J. R. and Hildebrand, K. J., 1978, *Resolving Environmental Disputes : Approaches to Intervention*, Negotiation and Conflict Resolution, Cambridge : M.I.T., Environmental Impact Assessment Project.

Susskind, L. E. and Cruikshank, J., 1987, *Breaking the Impasse : Consensual Approaches to Resolving Public Disputes*, New York : Basic Books, pp. 93-133.

chapter 18 주민참여와 환경운동

제 1 절 환경정책과 주민참여

1. 주민참여의 중요성

환경정책은 여타 정책과 구별되는 많은 특이성을 가지고 있다. 정책분야에 따라 피해자와 가해자 또는 행정영역과 민간영역이 뚜렷이 구별되지 않는 경우도 많다. 과학적인 전문성을 많이 요구하지만 상대적으로 불확실성이 매우 높은 분야라는 특성도 있다. 환경오염이 현세대 내에서의 불평등과 부정의를 초래함은 물론 미래세대의 안녕을 위협하여 세대 간의 불평등과 부정의 문제를 강하게 제기하기도 한다.

환경문제는 외부성이 크기 때문에 국가의 적극적인 개입이 필요한 분야이다. 그러나 행정의 역량이 이러한 외부성을 치유할 정도도 충분하지 못한 경우가 많다. 예를 들어 공해업소에 대한 감시도 행정감시만으로는 불충분하다. 수많은 오염행위자의 행위를 모두 다 감시하기에는 역부족이기 때문이다. 또 환경문제가 소비오염 문제로 바뀌면서 소비자 의 행태가 환경친화적으로 개선되는 것이 중요해졌다. 뿐만 아니라 환경문제의 발생과 해결에는 많은 이해관계자가 관련되기 때문에 이들 간의 이해조정이 중요한 정책과정이 되게 마련이다. 특히 환경문제에는 불확실성이 존재하기 때문에 정부정책이나 규제가 피해 발생 이후에 이루어지는 경우가 많다.

그러므로 정보의 교류와 합리적인 주민참여가 환경행정에서 보다 중요한 의미를 지닌다. 많은 환경정책분야가 주민의 건강과 직결되는 문제를 포함하며 주민의 적극적인 이해와 협조 그리고 참여 없이는 해결하기 어렵다. 주민참여가 항상 올바른 결론을 보장하는 것은 아니지만 주민의 적극적인 참여와 지원 없는 환경정책의 성공은 기대하기 어렵다 할 것이다.

2. 주민참여의 의의와 목적

링컨은 민주주의 이념으로 '국민의, 국민에 의한, 국민을 위한 정치'를 설파한 바 있다. 우리나라도 오랜 민주화 운동의 결실로 1990년대 이후 민주정치의 기반을 다져가고 있다. 그런데 민주정치의 요체는 결국 참여정치이다. 참여정치란 자기가 속한 국가나 지역이 처한 각종 문제에 대해서 국민 또는 지역민이 함께 참여해 풀어 나가는 것이다. 국민들은 단순한 거류민이 아니라 건전한 국민정신을 가진 공민으로서의 주체성을 가지고 각종 국가 및 지역의 정책과정에서 의사를 표출하고 논의를 주도하면서 스스로 주인된 권리를 실현하는 것이 필요하다.

주민참여 또는 시민참여(citizen participation)란 용어는 1960년대부터 구미를 중심으로 급속히 보급된 개념이지만, 아직까지 매우 다의적인 개념으로 다양한 입장과 상황에 따라 다른 의미와 내용으로 사용되고 있다. 주민참여를 폭넓게 정의해보면 "정책결정과정에 직접·간접으로 영향을 미치거나 미치고자 하는 주민의 참여행동 일반"을 가리키는 것으로 파악할 수 있다.[1]

주민참여의 목적은 보다 훌륭한 주민, 보다 훌륭한 정부의 창조라는 양면성을 지닌다. ACIR(Advisory Commission on Intergovernmental Relations) 보고서는 보다 구체적으로, 주민에의 정보제공, 주민으로부터 또는 주민에 대한 정보수집, 행정결정·계획·사업 및 행정서비스의 개선, 행정결정·계획·사업 및 행정서비스의 승낙 촉진, 행정기관의 업무보완, 정치권력의 형태 및 재원배분의 변경, 개인 및 소수집단의 권리와 이익의 보호, 곤란한 행정결정의 회피 또는 지체 등을 들고 있다.

---

1) 이승종, 1994, 지방화시대의 주민참여, 한국지방행정연구원.

제 2 절 주민참여의 방법과 유형

1. 주민참여의 수단

주민이 정책과정에 참여하는 방법은 우선 직접참여방법, 간접참여방법, 공개참여방법 등으로 나누어 볼 수 있다. 소단위 지역사회의 경우에는 직접참여가 가능하나, 지역의 규모가 크고 시민의 개인참여가 불가능할 때에는 대표자를 지방의회, 각종위원회 등으로 보내는 간접참여방식이 활용된다. 공개참여방식은 시민들이 그들의 문제와 공동관심사를 논의하기 위해 처음에는 비공식적인 방법으로 모이다가 점차 공식적인 방법으로 전환해 가는 방식을 지칭한다.

그리고 주민참여의 실제적 수단으로는 정책심의회, 자문회의, 시민회의(town meeting), 공개청문회, 반상회, 행정상담위원제도, 기관장과의 정례대화, 전시회, 설문조사 방법, 매스미디어 시민운동, 환경기초시설의 민·관 공동운영, 오염행위 주민감시 활동, 환경피해 민·관 공동조사, 주민 자율환경관리 활동, 아이디어창안, 편지 보내기 등 다양한 방식을 생각해 볼 수 있다.

2. 투입유형별 주민참여 방식

주민참여 방식은 투입유형에 따라 저항형, 요구형, 공동생산형, 자주관리형 등으로 나눌 수 있다.[2]

첫째, 저항형 참여는 정부의 정책이나 사업에 대해 시민들이 불만의사를 표출하는 것이다. 환경을 파괴하거나 오염시킬 수 있는 각종 개발사업에 대한 저항운동은 환경정책 발전의 원동력이 되기도 한다. 그러나 과도한 저항은 환경정책의 수행을 어렵게 하는 원인이 되기도 한다.

둘째, 요구(교섭)형 참여는 시민들이 자신들의 요구나 의사를 정부의 정책과정에 투입하여 환경정책이나 행정을 변화시키려는 것이다. 진정, 청원, 서명운동 등

---

2) 김일태, 1996, "지속가능한 사회건설을 위한 참여행정전략," 녹색서울시민위원회 주최 환경행정에 대한 시민참여방안 연구사업, pp. 9-31.

의 능동적 참여와 공청회, 자문위원회, 심의회, 반상회, 주민과의 대화 등과 같은 수동형 참여도 있다.

셋째, 공동생산형 참여는 정부와 시민이 협조하여 공동으로 문제를 해결해 나가는 시민참여 방식이다. 쓰레기처리장의 민·관 공동관리, 시민들의 환경감시 활동 등이 그 예인데 많은 부문에서 이 같은 공동생산활동이 가능하다.

넷째, 자주관리형 참여는 주민들이 자신의 지역사회에서 발생하는 특정사안에 대해 행정의 관여 없이 스스로가 처리하는 시민자치의 유형이다. 대기오염문제 해결을 위한 자전거 타기 운동, 도시수질관리를 위한 도시하천 살리기 운동 등 민주적인 자치문화가 발달한 사회에서 주로 목격된다.

3. 정책단계별 주민참여 방식

환경행정에 대한 주민참여는 정책과정에 따라서도 나누어 볼 수 있다. 첫째, 정책결정 단계에서의 주민참여이다. 대부분의 시민참여는 환경관련 정책이 결정되는 단계에서 이루어진다. 행정투입유형으로 보았을 때 정부의 정책에 대한 저항이나 요구가 주를 이룬다. 주민들의 의견은 정책결정을 위한 각종 위원회나 심의회에의 참여 또는 공청회, 공람, 사업설명회 등을 통해서 제기된다.

둘째, 정책집행 단계에서의 주민참여이다. 정부나 자치단체의 정책이나 사업이 결정된 이후에 이러한 정책을 집행하는 과정에서도 시민참여가 활발하게 이루어질 수 있다. 쓰레기 종량제의 정착을 위한 분리수거운동, 주민 환경감시 운동, 쓰레기 처리시설에 대한 가동중단 운동이나 주민관리위원회의 결성, 녹색소비생활 정착을 위한 녹색가계부 작성운동, 지방의제 21 실천운동 등도 그 예가 될 수 있다.

셋째, 정책평가단계에서의 주민참여이다. 정부나 지방자치단체가 수립하고 운영한 정책의 성공여부나 효과성에 대한 평가가 정책의 최종 소비자인 시민의 주도로 이루어지는 것이다. 우리나라에서는 정책평가의 중요성에 대한 인식이 부족한 편이다. 그러나 정책개선을 위해서는 전문가는 물론 시민에 의한 정책효과 평가가 주기적으로 이루어지고 그 결과가 다음 정책의 수립이나 개선을 위해 끊임없이 환류되어야 한다.

4. 주민참여의 확대과정

주민참여의 단계는 〈표 6-2〉와 같이 크게 7단계로 구분할 수 있다. 1단계는 수동적 참여단계로 주민들이 프로젝트 관리자에게서 단순히 내용을 통보받는 수준이다. 따라서 주민들의 의견은 프로젝트에 고려되지 않는다. 2단계는 주민들이 정보전달에 참여하는 단계이다. 즉 프로젝트에 관여하는 전문가 및 관리자가 행하는 설문조사 등에 응답함으로써 프로젝트와 관련된 정보를 제공한다. 그러나 직접 프로젝트 과정에 참여하지는 않는다. 3단계는 협의에 의한 참여단계로 지역주민은 일정한 협의대상으로서의 역할을 한다. 그러나 의사결정과정에 직접 참여하지는 않는다. 4단계는 인센티브를 위한 참여단계로 지역주민은 노동 등을 통해 프로젝트에 참여하고 임금 등의 물질적인 인센티브를 얻는다. 그러나 의사결정에 직접

표 6-2 주민참여의 단계

주민참여의 유형	내용
1단계 : 수동적 참여	프로젝트 관리자는 지역주민들에게 단순히 고지만 한다. 주민들의 의견은 고려되지 않는다.
2단계 : 정보전달에 참여	지역주민은 전문가 및 프로젝트 관리자가 설문조사 등을 통하여 제기한 질문에 응답하는 수준이다. 주민들은 프로젝트 과정에 영향을 미치지는 못한다.
3단계 : 협의에 의한 참여	외부 대리인들은 지역주민과 협의하고 이를 통해 도출된 정보를 문제 정의 및 프로젝트 설계에 이용한다. 지역주민은 의사결정과정에 참여하지는 않는다.
4단계 : 인센티브를 위한 참여	지역주민은 물질적인 인센티브에 대한 대가로 노동 등의 자원을 제공한다. 지역주민은 의사결정과정에 참여하지는 않는다.
5단계 : 기능적 참여	지역주민은 그룹을 형성하여 사전에 결정된 프로젝트의 목적을 달성한다. 이러한 유형의 참여는 전형적으로 문제의 정의와 프로젝트 설계과정에서가 아니라 적용과정에서 발생한다. 여기서 그룹은 의사결정에 참여할 수도 있다.
6단계 : 상호 참여	지역주민은 문제의 분석, 행동계획 작성, 새로운 그룹 형성 또는 기존의 그룹 강화에 있어서 다른 협력 그룹과 협조한다. 지역주민은 의사결정과정에 협력자로서 참여한다.
7단계 : 자주 동원	지역주민은 스스로 조직화하여 외부 지원 없이 계획을 이행한다.

자료 : M. P. Pimbert and J. N. Pretty, 1995, "Parks, People and Professionals : Putting Participation into Protectde Area Management," United Nations Reserch Institute for Social Development(UNRISD) Discussion Paper #57, Geneva, Switzerland : UNRISD.

참여하지는 않는다. 5단계는 기능적 참여 단계로 지역주민이 그룹을 형성하여 프로젝트의 목적을 달성한다. 여기서 지역주민으로 형성된 그룹은 의사결정에 참여하기도 한다. 6단계는 상호참여 단계로 다른 그룹들과 협력하여 의사결정과정에 협력자로서 참여한다. 7단계는 자주 동원단계로 지역주민이 스스로 조직화하여 외부의 지원 없이 스스로 계획을 이행한다.

제 3 절 환경문제와 환경운동

1. 환경운동의 역할과 동인

자본주의체제 하에서 환경문제는 자원의 최적배분에 실패함으로써 발생하는 시장의 실패(market failure)에 기인하는 것으로 인식되고 있다. 그런데 시장의 실패를 보전하여 환경문제를 극복하여야 할 정부도 정책과정의 경직성 등의 요인에 의한 정부의 실패(government failure)로 환경문제에 적절히 대응하지 못하고 있다는 지적이 많다. 뿐만 아니라 정부가 환경정책을 수립하더라도 이것이 국민이 원하는 수준만큼 적절히 집행되느냐 하는 것은 또 다른 문제이다.

그러므로 정부로 하여금 환경문제를 인식하고 이의 해결을 위해 노력하도록 하는 데에는 특별한 정치사회적인 동인이 필요하다. 이러한 동인의 핵심을 이루는 것이 환경운동이다. 즉 환경문제를 초래하는 시장의 실패와 정부의 실패를 방지 또는 보완하여 환경보호가 이루어지게 하기 위해서는 활발한 환경운동이 불가피하며 환경운동의 활성화 정도에 따라 환경문제의 양상이 결정된다고 할 수 있다.

환경문제를 해결하기 위해서는 국민의 적극적인 관심을 토대로 한 효과적인 환경운동이 필수적이다. 그러나 환경보호가 공공재적인 성격을 지니고 있어 이기적인 인간은 강한 무임승차(free-riders) 욕구를 지니게 된다. 그러므로 대면관계에 의한 통제가 가능한 소규모 집단이라면 몰라도 대규모의 환경운동이나 환경단체의 결성은 기대하기 어렵다고 Mancur Olson(1965)은 그의 저서 「집단행동의 논리(The Logic of Collective Action)」에서 주장한 바 있다.[3] 모든 회원들에게 '선택적 이

3) Mancur Olson, 1965, The Logic of Collective Action : Public Goods and the Theory of

득(selective benefits)'을 제공할 수 없는, 공익을 추구하는 환경운동에 다수의 일반 대중이 자발적으로 참여한다는 것은 경제적 동기라는 관점에서 볼 때는 기대할 수 없다는 것이다.

그러나 미국 등 선진국가에서는 대규모의 환경단체가 발족하여 적극적으로 환경운동을 전개하고 있다. 이론과 실제의 이러한 모순점을 해명하기 위해 많은 학자들이 환경운동을 구동하는 요인을 찾기 위해 노력한 바 있다. 예를 들어 Smith(1984)는 민간환경운동이라는 공익운동을 함으로써 회원들이 얻는 '표현적 이득(express benefits)'이 환경운동의 동인으로 작용하고 있다고 한다.4) 남과는 달리 자신은 인류와 후손을 위한 공공이익을 추구하는 행위를 하고 있다는 점을 남에게 보일 수 있어 환경운동에 참여한다는 것이다. 또 Walker(1983)5)나 Hensen (1985)6)과 같은 학자는 민간이나 공공부문 등 외부로부터 지원되는 자금의 후원 때문에 대규모의 환경운동이 가능하다고 한다. 외부로부터의 자금지원으로 대규모의 환경단체가 형성되며 운영 가능하다는 것이다.

올슨(Mancur Olson)의 집단행동의 원리

올슨은 「집단행동의 논리」라는 저서에서 합리적 선택이론의 관점에서 마르크스의 계급이론과 기존의 다원주의이론을 비판하고, 개인과 집단의 상호작용에 대한 새로운 견해를 제시하였다.

올슨은 집단을 '소집단', 즉 소비에 있어서 경합성이 없고 배제원칙의 적용이 불가능한 공공재를 자발적으로 공급하는 특권적 집단과 '대집단', 즉 강제나 선택적 유인이 없이는 집합재가 공급되지 않는 잠재적 집단으로, 집합재가 공급될 수도, 그렇지 않을 수도 있는 집단을 중간적 집단으로 분류하였다. 그리고 대규모의 잠재적 집단은 집합재와 비집합재를 '함께 끼워 팔(tied sale)' 수 있어야만 합리적인 개인에게 비용을 분담하려는 의식을 고무시킬 수 있다는 '부산물이론'과, 소집단은 소수를 위한 특수이익을 위해 자발적이고 직접적으로 조직을 만들어 행동할 수 있다는 '특수이익이론'을 주장하였다.

Groups, Cambridge, Massachusetts : Harvard University Press.

4) Kerry Smith, V., 1984, "A Theoretical Analysis of the Green Lobby," American Political Science Review 70(1), 137-147.

5) Jack L. Walker, 1983, "The Origin and Maintenance of Interest Groups in America," American Political Science Review 77(1), 390-406.

6) John Mark Hansen, 1985, "The Political Economy of Group Membership," American Political Science Review 79(1), 79-96.

따라서 산업계와 같은 소집단은 대집단에 비해 정치적으로 유리하며, 이들의 특수이익은 비활동적이고 비조직적인 국민들의 이익을 압도하는 경향이 있다고 한다.

이러한 올슨의 집단이론은 정치현상을 경제학적 방법으로 연구하고자 하는 합리적 선택접근법에 기초를 두고 있다. 이 이론은 사회에 실재하는 것은 개인과 그의 행위일 뿐이며, 개인 또는 그의 행위 속성 그리고 그들 사이의 관계로 정의되지 않는 개념은 무의미하며, 대규모 사회현상에 관한 법칙은 미시적 법칙으로 환원될 수 있어야 한다는 '방법론적 개인주의(methodological individualism)'에 기초하고 있다.

자료 : Mancur Olson, 1971, *The Logic of Collective Action : Public Goods and the Theory of Groups*, Cambridge, Massachusetts : Harvard University Press.

2. 환경운동의 형성과 발전

1) 환경운동의 형성과정

환경의 파괴와 오염이라는 산업사회의 부정적 측면에 대한 인식의 확산이야말로 환경운동이 성장할 수 있는 기본적인 토양이다. 환경문제에 대한 첨예하고 지속적인 문제의식, 그것을 "환경의식"이라고 한다면 환경의식의 성장은 환경운동이 발생하기 위한 전제조건이다. 1963년 라이첼 카슨의 『침묵의 봄』 발간 이후 환경오염의 폐해에 대한 각종 저술들은 환경의식의 형성과 확산 과정에 크게 기여했다.

모든 사회운동이 그러하듯이 환경운동도 환경 피해 당사자들로부터 시작되었다. 그러나 당사자들의 위기에 대한 즉각적인 반응이 지속적인 운동으로 계속되기 위해서는 다른 많은 공헌자들이 필요했다. 전문 환경운동 단체들의 출현, 환경문제에 관심을 가진 전문과학자들의 적극적인 활동, 환경문제의 심각성을 전파한 매스컴의 역할 등이 합쳐져서 환경문제가 중요한 사회적 문제로 떠오르게 된 것이다.

독일, 프랑스, 미국, 일본 등 선진 산업사회를 대표하는 나라들에서 환경운동이 대두한 것은 1960년대 말에서 1970년대 초이다. 제 2 차 세계대전 이후 과학기술의 발전에 기초한 지속적 경제성장의 혜택이 대중 소비사회의 도래라는 말로 표현되고 있던 바로 그 시기에 산업화의 부정적이고 파괴적인 결과들에 대한 반성적 인식이 고조되기 시작한 것이다. 특히 1968년 프랑스의 5월 운동은 이후 1970년대에 전개된 환경운동을 포함한 '새로운 사회운동'의 기폭제 역할을 하였다.

모든 영역에서 국가 개입의 증대를 수반하면서 이루어진 지속적 경제성장과 생산제일주의는 자원고갈과 환경파괴를 초래하고, 결국은 인간을 소외시키고 생존마저 위협하는 전도된 결과를 가져왔다는 산업 사회에 대한 비판의식이 넓게 확산되었다. 이제 경제 성장과 인간의 행복 사이의 조화로운 관계는 깨어지고 말았다는 인식이 팽배하게 되었던 것이다. 그 결과 물질주의적 가치관을 넘어서는 탈물질주의적 가치관이 점차 확산되고 삶의 질에 대한 관심이 고조된 것이 환경운동으로 이어진 것이다.

한편 환경운동의 전개과정에는 국가와 기업 그리고 정당들이 개입한다. 환경문제의 해결을 위해 정부와 정당들이 어떻게 활동하고 기업이 환경문제에 대해 어떻게 인지하고 방어해 나가느냐가 환경운동의 전개에 영향을 미친다.

2) 환경운동의 발전단계

환경운동은 다음과 같은 다섯 단계를 거치면서 전개된다고 볼 수 있다.

첫 번째 단계는 환경문제에 대한 관심이 서서히 증대하지만 아직 환경운동은 출현하지 않은 상태이다.

두 번째 단계는 피해 지역 주민들의 운동이 일어나는 단계이다. 공단 주변 등 환경 피해를 심각하게 받는 지역의 주민들이 자연발생적으로 공해배출 업체에 반대하여 집합적인 요구와 방어운동을 전개하는 것이다. 이 단계에서는 운동은 일시적이고 한정적인 조직으로 머무르는 경우가 많다.

세 번째 단계는 지역에 상설적인 환경운동 단체가 만들어지는 단계이다.

네 번째 단계는 전국적인 환경운동 조직이 만들어지는 단계이다. 이 과정에서 자기 직업을 가지고 자원봉사 형태로 활동하는 환경운동가가 아니라 환경운동을 직업으로 하는 전문적 환경운동가가 등장한다. 즉 환경운동의 직업화와 환경운동 조직의 관료제화가 일어난다.

다섯 번째 단계는 환경운동 세력의 일부가 녹색당 등의 환경 정당을 구성하여 정치과정에 참여하는 환경정치운동이 일어나는 단계이다.

환경운동이 기존의 정치권 안에서 하나의 정당으로 제도화되는 것이 환경문제의 해결에 바람직한 방향이냐를 놓고서 수많은 논쟁이 있어왔다. 그러나 유럽 여러 나라들에서 환경운동의 경험은 대체로 위의 다섯 단계를 거치면서 전개되었다.

제 4 절 지방의제 21 운동

1. 지방의제 21의 의의

1992년 리우회의에서 채택된 「의제 21」은 제28장에서 지구환경보전을 위한 지방정부 역할의 중요성을 강조하면서 각국의 지방정부가 지속가능한 지역공동체의 발전을 위한 행동계획을 담은 「지방의제 21」을 지역주민과의 합의하에 1996년까지 작성할 것을 권고하였다. 지방의제 21을 작성하는 이유는 환경을 보전하면서 지역주민의 복지를 증진시키기 위한 것이다.

지방의제 21 작성의 목적은 지속가능한 지역개발이다. 따라서 지역사회 전반에 걸친 비전과 개혁을 요구한다. 그런데 지방의제 21은 국가의제 21의 내용을

[그림 6-1] **의제 21과 지방의제 21의 관계**

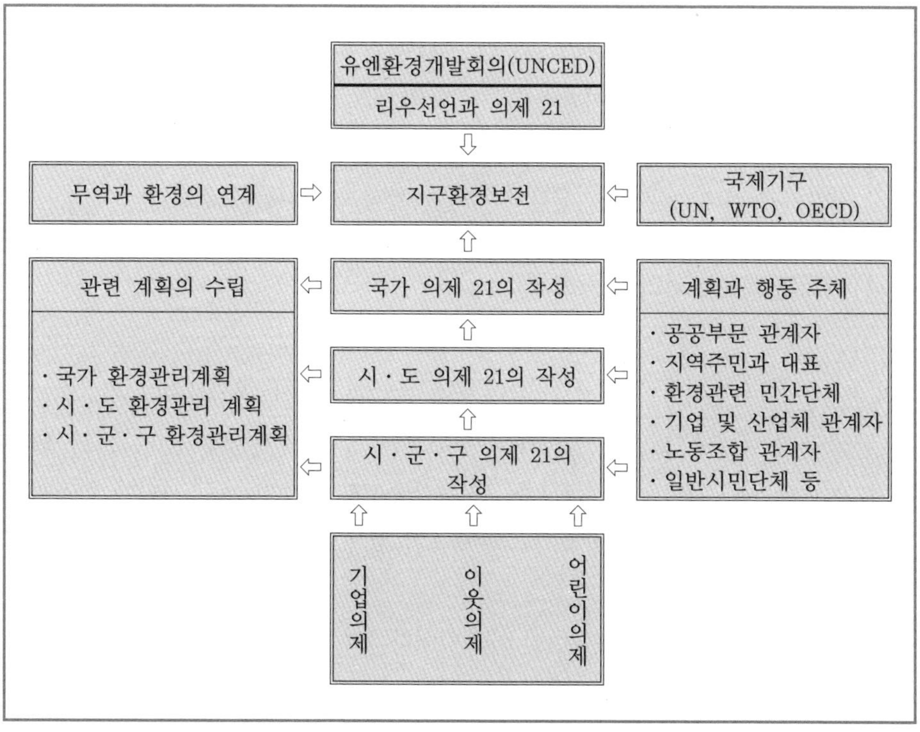

존중하여야 한다. 물론 추진방법은 자율적인 것이 바람직하겠지만 자치단체가 국가의 종합적인 정책방향과 맞지 않은 사항을 지방의제에서 다룬다는 것은 의미없는 것이기 때문이다. 그러므로 우리는 의제 21과 지방의제 21의 관계를 [그림 6-1]처럼 표현할 수 있을 것이다.

2. 지방의제 21의 성격

지방의제 21의 기본적 요소는 ① 지속적 발전이 가능한 사회실현을 목표로 할 것, ② 구체적인 행동지침을 나타내는 행동계획일 것, ③ 시민 등의 참가를 통해 작성되어야 할 것 등이다. 지방의제 21은 이러한 세 가지 성격이 잘 조화를 이루면서 수립되어야 한다. 이러한 지방의제 21의 성격은 상호 독립적이 아니고 작성과정에서 혼재하여 나타날 것이다. 즉 지방의제 21은 지역사회 구성원들이 자발적으로 지역사회의 문제점을 진단하고 잠재력을 발굴하여 장래 비전을 제시할 뿐만 아니라 이의 달성을 위한 행동지침을 표현하는 계획을 수립하여 보고서로 만드는 작업이다. 지방의제 21은 지역의 환경보전활동을 지구적 관점에서 조망하여야 하며, 지속가능한 개발이라는 이념과 '의제 21'의 제 원칙에 기초하여 작성되어야 하고, 시민과 기업과 지방정부가 서로 협의하여 만드는 공동의 작품이 되어야 한다.7) 지방의제 21의 기본적인 성격과 특성을 살펴보면 다음과 같다.

1) 사회운동으로서의 지방의제 21

지방의제 21은 사회운동으로서의 성격을 지니고 있다. 지방의제 21은 시민이 주도하는 지역차원에서의 환경보전운동으로 수립과정에서 지역사회의 주요단체들이 폭넓게 참여하여 토론과 합의라는 민주적인 절차를 거쳐야 한다. 또한 많은 지방자치단체에서 지역 환경감시운동, 지속가능성지표 개발운동, 시민판 환경관리계획 수립, 지역주민들의 자발적이고 주도적인 활동 등 다양한 운동방식을 통하여 이루어져야 한다.

지방의제 21의 실천주체는 주민 개개인이다. 지구환경보전과 지속가능한 개발의 모색이 범인류적 문제로 대두되고 있지만 기본적인 실천주체는 주민 개개인이

---

7) 이창우, "녹색도시의 건설과 Local Agenda 21," 한국 YMCA 전국연맹 국제환경정보교육.

다. 따라서 시·군의 기초자치단체에서는 지방의제 21을 근간으로 하여 환경운동
이 활성화되도록 주민, 기업, 각 기초자치단체가 합의하여 각자의 행동강령을 작
성해야 한다.[8]

2) 계획으로서의 지방의제 21

지방의제 21은 지역사회의 환경 및 개발계획으로서의 성격을 지닌다. 물론 이
러한 계획은 도시계획이나 환경관리계획과 같이 시설투자계획을 포괄하는 계획에
는 미치지 못할 것이다. 그러나 지역사회의 미래비전을 제시하고 행동규범을 기술
할 수 있는 정도의 내용은 포함하여야 한다. 지방의제 21은 계획기간이 명시되어
야 하며, 상위계획이나 지침을 따라야 하고, 공간적 범위가 정해져야 한다. 또한
실천계획의 목표가 최대한 계측 가능한 수치로 나타날 수 있도록 하여야 한다.

지방의제 21은 기존의 지역 환경관리계획과는 그 성격이 다르다. 지역 환경관
리계획은 정부가 중심이 되어 당해 지역의 환경개선을 위해 작성한 중·장기 집
행 및 투자계획이다. 지역 환경관리계획이란 주로 환경오염 발생원과 오염현상에
대해 직접적인 규제를 가하는 환경시책이다.[9] 반면 지방의제 21은 정부와 시민이
협동하여 작성한, 시민 스스로 실천해 가는 시민환경개선 행동계획이다. 지방의제
21은 '지속가능한 지역공동체' 건설을 위해 지역사회체제의 전반을 변혁시켜 나가
는 지역사회 개발운동인 것이다.

3) 보고서로서의 지방의제 21

지방의제 21은 보고서로서의 성격도 지닌다. 지역사회에서의 토론과 합의내용
이 보고서로서 작성되어 해당지역의 지속가능한 개발을 달성하기 위한 분야별 비
전과 행동지침이 알기 쉽게 기록되어 있어야 한다. 기본계획 부문에서는 지속가능
한 개발이념에 입각한 기본원칙을 천명하고 중기계획 부문에서는 서술식보다는
개조식으로 간략하게 기술하는 것이 바람직하다. 연차별 행동계획 부문에서는 매
년도 행동계획의 달성도를 체크하는 것으로서 목표치가 달성되었을 때에는 그 목

8) 박종웅, 경북아젠다 21의 중점추진 방안, 경상북도 주관 '97 경북아젠다 21 추진 연찬회
　주제발표논문, 1997, p. 33.
9) 김일태, 1996, 8, "양천의제 21의 작성과 실천을 위하여," '96양천구 환경포럼 주제발표논
　문, 양천구, p. 13.

표를 수정하여야 한다. 보고서의 분량도 적절해야 하며 간결하면서도 이해하기 쉬운 도표, 그림, 삽화, 만화 등이 많이 들어가면 좋다.

지역 자율환경관리와 지방의제 21운동

　지방의제 21 운동의 성공적인 추진을 위해서 다양한 지역 자율환경관리 모형을 활용하는 것이 필요하다. 동 모형은 지역을 기반으로 하거나 특정생태계 중심으로 접근하는 방법으로 파트너십 환경관리모형의 하나이다. 환경보호와 함께 인간의 경제·사회적 요구를 동시에 고려하여 장기간의 생태계 안정성을 추구하면서 경제적인 번영과 환경적인 복지를 동시에 달성하고자 하는 것이다. 이때 '지역(community)'이라 함은 환경문제에 관한 다양한 가치, 인식, 우선순위와 복잡한 상호관계 등을 포함하는 환경문제와 연관된 장소와 사람들을 말한다. 경우에 따라서는 수변지역, 계곡, 연안지역 같은 자연지리적인 공간일 수도 있고 행정구역 상의 공간일 수도 있다.

　지역자율환경관리제는 다양한 방식으로 전개되고 발전될 수 있다. 외국의 예를 들면 일본 지방자치단체의 환경보호협정(구명 공해방지협정), 미국의 지역사회기반환경보호운동(Community-Based Environmental Protection: CBEP), 캐나다의 자율적비규제정책(Voluntary Non-Regulatory Initiatives: VNRI's) 등이 있다. 이들은 그 배경, 방식, 내용에 있어서 다소간의 차이가 있으나 지역사회가 주체가 되어서 자치단체, 지역주민, 기업 등이 협력하여 지역의 환경문제를 해결하고 지역사회의 지속가능한 발전을 추구한다는 특징을 공유하고 있다. 지역 자율환경관리는 지역의 환경문제에 대한 진단 그리고 환경개선 실천계획의 수립, 환경개선사업의 수행 등으로 진행되며 프로젝트와 파트너십의 효율성을 위하여 상호 감시한다. 그리고 결과, 경험, 새로운 자료, 발전된 기술로 항상 수정되고 환류된다.

3. 지방의제 21 추진절차

　지방의제 21은 운동으로서의 성격, 계획으로서의 성격, 그리고 보고서로서의 성격을 동시에 지니고 있기 때문에 사회적인 참여를 토대로 한, 보다 복잡한 절차를 거치기 마련이다. 그 절차는 물론 구체적인 사안에 따라 달리 나타날 것이지만 대략 [그림 6-2]와 같을 것이다.

[그림 6-2] **지방의제 21 추진의 일반절차**

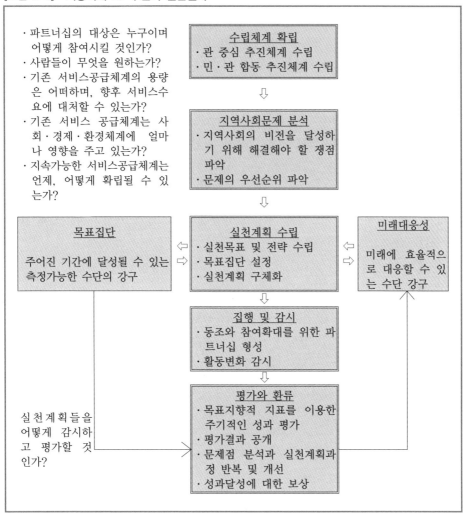

자료 : ICLEI, 1995, *The Local Agenda 21 Planning Guide : An Introduction to Sustainable Development Planning.*

4. 지방의제 21에서 지방행동 21로

리우회의 이후 각국의 지방정부는 다양한 형태와 방식으로 지방의제 21을 추진해 왔다. 리우회의 10년을 기념하는 WSSD(세계지속가능발전 정상회의, 2002년, 요하네스버그)에서는 그간의 추진 상황들을 검토하였고, 향후 10년간 지방의제 21을

실천적으로 한 차원 높이는 결의가 지방행동 21로 나타난 것이다. WSSD 지방정
부회의에서 배포된 문건 '지방행동 21 : 요하네스버그 이후 10년의 지방의제 21 이
행 틀'이라는 제목에서도 볼 수 있듯이 지방의제 21의 추진 전략을 실천적으로 모
색하도록 제기하는 이니셔티브가 지방행동 21이라고 할 수 있다.10)

　　지방행동 21(Local Action 21)은 지방의제 21 이행의 틀이라는 성격을 가지고 있
고, 모토(Motto), 위임(Mandate), 운동(Movement)의 3M으로 요약된다.11) 요하네스버
그 회의에서 정의된 지방행동 21의 개념을 보면 첫째, 지방행동 21은 모토(Motto)
이다. 즉, 지방행동 21은 21세기를 맞아 이제 지방자치단체가 지금껏 설정된 의제
를 이행하기 위한 행동을 취해야 한다 라는 의미로서의 구호 내지 표어이다. 지
방행동 21은 21세기 지구환경을 살리기 위하여 지방차원에서 행동하자 라는 구호
로 표현된다.

　　둘째, 지방행동 21은 WSSD가 지방의제 및 지방행동을 이행하라고 지방정부에
내린 명령이며, 위임이다. 위임으로서 지방행동 21은 WSSD를 계기로 지방의제 21
을 본격적으로 이행하자는 지방정부 서로간의 다짐이다.

　　셋째, 지방행동 21은 지방정부가 벌이는 지속가능한 발전을 위한 운동이다. 여
기서 운동은 지방정부가 펼치는 환경운동이며 사회운동이다. 이는 앞으로 지방정
부가 이러한 운동을 적극적으로 주도해 나가야 함을 시사한다.

🔍 참|고|문|헌

권해수, 1992, "사회운동과 공공정책의 역동적 관계연구," 서울대학교 대학원 행정
　　　학과 박사학위논문.

---

10) 오수길, 2003, "지방행동 21을 위한 민-관 파트너십의 토대 : 사례연구," 지방행정연구 제
　　17권 제 1 호, pp. 220-222.
11) 이창우, 2002, "WSSD 이후 지방정부의 향후 전략과 과제," 제 4 회 지방의제 21 전국대회
　　자료집, pp. 40-41.

김귀곤, 1996, "우리나라 '지방의제 21'의 작성과 시행지침," 한국환경정책학회 세미나 발표 논문.

김영평・최병선 편저, 1993, 행정개혁의 신화와 논리, 나남.

김일태, 1996, "지속가능한 사회건설을 위한 참여행정전략," 녹색서울시민위원회 주최 환경 행정에 대한 시민참여방안 연구사업, pp. 9-31.

녹색서울시민위원회(역), 1995, 지방의제 21 작성 가이드.

박재완, 1993, "사회적 함정과 도덕적 배임," 사회과학연구협의회, 사회과학논평 제11호.

박종웅, 1997, "경북아젠다 21의 중점추진 방안," 경상북도 주관 '97 '경북아젠다 21' 추진 연찬회 주제발표논문.

변병설, 2003, 환경관리시범지자체 발전방안 연구, 한국환경정책・평가연구원.

서울시정개발연구원, 1994, Local Agenda 21과 지방정부의 대응에 관한 워크샵.

서울특별시, 1996, 지방의제 21 사례집.

오수길, 2003, "지방행동 21을 위한 민-관 파트너십의 토대 : 사례연구 ," 지방행정연구 제 17권 제 1 호, pp. 220-222.

이승종, 1994, 지방화시대의 주민참여, 한국지방행정연구원.

이창우, 1995, "녹색도시의 건설과 Local Agenda 21," 한국 YMCA 전국연맹 국제환경정보 교육센터.

이창우, 1997, "한국의 「지방의제 21」의 현황과 문제점," 지방자치단체국제화재단 주최 지 방의제 21의 세계적 동향과 전망 발제논문.

이창우, 2002, "WSSD 이후 지방정부의 향후 전략과 과제," 제 4 회 지방의제 21 전국대회 자료집, pp. 40-41.

정회성 외, 1997, 지방의제 21 작성요강, 환경부・환경기술개발원.

정회성 외, 2000, 지속가능한 사회를 향한 지역자율환경관리의 효과적 추진방안, 한국환경 정책・평가연구원.

정회성, 1997, "지속가능한 개발과 지방의제 21," 토지이용연구, 제 5 권.

정회성・김미숙, 2000, "환경정책과정에서 주민참여의 유형화와 촉진방안," 한국환경정책학 회, 환경정책, 제 8 권, 제 2 호, pp. 159-180.

정회성・이성우, 1994, "우리나라 환경운동의 발달과정과 정책영향에 대한 고찰," 환경정책, 제 2 권, 제 1 호, pp. 1-17.

조명래, 1996, "환경행정에 대한 주민참여에 관한 연구 : NGO활동을 중심으로," 녹색서울시 민위원회 주최 환경행정에 대한 시민참여방안 연구사업, pp. 33-68.

Anderson, Kym and Blackhurst, Richard(eds.), 1992, *The Greening of World Trade Issues*, New York : Harvester Wheatsheaf.

Breheny, M. J.(ed.), 1992, *Sustainable Development and Urban Form*. London : Pion Limited. : Peter Nijkamp(ed.), 1990, Sustainability of Urban Systems, Aldershot : Avebury.

Fadil, Adeeb, 1985, "Citizen Suits Against Polluters : Picking Up the Pace," *Harvard Environmental Law Review*, Vol.9 No.1, pp. 23-82.

Hansen, John Mark, 1985, "The Political Economy of Group Membership," *American Political Science Review* 79(1), pp. 79-96.

ICLEI, 1995, *The Local Agenda 21 Planning Guide : An Introduction to Sustainable Development Planning*, p. 2.

ICLEI, 1995, *The Local Agenda 21 Planning Guide : Case Study*.

Ingram, Helen M. and Mann, Dean E., 1989, "Interest Groups and Environmental Policy," James P. Lester(ed.), *Environmental Politics and Policy : Theories and Evidence*, Durham : Duke University Press, pp. 135-157.

IUCN, 1980, "Development and conservation are equally necessary for our survival and for the discharge of our responsibilities as trustees of natural resources for the generations to come," *World Conservation Strategy*, Geneva : IUCN

Munn, R. E., 1989, "Toward Sustainable Development : An Environmental Perspective," F. Archibugi and P. Nijkamp(eds)., *Economy and Ecology : Towards Sustainable Development*, Dordrecht : Kluwer Academic Publishers, pp. 49-72.

Olson, Mancur, 1971, *The Logic of Collective Action : Public Goods and the Theory of Groups*, Cambridge, Massachusetts; Harvard University Press.

Pearce, David, Markandya, Anil and Barbier, Edward B., 1989, *Blueprint for A Green Economy*, London : Earthscan Publications Ltd.

Phipps, Tim T., Allen, Kristen and Caswell, Julie A., 1989, "The Political Economics of California's Proposition 65," *American Journal of Agricultural Economics* Vol. 71 No. 5, pp. 1286-1292.

Pimbert, M. P. and Pretty, J. N., 1995, "Parks, People and Professionals : Putting Participation into Protected Area Management," *United Nations Reserch Institute for Social Development(UNRISD) Discussion Paper #57*, Geneva, Switzerland : UNRISD.

Smith, V. Kerry, 1984, "A Theoretical Analysis of the Green Lobby," *American Political Science Review* 70(1), pp. 137-147.

Walker, Jack L., 1983, "The Origin and Maintenance of Interest Groups in America," *American Political Science Review* 77(1), pp. 390-406.

World Bank, 1992, *Development and the Environment : World Development Report 1992*, Oxford : Oxford University Press.

World Commission on Environment and Development, 1987, *Our Common Future*, London : Oxford University Press.

PART 07

지구·지역환경문제와 환경협력

제19장 지구환경정치와 행위자

제20장 국제환경규제와 지구환경레짐

제21장 국제무역과 환경문제

제22장 동아시아 환경문제와 환경협력

chapter 19 지구환경정치와 행위자

제 1 절 개 관

환경문제에 대한 국제적인 대응은 국제기구(Global International Organization)를 중심으로 점진적으로 논의의 강도가 증대되어 왔다. 그러다가 1990년대 이후 민간 환경단체(Non-Governmental Organizations: NGOs)의 증가와 역할의 증대로 국제시민 사회의 형성을 주장하는 단계에 이르고 있다.

지구환경규제에 대한 논의에는 다양한 행위자가 참여하여 각각의 역할과 기능을 담당하고 있다. 국제환경규제와 관련된 주요 기능은 물론 규제형성 과정에서의 참여, 규제집행 성과의 감시 및 보고, 규제의무 이행에 대한 강제 등이 있다. 이러한 지구 환경규제에 관련된 행위자는 크게 국가, 국제기구, 민간단체로 나누어 볼 수 있다.[1] 물론 가장 핵심적인 행위자는 주권국가이나 국제기구와 민간기구도 국제 환경규제의 형성과 집행에 있어서 중요한 역할과 기능을 담당하고 있다.

국가(states)는 국제 환경논의에 있어서 가장 중요한 행위자이다. 국가는 환경에 관한 국제법적인 원칙과 규칙을 수립하고 적용하며 집행하는 역할을 한다. 환경과 관련된 국제기구를 창설하고 국제 환경활동에 대한 다른 행위자의 참여를 허가하는 것도 정부의 역할이다. 개별 국가는 자신의 영토와 그 영토 내에 있는 자연자

---

1) Philippe Sands, 1999, "Environmental Protection in the Twenty-first Century : Sustainable Development and International Law," Norman J. Vig & Regina S. Axelrod(eds.), The Global Environment : Institutions, Law and Policy, Washington D.C. : Congressional Quarterly Press.

원에 대한 배타적인 관할권을 가지고 있다. 반면 다른 국가의 배타적인 영토관할권을 침해하지 않아야 하는 의무를 진다. 2010년 기준, 지구상에는 192개의 국제연합 회원국가와 비회원국가가 있다. 지구상의 국가들은 개발국가(developed countries)와 개발도상국가(developing countries)로 나뉘어져 환경문제에 대립된 입장을 보이고 있다.

국제환경문제에 대한 국가의 역할은 국제기구와 비정부기구의 참여와 기능에 의해 보완된다.

국제관계에 대한 두 가지 견해

전통적인 국제관계 연구에서 국제환경제도와 협약의 발전에 적용할 수 있는 이론은 크게 현실주의적 견해와 자유주의적 견해로 나누어진다.

현실주의(realism or neorealism)적인 견해는 세계를 각자 독자적인 행위자로서 특수한 국가이익을 추구하는 주권국가의 무정부적인 집합체로 본다. 이들 국가간의 이익은 다른 나라와 비교되는 상대적인 힘과 안보능력에 의해 파악되며 각 국가들은 자국의 이익에 부합되지 않으면 협력하지 않는다고 본다.

자유주의(liberalism or neoliberalism)적인 견해는 전통적인 견해로는 점증하고 있는 국제협력이나 현재 세계에 존재하는 많은 전문화된 국제 제도들의 지속성을 설명할 수 없다고 본다. 따라서 자유주의 이론가들은 국가들은 상호의존적이며 많은 공동의 이해관계가 이들을 협력하게 한다고 믿는다. 그리고 국제기구는 이러한 공동의 이익에 종사할 뿐만 아니라 협력을 확대시키는 유인을 만들어간다고 한다.

제 2 절 지구환경문제에 대한 국제적 대응

국제적인 의제로서의 환경문제의 전개과정은 스톡홀름회의(UN인간환경회의) 이전(pre-Stockholm era), 스톡홀름회의 시기(Stockholm era), 그리고 리우회의(환경과 개발에 관한 UN회의) 시기(Rio de Janeiro era)의 3단계로 나누어 볼 수 있다.[2]

---

2) Marvin S. Soroos, 1999, "Global Institutions and the Environment : An Evolutionary Perspective," Norman J. Vig & Regina S. Axelrod(eds.), The Global Environment : Institutions, Law and Policy, Washington D.C. : Congressional Quarterly Press : 27-51.

1. '스톡홀름회의(UN인간환경회의)' 이전

1968년 유엔총회가 4년 후 스톡홀름회의를 개최하기로 결정하기 이전까지 특정 환경문제에 대한 국제기구의 논의는 백 년 이상이나 이어져 왔다. 일례로 1872년 국제기상기구(International Meteorological Organization: IMO)가 기상예측의 향상을 위해 창설되었다. 1945년 국제연합(United Nations: UN)이 창설될 당시에는 전반적인 지구환경문제에 대한 인식은 거의 없었다. 국제연합 창설 이후에는 각종 국제연합 전문기구들이 각자의 영역과 관련된 개별적인 환경문제에 대한 논의만을 하였을 뿐이다.

환경문제와 관련하여 중요한 역할을 한 기구로는 1950년 국제연합의 전문기구로 출범한 세계기상기구(World Meteorological Organization: WMO)와 1964년에 창설된 국제생물권계획(International Biosphere Programme: IBP)이 있다.3) 세계기상기구(WMO)는 국제기상기구(IMO)가 개편된 것으로 지구 대기와 기후 변화에 대한 과학적 정보의 개발에 중요한 역할을 하고 있다. 국제생물권계획은 인간 복지와 생산성에 대한 생물학적인 기반을 탐구하기 위한 기구로 국제지표권생물권계획(International Geosphere Biosphere Programme: IGBP)으로 개편되어 경제개발로 인한 자연생태계에 대한 위협을 분석 · 평가해 오고 있다.

2. '스톡홀름회의(UN인간환경회의)' 시대

1963년 출간된 레이첼 카슨의 「침묵의 봄」 등 환경위기를 경고하는 과학자들의 저서와 유럽과 북미의 민간환경단체의 적극적인 노력으로 1960년대 말과 1970년대 초 환경문제에 대한 대중적 관심이 크게 고조되었다. 특히 영국과 유럽대륙의 대기오염물질이 남부 스칸디나비아 반도로 이동해 초래된 산성비 강하 문제가 심화되자 스웨덴 정부는 인간환경회의를 스톡홀름에서 개최하자고 제안하게 되었다.4)

---

3) I. Moffatt, 1995, Sustainable Development : Principles, Analysis, and Policies, New York : The Parthenon Publishing Group, p. 8.

4) Marvin S. Soroos, ibid.

1968년 국제연합 총회는 4년 후에 UN인간환경회의(United Nations Conference on the Human Environment: UNCHE)를 스웨덴의 스톡홀름에서 소집하기로 정식으로 의결하였다. 1972년 열린 본 회의에서는 환경적인 제약에 대한 적절한 고려가 없는 경제개발은 낭비적이고 지속불가능하다는 내용의 「스톡홀름 선언문」과, 5개의 주요 집단으로 구성된 26조의 지도원칙, 그리고 109항의 권고사항으로 구성된 「행동 계획」 등을 채택하였다.

1972년 국제연합 총회는 국제연합 환경논의의 총괄기구로서 환경계획(UN Environment Programme: UNEP)의 설치를 결의하고 본부를 케냐의 나이로비에 두었다. 스톡홀름회의(UNCHE)는 지구마을회의(global town meetings)라고도 불리는 국제환경회의의 전형으로 이후 주요 국제회의는 이 모형에 따라 소집되었다. 환경문제에 대한 국제적인 관심은 스톡홀름회의를 정점으로 1970년대 후반에 들어서는 점차 약화되었다.

3. '리우회의(환경과 개발에 관한 UN회의)' 시대

환경문제에 대한 범지구적인 관심은 1987년 12월 국제연합 총회에서 환경과 개발에 관한 세계위원회(World Commission on Environment and Development: WCED)가 동 위원회의 보고서, 「우리공동의 미래(Our Common Future)」를 정식으로 채택하면서 다시 일기 시작하였다. 1988년에는 기후변화 문제의 해결을 위해 기후변화에 관한 정부간 협의체(Intergovernmental Panel on Climate Change: IPCC)가 설립되었다. IPCC는 인간의 활동이 기후변화에 미치는 영향을 평가하고, 국제적인 대책을 마련하는 역할을 담당하게 된다. 1989년 국제연합 총회에서는 환경과 개발에 관한 회의(United Nations Conference on Environment and Development: UNCED)의 1992년 개최가 정식으로 제안되어 의결되었다.

리우회의(UNCED)는 1992년 6월 브라질 리우에서 176개 국가의 대표, 수십 개의 국제기구, 그리고 수천 명에 이르는 민간기구가 참여해 2주간에 걸쳐 진행된 초대형 국제회의로, 이는 지구환경논의의 획기적인 전기가 되었다. 리우회의의 주제는 '환경보전과 경제개발의 양립'과 '환경적으로 건전하고 지속 가능한 발전(ESSD)'이었으며 이념적인 틀은 부른트란트보고서라고도 불리는 「우리공동의 미래」

였다. 리우회의에서는 「환경과 개발에 관한 리우선언(Rio Declaration on Environment and Development)」과 함께 「산림원칙선언(Principles for a Global Consensus on the Management, Conservation, and Sustainable Development of all types of Forest)」, 「의제 21(Agenda 21)」 등 법적 구속력이 없는 합의를 도출하였다. 그리고 「생물종다양성협정(Convention on Biodiversity)」과 「기후변화협약(UN Framework Convention on Climate Change)」 등의 국제환경협약을 채택하는 성과를 도출하였다.

리우회의 이후 국제환경논의는 리우합의를 실천하는 방법, 수단, 시기 등에 집중되고 있다.

제 3 절   주요 국제환경기구와 그 역할

환경문제와 관련된 국제기구는 지구, 지역, 소지역, 그리고 양자 간에 이르는 매우 복잡하고 파악하기 힘든 망을 구축하고 있다. 또한 국제환경기구 간 조정의 결여는 이들의 역할과 기능을 파악하기 힘들게 하는 측면이 있다. 그러나 국제환경기구는 크게 국제연합의 산하 또는 관련 기구, 국제연합과 관련되지 않은 지역기구, 그리고 환경 및 여타 국제협약에 의해 창설된 기구로 나눌 수 있다. 국제환경기구는 각종 지구환경문제에 대한 규제와 규칙을 만드는 데 있어서 매우 다양한 역할과 기능을 하고 있다. 주요한 기능으로는 국가 간 협력과 조정을 위한 토론장의 제공, 국가 간 또는 국가와 기구 간 환경정보의 수집 · 배분 · 교환, 국제법적인 규제(법적 구속력이 없는 지침과 기준 포함)의 개발, 국제환경관련 기준과 의무의 이행과 집행의 보장, 국가간의 분쟁해결을 위한 독립된 포럼이나 기구의 제공 등을 들수 있다. 주요 국제환경기구를 살펴보면 아래와 같다.

1. 국제연합 총회

1945년 국제연합(United Nations)의 창설은 국제질서에 커다란 변화를 가져왔다. 특히 국제연합 총회(General Assembly)는 국제연합의 6개 주요 조직 중에서 모든 회원국가가 참여하는 유일한 기구이다. 따라서 총회는 1945년 이래 광범위한

문제에 대한 국제사회의 중심적인 논의의 장이 되어 왔
다. 총회는 각종 원칙의 선언 등으로 국제환경법과 정책
개발에 있어서 핵심적인 역할을 하여 왔다. 또한 각종
국제 환경협력을 위한 협상의 장소를 제공하여 국제 환
경규제의 형성을 지원하여 왔다. 총회는 관련기구를 만
들어 환경문제와 환경협력에 대한 책임과 권한을 위임하
여 담당하도록 하고 있다. 환경계획(UNEP), 지구환경기금(GEF), 지속발전위원회
(UNCSD) 등이 이렇게 창설된 기구이다.

국제연합 총회는 1949년 최초의 환경회의인 「자원의 이용과 보전에 관한 회의
(Convention on Conservation and Utilization of Resources)」를 소집하였다.5) 1954년에는
「해양생물자원 보전에 대한 회의(Conference on the Conservation of the Living
Resources of the Sea)」를 개최한 바도 있다. 1968년 총회에서는 4년 후 스톡홀름회
의 개최를 결정하였고, 1972년 환경계획의 창설도 총회의 결정에 의한 것이다. 또
한 '환경과 개발에 관한 세계위원회'의 결성도 1985년 총회의 결의에 의한 것이다.
총회는 경제규모, 인구규모, 발전수준, 기탁금액 등과 무관하게 모든 회원이 참여
하여 '1국 1표의 원칙'에 의해 운영된다. 따라서 개발도상국에게는 유리한 결정이
내려질 수 있으나 집행상의 문제로 좌절감을 주기도 한다.

2. 유엔환경계획

유엔환경계획(United Nations Environmental Programme:
UNEP)은 1972년 유엔총회의 결의에 의해 설립된 기구이
다. 유엔환경계획은 유엔체제 내에서 환경행위에 대한
중심기구로 창설되긴 하였으나 부분적으로 환경문제를
담당하던 기존의 다른 유엔기구(예를 들어 식량농업기구,
세계기상기구 등)와의 마찰을 줄이기 위하여 역할이나 인

---

5) Philippe Sands, 1999, "Environmental Protection in the Twenty-first Century : Sustainable
Development and International Law," Norman J. Vig & Regina S. Axelrod (eds.) The
Global Environment : Institutions, Law and Policy, Washington D.C. : Congressional
Quarterly Press, pp. 116-137.

력, 예산을 매우 제한적으로 운용한다. 그럼에도 불구하고 유엔환경계획은 국제환경규제, 즉 환경법과 정책의 개발에 있어서 매우 중요한 역할을 해 왔다. 특히, 유엔 내의 환경전담 국제 정부간 기구로서 지구환경을 감시하고, 정부와 국제사회가 환경동향에 따라 조치를 취할 수 있도록 함으로써 환경정책합의를 조정하는 역할을 하고 있다.

전세계적인 환경 이슈인 온실가스 배출이나 오존층 파괴 문제, 사라지는 빙하와 해수면 상승 등의 사안이 모두 이 조직의 노력을 거쳐 국제적인 의제로 떠올랐다. 프레온가스 사용을 제한하는 1989년의 「몬트리올 의정서」 채택이나 선진국의 온실가스 의무감축량에 관한 1997년 「교토 의정서」의 채택 등 환경문제에 대한 세계 각국의 실행방안 합의를 주도해 왔다.

유엔환경계획의 본부는 유엔 산하기구 본부로는 최초로 제 3 세계 국가인 케냐 나이로비에 설치되었다. 2014년 기준, 나이로비 본부에는 약 640여 명의 전문가들이 활동하고 있으며 아프리카 지역(케냐의 나이로비), 중남미지역(파나마의 파나마시티), 서아시아 지역(바레인의 마나마), 아시아 및 태평양 지역(태국의 방콕), 유럽 지역(스위스의 제네바), 북미 지역(미국의 워싱턴 D.C.)의 6곳에 지역조직 본부를 두고 있다.

3. 지속가능발전위원회

리우회의가 개최되었던 1992년 12월 유엔총회에서는 지속가능발전위원회(Commission on Sustainable Development: CSD)의 설치를 결의하였다. 지속가능발전위원회의 설립 목적은 지구정상회의에서 도출된 다양한 목표와 권고안, 즉 「환경과 개발에 관한 리우선언」, 「의제 21」, 그리고 「산림원칙」 등의 수행 상황을 감시하고 추진을 지원하기 위한 것이다. 지속가능발전위원회는 국제연합 경제사회위원회(ECOSOC)에 직접 보고하게 되어 있지만 총회에 직접 권고안을 제출할 수도 있다. 1993년 6월 첫 회의 이래 지속가능발전위원회는 지속가능한 개발을 위한 광범위한 주제에 대한 토론의 장을 제공하고 있다. 지속가능발전위원회는 회원국가의 「의제 21」의 각종 조항에 대한 이행상황을 감시하는 역할도 담당하고 있다.

그러나 지속가능발전위원회는 구속력 있는 결정을 내릴 권한이 없고 사업수행을 위한 자체 재원이 없기 때문에 그 역할이 제한적이다. 즉 정부 간, 유엔기구간, 민간단체 간, 의제 21이 규정한 각종 집단 간의 대화 촉진과 협업자(partnership) 관계 구축 등에 중점을 두어 역할을 수행하고 있다. 지속가능발전위원회는 지속가능한 개발을 위해 환경과 개발에 관한 정부·국제기구·민간기구 등의 공개적이고 생동감 있는 토론마당을 제공하고 있다. 그러나 리우 정상회담에서 합의된 핵심조항의 이행에 있어서는 진척이 매우 미흡하다는 평가를 받고 있다.

4. 지구환경기금

지구환경기금(Global Environment Facility: GEF)은 1991년 지구환경보전을 위한 국제협력과 보전활동을 촉진하기 위해 창설되었다. 동 기금은 1990년 세계은행이 지구적인 혜택이 있는 사업에 대한 저소득 또는 중위소득 국가의 투자에 양호한 조건의 자금을 제공하기 위한 동명의 실험적인 프로그램 설치를 주도함으로써 발아되었다.[6] 1992년 '환경과 개발에 관한 유엔회의(UNCED, 일명 리우회의)'는 의제 21을 통해 개발도상국 또는 동구권 전환기경제(economies in transition) 국가들의 지구환경보전활동을 위한 사업활동을 자금지원수단으로 인정하였다. 지구환경기금의 자금지원 대상이 되는 지구환경보전활동은 생물종 다양성, 기후변화, 국제하천, 오존층보호 등의 네 가지 분야이다. 토양질의 저하, 특히 산림황폐화와 사막화는 위의 네 가지 분야와 밀접하게 관련되어 있기 때문에 자금지원의 대상이 된다. 세계은행(WB), 유엔환경계획(UNEP), 유엔개발계획(UNDP)이 동 기금의 운영책임을 맡고 있다.

---

6) Marvin S. Sorrows, 1999, ibid.

제 4 절   주요 환경관련 비정부기구

역사적으로 국제적인 환경규제의 개발에 있어서 비정부기구(NGOs)는 중요한 역할을 하였고 지금도 다양한 방식으로 그 역할을 수행하고 있다. 비정부기구는 국제적인 대응이 필요한 문제를 도출하고, 국제기구와 정부 간 협상과정에 옵저버로 참여하며, 국제적인 환경기준과 의무사항에 대한 준수와 이행을 감시하는 역할을 하고 있다. 비정부기구는 매우 다양한데 크게 과학자 공동체, 비영리환경단체와 협회, 민간기업과 관련 단체, 국제법 관련기구, 학문공동체, 그리고 개인 등으로 나눌 수 있다. 주로 과학자 집단과 민간환경단체가 중요한 역할을 하여 왔으나 최근에는 다국적 기업의 역할이 증대되고 있다.

1. 지구제일운동

지구제일운동(Earth First)은 1970년대 후반 환경운동단체들이 법인화되고, 환경운동이 변형되는 것에 대응하기 위해 조직되었다. 지구제일운동은 1980년대 초기에 탄생했는데, 환경운동가들의 연대를 직접행동으로 나타내고, 시위를 조직하고, 시위 장소를 퍼포먼스의 현장으로 사용하여 생태계를 위한 생태적 사보타지를 실천하기도 하였다. 지구제일운동에는 회원제도 없이 환경운동가들만이 있다. 즉, 기업조직처럼 체계를 잘 갖춘 환경단체에 흡수되지 않으려는 노력이 숨어 있다.

지구제일운동은 자연파괴 행위와 관련된 기업과 단체를 목표로 호전적인 행동을 하기도 하며 도로와 벌채 현장을 막거나 정부와 기업을 침입하여 업무를 방해하기도 한다. 또한, 환경과 생물 서식지를 파괴하는 사업을 막기 위해 송전선, 스키리프트, 군용 송신탑 등을 절단하기도 하기도 하고, 자동차의 과다한 사용과 자동차 문화에 항의하기 위해 혼잡이 극에 달하는 출퇴근 시간대에 자전거로 고속도로를 봉쇄하기도 한다.

2. 세계자연보호기금

영국 런던동물원의 팬더를 로고로 1961년 세계야생생물기금(World Wildlife Fund: WWF)이 설립되었다. 생물학자로 유네스코 초대 사무총장이었던 영국의 줄리언 헉슬리 경이 1960년 옵서버지에 동부아프리카 지역에서의 동물남획과 서식지 파괴실태를 경고하는 글을 기고한 것이 설립의 계기가 되었다. 세계야생생물기금은 1981년 필립 공이 총재로 취임한 이후 야생동물 보호기구에서 벗어나 포괄적인 생태계 보존과 공해방지, 자연자원의 지속적 이용 추진 등으로 활동범위가 확대되면서 1985년 세계자연보호기금(World Wide Fund for Nature: WWF)으로 명칭이 변경되었다.

이 단체는 세계에서 가장 큰 독립적 자연보호단체로서 2010년 기준으로 100개 국가에서 500만 명 이상의 지원자들이 일하고 있으며, 인간과 자연의 공존을 목적으로 기부금을 통해 전세계 환경보호 프로젝트를 전개하고 있다. 생물다양성 보전, 자원의 지속적인 이용, 환경오염과 자원·에너지의 낭비 방지를 3대 사명으로 삼고 있다. 세계자연보호기금은 개인들의 자발적인 기부금이 전체 활동예산의 60%를 차지하며 자연보호 우표발행 등을 통해 적립한 기금운용 수익으로 나머지 자금을 충당하고 있다.

세계자연보호기금은 멸종위기 동식물을 선정·보호하고 있으며, 세계 각국의 정부정책과 환경단체, 일반 시민에게 미치는 영향이 매우 크다. 우선순위 보호 대상으로는 호랑이, 고래, 돌고래, 자이언트 팬더, 코끼리, 흰곰, 코뿔소, 영양, 대구, 산호, 표범, 연어, 상어, 철갑상어, 황새치, 나무 캥거루, 참치 등이 선정되어 있다.

3. 지구의 친구

지구의 친구(Friends of the Earth)는 1971년 프랑스, 스웨덴, 영국, 미국의 4개 환경단체에 의해 조직되었다. 환경보호와 지속가능한 사회건설에 목적을 둔 세계적인 환경단체로서, 2016년 현재 전세계에 75개의 단체회원과 약 200만 서포터가

**Friends of
the Earth**

있다. 그린피스(Greenpeace)가 투쟁적 캠페인, 세계자연보호기금(WWF)과 지구감시연구소(WWI)가 환경문제 연구에 중점을 둔 반면, 지구의 친구는 정부와 기업의 정책, 시민의 의식 변화를 주도하는 역할을 한다.

지구의 친구는 1997년 교토기후변화회의에서 지구 기후변화의 주범이 다국적 기업임을 부각시켰고, 영국의 대기오염이 유럽공동체(EC)의 환경기준을 위배하고 있다는 조사결과를 발표하는 등 대기오염에 의한 기후변화에 관심을 환기시키기도 하였다. 또한, 일반시민들이 참여할 수 있는 환경운동프로그램을 다양하게 개발해 전개하였는데, 그 중에는 과대포장 물품을 생산자나 소매점으로 반환하는 운동, 용기 반환운동, 숲을 파괴하는 원인이 되는 크리스마스 카드줄이기 운동 등이 있다.

2016년 지구의 친구는 경제불평등에 따른 환경과 삶의 질 문제, 자유무역과 사유화 등으로 파괴되는 숲과 생물다양성 문제, 기업농에 의해 위협받는 식량주권과 환경문제 등 새로운 환경이슈를 개발하고 시민참여 프로그램을 개발하는 데 집중하고 있다.

4. 그린피스

GREENPEACE

그린피스(Greenpeace)는 유럽, 북미, 아시아 등의 40여 개국이 참가하는 비영리단체이다. 본부는 네덜란드 암스테르담에 있다. 그린피스라는 명칭은 1971년 미국 알래스카주의 암치카섬으로 핵실험 반대시위를 위한 항해를 준비하는 과정에서 지어진 것으로, '녹색의 지구'와 평화를 결합한 것이다. 당시 12명이 소형 어선 필리스코맥(Phyllis Cormack)호를 타고 암치카섬으로 향하였는데, 이 배에 그린피스라고 새긴 돛을 달고 항해하면서 단체의 이름으로 굳어지게 되었다.

그린피스는 독립성을 유지하기 위해 정부나 기업에서 기금을 받지 않고 각 회원의 기부에 의존하고 있으며, 세계적인 단체로 생물다양성과 심각한 환경위협에 주로 관심을 갖는다.

2016년 기준 영국, 프랑스, 독일, 미국, 캐나다, 스페인, 오스트레일리아, 중국, 인도, 일본, 남아프리카공화국 등 전세계 약 300만 지지자들의 후원을 받고 있다. 에너지혁명과 해양보호, 고대삼림보호, 군축과 평화, 유해물질 없는 미래, 지속가능한 농업운동 등을 통하여 환경을 보호·보존하고 평화를 증진하는 데 힘쓰고 있다.

5. 세계자연보전연맹

세계자연보전연맹(International Union for the Conservation of Nature: IUCN)은 1948년 설립되어 전세계의 정부 및 비정부기구가 참여하는 환경단체이다. 현재는 국가, 정부기관 및 NGO의 연합체 형태로 발전한 세계 최대 규모의 환경단체이다. 제2차 세계대전으로 자연환경의 파괴가 심각한 문제로 대두되자 세계 각국은 파리 회담을 열고 UN의 지원으로 1948년 국제기구로 정식 발족시켰다.

세계자연보전연맹의 설립 목적은 생물다양성 보존과 생태적으로 지속가능한 자연자원의 이용을 통한 건전한 사회를 구축하는 것이다. 세계자연보전연맹에서 시행하는 프로그램은 관련 단체의 환경전략, 지식, 기술 지원에 있다. 세계자연보전연맹에는 6개 위원회의 10,000명이 넘는 전문가가 생물다양성, 서식지 보존 등의 분야에서 활동하면서 국가 환경보존전략의 수립에 도움을 주고, 관련분야의 지식을 제공하는 역할을 한다.

이들은 자원과 자연의 관리 및 동식물 멸종방지를 위한 국제간의 협력증진을 도모하며, 야생동물과 야생식물의 서식지나 자생지 또는 학술적 연구 대상이 되는 자연을 보호하기 위한 전략을 마련하여 회원국에 배포하고 있다.

특히 세계자연보전연맹에서는 멸종위기종 목록인 Red List(적색목록)를 만들어 50년이 넘는 기간 동안 무려 79,800여 종의 생물을 등록하였다. IUCN의 Red List는 과학적 평가를 거쳐 멸종위기생물종과 위기정도가 구분되어 등재되므로 신뢰도가 높다.

우리나라는 환경부(국가회원), 국립공원관리공단, 제주도, 문화재청, 야생동물보호협회, 한국자연보전협회 등 6개 기관이 가입되어 있으며, 북한은 조선자연보호연맹 1개 기관이 가입되어 있다. 세계자연보전연맹에서는 가입국과 민간단체를 지원하며, 본부는 스위스 글랑에 있다.

6. 지구위원회

지구위원회(Earth Council)는 1992년 코스타리카에서 창설된 국제민간환경단체이다. 1992년에서 1993년에는 많은 NGO 단체의 광범위한 자문역할을 수행하였고, 세계적 환경단체의 설립에 도움을 주어 21개의 새로운 비정부단체를 탄생시키게 되었다.

지구위원회의 목적은 더욱 평등하고 지속가능한 미래를 이끌 사람들에게 권한을 주고 지원하는 것이다. 이 위원회는 지속가능한 개발에 대한 인식변화, 의사결정의 공공의 참여 증진 등을 위해 시민단체에게 전략적인 프로그램을 제공하는 역할을 하고 있으며, 재단, 기업, 개인 기부자로부터 자금을 지원받아 프로젝트를 진행하고 있다. 지구위원회는 지구 헌장, 의제 21의 지속가능 목표 달성을 목적으로 설립된 자치 지구위원회와 유엔 밀레니엄 개발의 목표를 지원하고 있다.

7. 세계기업지속발전위원회

세계기업지속발전위원회(World Business Council for Sustainable Development: WBCSD)는 1995년 프랑스 파리에서 BCSD(Business Council for Sustainable Development)와 WICE(World Industry Council for the Environment)의 합병에 의해 설립되었다. 이후로 세계기업지속발전위

원회는 지속가능한 개발분야에서 기업의 역할을 이끄는 단체로 성장하였다.

세계기업지속발전위원회는 경제성장, 생태적 균형, 사회발전의 3가지 지속가능 발전의 원칙을 가진 전세계 200여 개 기업의 협력단체이며, 30개국 20개 주요 산업 분야의 인력으로 구성되어 있고, 2016년 현재 60개 기업단체의 연합체로서 총 5,000개 이상의 경영자로 구성된 네트워크의 후원을 받고 있다.

세계기업지속발전위원회의 목적은 기업경영전략과 지속가능한 발전과의 조화와 사회적 책임을 증가시키는 것으로 기업을 위한 플랫폼, 지속가능한 개발, 지식 공유, 경험과 모범 사례를 연구하고 있다. 즉, 기업이 효율적으로 지속가능한 개발에 기여할 수 있는 구조를 형성시키는 정책개발에 참여하는 것이다.

8. 지구감시연구소

지구감시연구소(World Watch Institute: WWI)는 미국 워싱턴에 록펠러 재단의 후원을 받아 1974년 창립된 세계적인 환경연구기관으로, 이 연구소의 목표는 첫째, 과학적 지식 향상, 둘째, 환경지도자 개발, 셋째, 지속가능한 조직 및 기업의 운영, 넷째, 환경정책 의제와 관리계획 전파, 다섯째, 자연 및 사회 경제적 자본 강화이다.

이 연구소의 설립목적은 지구차원의 환경적 위협에 대한 대중의 인식 향상과 환경문제 해결을 위한 새로운 정책을 제시하는 것으로 생태계 서비스, 기후변화, 바다, 문화 유산 등에 대한 연구 프로젝트를 지원하고 있다. 지구감시연구소가 전세계에 미치는 영향력은 매우 크며, 주로 연구와 저술활동을 통해 환경문제의 중요성을 알리는 활동을 하고 있다.

이 연구소의 대표적 간행물인 「지구환경보고서(State of the World)」는 매년 30여 개 언어로 번역되고 있다. 보고서는 세계 각국의 정책 수립 및 연구에 중요한 자료로 활용되고 있으며, 지구의 자정능력, 삼림, 해양, 식량, 전력 등의 환경관련 문제점 및 현황을 총체적으로 다루고 있다.

9. 지속가능 생태계 연구소

SUSTAINABLE ECOSYSTEM INSTITUTE

지속가능 생태계 연구소(Sustainable Eco-systems Institute: SEI)는 1992년 환경문제해결에 과학적 지식의 중요성을 강조한 해양생물학자 Deborah Brosnan에 의해 공공기관의 설립기금과 민간의 기부금을 지원받아 미국의 포틀랜드에 설립되었다. 이후, 이 연구소는 해양생물, 조류, 육지생태계는 물론 과학과 공공정책의 사회정치적 관계를 연결하면서 성장하여 왔다. 지속가능 생태계연구소의 해양, 산림, 멸종위기종 등의 연구활동은 미국 동부나 서부, 카리브해, 러시아의 시베리아에 이르기까지 매우 광범위하다.

지속가능 생태계 연구소는 생태적인 문제의 해결을 목표로 하는 연구단체로 과학적인 지식을 바탕으로 환경문제를 현실적으로 접근하는 특성을 가진다. 즉, 직접적으로 토지나 자연자원 보전에 관여하지 않지만, 효율적으로 자연자원 보호 제도나 규칙에 대한 과학적이고 기술적인 방법을 제공한다.

이 연구소의 세부 활동목적은 첫째, 생태자원 문제 해결을 위한 과학적인 도움을 제공하고, 둘째, 환경문제에 전문가나 이해당사자가 포함하는 회의를 주재하여 합리적인 문제해결에 기여하며, 셋째, 논쟁이 되는 환경문제에 대하여 최근의 생태적 상황에 대한 정확한 근거를 제시하고, 넷째, 일반 시민에게 이를 홍보하는 것이다.

10. 세계자원연구소

WORLD RESOURCES INSTITUTE

세계자원연구소(World Resource Institute: WRI)는 지구를 보존하고 인간의 삶을 향상시킬 수 있는 실제적인 방법을 연구하는 환경전문 연구기관으로, 1982년 독립된 비영리단체로 설립되었으며, 미국 워싱턴에 본부를 두고 있다. 이 연구소는 각국의 민간기업이나 재단, 정부기관, 정부간 국제조직, 개인으로부터 재정 지원을 받아 운영되고 있으며, 지구 규모의 환경 및 자원과 개발에 관한 문제를 연구한다. 연구분야는 경제학, 삼림, 생물다양성, 기후변동, 에너지, 지속가능한 농업, 자원과 환경에 관한 정보, 무역, 기술, 환경과 자원관리를 위한 국가전략, 인류의 건강 등 다방면에 걸쳐 있다.

세계자원연구소는 인터넷 홈페이지를 통해 지구환경문제에 대한 정보, 아이디어, 해결방안을 제공한다. 세계자원연구소의 특징은 기업, 개인, 기관, 협력단체 모두와 연구소의 자원을 공유한다는 것이며, 이것이 세계자원연구소의 성공에 중요한 역할을 하고 있다. 세계자원연구소의 목표는 환경연구, 협력자와 상호작용 등을 구체화하는 것이다. 즉, 아이디어를 행동으로 옮기고 세계자원연구소가 제공할 수 있는 정보와 해결방안을 찾는 것이다. 이는 공공과 민간의 지식을 연결하는 네트워크를 구축함으로써 가능하다.

환경관련 주요 국제기구의 web site

국제기구
국제연합, www.un.org
유엔환경계획, www.unep.org
지속발전위원회, www.un.org/esa/dsd/csd
지구환경기금, www.thegef.org
기후변화 정부간 위원회, www.ipcc.ch
세계보건기구, www.who.int

비정부기구
지구제일운동, www.earthfirst.org
세계자연보호기금, www.worldwildlife.org
지구의 친구, www.foe.co.uk
그린피스, www.greenpeace.org
세계자연보전연맹, www.iucn.org
지구위원회, www.earthcouncilalliance.org
세계기업지속발전위원회, www.wbcsd.org
지구감시연구소, www.worldwatch.org
지속가능 생태계 연구소, www.sei.org
세계자원연구소, www.wri.org

참|고|문|헌

Daly, Herman E. and Farley, J., 2001, *Ecological Economics : A Text Book*, unpublished manuscript.

Esty, Daniel C., 1999, "Economic Integration and the Environment," Vig, Norman J. & Regina S. Axelrod(eds.), *The Global Environment : Institutions, Law and Policy*, Washington D.C. : Congressional Quarterly, pp. 190-209.

Findlay, R., 1991, "Comparative Advantage," J. Eatwell. et al.(eds.), *The New Palgrave* (the World of Economics), NewYork; W.W. Norton.

Foster, John Bellamy, 1999, *The Vulnerable Planet : A Short Economic History of the Environment*, 김현구 역, 2000, 환경과 경제의 작은 역사, 현실문화연구.

McNeill, 2000, *Something New under the Sun*, New York; W.W. Norton & Company.

Moffatt, I., 1995, *Sustainable Development : Principles, Analysis and Policies*, New York : The Parthenon Publishing Group.

Philippe, Sands, 1999, "Environmental Protection in the Twenty-first Century : Sustainable Development and International Law," Norman J. Vig & Regina S. Axelrod(eds.) *The Global Environment : Institutions, Law, and Policy*, Washington D.C. : Congressional Quarterly Press.

Porter, Gareth and Brown, Janet Welsh., 1996, *Global Environmental Politics*(2nd ed.), Colorado; Westview Press.

Sorrows, Marvin S., 1999, "Global Institutions and the Environment : An Evolutionary Perspective," Norman J. Vig & Regina S. Axelrod(eds.), *The Global Environment : Institutions, Law and Policy*, Washington D.C. : Congressional Quarterly Press.

Toma, Peter A. and Gorman, Robert F., 1991, *International Relations : Understanding Global Issues, Pacific Grove*, California : Brooks/Cole Publishing Company. Chapter 13.

Tyler. Jr, Miller, G., 1996, *Sustaining the Earth : An Integrated Approach*(2nd ed.), Belmont; Wadsworth Publishing Company.

Young, Oran R., 1989, *International Cooperation : Building Regimes for Natural Resources and the Environment*, Ithaca : Cornell University Press.

제 1 절   국제환경규제와 환경레짐

 1972년 스톡홀름회의(UNCHE) 이후 전세계적으로 지구환경문제에 대한 우려가 고조되었고 이에 따라 지구환경을 개선하기 위한 각종 협력체계가 폭발적으로 증가하고 있다. 그러나 현존하는 협력체계가 지구환경개선이라는 직접적인 성과를 가져오는 데에는 많은 한계를 보이고 있다.

 우선 개별적인 레짐 형성에 따른 제약이 있다. 지구 환경레짐이 형성되는 과정을 보면 해당 국가들 간의 다양한 정치외교적 관계, 경제사회적 여건, 환경피해의 정도 등 다양한 변수에 따라 다른 입장과 태도가 존재한다. 예를 들어 성공적인 지구 환경레짐으로 평가받고 있는 오존층보전 레짐은 미국과 유럽으로 나누어진 선진국간의 갈등이 중요한 제약요인이다. 그러나 CFCs(프레온가스) 대체물질의 개발이라는 기술혁신이 레짐형성과 발전의 돌파구를 마련해 주었다. 반면 기후변화방지레짐은 선진국과 후진국 간의 갈등은 물론 미국과 유럽 등 선진국간의 이해가 상충하면서 2015년 파리협정이라는 구체적인 성과를 얻기까지 어려움을 겪었다.

 향후 개별적으로 발달하여 온 환경레짐은 지구의 생명지원구조의 보전이라는 큰 틀의 지구환경지배구조(governance)로 발전되어야 한다. 기후변화 등 지구환경문제는 우리 인류가 자원을 과다하게 이용할 뿐만 아니라 그 이용방식이 잘못된 데에서 기인한다. 선진국에서 높은 생활수준을 유지하기 위하여 에너지, 지하자원 등의 자원을 과다개발하고 생산과 소비과정에서 다량의 오염물질을 배출하였던 것 등이 주요 원인이 되었다. 한편, 자원고갈과 환경오염 등 지구환경문제는 우리 인류가 자연을 이용하여 생산하고 소비하는 방식, 즉 기술에서 그 원인을 찾을 수 있다.

따라서 포괄적으로 우리 인류가 지구생태계와 공존할 수 있는 철학윤리, 정치 · 경제 · 사회 · 문화적인 대안을 도출하고 모든 국가와 각종 집단들이 함께 하며 실천할 방안을 찾을 수 있느냐가 향후 인류의 존망을 결정하는 가늠자가 될 것이다.

레짐과 거버넌스

수많은 환경문제를 다루기 위한 다양한 국제조약과 협약의 체결 그리고 지구환경논의의 확대는 국제레짐과 지구거버넌스라는 용어의 확장을 야기하고 있다.

레짐(regime)은 다양한 방식으로 정의되나 가장 보편적인 정의는 크라스네(Stephen D. Krasne)의 "주어진 문제영역에서 행위자들의 기대가 수렴되는 원칙, 규범, 규칙 그리고 의사결정 절차"라는 것이다. 이 개념은 몇 가지 특성이 있다. 우선 지구온난화, 생물종 다양성 감소 등 특정 이슈를 다룰 때 활용된다. 둘째, 공식적인 조직이나 법보다는 실제적인 원칙, 규범, 규칙, 절차 등을 수용하는 것을 강조한다. 셋째, 모든 유형의 비정부 행위자에도 기회를 열어 정치지도자, 과학자, 이익집단 등을 포함한 다양한 참가자들이 동의할 수 있도록 발전해야 한다는 기대의 수렴을 포함한다. 결국 레짐은 협력이 구속력 있는 협약에 이르느냐의 여부와는 무관하게 자발적인 협력을 용이하게 하는 인식적 그리고 규범적인 이해의 증진을 반영한다. 끝으로 레짐은 구속력 있는 내용이나 법규와 동일시하지 않기 때문에 지식이 진보하고 관련 당사자들의 기대가 변화함에 따라 진보하는 특성이 있다.

거버넌스(governance)는 다수의 관련 이슈를 다루는 체제로서 국제레짐들 간의 밀접한 상호작용 네트워크로 파악된다. 거버넌스는 중앙정부만을 전제로 하지 않고 사적 사회 및 경제체계, 비정부기구, 그리고 단계가 다른 다양한 정부기구 간의 행동의 조정으로 나타날 수 있다. 인터넷 또는 다른 수단을 통한 정보와 통신교류로 형성된 시민사회의 공통의 이념이나 가치가 정부의 행동에 영향을 미쳐 지속가능한 발전을 이룩할 수도 있다.

제 2 절   국제환경규제의 원천과 이행

1. 국제환경규제의 원천

국제환경규제는 국제사회의 국가와 다른 구성원을 상호간의 관계에서 구성하는 규칙들로 구성된다. 규제는 각 구성원에 대해 구속력을 지니는 법규와 구속력이 없는 연성법의 규칙으로 나누어진다. 국가와 다른 국제사회 구성원의 권리를 제약하고 의무를 부과하는 원천은 크게 네 가지로 나누어진다.[1]

첫째는 양자간 또는 다자간 조약(treaties)이다. 협약(conventions), 의정서(protocols), 협정서(agreements) 등으로 불리는 조약은 구속력을 지니는 가장 중요한 국제적 합의이다. 조약은 양자간에 체결될 수도 있고 지역적으로 또는 범지구적으로 체결될 수도 있다. 190개가 넘는 지구상의 국가들은 수천 개의 양자간 조약과 수십 개의 지역간 조약을 체결하고 있고, 범지구적인 환경조약도 크게 증가하고 있는 추세이다.

둘째는 국제기구의 구속력 있는 행위이다. 대부분의 국제환경협약은 동 협약의 내용을 구체화하기 위해 특정행위를 적시하고, 의사결정을 하며, 다른 필요한 조치를 할 권한을 지니는 기관을 설치하고 있다. 때로는 2차적인 규제라고도 하는 이 같은 국제기구의 행위는 법적 구속력이 있을 수도, 없을 수도 있다. 비록 구속력이 없을지라도 이들 국제기구의 행위는 향후 국제규제의 발전방향을 제시하는 기능을 하기도 한다.

셋째는 관습적인 국제법상의 규칙이다. 국제관습법(customary international law)은 구속력 있는 의무를 창출하거나 조약규칙 및 다른 구속력 있는 법상의 의무를 유형화하는 데 기여한다. 관습법은 특정관행이나 그 법적 결과를 수용하는 일정 지역의 국가나 모든 국제사회의 국가에 있어서 의무관계를 설정하는 역할을 한다.

넷째는 국제적인 사법기관의 판결이다. 국제사법기구의 중재와 판결을 과소평

---

1) Philippe Sands, 1999, "Environmental Protection in the Twenty-first Century : Sustainable Development and International Law," Norman J. Vig & Regina S. Axelrod(eds.), The Global Environment : Institutions, Law and Policy, Washington D.C. : Congressional Quarterly Press.

가해서는 안 된다. 국제사법재판소(International Court of Justice)의 판결이 국제환경
규제의 내용을 결정하는 데 매우 중요한 역할을 하고 있다는 것을 부정하는 사람
은 없을 것이다.

이상과 같이 구속력을 지니는 국제환경규제는 법적 구속력이 없는 연성법
에 의해 보완된다. 연성법은 국가나 국제기구가 채택한 지침(guidelines), 권고안
(recommendations), 기타의 법적 효력이 없는 행위(other non-binding acts)를 반영한
다. 연성법의 규칙(rules of soft law)은 관습법의 존재를 지지한다는 국가관행에 대
한 증거가 되기도 하며, 향후 구속력을 지니는 환경규제의 발전방향을 제시해 주
기도 한다. 중요한 연성법으로는 1972년 스톡홀름회의에서 만들어진 「원칙의 선언
(declaration of principles)」, 1982년 유엔총회가 채택한 「세계자연헌장(World Charter
for Nature)」, 그리고 1992년의 「리우선언(the Rio Declaration)」 등을 들 수 있다.

2. 국제환경규제의 이행

지구환경규제가 목적하는 바를 달성할 수 있으려면 규제사항들이 피규제 국가
들에 의해 이행되어야 한다. 규제 준수는 국제환경관리에서도 매우 중요한 요소
이다.

국제사회는 주권국가들로 구성되어 있기 때문에 국제조약상의 합의사항을 이
행하지 않는다고 해서 직접적인 제재를 가할 수가 없다. 그러므로 국제협약은 규
제준수가 용이하도록 잘 설계되어야 한다. 통상 국제협약의 규제준수 여부는 당사
자가 합의한 협약의 체계가 중요한 역할을 할 것이다. 하지만 국제적인 압력의
정도, 해당 국가의 조약에 대한 이해관계, 참여국가의 수, 일부국가의 무임승차
가능성, 환경위해 정보의 확실성, 불이행 감시의 용이성, 민간기구의 활동 등 다
양한 요인에 의해 영향을 받을 것이다.

문제는 국제환경규제에 대한 불이행이 발생한 경우에 어떤 조치를 취하여 이
행을 확보하느냐 하는 것이다. 이에 대한 전통적인 접근방식은 국제적인 분쟁해결
절차를 밟거나 특정 제재를 가하는 것이었다. 통상적인 외교적 분쟁 해결 방식은
협상과 중재, 그리고 최종적으로 조정과 국제사법재판소에의 소송제기이다. 제재
를 가하는 방식에는 협약조항에 의한 제재, 회원자격 박탈 등의 회원제재, 특정국

가의 일방적인 제재 등이 있다. 그러나 이러한 전통적인 방식이 국제환경규제에 대한 분쟁을 해결하는 데 비효율적이라는 지적이 많다.

이에 따라 새롭게 대두되고 있는 체제가 조약 위반국가의 용이한 이행을 지원하는 불이행절차(noncompliance procedures: NCPs)라는 제도이다.[2] 포괄적 불이행대응체계(comprehensive noncompliance response system)라고도 불리는 이 제도는 관리적인 측면을 강조하여 불이행에 대한 제재뿐만 아니라 이행을 용이하게 하고, 투명성을 증진시키며, 보고절차를 개선하고, 위반을 막는 등의 방법을 포함하고 있다.

제3절   주요 지구환경협약과 내용

1. 기후변화협약

「기후변화협약」은 1979년과 1990년에 열린 제1·2차 세계기후회의를 통해 추진되었다. 이들 회의에서는 인간활동에 의해 기후변화가 초래될 가능성과 그로 인하여 발생될 악영향을 방지하기 위한 조치의 필요성을 인정하고, 기후변화방지를 위한 기후협약을 채택하기로 합의하였다. 1988년에는 유엔환경계획과 세계기상기구가 공동으로 기후변화에 관한 정부간 패널(Inter-governmental Panel on Climate Change: IPCC)을 설립하여 기후변화에 관한 과학적인 자료를 평가하고 기후변화문제에 대한 여론을 환기시켰다.

1992년 리우회의에서 채택된 유엔기후변화협약(UN Framework Convention on Climate Change: UNFCCC)의 주된 내용은 1989년 캐나다 오타와(Ottawa)에서 열린 전문가회의의 제안과 1989년 헤이그 선언에서 제시된 기후변화패널의 제안이 주축을 이루고 있다. 오타와 선언은 대기권이 인류에게 중요한 이해가 있는 공동자원이라고 정의하고, 각 국가들에게 대기권을 보호 및 보존할 의무를 부과하는 동시에, 대기권의 오염을 예방, 감소, 통제하기 위해 모든 적절한 조치를 취할 것을 요구하고 있다. 기후변화패널의 제안은 오타와 선언보다 진전된 내용으로 되어 있

---

2) Michael Faure & Jürgen Lefevere, 1999, "Compliance with International Environmental Agreements," Norman J. Vig and Aegina S. Axelrod(eds.), ibid, pp. 138-155.

으며, 기후변화에 대처할 수 있는 강력한 제도적 기구의 설립을 제시하고 있다. 이에 따라 1991년부터 5차례에 걸쳐 개최된 정부간 협상위원회에서 각국의 입장을 조정하고 주요 쟁점에 관한 토의를 거친 끝에, 1992년 5월 9일에 유엔 기후변화협약이 최종 채택되었다.

기후변화협약(정식명칭은 기후변화에 관한 유엔 기본협약)과 리우환경협약안은 1992년 6월 리우에서 열린 유엔 환경 개발회의에서 서명을 위해 개방되었다. 기후변화협약의 목적은 이산화탄소를 비롯한 온실가스의 방출을 제한하여 지구온난화를 방지하고자 하는 데에 있다. 대표적인 규제대상 물질에는 이산화탄소, 메탄, 프레온가스 등이 있다. 협약내용은 기본원칙, 온실가스 규제문제, 재정지원 및 기술이전문제, 특수상황에 처한 국가에 대한 고려로 구성되어 있다. 기후변화협약 체결국은 염화불화탄소(CFCs, 일명 프레온가스)를 제외한 모든 온실가스의 배출량과 제거량을 조사하여 이를 협상위원회에 보고해야 하며 기후변화 방지를 위한 국가계획도 작성해야 한다. 국내에서는 1993년 12월 14일 국회 비준을 거쳐 1994년 3월 21일부터 협약의 효력이 발생하였다. 기후변화협약은 2016년 현재 유럽연합을 포함한 전세계 197개국이 가입해 있다.

리우회의 이후 국제사회는 기후변화협약 당사국총회를 개최하면서 온실가스 감축을 위한 다자간 협상을 진행해오고 있다. 1997년 제3차 당사국 총회(COP3)에서는 최초로 선진국의 감축의무를 구체화한 교토의정서가 채택되었으나 선진국 간 그리고 선진국과 개도국 간의 감축의무를 둘러싼 갈등으로 큰 성과를 거두지 못하였다. 이후 지속적인 협상과 논의 끝에 2015년 12월 파리에서 열린 제21차 당사국총회(COP21)에서 선진국과 개도국을 포함한 전세계 모든 국가가 의무감축에 합의한 파리협정이 체결되어 2020년 신기후체제의 출범을 기약하게 되었다.

2. 몬트리올 의정서

지구생명체는 태양으로부터 오는 강력한 자외선으로부터 보호를 받을 수 있어서 생존이 가능하다. 이는 지구 대기권의 고도 15~30km 사이에 존재하는 성층권의 오존 덕분인데, 오존이 밀집된 이 공간을 오존층이라고 한다. 이 오존층은 햇빛으로부터 오는 자외선을 흡수하여 자외선이 지구에 도달하는 것을 막아 준다.

만약 오존층이 없어 태양의 자외선이 그대로 지구로 들어온다면 많은 사람들이 피부가 붓거나, 심지어는 피부암에 걸릴 수 있다. 또한 눈에는 백내장이 발생하게 되고 면역체계 이상으로 생각하지도 못했던 질병을 얻을 수도 있다.

이렇게 우리 삶에 직접적으로 영향을 주는 오존층이 1980년부터 4%씩 지속적으로 감소하고 있다는 사실이 밝혀졌다. 특히 봄철 남극대륙의 상공에는 큼직한 오존구멍이 생기는 것으로 관찰되었다. 과학자들이 연구한 바에 따르면 남극의 오존 감소문제는 염화불화탄소(CFCs, 프레온가스)에서 나오는 염소가 주원인이나 그 외에도 대기의 역학적인 움직임과 현상이 영향을 미치는 것으로 추정되고 있다. CFCs(프레온가스)는 냉장고의 냉매로 널리 쓰이는 물질로 대단히 안정적이어서 성층권까지 분해되지 않고 그대로 도달한다. 성층권에 도달한 CFCs가 자외선을 쬐게 되면 분해되면서 염소라디칼(활성염소)을 방출하는데 이 염소라디칼이 오존을 분해해 산소로 만들면서 오존층 고갈을 야기한다.

오존층 고갈문제에 대응하기 위해 1985년 유엔환경계획(UNEP)은 비엔나 회의를 소집하여 오존파괴물질의 감축과 대체물질의 개발을 촉구하였다. 그리고 1987년에는 「몬트리올 의정서(Montreal Protocol)」를 채택하여 오존층 고갈문제에 적극 대응하기 시작하였다. 몬트리올 의정서는 오존층 파괴의 정도가 훨씬 심각하고 빠른 속도로 진행하고 있다는 과학적 근거에 따라 1990년 런던개정 의정서, 1992년 코펜하겐 개정안, 그리고 1995년 비엔나 개정안 등으로 오존파괴물질의 감축시기를 앞당기고 기술이전을 강화하는 동시에 재정지원제도로서 다자기금제도를 신설하는 등 대응정책을 강화하였다.3) 최초 46개국이던 가입국 수는 2017년 현재 197개 UN 회원국의 가입으로 늘어났으며 우리나라는 1992년에 가입하였다.

국제사회의 적극적인 대응 결과로 CFCs 배출량은 급격하게 감축되었으며 성층권의 오존층 파괴현상도 진정되고 있는 것으로 관찰되고 있다. 그러나 최근 다이클로로메테인 등 새로운 화학물질의 오존층파괴 가능성이 제기되면서 오존층 회복이 지연될 수 있다는 우려가 등장하고 있다.

---

3) 참고로 1987년 몬트리올 의정서는 1989년 1월 1일에, 1990년 런던개정 의정서의 조정안은 1991년에, 개정안은 1992년 8월 10일에 각각 발효되었고, 1992년 코펜하겐 의정서는 1994년 6월 14일에 각각 발효되었다. 추가로 채택된 몬트리올 개정안은 1999년 11월 10일에 발효되었다.

3. 생물다양성협약

「생물다양성협약(Convention on Biological Diversity: CBD)」은 생물체의 중요성과 생물다양성의 경제적 가치 인식, 그리고 유전자원 관리의 필요성에 따라, 1987년 유엔환경계획(UNEP) 집행이사회가 협약 제정을 결정한 이래 다년간의 준비과정을 거쳐 마련되었다. 생물다양성협약의 목적은 유전자원에 대한 적절한 접근과 기술이전을 통해 생물학적 다양성을 보전하고, 유전자원에서 나오는 이익을 공평하게 분배하는 데 있다. 이 협약은 원칙적으로 각 국가의 자원개발주권을 인정하되 관할권 내의 활동이 다른 국가의 환경에 피해를 미치지 않도록 책임을 부담시킴으로써 1972년 스톡홀름선언의 원칙을 따르고 있다.

생물다양성협약은 리우회의 기간 중 개방되어 158개국의 서명을 받았으며, 30번째 나라가 비준서를 기탁한 날로부터 90일 이후에 발효하게 되어 있었다. 우리나라는 리우회의 기간 중에 서명을 하였고 1994년 10월 3일에 가입하였다. 협약은 1993년 12월 29일 효력이 발생되었으며 2017년 기준 EU 포함 194개국이 가입되어 있다. 미국은 자국의 이익보호를 이유로 서명을 거부하였고 아직까지도 가입을 하지 않고 있다.

4. 멸종위기 야생동식물종의 국제거래에 관한 협약

「멸종위기 야생동식물종의 국제거래에 관한 협약(Convention on International Trade in Endangered Species of Wild Fauna and Flora: CITES)」은 멸종위기에 처한 야생동식물의 국제교역을 규제하기 위해 체결된 협약이다. 이 협약은 전문에서 야생동식물을 "현세대와 미래세대를 위해서 보호되어야 할 지구 자연체계의 대체할 수 없는 부분"이라고 정의하고, 국제무역을 통한 과잉포획으로부터 이들을 보호하기 위해 국제협력이 필수적임을 강조했다.

사이티스라고 불리는 이 협약은 보호해야 할 야생동식물의 종류를 ① 멸종위기에 처한 동 · 식물, ② 교역을 규제하지 않으면 멸종할 위험이 있는 동 · 식물, ③ 각국이 교역에 의한 규제를 위해 국제협력을 요구하는 동 · 식물의 세 가지 범주로 크게 분류하고 있다. 이들 범주에 속하는 동 · 식물의 수 · 출입에는 각 국가의 허가가 필요하며, 특정한 종의 수출입이 이들 종의 생존을 위협하지 않는 경우에만 허가가 내려진다.

수출국은 특정 종의 수출이 국내법에 의해 합법적으로 인정되는 경우에 동·식물을 학대하지 않는 방법으로 운반해야 하며, 수입국은 이를 상업적 목적으로 이용하지 않고, 적합한 생활환경을 보장해 주어야 한다. 다만 이 협약의 규정이 적용되기 전에 습득한 종에 대해서는 수출입 허가를 요구하지 않고 있다. 각 국가는 이 협약규정을 시행하기 위해 적절한 조치를 취하도록 되어 있으며, 위반행위가 있을 시에는 제재를 가하고 대상 동식물을 압수 또는 송환해야 한다.

이 협약은 1979년과 1987년 두 차례에 걸쳐 수정안이 채택되어 협약수행에 필요한 기금 마련과 유럽공동체 등 지역기구의 가입문제를 다루었다. 그러나 협약의 규정에도 불구하고 불법적인 밀렵이나 교역이 성행하고, 회원국들의 협약이행이 충분히 이루어지지 않고 있다는 지적에 따라 수정의 필요성이 다시 논의되고 있다. 가입국은 2017년 기준 183개국에 이르며 우리나라는 1993년 7월 9일 120번째로 가입하였다.

5. 람사협약

「물새 서식지로서 국제적으로 중요한 습지에 관한 협약(The Convention on Wetlands of International Importance Especially as Waterfowl Habitat)」 일명 람사협약은 수조류, 어류, 양서류, 파충류 및 식물의 기본적 서식지이자 가장 생산적인 생명부양의 생태계인 습지의 보호를 위해 1971년 2월 이란의 람사에서 채택되었다. 협약 가입 시 최소 1개 이상의 국내습지를 협약의 등록습지로 등재해야 하는 협약 규정에 따라 우리나라는 자연생태계보호지역으로 지정하여 관리중이던 강원도 인제군 소재 '대암산 용늪'을 협약 등록습지로 등록하였다. 이어 1998년 3월 에는 1997년 7월 자연생태계 보전지역으로 지정되어 있던 경남 창녕의 우포늪을 협약습지로 등록하였으며, 2005년에는 전남 신안군 장도습지, 2007년에는 충남 두웅습지와 울산의 무제치늪, 2008년에는 제주 물장오리, 경기 강화 매화마름 및 강원 오대산국립공원의 습지까지 총 11개의 습지를 람사습지로 등록하였다. 제도 면에서는 1999년 2월에 습지보전법을 제정하는 등 습지보전 및 협약 이행 노력에 참여하고 있다.

람사협약의 가입국 수는 2016년 기준 169개국에 이른다.

6. 사막화 방지협약

「사막화 방지협약(United Nations Convention to Combat Desertification: UNCCD)」은 심각한 한발 또는 사막화의 영향을 받는 국가들에 대한 재정적, 기술적인 지원과 이를 위한 재정체계 수립 그리고 개도국의 사막화 대응능력을 향상시키기 위해 1992년 유엔환경개발회의(UNCED)에서 체결되고 1996년 12월 발효되었다. 2015년 4월 기준 가입국은 EU 포함 195개국이며 우리나라는 1999년 8월 UN 사무국에 비준서를 제출함으로써 156번째 협약 가입국이 되었다. 기후변화협약(UNFCCC), 생물다양성협약(UNCBD)과 더불어 유엔 3대 환경협약의 하나인 동 협약은 사막화 피해 개도국에 대한 적절한 고려 및 이들 국가에의 사막화방지를 위한 지식 및 기술 제공에 대한 내용을 담고 있다. 협약 발효 후 2001년까지는 매년 당사국총회가 열렸으며 그 후에는 격년으로 열리고 있다. 2011년 10월 10일~21일까지 제10차 총회가 경남 창원에서 개최되기도 했다.

제 4 절 지구환경레짐 형성과정 : 주요 사례

1. 오존층 보호

오존층 파괴 문제가 국제적인 차원에서 조직적으로 다루어지기 시작한 것은 유엔환경계획(UNEP) 산하에 오존문제조정위원회(CCOL)가 설치된 1977년 5월부터이다. 이후 UNEP를 중심으로 검토가 진행되어 오다가 1985년 3월에 비로소 「오존층보호를 위한 비엔나협약」이 채택되었다. 비엔나협약에는 오존층의 파괴를 유발하는 활동을 규제하기 위해 각국으로 하여금 필요한 입법 또는 행정조치를 취하도록 하고 관련 연구결과와 정보를 교환하도록 하는 등 원칙적인 사항이 열거되어 있다. 그러나 협약이행에 대한 의무사항의 규정은 없었다.

협약이행을 위한 의무사항이 구체적으로 규정된 것은 1987년 9월에 채택되어

1989년 1월부터 시행된 「몬트리올 의정서」에서이다. 동 의정서는 5종류의 CFC물질(CFC-11,12,113,114 및 115, 일명 프레온가스)과 3종류의 할론(halon-1211, 1301 및 2402)을 규제대상물질로 지정하여 사용을 제한하였다. 그리고 가입국과 비가입국 간의 규제대상물질의 교역도 금지하였는데 교역금지시점은 규제대상물질별로 상이하며 수출과 수입금지가 시작되는 시점도 다르다. 가입국은 냉장고, 에어컨 등 규제대상물질을 함유하고 있는 제품에 대해서도 비가입국으로부터 수입규제를 받는다.

그 후 이 정도의 규제조치로는 오존층 보호에 미흡하다는 연구결과들이 발표됨에 따라 규제강화의 필요성이 제기되었다. 그리하여 1989년 5월 헬싱키에서 개최된 몬트리올 의정서 제1차 가입국 회의에서 규제대상물질을 2000년까지 전면 폐지하는 것을 내용으로 하는 「헬싱키선언」이 채택되었다. 1990년 6월 런던에서 개최된 의정서 제2차 가입국 회의에서는 기존규제대상물질의 삭감일정을 단축하고 10종의 CFC와 사염화탄소 및 메틸클로로포름을 규제대상물질에 추가하였다. 1991년 6월에 열린 제3차 가입국 회의에서는 부록A에 등재되어 있는 물질을 함유하고 있는 제품의 목록을 작성하고 1993년부터 이들 품목에 대해 비가입국으로부터의 수입을 금지하고 있다. 그리고 특정 규제대상물질을 함유하지는 않으나 생산공정상 이들 물질을 사용한 제품에 대해서도 수입을 규제하였다.

1992년 11월 코펜하겐에서 열린 제4차 의정서 가입국 회의에서는 여기서 한 걸음 더 나아가 종전의 삭감일정에 없던 수소염화불화탄소(HCFC) 등 41종의 물질도 규제대상물질에 포함시켰다. 또한 일부 대상물질의 삭감 일정이 앞당겨지는 등 기존의 규제내용도 대폭 강화되었다. 이처럼 두 차례에 걸쳐 규제일정이 단축되거나 강화된 것은 오존층 파괴가 당초 예상보다 훨씬 빠르게 진행되고 있기 때문이었다.

이후 제7차 당사국총회(1995년 12월, 비엔나), 제9차 당사국총회(1997년 9월, 몬트리올), 제11차 당사국총회(1999년 11월, 북경), 제19차 당사국총회(2007년 9월, 몬트리올)에서 규제대상물질에 대한 감축일정이 더욱 강화되었다. 2017년 몬트리올 의정서 30주년을 맞아 의정서의 효과에 대한 평가가 이루어졌는데, 지난 30년 동안 악성종양을 포함한 피부암 사례가 약 300만 건 예방되었고 오존층 파괴물질인 CFCs(프레온가스)의 규제로 약 2,000억톤의 이산화탄소 저감효과가 발생하여 온실효과 예방에 도움이 된 것으로 평가되었다. 그러나 지속적인 노력에도 불구하고 오존층의 오존량은 2050년 경에 이르러서야 1980년대 수준을 회복할 것으로 예측되고 있다. 그러나 최근 다이클로로메테인 등 새로운 화학물질의 오존층파괴 가능성이 제기되면서 오존층 회복이 예상보다 지연될 수 있다는 우려가 등장하고 있다.

차별적 공동책임 원칙

1992년 6월 브라질 리우에서 개최된 유엔환경개발회의(UNCED)에서는 '차별적 공동 책임 원칙'이 표명되었다. 차별적 공동책임원칙(differentiated but common responsibility principle)이란 선진국과 개발도상국이 지구환경보전에 대해 공동의 책임을 지지만 각국 이 개별적인 능력에 따라 차별적으로 지구환경보전의무를 부담해야 한다는 것으로 선진 국의 선도적인 역할을 주문한 원칙이다.

즉 각 국가는 지구생태계의 건강과 안전성을 보존, 보호 및 회복시키기 위하여 범 세계적 동반자의 정신으로 협력하여야 하나 지구의 환경악화에 대한 제각기 다른 책임 을 고려하여 공통된 그러나 차별적인 책임을 갖는다는 것이다.

이에 따라 선진국들은 그들이 지구환경에 끼친 영향과 소유하고 있는 기술 및 재정 적 자원을 고려하여 지속가능한 개발을 추구하기 위한 국제적 노력에 있어서의 분담 책 임을 인식해야 한다는 것이다.

2. 기후변화방지

1) 기후변화 문제의 전개

화석연료의 과잉사용에 따른 기후변화와 이에 의한 환경재앙에 관한 논의는 국제정치와 경제적 문제가 관련된 매우 복잡한 문제이다. 기후변화에 대한 국제논 의는 우선 지구온난화현상의 원인을 과학적으로 규명하는 것을 목적으로 세계기 상기구(WMO)와 유엔환경기구(UNEP)가 공동으로 협의체를 구성하면서 시작되었다. 그리고 '기후변화에 관한 정부간 협의체(Intergovernmental Penal on Climate Change: IPCC)'로 하여금 기후변화에 관한 연구업무를 수행하도록 하였다. 1988년 6월에는 기후변화에 관한 세계회의가 개최되었고 1990년의 제2차 기후회의에서는 지구온 난화문제에 대처하기 위한 협약을 채택하기로 합의하였다.

그러나 기후변화방지를 위한 국제레짐 구축작업은 근본적으로 현대 산업사회의 경제활동의 근간인 화석연료의 사용을 제한한다는 문제 때문에 많은 어려움을 겪고 있다. 이러한 어려움은 기후변화방지를 위한 최초의 협약문 작성을 위한 협상에서부터 협약내용을 실천하기 위한 합의에 이르기까지 선·후진국간, 그리고 선진국간에도 논란이 지속되고 있다.

우선 기후변화의 실체에 대한 근본적인 논란이 있다. 지금까지 대부분의 과학적인 연구결과가 기후변화의 실질적인 가능성을 지원하는 자료를 제공하고 있다. 그러나 산업계의 이해를 반영하는 일부 국가들은 기후변화 가능성 자체를 부정하고 있다.

둘째, 규제대상 온실가스의 범위에 대한 논란이다. 선진국들은 지구온난화 가설에 의할 경우 온실가스 중 먼저 이산화탄소부터 규제하자고 주장한다. 즉, 화석연료의 사용량을 규제하면 된다는 것이다. 반면에 개도국들은 이산화탄소의 배출만 규제할 경우에는 다른 예기치 못한 현상들이 발생될 우려가 있으므로 모든 온실가스의 배출을 규제하자고 주장한다.[4]

셋째, 온실가스 감축의무에 있어서도 후진국의 선진국 의무론과 선진국의 후진국 참여론이 대립되고 있다. 미국 등의 선진국들은 협약의 목적을 효율적으로 달성하기 위해서는 개발도상국가의 의무강화도 필요하다고 주장한다. 반면 동 협약으로 경제성장이 제약을 받게 되는 개발도상국가들은 선진국의 누적적인 기후변화가스 방출을 들어 선진국의 선감축을 강력하게 주장하고 있다.

넷째, 온실가스 감축의무의 이행방식에 대해서도 논란이 많다. 감축의무 이행방식에는 국가간의 온실가스 배출권의 거래를 허용하느냐의 문제와 온실가스 흡수대안의 인정여부 정도에 대한 논란이다. 전자에 대해서는 미국을 비롯한 선진국들이 공동이행제도의 도입을 강력히 추진하여 교토 의정서에 반영하였고,[5] 산림

---

4) 물론 이렇게 다른 주장들을 하게 된 배경은 각국이 안고 있는 경제적 여건이 상이하기 때문이다. 즉, 선진국들은 이산화탄소의 배출량이 정체 내지는 감소하고 있는 반면 개도국들의 경우 산업화의 진전에 따라 더욱 많은 양의 에너지사용이 불가피하기 때문이다. 또한 개도국들은 이산화탄소만 규제할 경우라도 이제까지 선진국들이 대부분의 이산화탄소를 배출해 왔기 때문에 선진국들이 책임을 져야 한다고 주장하고 있다.

5) 공동이행제도란 2개국 이상이 온실가스 감축사업에 공동으로 참여하여 달성한 일정 감축분을 사업참여국의 이행실적으로 인정해 주는 제도를 말한다. 이는 이산화탄소 감축여력이 한계에 도달한 선진국들이 상대적으로 감축비용과 여력이 큰 개발도상국에 재정 및 기술을 지원, 공동사업을 함으로써 자국의 감축목표를 저렴한 비용으로 달성할 수 있는

등에 의한 흡수대안도 선진국의 주장을 받아들여 일부 수용되었다.

2) 기후변화협약과 후속조치

이러한 쟁점에 대한 논란이 거듭되다가 1990년 이후 여러 차례의 정부간 협상회의(INC)를 거친 후 협약문이 작성되어 1992년 6월 리우에서 열린 유엔환경개발회의에 제출되었고, 여기서 「기후변화협약(United Nations Framework Convention on Climate Change: UNFCCC)」이 채택되었다. 이후 매년 당사국 회의를 개최하면서 기후변화 가스 감축을 위한 다자간 협상이 진행되었다. 특히 1997년 교토에서 개최된 제3차 당사국회의에서는 구체적인 감축량과 일정을 담은 의정서에 합의하였다.

교토 의정서는 기후변화 협약을 보완하기 위해 구속력 있는 법제도로서 채택되었으며 2010년 10월 기준 191개국이 서명을 하였다. 교토 의정서 원안에 따르면 선진국들에게 구속력 있는 온실가스 배출 감축목표(quantified emission limitation & reduction objects: QELROs)를 설정하고, 5년 단위의 공약기간을 정해 2008년-2012년까지 선진국 전체의 배출량을 1990년 대비 1.8%(원래는 5.2%)까지 감축할 것을 규정하고 있다. 개별적으로 EU는 -8%, 미국은 -7%, 일본은 -6%, 캐나다는 -6% 등으로 규정되었으며 OECD 회원국들은 이 기간 동안 1990년 대비 5% 이상의 온실가스를 감축하도록 하였다.

2005년부터 교토 의정서 의무부담 선진국에 대한 온실가스 감축협상이 시작되었으나 선진국들은 개도국들의 온실가스 감축문제에 대한 기여가 확보되지 않고서는 의무부담 논의를 진전시키고자 하지 않았다.

3) Post-2012 체제 논의과정

교토의정서 제1차 공약기간이 2012년이면 끝나기 때문에 국가들은 2012년(Post-2012)에는 어떻게 행동할지 결정하여야 했다. 2007년 제13차 당사국총회(인도네시아 발리)는 2009년까지 구속력 있는 합의를 도출하는 것을 목표로 「발리행동계획(Bali Action Plan)」을 채책하였다. 이에 따라 국가들은 Post-2012 협상을 시작하였다. 그러나 2009년 제13차 당사국총회(덴마크 코펜하겐)에서도 감축의무, 재원 등 주요 쟁점을 둘러싸고 국가들의 의견 차이가 좁혀지지 않았다. 협상과정에 대한

수단이 될 수 있다.

불만도 발생하여 협상은 결렬되었다. 모든 국가가 감축의무를 부담한다는 내용의
「코펜하겐 합의(Copenhagen Accord)」가 이루어졌지만, 당사국총회는 이를 채택하지
않았다.

　제1차 공약기간 만료 직전인 2012년 12월, 제18차 당사국총회(카타르 도하)는
「도하 개정문」을 채택하였다. 교토의정서 제 2 차 공약기간을 2013년부터 2020년까
지로 정하고, 그 기간 동안 온실가스 배출량을 적어도 평균 18% 감축하자는 내용
을 담았다. 개정문이 발효되려면 교토의정서 당사국(192개)의 3/4에 해당하는 144
개국이 비준을 하여야 한다. 그러나 2016년 5월 현재 비준한 국가가 65개에 불과
하여 개정문은 효력이 없다.

4) 신기후체제의 출범

　2011년 제17차 당사국총회(남아프리카공화국, 더반)는 기후변화협상에 중요한 전
환점이 되었다. 당사국들은 2020년 이후 적용될 새로운 체제를 설립할 것에 합의
하고 이를 위한 협상을 2015년까지 완료하기로 하였다. 이를 「더반 플랫폼(Durban
Platform for Enhanced Action)」이라고 한다. 이 협상을 위해 「더반 플랫폼에 관한 특
별작업반(ADP, Ad Hoc Working Group on the Durban Platform for Enhanced Action)」이
구성되었다.

　더반 플랫폼에 따라 2012년부터 2015년까지 합의문을 작성하기 위한 협상이
15차례에 걸쳐 진행되었다. 그리고 마침내 2015년 12월 12일, 제21차 당사국총회
(프랑스 파리)에서 선진국과 개도국을 포함한 전세계 196개국 대표가 합의한 「파리
협정(Paris Agreement)」이 채택되었다. 파리협정이 각국에 의해 비준되면서 역사상
최초로 법적 구속력을 갖는 기후변화협약이 마련되고, 이에 따라 2020년부터 선진
국과 개도국 모두에게 적용되는 보편적인 기후체제인 신기후체제가 출범할 수 있
게 되었다.

5) 파리협정의 내용

　신기후체제의 기반이 되는 파리협정은 기존 교토의정서에 비해 크게 진전된
내용을 담고 있다. 핵심적인 차이점으로는 △지구온난화 억제를 위한 장기 목표
를 강화했으며, △선진 37개국에 한정되었던 온실가스 감축의무를 개도국을 비롯

한 전 세계 모든 국가로 확대하고, △5년마다 온실가스 감축 이행 여부를 점검하는 동시에 상향된 목표를 새로 제출하며, △개도국에 대한 지원을 확대한다는 점 등이다.

표 7-1   교토의정서와 신기후변화체제 비교

교토의정서	구 분	신기후체제
온실가스 감축에 초점	범위	감축을 포함한 포괄적 대응 (감축, 적용, 재정지원, 기술이전, 역량강화, 투명성)
37개 선진국 및 EU(미국 · 일본 · 캐나다 · 러시아 · 뉴질랜드 불참)	감축 대상국가	선진 · 개도국 모두 포함
하향식(top-down)	감축목표 설정방식	상향식(bottom-up)
1차 공약기간: 2008~2012년 2차 공약기간: 2013~2020년	적용시기	2021년부터

※ 일본은 2차 공약기간부터 불참. 자료=환경부

    우선 당사국들은 이번 2100년까지 "지구 기온 상승폭을 산업화 이전 대비 2℃보다 훨씬 아래로 유지하며 나아가 1.5℃까지 제한하기 위해 노력한다"는 장기 목표에 합의했다. 이는 지구 기온 상승폭 '2℃ 이내' 제한이라는 2009년 코펜하겐 당사국총회(COP15) 합의보다 훨씬 강화된 목표치다. 기후협상 과정에서 목표온도가 언급되기는 하였지만 법적 구속력이 있는 문서에 명시된 것은 파리협정이 처음이다.

    교토의정서에서 온실가스 감축의무는 선진국에만 부과됐으며, 세계 온실가스 배출량 1위, 3위인 중국, 인도 등 개도국은 감축 대상에서 아예 빠졌다. 또한 교토의정서는 감축 의무 국가에 감축량을 일방적으로 요구하는 '하향식' 할당 방식을 적용해 반발을 야기했다. 그 결과 온실가스 배출량 2위 미국이 비준을 거부하고, 캐나다는 탈퇴했다. 일본 · 러시아 · 뉴질랜드는 교토의정서 적용기간 연장에 불참하는 식으로 참여를 거부했다.

    파리협정은 이전 체제의 한계를 극복하기 위해 모든 국가가 참여할 수 있는 장치를 곳곳에 마련했다. 그 결과 선진국뿐만 아니라 개도국을 포함한 모든 나라가 의무감축에 참여한다. 감축 목표도 개별 국가가 스스로 정해 제출하는 '상향식' 방법으로 바꿨다. 국가결정목표(NDC)라고 부르는 이 목표는 법적구속력이 없고 자율적인 노력을 추구한다. 2016년 4월 현재 189개 당사국이 NDC를 제출하였고 이들의 온실가스 배출량 총합은 2010년 세계배출량의 95.7%에 달한다(우리나라는 2030년 BAU 기준 37% 감축이라는 목표를 제출하였다).

세계 각국은 5년마다 온실가스 배출 감축 약속을 잘 지키는지 점검을 받고, 동시에 이전보다 진전된 새로운 목표를 제시해야 한다. 이를 위해 국제사회는 공동으로 감축 여부를 검증하는 '이행점검(Global Stocktaking)' 시스템을 새로 구축했다. 아울러 기후변화에 대한 적응의 중요성을 인식해 개도국의 기후변화 적응을 위한 재정적·기술적 지원을 확대하도록 하였다.

파리협정 이후 이어진 두 차례의 당사국총회에서는 파리협정의 이행을 위한 논의가 진행되었다. 2016년 제22차 당사국총회(모로코 마라케시)에서는 「마라케시 행동 선언문」을 통해 협정이행에 각 분야 이해당사자들의 참여를 촉구하였고, 2017년 제23차 당사국총회(독일 본)에서는 파리협정 이행 지침 마련을 위한 협상이 진행되었다. 2017년 6월 미국의 탈퇴 선언에도 불구하고, 여전히 세계 탄소 배출의 87%에 달하는 200여 개 국가가 협정을 이행중이다.

[그림 7-1] **파리협정 채택을 축하하고 있는 크리스티나 피게레즈 기후변화협약 사무총장, 반기문 유엔 사무총장, 로랑 파비우스 프랑스 외무장관, 프랑수아 올랑드 프랑스 대통령(왼쪽부터)**

출처: UNFCCC 홈페이지(newsroom.unfccc.int)

3. 생물종 다양성 보호

생물종의 다양성은 수십 억 년을 거쳐 형성된 지구생태계의 통합성과 안정성을 유지해 주는 안전판과도 같다. 이런 의미에서 최근에 발생하고 있는 급격한 생물종의 감소는 자연의 생산성과 인간의 건강 등 지구생태계 전반에 커다란 위협이 되고 있다. 특히 유전공학의 발달로 각종 유전자의 경제적 가치가 새롭게 발견되면서 인구증가 및 인간의 개발행위로 인한 생물자원의 멸종 방지, 유전자원에의 적절한 접근 및 이용에 따른 이익의 공평한 분배가 지구환경관리상의 중요한 의제가 되고 있다. 생물종 보호를 위한 국제환경레짐은 생물다양성협약에 대한 논의를 통해서 발전하고 있다.

생물다양성협약(Convention on Biological Diversity: CBD)은 1990년 11월부터 6차례에 걸친 정부간 협상회의를 거쳐 1992년 6월 리우회의에서 기후변화협약과 함께 채택되었다. 협약의 목적은 생물종 감소를 방지하고 생물자원의 합리적 이용을 촉진하는 것으로 당초 생물종의 다양성을 보존하기 위한 국가의 의무와 함께 국제협력방안의 구체화를 목표로 하였다. 그러나 협상과정에서 생물자원의 이용과 유전공학을 둘러싼 선진국간 및 선진국과 개도국간의 입장 차이로 생물자원의 보호와 이용 측면에서의 조화를 규정하는 선에서 마무리되었다.

생물다양성협약에서는 협약에 가입한 국가는 다음과 같은 사항을 시행하여야 한다고 규정하고 있다. 우선 부속서에서 정한 목록을 참고하여 생태계의 보전과 지속가능한 이용을 위한 국가전략이나 계획을 수립 · 시행해야 한다. 그리고 생물다양성의 보전 및 지속가능한 이용에 중대한 영향을 미칠 우려가 있는 활동을 지정 · 감시하고 생태계, 서식지 및 종을 위협하는 외래종의 유입을 방지하며 멸종위기에 처한 생물종의 회복과 서식지에의 재도입을 위한 조치를 강구해야 한다. 또한 생물다양성의 조사, 탐지 및 재고유지 계획을 수립 · 시행하고 데이터뱅크 및 정보망을 구축해야 하며 과학적 연구, 훈련, 조사 및 관리를 목적으로 하는 유전자원의 확보를 상호 지원하고 개도국에 대한 생명공학 기술이전을 추진해야 한다. 특히 개도국의 기술접근 및 이전은 상호 합의된 경우 양허적이고 특혜적인 조건 하에서 공정하고 가장 유리한 조건으로 재정기구를 통해 추진되어야 한다.

생물종 다양성 보호를 위한 국제환경레짐 형성의 중심에는 그동안 선진국들이 무제한적으로 사용해 온 유전자원에 대한 소유와 이용권이라는 쟁점이 있다. 개도국들은 유전자원에 대해 배타적 독점권을 주장하면서 선진국들에 의해 유전공학적으로 제조된 새로운 유전공학물질에 대한 공동소유를 요구한다. 반면 선진국들은 생물자원이 인류의 식량, 의약물질을 직접적으로 제공하며 간접적으로는 생명공학기술이 농업, 보건, 의약산업에 혁신을 가져다 준다는 명목으로 유전자원에 대한 자유로운 접근과 생명공학기술과 신물질에 대한 독점적 소유권을 주장하고 있다. 이와 같이 풍부한 생물자원 보유국인 브라질, 말레이시아 등 개도국과 생명공학기술이 발달한 미국, 일본, 유럽 등 선진국간의 첨예한 이해대립으로 생물다양성협약의 구체화를 위한 작업은 적지 않은 진통을 겪고 있다.

동 협약의 전문가그룹회의에서는 생명공학안전성 의정서(biosafety protocol)에 관한 논의 끝에 2000년 1월 28일 캐나다 몬트리올에서 개최된 생물다양성협약 특별당사국 총회에서 「생명공학 안정성에 대한 카르타헤나 의정서(Cartagena Protocol on Biosafety)」를 채택하였다. 생물다양성협약의 부속의정서인 본 의정서는 생명공학을 이용한 유전적으로 변형된 생물체(Living Modified Organisms: LMOs)의 국가 간 이동시 사전통보 절차, 사전예방원칙, LMOs의 환경에 미치는 영향 및 위험성 평가, 유전자원 제공국에 대한 이익 배분 등의 내용이 담겨있다. 생명공학안정성 의정서의 전문가그룹회의에 참여한 국가 및 단체들은 안전한 생명공학 기술을 사용해야 한다는 것에는 모두 동의하지만, 생명공학 안정성을 추구하는 방법에 대해서는 견해를 달리하고 있다.[6] 2003년 9월 발효된 본 의정서에는 EU, 일본, 한국 등 171개국이 가입돼있으나(2018년 6월 기준) 주요 LMO 재배국가인 미국, 아르헨티나 등은 비준을 하지 않은 상태다.

---

6) 아프리카, 말레이시아 등 개도국들은 자국이 생명공학 제품의 실험장이나 시장이 되는 것을 우려하면서 기술이전과 구속력 있는 의정서 제정을 요구하고 있다. 반면 생명공학 기술이 우수한 미국, 호주, 일본 등의 선진국은 생명공학 관련산업의 발전을 저해하지 않는 범위 내에서의 안전확보 조치와, 기술이전을 하지 않고 생명공학 제품을 수출하려는 입장이다.

참|고|문|헌

노경식 · 오민근 · 왕광익 · 변병설 · 최정석, 2010, "기후변화와 녹색성장," 도시정보, 대한국
　　토 · 도시계획학회, 제334권, pp. 3-13.

대한상공회의소, 1991, 환경정책과 공해방지비용의 분담.

변병설 · 박현신, 2008, "기후변화에 대응한 에너지 자립도시 조성방안 연구," 수도권연구,
　　안양대학교 수도권발전연구소, 제 5 호, pp. 129-144.

변병설 · 채정은, 2009, "기후변화대응계획 지표 개발 연구," 국토지리학회지, 제40권 제 4
　　호, pp. 611-620.

유상희 · 최충규, 1994, 기후변화협약의 국내산업에 대한 영향과 대책, 산업연구원.

정회성 외, 1999, 국민생활과 환경보전(환경교육교재), 환경부.

정회성, 1993, "기후변화의 사회경제적 영향과 정책적 대응," 한국과학기술연구원 주최 기
　　후변화가 한반도에 미치는 영향에 관한 심포지움〈Ⅲ 경제와 산업 및 에너지〉, pp.
　　29-59.

정회성, 2004, "기후변화의 한반도 환경생태영향에 관한 고찰," 기후변화학회 창립기념 세
　　미나(12월 9일).

한택환 외, 1993, 한중 환경협력 추진방안 수립연구, 대외경제정책연구원.

환경부, 2009, "2009 환경백서"

Birnie, Patricia W. and Alan E. Boyle., 1995, *International Law & the Environment*,
　　Oxford, Oxford University Press.

Daly, Herman E. and J Farley, 2001, *Ecological Economics : A Text Book*, unpublished
　　manuscript.

Esty, Daniel C., 1999, "Economic Integration and the Environment," Vig, Norman J. &
　　Regina S. Axelrod(eds.), *The Global Environment : Institutions, Law and Policy*,
　　Washington D.C.; Congressional Quarterly. pp. 190-209.

Findlay, R., 1991, "Comparative Advantage," J. Eatwell. et al.(eds.), *The New Palgrave
　　(the World of Economics)*, NewYork : W.W. Norton.

Foster, John Bellamy, 1999, The Vulnerable Planet : A Short Economic History of the
　　Environment, 김현구 역, 2000, 환경과 경제의 작은 역사, 현실문화 연구.

McNeill, 2000, *Something New under the Sun*, New York; W.W. Norton & Company.

Moffatt, I., 1995, *Sustainable Development : Principles, Analysis and Policies*, New

York : The Parthenon Publishing Group.

Philippe, Sands, 1999, "Environmental Protection in the Twenty-first Century : Sustainable Development and International Law," Norman J. Vig & Regina S. Axelrod(eds.), *The Global Environment : Institutions, Law and Policy*, Washington D.C. : Congressional Quarterly Press, pp. 116-137.

Porter, Gareth and Brown, Janet Welsh., 1996, *Global Environmental Politics*(2nd ed.), Colorado : Westview Press.

Soroos, Marvin S., 1999, "Global Institutions and the Environment : An Evolutionary Perspective," Norman J. Vig & Regina S. Axelrod(eds.), *The Global Environment : Institutions, Law and Policy*, Washington D.C. : Congressional Quarterly Press, pp. 27-51.

Norman J. Vig, 1999, "Introduction; Governing the International Environment," Norman J. Vig & Regina S. Axelrod(eds.), *The Global Environment : Institutions, Law and Policy*, Washington D.C. : Congressional Quarterly Press, pp. 1-26.

Toma, Peter A. and Gorman, Robert F., 1991, *International Relations : Understanding Global Issues, Pacific Grove*, California : Brooks/Cole Publishing Company, Chapter 13.

Tyler. Jr, Miller, G., 1996, *Sustaining the Earth : An Integrated Approach*(2nd ed.), Belmont; Wadsworth Publishing Company.

Young, Oran R., 1989, *International Cooperation : Building Regimes for Natural Resources and the Environment*, Ithaca : Cornell University Press.

제 1 절 개 요

지구환경문제의 대두는 환경문제가 이제 더 이상 특정지역이나 국가에 국한되지 않고 범지구적인 과제가 되고 있음을 보여 준다. 이러한 배경으로 각종 지구환경규제가 급격하게 증가하고 있다.

그러나 이러한 각종 지구환경규제가 내용 그대로 집행될 수 있는지에 대해서는 많은 의문이 있다. 각 국가들은 자국의 사정에 따라 무임승차하거나 규제집행을 회피할 가능성이 높기 때문이다. 따라서 지구환경규제의 집행을 담보할 수 있는 수단의 강구가 중요한 이슈가 되고 있다. 이러한 규제담보 수단으로 제시되고 있는 것 중의 하나가 무역제재이다. 특히 환경과 관련된 무역제재는 생산기술은 물론 환경관리 기술에서 월등하게 앞선 선진국의 이해에 부합하는 측면이 있다. 실제로 환경관리가 소홀할 가능성이 높은 개발도상국의 저가생산품으로부터 자국 산업을 보호하기 위한 의도로 선진국들이 환경관련 무역제재를 많이 제기하고 있다.

그런데 1990년대 초 세계무역기구(WTO)의 출범과 함께 세계경제는 커다란 변혁기를 맞고 있다. 특히 정보 및 통신 기술의 폭발적인 발전으로 인한 세계경제의 통합은 상상을 초월하고 있다. 환경정책은 이러한 세계경제의 급격한 통합으로 새로운 도전에 직면해 있다. 관세 및 무역에 관한 일반협정(GATT) 체제를 이어 받은 세계무역기구의 기본정신은 자유무역의 신장이다. 자유무역이 세계적인 경제성장의 촉진으로 범인류적인 복지증진에 기여할 수 있다는 것이다. 그런데 자유무역의 신장과 세계경제화가 환경에 어떠한 영향을 줄지에 대해서는 논란이 많다. 자유무역옹호론자는 세계경제화가 선진기술과 경영기법의 확산으로 자원과 환경이용에 긍정적인 기여를 할 것이라고 한다. 한편 다른 진영에서는 세계경제화는 지역의 경제를 붕괴하며 국제적으로는 남·북간의 경제격차를 크게 하고 국내적으로는 빈부격차를 크게 하는 부작용을 초래할 것이라고 한다.

이에, 본 장에서는 세계화의 환경영향에 대한 논란, 무역과 환경의 연계 수단, 무역과 환경 관련 기구와 그들의 역할 등에 대해 살펴보도록 한다.

제 2 절 자유무역과 지구환경[1]

1. 자유무역 옹호론

자유무역 옹호론자들은 자유무역은 자원의 효율적인 이용을 촉진하여 지구환경의 보전에 도움이 된다고 주장한다. 특히 저개발국가, 즉 빈곤으로 환경관리 능력과 의지가 없는 후진국의 경제성장을 촉진시켜서 환경개선에 도움을 준다는 것이다. 무역론자들은 무역이 새로운 기술의 이전을 촉진하고 자원이용의 효율을 높여주므로 자유무역과 세계화는 환경개선에 긍정적인 영향을 준다고 본다.[2] 지난 1980년대의 경제성장을 보면 고소득 국가보다 저소득 국가에서 유해물질의 집약도가 증가하여 왔다. 그런데 그 기간 동안 고도성장을 기록한 국가의 성장과정에서 나타난 유해물질 집약도는 개방경제체제를 가진 국가에서 폐쇄경제체제를 지니는 국가에서보다 낮았다고 한다. 고도성장을 하는 개방경제국가는 선진국의 청정생산기술의 급격한 이전으로부터 이득을 얻을 수 있었기 때문이다.

---

1) 세계화 즉 자유무역의 확대와 지속가능발전의 관계에 대해서는 제23장에서 보다 심층분석하게 된다.

2) Finn Daniel, 1996, "Trade and Environment," Daniel Finn ed., Just Trading, Abingdon Press.

2. 자유무역 비판론

자유무역의 환경영향에 대한 비판적인 견해도 강력하게 대두되고 있다. 자유무역 즉 세계화에 비판적인 환경론자들은 자유무역이 국가 간 그리고 계층 간 소득격차의 확대, 환경보전적인 전통사회와 전통적인 가치체계의 붕괴, 환경오염산업의 범지구적인 확산 등을 초래하여 환경파괴를 심화시킬 것이라고 한다.[3] 환경론자들은 다음과 같은 5가지의 논거에서 자유무역이 환경을 파괴한다고 본다.

첫째, 자유무역은 지구 자연자원의 고갈을 가속화한다. 세계경제의 통합은 자연을 상품화하는 데 기여하였고, 특정 지역에 광범위한 수요 집중을 가져오기 때문이다.

둘째, 자유무역은 환경오염을 심화시켜 지구 환경의 지속불가능한 이용을 촉진시킨다. 환경변화를 막아주던 전통적인 공공재 지배구조를 약화시킬 수도 있다.

셋째, 자유무역은 환경규제의 약화를 초래한다. 기업으로 하여금 환경규제가 약한 국가에 입지하려는 욕구를 제공하기 때문이다.

넷째, 자유무역은 국내 환경정책의 우선순위를 뒤바꾸어 환경정책의 효율성을 저하시킬 수 있다. 자유무역은 세계경제의 금융화(financialization)를 촉진시킨다.

다섯째, 자유무역 하에서는 강대국이 약소국에게 자신의 환경기준을 따르도록 압력을 가할 개연성이 보다 더 커진다. 강대국이 수입제한 등을 무기로 약소국에게 환경규제 개선을 강요할 수도 있다.

제3절 환경관련 무역장벽

환경관련 규제가 무역장벽으로 작용하는 행태는 국제환경협약과 개별 국가정책에 따라 기업 경영활동의 다양한 단계에서 나타날 수 있다. 〈표 7-2〉를 보면 규제의 표면상 목적은 지구환경보호지만 그 내면에는 자국 산업의 이익 등 다양

---

3) Herman E. Daly, 1998, "The Perils of Free Trade," Conca, Ken & Geoffrey D. Abelko(eds), Green Planet Blues: Environmental Politics from Stockholm to Kyoto(2nd ed), Colorado: Westview Press.

한 의도를 담고 있음을 알 수 있다. 그런데 이들 무역장벽을 수단적 관점에서 보면 관세장벽과 비관세장벽이 있을 수 있다. 이러한 규제도 다자간 협상으로 나타나는 경우가 있는 반면 선진국 등이 일방적으로 무역제재를 가하는 방식도 있다.

우선 관세장벽으로는 국가 간 환경기준의 차이로 나타나는 무역이득을 상쇄하기 위한 관세가 있다. 보통 환경기준이 높은 선진국이 환경기준이 낮은 국가의 수입품에 상계관세를 부과한다. 국내 오염저감을 위한 경제적 유인수단으로 제품부담금을 부과하는 간접적인 관세장벽도 있을 수 있다. 수입품에 대해 에너지세/탄소세 등을 부과하거나, 수입석유 제품과 유해화학물질의 제조 및 수입에 대해 과세하는 방식도 있을 수 있다.

표 7-2 무역관련 환경규제 사례

활동단계	규 제	내 용	관련산업
원료조달	- 몬트리올 의정서 - 바젤협약 - 열대산목재 인증제도 - 생물다양성협약	- CFCs 등 특정 물질 사용규제 - 유해폐기물 국경간 이동규제 - 열대산목재 채취규제 - 생태계 보전	- 전자, 정밀기기, 화학 - 철강, 제지(재생산업) - 목재·가구, 펄프·제지 - 유전공학관련 산업
제조/유통	- 기후변화협약 - 기술규제(TBT) - 공정 및 생산방식 　(PPMs)규제 - 탄소세, 에너지세	- 에너지사용규제 - 환경보전을 위한 기술규제허용 - 공정상의 환경오염 규제 - 에너지가격상승	- 전산업 - 전산업 - 전산업 - 에너지 다소비산업
소비	- 연비, 배기가스규제 - 에너지효율 등급제 - 경고라벨 부착	- 자동차의 대기오염 배출억제 - 에너지효율규제 - CFCs사용 및 함유제품 소비억제	- 자동차 및 부품 - 자동차, 전기·전자 - 전자, 생활용품
폐기	- 폐차·폐가전제품 - 용기규제	- 수거체계수립 및 재활용의무화 - 재활용 용이한 용기 사용	- 자동차, 전기·전자 - 음식료품
전체 생애	- 환경경영국제규격 - 환경마크제도	- 환경경영체계 구축 - 환경친화적 제품의 소비장려	- 전산업 - 전산업

비관세장벽으로 작용할 수 있는 것으로는 다음과 같은 다양한 내용이 있을 수 있다.

첫째는 특정제품 및 성분의 사용제한 또는 금지 조치이다. 환경유해제품과 물질의 사용 및 판매금지, 멸종위기에 처한 종의 사용 또는 판매의 제한과 금지, 유해폐기물의 이동 및 교역의 제한과 금지, 오존층파괴물질의 규제 등이 그 예이다.

둘째는 특정 제조공정 · 생산방식(Process & Production Methods: PPMs)의 규제 또는 금지이다. 호르몬으로 사육된 육류, 오존층파괴물질을 사용하여 생산된 제품에 대한 수출입 규제 등이 그 예이다.

셋째는 교역상대국 간의 환경과 관련된 각종 표준, 제품성능에 대한 검사방식, 표지제도, 인증 · 승인 등에 대한 요건 및 절차 등이 상이할 경우에도 무역장벽이 될 수 있다.

넷째는 제품의 제조 · 사용 · 폐기 등 전생애주기에 걸쳐 환경친화상품에 환경마크를 부착하는 제도도 수입국이 부여기준을 높게 할 경우 간접적인 무역장벽을 초래할 수 있다.

이하에서는 무역과 환경논의에서 핵심문제가 되고 있는 환경상계관세, 공정 및 생산방식, 환경경영 국제규격 등에 대해 살펴보기로 한다.

1. 환경상계관세

환경상계관세는 환경을 빌미로 하는 무역장벽으로 가장 오랜 시간 꾸준하게 논의되어 온 수단이다. 이는 지구환경보호란 명분과 공정무역의 차원에서 환경상계관세를 부과하자는 주장으로 환경기준의 차이에 따른 경쟁력 격차를 보정하자는 데서 출발하고 있다.

각국의 환경상태와 정책의 우선순위가 서로 다르기 때문에 실제 환경기준은 나라마다 서로 다르게 마련이다. 그런데 환경기준의 차이는 준수비용의 차이를 유발함으로써 각국 제품의 생산원가 및 가격경쟁력의 격차를 초래하게 된다. 이러한 이유로 환경기준이 상대적으로 엄격한 미국 등 일부 선진국의 업계에서는 정부와 의회를 향해 엄격한 환경규제로 인한 경쟁력 상의 불이익을 해소시킬 수 있는 조치를 강력히 요구해 왔다. 즉, 개도국의 느슨한 환경기준을 일종의 환경보조금으로 간주하여 이에 대해 상계관세를 부과해야 한다는 것이다.

이에 대해 선진국은 환경기준 강화 등 다양한 국내환경조치 확대를 통해서 무역규제, 경제규제 등 다양한 환경보전 수단을 활용해야 한다는 입장이다. 반면 개도국은 환경보전을 내세운 무역규제는 개도국에 대한 불공정한 차별이라는 입장이다. 또한 환경규제가 선진국에 대한 무역장벽으로 작용하여 선진국과 개도국 사이의 빈부격차가 항구적으로 유지되어서는 안 된다는 입장이다.

2. 공정 및 생산방식 규제

공정 및 생산방식(Process and Production Method: PPMs)에 대한 규제문제는 주로 GATT/WTO를 중심으로 심도 있게 논의되고 있다. 공정 및 생산방식이 환경에 영향을 미치는 것은 주로 두 가지의 경로를 통한다. 첫째로 특정공정 및 생산방식이 제품 자체의 환경적 특성을 결정하는 것이다(product-related PPMs). 둘째로는 제품과는 관계없지만 제조공정에서 인간건강과 환경에 영향을 미치는 것이다(non-product related PPMs). WTO의 자유무역규정은 원칙적으로 제품에 대하여 적용된다. 따라서 PPMs가 제품의 특성에 영향을 미칠 경우, 현재의 규정으로도 환경을 이유로 한 무역규제가 엄격한 조건 하에서 인정되는 것으로 해석된다. 그러나 후자의 경우, 즉 제품과 관계없는 제조공정 상의 환경문제를 이유로 한 무역규제는 WTO체제 하에서는 원칙적으로 인정되지 않는다.

예를 들어 1990년에 발생한 미국과 멕시코간 참치-돌고래 분쟁을 들 수 있다. 이 분쟁은 미국이 참치 어획과정에서 유자망을 사용한 멕시코산 참치에 대해 자국의 「해양포유동물보호법」에 의거, 수입을 금지함으로써 비롯되었다. 유자망 사용 시에는 돌고래도 희생된다는 것이 미국이 수입을 규제한 이유였다. 즉, 공정을 문제삼은 것이다. 멕시코는 미국의 이러한 조치가 부당하다고 하며 GATT에 제소하였다. 이에 대해 GATT 분쟁패널은 공정에 대한 규제가 현행 GATT 규정에 수용되고 있지 있다는 점을 들어 미국의 조치에 반대하는 입장을 밝혔다.

최근 WTO는 제품과 무관한 PPMs에 의한 수입규제를 제한적으로 인정하고 있는 것으로 해석되고 있으나, 이러한 조치는 극히 예외적으로만 인정된다. 공정 및 생산방식이 국제환경협약을 통해 규제하고 있는 사례로는 오존층파괴방지를 위해 채택된 몬트리올 의정서 상의 규제내용을 들 수 있다. 몬트리올 의정서의 규제대상은 ① CFCs 등의 특정물질 ② 냉장고, 에어컨 등 이들 물질을 함유한 제품 ③ CFCs를 함유하고 있지는 않으나 생산과정에서 특정물질을 사용한 제품 등으로 구분하여 규제하고 있다. 이중 세 번째 규제대상이 PPMs규제에 해당된다.

3. 환경경영국제규격

국제표준화기구(International Standard Organization: ISO)에서 제정한 환경경영국제
규격도 PPMs를 포괄하는 개념이라고 할 수 있다. 품질인증규격인 ISO 9000 시리
즈에 이어 1991년부터 논의되기 시작한 이 규격은 경영전반에 걸쳐 환경친화적인
체제를 구축한 사업체에게 부여된다. 따라서 적용대상은 원료의 조달에서부터 생
산, 유통·판매, 그리고 폐기처분에 이르기까지의 제품의 전 생애가 된다. 다시
말하면 상품이 "요람에서 무덤까지"의 과정에서 발생할 수 있는 환경에 대한 영
향을 평가하는 것으로, 여기에는 PPMs도 포함됨은 물론이다. 또한 적용업종도 제
조업뿐만 아니라 병원, 백화점 등의 서비스분야로 확대되고 있다.

ISO 14000 시리즈로 지칭되고 있는 이 규격은 환경경영, 환경감사, 환경라벨
링, 전과정평가 등 7개 분야로 나누어져 각각의 소위원회(SC)에 의해 시안이 작성
되고 있다. 이를 주도하고 있는 유럽국가들은 국제규격의 제정으로 국가마다 상이
하게 적용되고 있는 관련규격의 통일을 기할 수 있다는 장점을 들고 있다. 뿐만
아니라 인증 자체도 ISO 9000 시리즈와 같이 권장사항에 불과하기 때문에 ISO
14000 시리즈가 무역장벽으로 작용하지 않는다고 주장하고 있다.

그러나 실제로는 이 제도가 상당한 무역규제효과를 가지게 된다. 즉, 인증을
받지 않을 경우 수입상들이 자국민들의 환경의식 문제를 들어 해당기업의 상품이
나 서비스 수입을 기피하는 경향을 보일 것이기 때문이다. 또한 인증을 받기 위
해서는 상당한 신규투자가 필요하고 인증 시에도 비용이 수반된다.

4. 개별국가에 의한 환경규제

각 국가별로 자국의 환경기준을 강화하여 일정기준에 미달하는 제품에 대해서
는 일방적으로 수입을 규제하거나 수출국들에게 포장재 등 폐기물의 회수의무를
부과하려는 움직임도 있다.

개별국가에 의한 환경규제는 주로 미국, EU 등 선진국을 중심으로 시도되고
있다. 이들은 자국의 환경보전과 국민의 건강을 위하고 동시에 자국 내의 산업이
익을 보호하기 위해 수입품에 대해서도 국내제품과 동일한 환경기준을 적용하는

표 7-3 수출과 관련 있는 개별국가의 환경규제

구 분	시행국	내 용	관련산업
자동차배기가스	EU, 미국	자동차배기가스의 배출기준을 강화하여 대기오염 방지	자동차
경고라벨부착규칙	미국	오존층파괴물질을 사용한 제품에 대한 CFC경고라벨 부착	반도체, 가전, 기계, 화학
포장쓰레기	독일	생산자의 직접회수 및 재생포장재사용 쿼터설정 등을 통해 쓰레기오염방지	전업종
에너지세 (탄소세)	유럽각국	CO_2 배출량 및 에너지사용량에 일정률의 세금을 부과하여 에너지사용억제	철강, 비철금속, 제지, 자동차, 섬유, 화학
환경라벨링	선진각국	환경상품에 마크를 부여함으로써 구매유도와 무공해상품 개발촉진	전업종

방법을 사용한다. 직접적인 수입규제가 아니라도 사실상 광범위하게 시장접근을 제약하는 환경정책들이 증가하고 있는 실정이다.

예를 들어 EU는 전기전자제품 등 많은 품목의 제품에 대해 준수하여야 할 각종 환경조치를 규정하고 있다. 전기전자제품에 대해서는 전자파지침, 에너지소비량규제, 에너지라벨링, 폐가전제품 처리지침, 환경라벨링 등의 환경규제조치가 있다. 미국은 1995년 신대기정화법에서 자동차연비기준을 27.5마일/갤런에서 40.0마일/갤런으로 강화한 바 있다. 미국 환경보호청(EPA)은 2004년부터 배기가스의 산화질소함유량 규제를 시행하였다. FORD, GM 등 주요 자동차회사는 2003년부터 자동차 부품에 대해 환경인증(ISO14001) 취득을 요구하고 있다.

5. 제품환경규제 강화와 국제표준화

환경관련 무역장벽에서 선진국을 중심으로 제품 환경규제가 점점 많아지고 있다. 즉 환경친화제품의 요건을 갖추어야만 수입이 가능하도록 환경법규를 강화시키고 있는 것이다. 따라서 수출 비중이 높은 기업이나 다국적 기업들은 각국의 제품 환경규제에 적극적으로 대응하고 있다. 최근에는 특정 국가의 제품 환경규제가 국제표준화되는 경향이 뚜렷하고 국제무역의 새로운 장벽으로 작용하고 있다.

예를 들면 EU의 WEEE(폐전기 전자제품회수지침)이 시간이 지나면서 미국, 중국, 일본 등으로 확산되어 국제표준화되는 추세이고 이를 준수하지 못하면 사실상 수입이 불가능하게 되어 있다.

실제로 WTO 등 다자간 무역협정과 FTA 등 지역무역협정으로 상품에 대한 관세는 점점 낮아지고 있으나 상품에 대한 기술규제, 즉 무역기술장벽이 새로운 보호무역의 수단으로 등장하고 있는 것이다. 2010년 1년간 WTO에 신규 통보된 기술규제 건수는 1,423건에 이르며, 미국, 유럽 등 선진국뿐 아니라 중국, 브라질, 칠레, 우간다, 이스라엘 등 개도국의 통보건수도 증가하고 있다. 이들 중 일부는 단순한 국제 표준과의 일치에 그치므로, WTO TBT위원회에서 논의되는 특정무역현안이 곧 회원국들이 느끼는 기술장벽이라고 볼 수 있다.

2009년 11월부터 2010년 10월까지 1년간 제기된 특정무역현안은 60건에 이르며 이중 EU, 중국, 미국의 규제가 가장 많이 논의되었다. 우리의 주요 교역상대국인 EU, 중국, 미국의 기술규제를 미국, 중국, 일본 정부에서 발간되는 2010년 불공정무역 거래보고서 또는 외국시장 접근보고서 등을 토대로 조사한 결과, 규제기관 중복 또는 이중규제가 난립하고 소비자안전 및 에너지 절약, 환경보호에 관한

[그림 7-2] **주요 국제환경규제 현황**

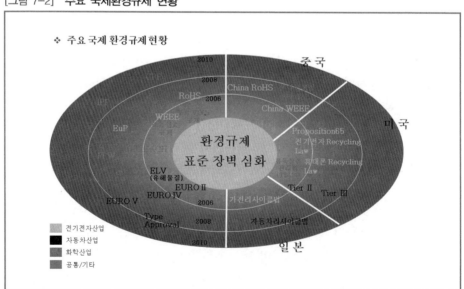

자료 : 허탁(2010), 최신 국제환경규제 동향 및 대응방안(미발표자료).

표 7-4 주요 국가의 제품환경 무역규제를 포함한 환경법규(예시)

유럽	WEEE (폐전기 전자제품회수지침) RoHS (유해물질 사용제한) EuP(친환경설계지침) ELV(폐자동차 처리지침) REACH(신 화학물질관리제도) EURO Ⅲ. Ⅳ. Ⅴ. (배기가스 규제)	일본	자원유효이용 촉진법 가전 리사이클법 전기전자기기 특정 화학물질 함유 표시제도 (J-MOSS) 자동차 리사이클법
		한국	전기 전자제품 및 자동차의 자원순환에 관한 법률
미국	CA Proposition 6s(유해물질규제) LEV Tier (배기가스규제) ZEV(배기가스 제로 차 보급의무)	기타	전자정보 제품오염방지법 폐가전 및 전자제품의 회수 처리 관리지침

자료: http://www.element-14.com/community/community/legislation.

규제가 많은 부분을 차지하고 있으나 그 분야가 매우 다양하며 관련 산업이 매우 포괄적이라는 특징이 있다. 또한, WTO TBT위원회에 통보하지 않아 관련업계가 대응할 수 있는 충분한 시간을 갖지 못하도록 하는 방법이 이용되기도 한다.4)

제4절 환경·무역연계와 국제기구의 역할

환경정책과 무역정책은 서로 독립적으로 추진되어 왔다. 그러나 환경보호를 위한 각종 조치들이 규제의 실효성 확보란 차원에서 무역규제조항을 포함하는 경우가 빈발하고 있다. 그런데 이들 조치들 중에는 현행 무역규범에서 수용될 수 없는 사항도 있다. 뿐만 아니라 최근에 채택되는 협약일수록 무역규제조치가 강화되는 추세를 보여 조치들간의 형평성도 결여되고 있다.

이에 따라 1990년대 초반부터 GATT/WTO, UN, OECD, ISO 등의 국제기구를 중심으로 무역-환경문제에 대한 논의가 활발하게 진행되어 왔다. 다자간의 협상이기때문에 복잡한 이해관계가 얽혀 있어 합의도출이 어렵고 논란이 지속되는 경우

---

4) 우리나라의 입장에서 보면 계속 늘어나는 각국의 무역기술장벽에 효과적으로 대응하기 위해 범정부적인 대응체제를 강화할 필요가 있다. 우선 기술규제 정보수집을 위해 WTO TBT 통보문과 WTO TBT위원회의 특정무역현안 논의 동향을 파악하고 이를 업계에 널리 전파할 필요가 있다. 또한 각국 의회 또는 행정기관에서 심의 또는 논의 중인 기술규제 동향에 대해서도 해외 정보망을 이용하여 파악할 필요가 있다(KIEP 내부자료).

가 많다. 그러나 일단 합의에 이르면 그 규제력이나 파급효과는 강력하다. 여기서
는 주요 다자간 협상기구에서의 무역과 환경에 관한 논의의 진행상황에 대해 간
략하게 살펴보고자 한다.

1. 국제연합

국제연합은 「리우선언」 원칙 12에서 "각국은 환경악화에 적절하게 대처하기
위하여 모든 국가의 경제성장과 지속가능한 개발을 도모함에 있어 도움이 되고
개방적인 국제경제체제를 증진시키도록 협력하여야 한다. 환경적 목적을 위한 무
역정책수단은 국제무역에 대하여 자의적 또는 부당한 차별적 조치나 위장된 제한
을 포함해서는 아니 된다. 수입국 관할지역 밖의 환경문제에 대응하기 위한 일방
적 조치는 회피되어야 하며, 국경을 초월하거나 지구적 차원의 환경문제에 대처하
는 조치는 가능한 한 국제적 합의에 기초하여야 한다"고 규정되어 있다.

이어 「의제 21」의 제 2 장에서는 "초국가적, 지구적 환경문제를 규제하는 환경
조치는 가능한 한 국제적 합의에 기초하여야 한다"고 규정하여 환경과 무역간의
조화를 위한 다자간 무역협상의 개최근거를 마련하였다. 원칙으로는 무차별 원칙,
최소규제 원칙 등을 설정하고 있다. 그러나 특정환경목표 달성을 위한 국내조치의
효율성을 높이기 위해 무역규제조치의 시행이 가능하다고 명시함으로써 일방적
규제를 인정하는 입장을 취하고 있다.

2. 세계무역기구

1) GATT/WTO 체제의 출범

GATT/WTO 체제는 1986년 9월 우루과이에서 첫 회합이 열린 이래 여러 차례
의 협상을 거쳐 1993년 12월에 타결됨으로써 출발하였다. 세계 각국은 1994년 4
월 모로코의 마라케시에서 개최한 우루과이 라운드(Urquay Round: UR) 각료회의에
서 마라케시선언을 채택하였고, UR 최종의정서, 세계무역기구(WTO) 설립협정, 정
부조달협정 등에 서명하여 1995년부터 WTO 체제가 공식출범하였다. 우루과이 라
운드 협상은 1947년에 설립되어 세계무역질서를 이끌어온 GATT 체제의 문제점을

해결하고, 협정 수준에 머물러 있던 GATT의 집행력을 강화시키는 데 일차적인 목적이 있었다. 또한 WTO의 설립은 산업·무역의 세계화와 함께 국경 없는 무한 경쟁시대로 돌입하는 새로운 국제무역환경의 기반을 조성하였다.

GATT/WTO 협정은 2008년 7월 현재 153개 WTO 회원국 간에 이루어지는 무역에 대한 기본적 규범이다. 회원국들은 합의한 범위 내에서 무역정책을 채택, 이행하고 집행할 것을 약속한다. 예를 들어 기후정책이 무역관련 조치를 포함하고 있다면 그러한 조치들이 WTO 규범과 양립될 수 있도록 해야 한다. 상품, 서비스 및 무역관련 지식재산권은 각각 별개의 협정에서 다루어진다.

2) 세계무역기구체제 내의 녹색규정

GATT/WTO 체제에서는 내국민대우와 최혜국대우를 기본원칙으로 자유무역을 표방하고 있다. 세계무역기구(WTO)의 기술장벽협정(TBT)에 의하면 각국은 기술규정이나 표준이 무역에 불필요한 장애를 초래하거나 왜곡효과를 갖지 않도록 해야 한다. 따라서 각국은 기술규정이나 표준 채택 시 가능한 한 국제표준을 채택하여야 한다. 관련 국제표준이 없는 경우에는 인간의 건강 및 안전, 동·식물의 생명 및 건강, 환경보호의 목적으로 국제표준과 상이한 기술규정이나 표준을 채택할 수 있다. 그러나 동 규정은 무역제한 효과를 최소화하는 것이어야 한다.

세계무역기구의 마라케시 각료회의에서는 새로 출범하는 세계무역기구 내에 무역과 환경문제를 검토하기 위한 무역환경위원회(CTE)를 설치하여 10개 분야의 의제를 나누어 논의한 바 있다. GATT의 이념이 자유무역에 있는 만큼 환경과 무역에 관한 기본입장도 무역규제조치는 불가피한 경우에만 사용되어야 하며 환경정책의 대안으로 활용되어서는 아니 된다는 것을 기본입장으로 하고 있다.

세계무역기구의 무역과 관련된 기본 원칙과 규범은 각 GATT[5], GATS[6] 및

---

5) 관세 및 무역에 관한 일반협정(General Agreement on Tariffs Trade: GATT) GATT에는 기본원칙, 동종제품, 예외 조항, TBT, SCM, TRIMS, 농업협정을 비롯하여 무역 기술 장벽 및 보조금, 상계관세협정.

6) 서비스교역에 관한 일반협정(General Agreement on Trade in Services: GATS) 등 WTO의 협정내용을 간단하게 일별한다.

TRIPs(Trade Related Intellectual Property) 협정에 명기되어 있다. GATT와 GATS는 그 구체적 협정 및 부속서에서 특정 이슈 혹은 분야에 대하여 보다 자세한 내용을 제시한다. 각국 정부는 자국의 상품 및 서비스시장 개방약속(commitments)을 GATT 및 GATS의 각 양허표(scheduales)에 하고 있다. 세계무역기구의 다양한 협정 중에서 환경에 관련되는 내용, 소위 '녹색'조항(green provisions)을 담고 있는 협정과 관련된 내용은 〈표 7-5〉와 같이 요약된다.

표 7-5 WTO 관련 협정상의 녹색조항

협 정	주요 관련 내용
GATT	GATT 제20조 인간 및 동식물의 생명 또는 건강을 보호하기 위한 목적의 상품무역 관련 정책은 특정 조건하에서 일반적인 GATT 의무 면책
TBT	무역에 대한 기술 장벽(제품 및 산업 표준): 라벨링
SPS	위생 및 검역조치(동식물 건강 및 위행) 협정: 환경 목표의 명확한 인식
농 업	환경 프로그램은 보조금 감축 대상에서 면제
SCM	보조금 및 상계관세에 관한 협정 : 새로운 환경법에 적응하도록 각 기업에 소요되는 비용의 최대 20%까지 보조금 허용
TRIMs	상품분야의 해외투자를 다루기 때문에 GATT의 상품 무역규제, 왜곡효과와 환경예외 규정을 적용
TRIPs	정부는 인간 및 동식물의 생명 또는 건강을 위협하거나 환경에 심각한 위해를 가할 수 있는 특허의 발급을 거부 가능
GATS	인간 및 동식물의 생명 또는 건강을 보호하기 위한 서비스무역 관련 정책은 특정 조건하에서 일반적인 GATS 의무면책

자료 : 윤창인, 기후변화 대응조치와 국제무역규범 연계에 대한논의 동향, 대외경제연구원, 2010.

3) 도하개발의제 협상중단과 자유무역협정의 증가

세계자유무역주의, 무역증진 표방과 같은 WTO 체제와 지구환경 보호를 목적으로 하는 다자간 환경협약(MEAs)[7]간의 마찰을 해소하고자 도하개발의제(Doha Development Agenda: DDA)[8] 협상이 출범하게 되었다. 이는 21세기 최초의 자유화

---

7) 다수의 다자간 환경협약 (Multilateral Environmental Agreements: MEAs) 특정분야의 환경 보호를 위해 무역규제조치 규정으로 교토의정서, 몬트리올 의정서, 바젤 협약, 스톡홀름 협약, 카르타헤나 의정서, CITES 등 20여 개 협약.

8) 미국과 EU 사이에 농업 및 환경이슈 등을 둘러싼 의견 차이 그리고 개도국 반발 등으로 DDA 출범이 불투명하였다. 그러나 세계경제 및 무역의 침체와 위축을 무역자유화로 극복하려는 공감대가 형성되어 오랜 논의 끝에 출범되었다.

무역협상(2002년~2005년)으로서 제2차 세계대전 이후 우루과이 라운드(UR) 협상에 이은 9번째 국제 다자간 무역협상이다.

도하개발의제 협상은 UR 협상에서 다루지 못한 분야에 대한 시장개방 확대, 자유무역체제 확립, 관세 및 비관세장벽의 삭감 또는 철폐를 위한 다자간 무역협상이었다. 또한 개도국의 경제개발에 대한 본격적 논의(명칭에 Development 명시)와 무역자유화가 선진국에만 유리하다는 개도국의 불만을 불식시키고, 무역자유화가 개도국의 경제개발에 도움이 되는 구체적 방안을 도출하고자 하고 있다. 이러한 취지에서 도하각료회의에서는 중국을 WTO에 가입하도록 하였다. 중국이 가입하여 개도국의 입장을 적극 대변하면서 도하개발의제 협상과정에서 커다란 영향력을 행사하는 EU와 미국을 주축으로 하는 종래의 핵심 축에 커다란 변화를 주고 있다.

도하개발의제 협상에서 논의되고 있는 무역규범과 환경정책수단으로서의 환경규제에는 환경라벨링, 열대산 목재인증제도, 기술규제, 폐기물 및 용기와 관련된 환경규제, 연비 및 배기가스 규제 등 환경기준 차이에 따른 생산비용 차이만큼 상계관세[9]를 부과하거나, 국경세(국경통과 시 부과되는 세금),[10] 환경세(환경오염 행위에 부과되는 세금), 탄소세(화석연료 연소시 발생하는 탄소에 부과되는 세금) 등이 있다.

세계무역기구가 2006년 7월 27일 G6각료회의에서 다자간 무역협상인 '도하개발의제' 협상의 중단을 공식적으로 발표하였다. 도하개발의제 협상이 결렬된 가장 큰 이유는 자국 농업분야에 대해 강력한 보호정책을 유지하고 있는 미국과 EU 등이 농업보조금과 농산물 관세 감축 문제에 합의하지 못했기 때문이다. 도하개발의제 협상의 결렬에 대한 평가는 양분되고 있는데 다자적 무역협상 체제가 퇴조를 보이면서 자유무역협정(FTA)과 같은 양자간, 지역간 무역협상이 활발해지고 있다.

---

9) 상계관세(Countervailing Duty)는 무역상대국의 보조금지급상품 수입으로 인하여 자국 산업이 실질적 피해를 입거나 입을 우려가 있을 경우, 최혜국대우(1조)나 양허수준준수(2조) 원칙에서 이탈하여 특정 국가의 특정 상품에 별도의 관세를 부과할 수 있도록 허용하고 있다. 여기에서 상계관세의 대상이 되는 보조금 범위가 수출보조금에 국한되지 않고 포괄적으로 규정되어 있으며, 간접적이거나 심각한 무역왜곡효과를 초래하는 경우에도 상계조치를 허용하고 있다. 최근에는 환경규제기준의 차이 등을 근거로 한 상계관세 부과방안도 제기되고 있다. 미국이 교토 의정서에서 탈퇴한 결과로 미국 철강업계는 부당하게 생산비를 낮출 수 있게 되었으며, 이는 일종의 보조금이기 때문에 상계관세를 부과하여 보조금을 상쇄시켜야 한다는 주장이다.

10) 국경세: 자국 수출품에 부과되는 세금을 감면하거나 면제함으로서 국내 상품의 국제경쟁력 강화, 차별적이기 때문에 GATT 제3조의 내국민대우원칙 위반 탄소세 등 간접세 등을 국경세 조정조치에 반영됨.

3. 경제협력개발기구

경제협력개발기구(OECD)는 환경과 무역 문제에 관하여 국제적인 수준에서 가장 체계적이고 활발한 활동을 보이고 있다. OECD는 이미 1972년에 「환경정책에 관한 지침의 원칙」을 발표하였다.

이들 원칙은 현재 OECD뿐만 아니라 전 세계적으로 널리 통용되고 있는 기본원칙이 되고 있다. 한편 1991년 1월에는 무역위원회와 환경정책위원회가 공동으로 참여하는 합동작업반이 구성되어 무역과 환경 간의 조화 증대를 위한 보다 구체적인 지침을 마련하였다. 이들 지침은 다시 절차적 가이드라인(procedural guidelines)과 실체적 가이드라인(substantive guidelines)으로 구분된다. 이중 절차적 가이드라인은 1993년 6월 OECD 각료이사회에 보고되었다. 주요 내용을 보면 환경과 무역에 관한 정책을 수립할 때 이해당사자와의 협의를 통하여 투명성을 제고하고 환경문제에 대한 정부 간 협의 절차를 거치며 일방적 무역조치의 발동은 자제하는 것을 내용으로 하고 있다. 실체적 가이드라인에서는 국제환경협약에서의 무역규제조치 활용에 관한 사항과 환경보전을 목적으로 한 일방적 무역규제조치의 사용에 관한 사항 등이 중점적으로 다루어지고 있다.

OECD의 환경정책에 관한 지침의 원칙

① 오염자 부담의 원칙(polluter pays principle) : 각국 정부가 환경보호에 필요한 규정을 설정하였을 경우 이의 이행에 수반되는 비용은 원칙적으로 오염자가 부담해야 한다. 단, 과도기간 동안에는 예외를 인정하여 급격한 환경규제강화 초기의 정부지원은 허용된다.

② 조화의 원칙(harmonization principle) : 각국 정부는 정당한 이유가 없는 한 국가 간 환경정책 및 규정의 조화를 위해 노력해야 한다.

③ 내국민 대우 및 무차별의 원칙(national treatment and nondiscrimination principle) : 각국은 환경조치를 시행할 때 GATT의 내국민대우 및 무차별원칙을 준수해야 한다.

④ 보상적 수입세 및 수출환급 금지의 원칙(compensating import levies and export rebates principle) : 각국은 환경정책의 차이에 따른 경제적 효과를 상쇄시키기 위해 관세를 부과하거나 수출환급제 등을 시행해서는 아니 된다.

OECD는 환경규제정책의 국제경쟁력에 대한 부정적 효과를 상쇄하기 위한 보호무역조치나 경쟁력 강화를 위한 환경과 보건 기준의 저하를 불허하고 있다. 그리고 환경정책과 기준들의 국제적 조화를 중시하고 이를 추진하고 있다. 일반적인 무역조치를 반대하면서 환경보호 목적의 무역규제는 국제간 합의가 필요함을 천명하고 있다.

4. 국제표준기구

국제표준기구(International Organization for Standardization: ISO)는 1946년 10월 14일 25개국 64명의 대표들이 런던에서 회합하여 공업표준화의 국제적인 협력을 용이하게 할 목적으로 설립을 결정하면서 출범하였다. 같은 해 10월 24일에는 국제표준기구의 첫 임시총회가 런던에서 개최되어 ISO의 헌장 및 시행규칙이 만장일치로 채택되어 15개 국가위원회로부터 승인을 받는 즉시 공식적인 기능을 개시하기로 결정하였다.

환경문제가 심각하게 등장하자 국제표준기구는 환경경영 개념을 조직체 내의 모든 인적, 물적, 기술적 자원의 체계적인 환경활동과 능력을 총체적으로 관리하고 평가하는 개념으로 전환시키기 위해 환경경영 국제규격을 제정하였다. 국제표준기구의 환경규격은 ISO14000 시리즈로 제정되었다. 환경경영표준화 대상은 7개 주제로 ISO 산하에 설치된 기술위원회(ISO/TC207)에서 논의가 시작되었다. 각 주제별로 설치된 소위원회(SC)에서 표준화 작업이 진행되어 각각의 ISO14000규격 시리즈로 발전된 것이다.

① SC1 : 조직체가 환경경영체제를 도입·채택하고자 할 때 갖추어야 할 요건 등을 규정한 환경경영체제에 대한 규격(ISO14001 시리즈)
② SC2 : 조직체의 환경경영체제와 산업활동에 대한 각종 감사절차와 감사자의 자격기준, 감사기관의 감사계획 설정에 대한 규격(ISO14010 시리즈)
③ SC3 : 환경친화상품에 대한 환경표시절차와 방법 및 표시내용의 확인방법에 대한 환경라벨링 규격(ISO14020 시리즈)
④ SC4 : 조직체의 활동, 제품 및 서비스가 환경에 미치는 영향의 정도나 환경

목표 이행 정도를 오염인자별 환경지표로 설정하고 이를 정량적으로 비교
분석하는 환경성과평가(ISO14030 시리즈)

⑤ SC5 : 상품의 제조에서 폐기에 이르기까지의 환경관련 인자를 정량적으로
분석하는 전과정평가(ISO14040 시리즈)

⑥ SC6 : 환경분야의 각종 용어에 대한 정의와 수식에 관한 기본규격

⑦ SC7 : 온실가스와 관련된 기본규격

ISO는 국가간의 환경요건의 차이가 새로운 무역분쟁이 되지 않도록 각국의 환
경관련 규격의 조화를 추진하고 있다. 환경경영체제, 환경감사, 환경라벨링, 환경성
과평가, 전과정평가, 용어 및 정의별 국제규격을 제정하여 인증함으로써 무역분쟁
을 줄이려고 한 것이다. 동 규범은 시행여부가 국가별로 판단되는 권고사항이지만
소비 및 생산패턴에 영향을 주어 무역규제효과를 초래할 수 있다. 특히 제품자체
보다 PPMs에 대한 평가에 기초하고 있어 WTO/TBT와 충돌할 가능성이 있다.

ISO 규격의 제정 및 개정을 수행하는 기술위원회는 국제적 표준화의 필요에
따라 지속적으로 만들어진다. 2015년 현재 기술위원회의는 TC1~TC285까지 여러
가지 종류가 있다. 예를 들면

TC 1 Screw threads./볼트 & 너트 표준화

TC 176 Quality management and quality assurance/ISO 9000(품질경영체제) 시리즈

TC 207 Environmental management /ISO14000(환경경영체제) 시리즈

TC 259 Project committee: Outsourcing 등이 있다.

기술규격은 ISO/WD, ISO/CD, ISO/DIS ISO/FDIS의 단계를 거쳐 ISO 총회에서
제정된다. ISO14000 시리즈와 관련하여 지침 및 규격이 현재도 계속적으로 만들
어지고 있다. 환경관련 기술위원회는 현재 TC146(대기오염), TC147(수질오염),
TC190(토양오염), TC207(환경경영) 등이 있다.

표 7-6 ISO 14000 시리즈의 구성

감사 및 평가기법	환경경영체제	제품/공정 관련 지원기법
환경감사 지침: ISO 14010 ISO 14011 ISO 14012 ISO 14015 환경성과평가 지침: ISO 14031	환경경영체제 규격: ISO 14001 환경경영체제 지침: ISO 14004	전과정평가: ISO 14040 ISO 14041 ISO 14042 ISO 14043 ISO/TR14047 ISO/TS14048 ISO/TR14049 환경라벨링: ISO 14020 ISO 14021 ISO 14024 ISO 14025

용어정의: ISO 14050

ISO /TR 14061: 산림업 환경경영
ISO /TR 14062: 친환경제품설계
ISO /WD 14063: 커뮤니테이션
ISO 14064: 온실가스 배출 측정, 보고 및 검증
ISO 14065: 온실가스 인증기관 지정

참고문헌

과학기술정책기획본부, 1992, 지구환경문제가 경제와 산업에 미치는 영향.

김준한 외, 1993, 국제환경규제의 영향과 대응방안, 산업연구원.

김준한 외, 1994, 그린라운드와 한국경제, 웅진출판.

대한무역진흥공사, 1993, 선진국의 환경장벽.

외무부, 1992, 한국의 지구환경외교.

이동걸, 1995, 무역과 환경 - 조화와 충돌의 선택, 산업연구원.

이우영, 1998, 무역과 환경 연계에 관한 다자간 통상협상에 관한 연구, 한국과학재단.

정회성 외, 1999, 기업경영과 환경보전(환경교육 교제3), 환경부.

정회성, 2002, "지속가능한 발전에 대한 세계화의 영향," 이론과 실천 모임 엮음, 국토와 환경 : 공간계획론의 새로운 접근, 한울아카데미, pp. 407-431.

한국무역협회, 1991, GATT보고서 : 환경과 무역.

Anderson, K. and Blackhurst, R., 1992, *The Greening of World Trade Issues*.

Daly, Herman E., 1998, "The Perils of Free Trade," Conca, Ken & Geoffrey D. Abelko(eds), *Green Planet Blues : Environmental Politics from Stockholm to Kyoto*(2nd ed), Colorado : Westview Press.

Dohlman, E., 1990, "The Trade Effects of Environmental Regulation," The OECD Observer.

Ewing, R., 1993, "Transportation Service Standards- As If People Matter," *Transportation Research Record 1400*, pp. 10-17.

Finn, Daniel, 1996, "Trade and Environment," *Daniel Finn ed., Just Trading*, Abingdon Press.

French, Hilary F., 1990, "Green Revolutions : Environmental Reconstruction in Eastern Europe and the Soviet Union," Worldwatch Paper 99(November).

GATT, 1992, *Trade and the Environment*.

GATT, 1992, *Trade Provisions Contained in Multilateral Environmental Agreements*.

Grossman, G. M. and Krueger, A. B., 1991, "Environmental Impacts of a North American Free Trade Agreement," *NBER Working Paper Series* No. 3914, Nov.

Hinterberger, Friedrich, 1994, "Biological, Cultural, and Economic Evolution and the Economy/Ecology Relationship," Jervan C.J.M. van den Bergh, and Jan van der Straaten(eds), *Toward Sustainable Development : Concepts, Methods, and Policy*, International Society for Ecological Economics., pp. 57-87.

International Institute for Sustainable Development., 1998, "Trade and Sustainable Development," Conca, Ken & Geoffrey D. Aabelko(eds.), *Green Planet Blues : Environmental Politics from Stockholm to Kyoto*(2nd ed.), Colorado : Westview Press, pp. 195-200.

Kurukulasuriya, L., 1992, "Prospects on International Environmental Agreements after UNCED," 1992 Seoul Symposium.

Low, P. and Yeats A., 1992, "Do 'dirty' Industries Migrate?," Patrick Low(ed.), *International Trade and the Environment*, World Bank Discussion Papers 159, World Bank, pp. 67-86.

Lucas, R. E. B., Wheeler D., and Hettige, H., 1992, "Economic Development, Environmental Regulation and International Migration of Toxic Industrial Pollution :

1960~1988," Patrick Low(ed.) International Trade and the Environment, World Bank Discussion Papers 159, World Bank, pp. 67-86.

Miramon, J. and Stevens, C., 1992, "The Trade/Environment Policy Balance," The OECD Observer, 6/7.

Nicholas, Georgescu-Roegen, 1996, "Selections from "Energy and Economic Myths," Herman E. Daly and Kenneth N. Townsend(eds.), Valuing the Earth : Economics, Ecology, Ethics. Cambridge, Massachusetts : The MIT Press, pp. 89-112.

OECD, 1991, *Joint Report on Trade and Environment*.

OECD, 1993, *OECD Environmental Data Compendium*.

OECD, 1994, *Trade and Environment, Processes and Production Methods*.

Organization for Economic Co-operation and Development., 1975, *The Polluter Pays Principle : Definition, Analysis, Implementation*, Paris : OECD.

Ralph, C. d'Arge, 1975, "On the Economics of Transnational Environmental Externalities," in Edwin Mills, ed., *Economic Analysis of Environmental Problems*, New York, Columbia University Press.

Robertson, 1992, *Trade and Environment : Harmonization and Technical Standards, in Patrick Low*(ed.), *International Trade and the Environment*, World Bank Discussion Papers, World Bank.

Shafik, Nemat, 1992, *Discussant's Comments, in Patrick Low*(ed.), *International Trade and the Environment*, World Bank Discussion Papers, World Bank.

Snape, R. H., 1992, *The environment, international trade and competitiveness*, in Anderson K. & R. Blackhurst(ed.), *The Greening of World Trade Issues*, 1992, Harvester Wheatsheaf.

World Bank, 1992, *International Trade and the Environment*.

World Bank, 1992, *World Development Report 1992 : Development and Environment*.

동아시아 환경문제와 환경협력

제 1 절 개　요

　　20세기 말부터 동아시아지역은 급격한 전환기를 맞이하고 있다. 제 2 차 세계대전 이후 일본의 역동적인 경제성장과 발전에 이은 60-80년대 한국의 경제성장과 민주화 그리고 이를 이어받은 1980년대 이후 중국의 경제성장은 동아시아적 가치관에 대한 세계적인 관심을 불러일으키고 있다. 최근 국제정세는 미국 등 서구 산업화 선진국의 경제적인 퇴조와 함께 중국, 인도 등 전통적인 강대국들이 서서히 부활하는 모습을 보이고 있다. 유럽과 북미 그리고 러시아로 대변되는 근세 산업화의 선진국들이 주춤하고 있는 반면 중국, 일본, 한국이 속하는 동아시아는 세계인구의 3분의 1을 점하고 있는 곳으로 세계에서 가장 역동적으로 성장하고 있는 지역이다.

　　중국을 중심으로 하는 동아시아, 특히 동북아시아지역의 역동성은 21세기에 범세계적인 영향력으로 확대되고 있다. 동아시아의 인구는 2025년에는 25억에 이를 것으로 전망되며 도시로의 인구집중이 심화될 전망이다. 그리고 아세안과 한·중·일을 합한 동아시아의 경제규모는 2020년 경에는 전세계경제의 29%를 점하여 세계최대의 경제블럭이 될 전망이다. 동아시아국가 중에서 일본의 국제적인 위상과 영향력은 점차 감소하는 반면 중국의 국제 정치 및 경제 상의 위치와 영향력이 크게 확대되고 있다. 13억 인구를 바탕으로 하는 중국의 막대한 경제와 군사력은 세계유일의 대국인 미국에게도 부담이 되고 있다. 2030년 경에는 중국이 미국을 제치고 세계최대의 경제대국이 될 것이라는 전망도 있다.

동아시아지역의 정치 · 경제 · 사회 · 문화적인 역동성은 한반도라는 특수한 상황에 의해 더욱 심화되는 경향도 없지 않다. 한반도의 정세는 남북간의 정치 · 경제적인 이해관계는 물론 미국, 일본, 중국, 러시아 등 주변 강대국과의 이해관계의 복잡한 함수관계에 의해 결정되고 있다.

그런데 21세기 동아시아지역의 정세에 영향을 미치는 변수는 정치, 군사, 경제 등의 전통적인 변수에 국한되지 않고 환경과 자원이라는 새로운 변수가 그 중요성을 더해 갈 전망이다. 매년 10% 이상의 경제성장을 거듭하면서 세계의 공장이자 환경오염원으로 변하고 있는 중국과 세계 최빈국의 하나이지만 상황의 변화에 따라 급격한 경제성장을 이룩할 수 있는 북한은 동아시아지역의 환경 및 자원 문제를 21세기 최대의 화두로 제기할 전망이다.

제 2 절 동아시아의 국가별 환경 · 자원문제

1. 개   관

동아시아지역의 환경 및 자원 문제를 살펴보려면 우선 개별국가의 환경 및 자원문제 실태 그리고 지역 및 지구적인 환경문제 전망 등 두 가지 관점에서 보아야 할 것이다.

우선 전자의 관점에서 보면 동아시아 지역의 주요 국가들은 환경적으로 각기 다른 상황에 처해 있음을 알 수 있다. 경제규모나 기술 그리고 환경관리의 측면에서 선진국의 반열에 든 지 오래된 일본이 있는 반면 최근에야 선진국 수준에 도달한 한국이 있다. 일본은 환경오염문제를 극복할 수 있는 능력과 자본이 있고 한국도 이제는 전통적인 환경문제에 대한 해결의 실마리를 찾았다고 할 것이다. 반면 개도국의 수준에서 무섭게 성장하고 있는 중국 그리고 아직도 황폐화된 경제와 산업으로 기아선상에 있는 북한이 있다. 이들 중국, 몽골, 북한 등은 전통적인 오염문제가 심화되고 있는 중이나 이를 해결할 수 있는 자본과 기술이 충분하지 못하다는 문제가 있다.

기상학적으로 밀접하게 연결되어 있는 동아시아시아지역의 환경 및 자원 문제
는 개별국가의 문제로 끝나지 않고 심각한 월경성 오염문제로 이어진다.여기에는
황사, 산성비 등 심각한 대기오염문제뿐만 아니라 해양오염, 국제하천 문제 그리
고 생태계 관련 문제들도 포함된다. 이들 문제는 향후 동아시아지역의 지속가능한
발전에 위협이 될 뿐만 아니라 정치외교적인 불안요인으로 대두될 전망이다. 동아
시아시아지역의 빠른 경제성장 특히 중국의 경제규모 확대와 급격한 산업화 및
도시화에 따른 오염물질의 과다배출, 삼협댐과 남북 운하의 건설 등은 동아시아지
역의 환경오염과 생태계에 커다란 부담으로 작용하고 있다.

[그림 7-3] **동아시아지역의 GDP 변화율**

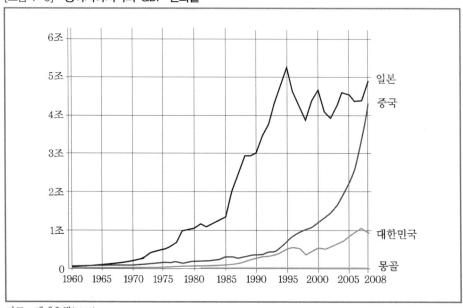

자료 : 세계은행(2010).

2. 국가별 환경·자원문제 현황과 전망

1) 한   국

한국은 1960년 이래 수출지향적인 압축성장정책을 추구하여 1970-80년대에는

심각한 산업공해를 경험하였고 1990년대 이후에는 소득증대와 소비확대에 따른 환경오염이 심화되었다. 1970년대 말부터 산업공단이 위치한 지역에서 대기 및 수질오염(해양오염 포함)이 심각해져 울산·온산공단과 같은 곳에서는 1980년대 중반에 주민이주사업을 실시한 바도 있다. 산업화에 성공한 1980년대 말부터는 쓰레기 처리, 하수처리 등 도시화와 소비증가에 따른 환경오염문제가 심각해지게 되었다.

그러나 1990년대 이래 정부의 적극적인 환경정책 개선노력과 환경투자의 확대로 전통적인 대기, 수질, 폐기물 등의 환경문제에 대해서는 해결의 실마리를 찾았다고 할 수 있다. 특히 구한말의 경제적 혼란, 일본제국주의 침략, 3년간의 한국전쟁 등으로 황폐해진 산림을 성공적으로 녹화시켜서 산림복원에 성공하였다는 점은 특기할 만하다.

1990년대 중반 이후 정부의 국토관리정책의 실패와 함께 전국적인 난개발 형상이 발생했고, 자연생태계 보전과 화학물질관리에 대한 문제가 있었다. 새만금, 경인운하, 천성산터널 등의 건설을 둘러싼 개발과 보전 사이의 갈등과 새집증후군, 아토피성피부염 등 환경보건에 대한 논란이 있었다. 2000년 이후에는 에너지 다소비형 경제구조 때문에 이산화탄소 발생량이 매우 높아 향후 어떻게 효과적으로 경제에 부담을 주지 않으면서 기후변화가스를 감축할 것인가가 중요한 정책과제가 되고 있다. 특히 갈수록 심각해지는 미세먼지와 가습기살균제·살균제달걀·생리대 등 생활화학물질로 인한 건강피해 문제가 국가적인 이슈로 부상하고 있다.

2) 북   한

북한의 환경오염과 자연파괴 실태에 관한 신뢰할 만한 정보나 분석은 매우 부족한 편이다. 그러나 북한은 에너지와 식량자원의 절대 부족에 따른 절대빈곤 문제와 함께 산림황폐화 그리고 환경오염 방지시설이 없는 낙후된 산업기술에 의한 환경문제를 안고 있다고 할 수 있다.[1]

산업시설이 정상 가동되었던 80년대 말까지는 북한도 광산과 산업지역을 중심으로 국지적인 환경오염 문제를 심각하게 겪은 바 있다. 90년대 초반 이후 심각한 에너지 부족과 경제난을 겪고 있는 북한의 산업가동률은 극히 낮다. 그러나

---

1) 이상준 외, '북한의 국토개발 및 관리실태에 관한 연구,' (국토연구원, 2005년 12월), 172-179면.

북한은 저질 에너지 · 자원 의존도가 높고 낙후된 기술에 의한 산업생산체계를 지녀 환경오염 우려도가 매우 높아 공업과 광산지대의 환경오염 잠재성이 크다고 볼 수 있다.

북한은 만성적인 식량부족으로 1970년대에 들어 다락밭 건설사업 등 산지 개간에 주력하였다. 그리고 부족한 에너지를 보충하기 위해 무분별한 산림벌목을 자행함으로써 심각한 자연파괴현상을 야기했다. 북한의 농업위기는 산림황폐화 때문에 심화된 측면도 있다. 향후 북한이 대외개방과 경제체제 개편을 통해 경제가 복원되고 재성장을 시작할 경우에는 산업공해 문제가 심각하게 대두되어 한반도 전체로서의 환경생태관리에 위협이 될 우려가 있다.

3) 중   국

최근 7%대로 속도가 둔화되었지만 1990년대 이후 2010년까지 연간 10%가 넘는 고도 경제성장을 달성한 바 있는 중국은 심각한 대기, 수질, 산림황폐화 등의 환경문제를 겪고 있다. 자료들은 대다수의 중 · 대도시들이 미세먼지 등의 대기환경기준을 위반하고 있으며 대도시와 공업도시를 관통하는 하천의 오염도 심각한 실정임을 보여준다. 중국은 고도 경제성장에 따른 에너지 수요를 석탄에 의존하고 있어 특히 대기오염문제가 심각하다.

중국의 소규모 열발전소는 대부분 디젤엔진을 사용하거나 화력발전을 하기 때문에 상대적으로 비효율적이고 오염도 많이 발생한다.[2] 2010년 80%에 달하던 중국 내 화력발전의 비중은 2015년 73%로 감소하였으나 석탄의 가격경쟁력이 높아 향후에도 그 비중이 크게 줄지는 않을 전망이다. 화력발전소에서 발생하는 아황산가스는 중국 대기오염의 주원인이다. 자동차 증가와 공장 난립이 주원인인 중국의 대기오염으로 주요 도시 340개 중 60%가 거주 부적격지로 판정받기도 했다. 아황산가스, 질소산화물 등 중국 내 대기오염물질은 한국, 일본, 대만의 배출량을 합한 것보다 몇 배나 많다.

중국의 수질오염은 대기오염보다 심각하다는 지적도 있다. 중국의 도시와 대규모 산업단지에서 배출되는 오염물질에 의해 황해의 수질 악화와 해양생태계의

---

2) Mika Mervio, "동아시아 수자원 안보," 현인택 · 김성한 · 이근 공편, '동아시아 환경안보,' 서울 : 오름, 2005, 143-182면.

파괴가 심화되고 있다. 또한 중국의 산업용수 사용량은 경제성장률에 비례해 증가하고 있다. 대량의 폐수 배출로 담수자원이 오염되어 많은 도시에서는 식수용 물이 부족한 실정이다. 수질오염도 급격히 심화하고 있는데 중국 7대 하천의 수질은 70% 이상이 3급수 이하로 떨어졌다. 2016년 통계에 따르면 인구의 70%가 음용수로 이용하고 있는 지하수는 80%가 음용이 불가능한 것으로 나타났다.

4) 일 본

동아시아 국가 중 일본은 가장 먼저 산업화의 길을 걸었다. 때문에 일찍이 이따이이따이병, 미나마타병, 요카이치천식 등 심각한 환경오염문제를 겪었다. 심각한 수질오염으로 수천 명의 인명이 희생된 적도 있다.

그러나 1970년 공해국회 이후 적극적인 환경오염 극복 노력으로 일본은 대기, 수질, 폐기물 등 전통적인 환경오염문제를 크게 개선시킬 수 있었다. 비록 일본이 세계 4대 에너지 소비국이고 2대 에너지 수입국이지만 일본의 도시 대기오염은 양호한 편이다. 산업화와 함께 심각하게 오염되었던 강과 호수의 수질도 크게 개선되었다. 일본은 경제체제의 효율성이 높아 높은 경제밀도와 에너지 이용에 비해 오염물질 배출이 비교적 낮은 편이라고 할 수 있다.

최근 일본은 자원순환형 사회 구축, 기후변화 대응, 에너지 절약형 건축물 등 환경문제에 대한 적극적인 정책을 추진하고 있다.

5) 몽 골

몽골은 동아시아 국가 중에서 산업화에 크게 뒤져 있으며 경제규모도 작다. 넓은 초원지대를 지닌 전통적인 유목국가로서 도시화의 정도도 낮다.

몽골은 방목의 확대, 건조기후의 지속 등으로 사막화가 크게 확대되어 동아시아 황사문제를 제공하는 국가이다. 몽골 정부에 의하면, 2008년 말 기준 한반도의 7.5배에 이르는 국토의 약 90%가 사막화 지역으로 변했으며, 동아시아 황사 발생량의 50%를 제공하고 있다. 또한 지구온난화로 인한 건조지대 확대로 몽골 내 684개의 강과 760여 개의 호수가 사라졌다.

금광 등 광산개발에 따른 수질오염과 토양침식도 심각하다. 그러나 전반적으로 저소득, 저산업국가로서 환경의식이 낮으며 환경투자의 여력도, 관심도도 낮다고 할 수 있다.

제 3 절   동아시아지역의 부문별 환경 · 자원문제

1. 월경성 대기오염 문제

동아시아 지역의 월경성 대기오염 문제로는 우선 중국 타클라마칸 사막과 고
비 사막에서 발생하는 황사현상이 있다. 황사가 심하게 발생하는 봄철에는 중국의
본토에서는 얼굴을 가리고 다녀야 할 정도이며 심할 경우 건물붕괴 등 다양한 재
해를 일으키기도 한다.3) 중국 서북부 지역과 몽골 서부지역에서 발생하는 황사는
4월을 전후하여 한반도에도 유입되어 먼지농도 증가에 크게 기여하고 있다. 황사
에 의해 한반도 상공의 먼지 농도는 평상시의 수십 배 정도 증가하는데 심할 때
는 수백 배가 되기도 한다.

동아시아지역에서는 월경성 산성비 문제도 심각하게 대두되고 있다. 주로 중
국의 막대한 석탄, 특히 저질 고유황 함유의 석탄사용 때문이다. 중국은 에너지원
의 70% 이상을 석탄에 의존하고 있어 자국의 대기오염은 물론 월경성 대기오염을
일으킨다. 세계은행과 아시아개발은행이 개발한 레인즈-아시아모델에 따르면 중국
발생 산성비 원인물질의 3%가 북한, 한국, 일본, 베트남 등 다른 국가에 침적된다
고 한다.4) 비록 중국에서 타국으로 침적되는 비중은 낮으나 중국의 배출량의 규
모가 워낙 많기 때문에 그 영향은 매우 크다.5)

동아시아의 월경성 대기오염문제는 현재 지역분쟁으로 대두되고 있지는 않으
나 향후 유럽과 북미지역에 이은 세계 3대 월경성 대기오염 분쟁지역으로 대두될
것으로 전망하는 견해가 있다.

---

3) 동아시아지역에서의 황사피해에 대해서는 추장민 외, 동아시아지역의 황사 피해분석 및
   피해저감을 위한 지역협력방안 I, 한국환경정책평가연구원, 2003년 12월, 제 3 장 참조.
4) Rains-Asia Model의 예측 결과.
5) 예를 들어 중국에서 북한으로 이동한 오염물질의 양은 중국 배출량의 0.8%에 불과하나
   북한에서 퇴적하는 황산화물의 35%나 된다고 한다. 그리고 베트남의 경우에는 39%나 된
   다고 한다.

[그림 7-4] 황사에 의한 대기오염

2. 수질 및 수자원 문제

동아시아 지역은 국제하천에 따른 분쟁의 소지도 안고 있다. 우선 중국과 북한은 압록강과 두만강을 국경으로 인접해 있다. 그런데 두만강과 압록강의 수질오염도 날로 심각해지고 있어 양국 간에 갈등으로 대두될 소지를 안고 있다. 현재 두만강 중하류는 5급수의 수질정도이며, 압록강은 3급수의 수질에 불과한 실정이다.

임진강과 북한강의 수자원 문제에 대해 상호 이해를 가지고 있는 남북한간의 관계도 문제이다. 북한이 북한강과 임진강의 상류에 댐을 건설함에 따라 하류에 위치한 남한의 수자원이용과 수질관리에 적지 않은 우려와 장애를 초래할 가능성이 있다. 북한은 전력생산을 위해 휴전선 북단 금강산지역의 북한강 상류에 임남댐(금강산댐)을 건설하였다. 임남댐 건설을 시작하자 당시 남한 정부는 서울에 대한 수공 우려성을 제기하면서 평화의 댐 건설을 추진한 바 있다. 임진강 상류에 건설한 4.15댐도 임진강의 수량변화를 초래하여 연천, 문산, 파주 지역주민의 수자원 이용에 어려움을 주고 있다.

3. 해양오염과 수산자원 문제

동해, 황해, 동중국해, 남중국해 등은 반폐쇄성 해역으로 심각한 해양오염과 이에 따른 해양생태계의 파괴, 어족자원의 고갈에 따른 문제를 안고 있다.

아시아는 세계어획량의 절반 이상을 차지하고, 이 중 중국, 일본, 한국 등은 세계 10위권 이내의 어업대국이다. 동아시아의 해양은 세계 최대의 대륙붕을 보유하고 있어 상업적으로 포획되는 어종만도 100여 종에 이르는 매우 풍성한 어장으로 꼽히고 있다. 그런데 중국에서 생성된 암모니아 · 니트로겐 · 페놀 등을 함유한 다량의 폐수가 황하 · 요하 · 해하 · 회하 등을 통해 반폐쇄 해역으로 오염에 취약한 발해만 · 황해로 유입되어 황해의 해양환경오염이 가중되고 있다. 주변 국가들의 대규모 연안매립사업, 육상기인 오염물질의 유입, 해상활동의 증가에 따른 기름유출 등도 이들 해역의 오염과 생태계파괴를 촉진하고 있다.

이 지역에서의 어류의 남획, 해양오염의 심화 등으로 어류와 무척추 동물 수종이 크게 감소했으며, 주요 어종의 어획량도 크게 감소하였다.[6] 동해도 1993년 러시아와 일본이 다량의 방사능 폐기물을 동해에 투기해 왔다는 사실이 밝혀진 이후 핵폐기물 투기는 정치적, 환경적으로 민감한 문제가 되어 왔다.[7]

4. 기후변화 문제

동아시아 지역은 지구온난화, 오존층 파괴, 생물다양성 감소 등 지구환경문제도 심화되고 있다.

동아시아 지역에서는 빠른 경제성장과 높은 화석연료 의존도에 따라 지구온난화 원인물질인 이산화탄소의 배출이 급증하고 있다. 중국의 이산화탄소 배출량은 2016년 95억 9,700만톤으로 1990년의 4배 수준이고 미국과 EU를 합친 것보다 많은 양이다. 2016년 중국의 이산화탄소 배출량은 처음으로 전년 대비 소폭 감소했으나 2007년 이래 확고한 세계 최대 이산화탄소 배출국가로 자리매김하고 있고, 일본도 세계 5위, 한국은 세계 7위의 배출량을 보이고 있다. 일본의 경우에는 이산화탄소 배출량의 증가가 다소 주춤하고 있으나 중국은 매우 급격한 속도로 기후변화가스 배출량이 증가하고 있다. 한국도 이산화탄소 배출효율, 즉 단위에너지 사용량당 이산화탄소 배출량은 감소하고 있으나 전체 배출량 증가는 지속되고 있는 실정이다.

---

6) Miranda A. Schreurs, 2005, "전게논문."

7) Mark J. Valencia, 1995, "Northeast Asian Marine Environmental Quality and Living Resources : Transnational Issues for Sustainable Development," ftp : /ftp.nautilus.org/ aprenet/Library/Papers /marinenv

표 7-7 국가별 이산화탄소 배출량 순위

단위 : t

순위	국가	2016	1990	1990-2008 증감률(%)
1	중국	95억 9,700만	24억 5,200만	+291
2	미국	57억 7,200만	54억 6,100만	+6
3	인도	23억 7,400만	23억 6,900만	+279
4	러시아	16억 2,600만	6억 2,600만	-31
5	일본	12억 7,800만	11억 7,900만	+8
6	독일	8억 1,600만	10억 2,900만	-21
7	한국	7억 9,500만	2억 5,700만	+210
8	사우디아라비아	7억 5,600만	4억 8,500만	+213
9	이란	6억 9,200만	6억 2,500만	+248
10	캐나다	5억 9,900만	1억 9,900만	+23

자료 : 독일 재생가능에너지산업연구소, 2016, www.cerina.org.

기후변화문제는 기후변화가스감축이라는 측면에서의 과제와 기후변화에 따른 생태계 영향이라는 측면에서의 과제를 동아시아지역 국가들에게 동시에 부여하고 있다.

제 4 절 동아시아 환경문제와 한반도

1. 개   관

동아시아의 환경 및 자원 문제는 한반도 정세에도 적지 않은 영향을 줄 것으로 보인다.

우선 한반도의 환경관리 측면에서 그 영향이 심각할 것으로 보인다. 중국, 몽골, 북한 등은 향후 경제개발의 추진과 함께 자국 내 환경오염문제가 심각해질 전망이다. 중국 등의 지속적인 환경 및 자연 훼손은 지역의 월경성 오염문제를 심화시켜 한반도 환경관리에 지대한 영향을 줄 가능성이 높다. 다만, 기상조건상 북한의 경제성장에 따른 남한으로의 월경성 오염문제는 그리 크지는 않을 것이다.

동아시아의 월경성 오염문제는 대기는 물론 해양을 포함한 수질 부문에서도 대두될 것으로 전망된다. 그리고 그 최대피해국은 한반도가 될 가능성이 높다. 때문에 한반도의 환경문제는 한국 자체의 노력만으로는 한계를 지닐 것으로 보인다. 동아시아의 환경 및 자원 문제가 초래할 영향은 단지 환경오염에 국한되지 않고 생태계 관리, 그리고 식량, 어업 등 자원생산에도 악영향을 끼칠 전망이다. 만성적인 식량부족 문제를 지니고 있는 북한의 경우, 식량 특히 해양자원의 생산에 많은 장애를 초래할 우려가 있다.

반면 중국 등의 환경악화와 이에 따른 환경투자수요의 증가는 환경산업과 기술 부문의 협력 촉진이라는 효과를 가져올 가능성도 있다. 이는 향후 한반도의 발전에 긍정적인 영향을 줄 가능성이 있다. 그리고 이러한 영향은 향후 북한의 경제개방 정도와 속도 그리고 그 성공 여부와 밀접하게 관련되어 나타날 것이다.

2. 월경성 대기오염 문제

중국의 대기오염과 에너지 문제는 한반도의 대기환경관리와 에너지 문제에 직접적인 영향을 줄 것으로 전망된다.

전술한 바와 같이 중국 서부 내륙지방과 몽골 서부지역의 사막화가 초래하는 황사현상은 한반도에 미세먼지 피해를 초래하는데 그 피해는 2002년에 사상 최고치인 연간 5조 5천억 원에 달한 바 있다. 사막화 문제는 중국, 몽골 등 해당 국가와 한국, 일본 등 주변 국가 및 국제기구의 적극적인 관심사가 되고는 있다. 그러나 이는 단시일에 해결될 수 없는 장기적인 과제로 향후에도 한반도 환경 및 생태계에 많은 영향을 미칠 것이다.

한반도의 대기관리는 향후 중국의 에너지 선택이 지대한 영향을 줄 전망이다. 최근 중국이 석유공급원 확보에 혈안이 되어 있음은 널리 알려진 사실이다. 중국은 수백 년간 에너지 안보를 보장할 수 있는 엄청난 석탄매장량을 보유하고 있기 때문에 비록 석유공급원을 잘 확보한다고 하여도 중국의 석탄의존도는 크게 감소하지는 않을 것이다. 따라서 중국발 월경성 대기오염의 한반도 영향은 향후 보다 확대될 가능성이 높다고 할 것이다.

3. 에너지 자원문제

동아시아 국가들의 에너지 사정도 한반도 정세에 지대한 영향을 줄 것으로 보인다. 중국은 2009년에 이미 미국을 제치고 세계 최대의 에너지 소비국이 되었다. 부존 에너지 자원이 빈약한 일본, 한국, 대만 등은 원자력에너지 개발에 치중하고 있다.

그런데 동아시아의 원자력 발전소는 주로 황해와 동해 주변에 위치해 있다. 때문에 황해와 동해를 근해로 하고 있는 한반도에는 원자력발전에 따른 환경오염의 위협이 상존하고 있다. 원자력 발전소는 막대한 온배수의 배출로 주변 하천과 해양 생태계에 심각한 영향을 줄 수 있다. 높아진 원자력 의존도는 방사능 폐기물의 처리문제도 야기한다. 러시아는 1959년과 1992년 사이에 북극해와 북동태평양에 고준위와 저준위 폐기물을 투기하여 문제가 된 바 있으며 1997년 대만은 북한에 방사능폐기물을 수출하려고 시도한 바가 있다.

원자력발전소는 방사능유출사고의 위험성을 상시 내포하는데, 2011년 3월 발생한 일본 후쿠시마 원전사고는 이러한 우려를 현실로 만들었다. 사고는 도호쿠지방 태평양해역에서 발생한 강진과 이어진 지진해일로 후쿠시마 제1 원자력 발전소의 원자로 1-4호기가 용융되면서 다량의 방사능이 누출된 대형참사이다. 사고 이후 아직까지도 원자로에서 방사능 물질이 공기 중으로 누출되고 있으며, 빗물과 원자로 밑을 흐르는 지하수에 의해 방사능 오염수가 태평양 바다로 계속 누출되고 있다. 누출된 방사능 물질로 인해 후쿠시마 제1 원자력발전소 인근 지대뿐 아니라 일본 동북부 지역에 방사능 오염이 발생하고 있다.

중국이 막대한 에너지 수요를 충당하기 위해 세계 석유시장에 적극 개입하게 되면 독자적인 에너지원이 매우 부족한 한반도는 석유공급원의 확보에 큰 부담을 안게 될 것이다. 석유를 대체할 신·재생에너지원과 기술이 부족한 남한이나, 비록 풍부한 석탄 매장량을 보유하고 있으나 석탄의 질이 낮고 발열량이 낮은 북한의 에너지자원 확보는 심각한 제약에 직면할 수 있다. 때문에 원자력이나 저질탄이 개발·활용될 경우 환경관리에도 큰 부담이 될 수 있을 것이다.

4. 해양오염 및 수산자원 문제

동아시아지역의 해양환경관리와 수산자원 문제도 한반도 정세에 위협요소가 되고 있다. 중국의 산업화의 지속과 남한의 U자형 국토개발 등은 한반도의 연안 해역 오염을 심화시켜 황해와 남해의 수산자원 생산기반은 보다 취약해질 가능성이 높다.

수질악화는 수산자원 생산량의 감소로 나타나며 이에 따라 수산자원 확보에 대한 갈등이 심화될 우려가 있다. 수산자원 문제는 남북간 갈등문제로 간혹 분출되고 있다. 그 중 심각한 것이 서해의 꽃게 포획을 위한 분쟁으로 북한의 꽃게잡이 어선이 북방한계선(NLL)을 곧잘 침범하여 남북간의 긴장요인이 되곤 하였다. 1996년 6월, 2002년 6월 북한의 어선이 북한 해군함과 함께 이 지역을 침범하여 결국 유혈사태를 초래한 경우도 있었다.

중국의 삼협댐 건설과 남북운하의 3개 개발도 황해오염과 제주 앞바다의 염수화 진행을 촉진시킬 것이라는 우려가 있다. 삼협댐 건설 이후 제주 서부지역에 백화현상이 발생하고 있다는 관찰도 있다. 양자강으로부터의 유출수 감소와 황하를 거친 오염하수의 황해 유입은 황해와 남해의 수질과 생태계에 적지 않은 위협이 될 것이라는 우려가 많다. 황해와 남해의 수질악화에 따른 수산자원 생산기반의 약화는 한반도의 식량자급에 커다란 위협이 될 수도 있다.

동해와 관련된 홋카이도 북부와 사할린 동부까지를 섭렵하는 오호츠크해는 석유탐사로 각광을 받은 지역이다. 그런데 오호츠크해의 유전은 지진활동이 일어나기 쉬운 지역에 위치하고 있다. 시추작업과 석유 및 가스 수송에 따른 동해의 해양오염 문제가 적지 않는 우려를 초래하는 사안이다.

2011년 3월 발생한 후쿠시마 원전사고는 다량의 방사능오염수를 해양에 유출시켜 심각한 해양오염을 야기했다.8) 원전에서는 지속적으로 방사능 오염수가 배출되고 있어 사고 이후 일본산 해산물 기피현상이 지금까지 이어지고 있다.

---

8) 사고 후 2013년 9월까지도 후쿠시마 제1 원전에서는 매일 세슘 137과 스트론튬 90이 하루에 약 600억 베크렐씩 태평양으로 방출되었다. 후쿠시마 사고 직후부터 4월 7일까지에는 하루에 100조 베크렐이 원전 배출구를 통해 유출되었으나 점차적으로 유출량이 줄어서 그 수준에 이른 것이다.

5. 식량자원 문제

인구증가와 경제규모의 팽창이 급격하게 이루어지고 있는 동아시아지역에는 식량문제에 대한 우려도 있다.

북한의 식량부족문제는 한반도 정세와 직접 관련되어 있다. 식량위기는 자연재해의 영향도 있지만 1970년대 중반부터 이루어진 식량증산을 위한 산지개간이 홍수피해를 악화시키는 요인이 되었다.9) 이 같은 북한의 식량사정은 가까운 장래에 개선될 것으로 보이지는 않는다. 오히려 동아시아의 환경오염 상황 때문에 보다 악화될 가능성이 높다고 할 것이다.

한반도 주변 국가들의 상황도 보다 어려워질 것으로 보인다. 동아시아지역 국가들은 인구규모에 비해 매우 좁은 농경지를 보유하고 있다. 이러한 농경지도 산업화와 개발에 의해 도시지역, 도로 및 산업용지로 개발되어 감소하고 있다. 그리고 중국, 몽골지역의 서부지역의 사막은 계속 확대되고 있다. 이러한 이유로 중국의 경지면적은 지속적으로 감소하고 있으며 비록 농지생산성이 획기적으로 향상된다고 하더라도 식량생산 문제는 발생할 가능성이 농후하다.

뿐만 아니라 중국의 급격한 경제성장은 식량소비의 증가와 육류위주의 식생활을 가져와 동아시아의 식량부족 현상을 보다 악화시킬 가능성이 높다.10) 향후 35년 이내에 아시아인구의 90% 이상이 곡물소비의 20% 이상을 수입에 의존하게 될 수도 있다는 지적도 있다.11)

동아시아지역 환경오염의 심화는 식량자원 문제를 매개로 동아시아와 한반도 정세를 불안하게 할 가능성이 높다.

---

9) 이 같은 식량위기로 적지 않는 북한주민이 아사한 것으로 보이고 있다. 얼마나 믿을 만한지는 모르겠으나 한 탈북관료가 1995년과 1998년 사이 아사자가 거의 250만 명에 이른다는 주장을 한 것이 보도된 적도 있다. 굶주린 북한 주민은 주로 중국 국경을 넘어 식량난민이 되고 있다. 탈북자의 수는 정부간기구가 측정한 1-2만 명에서부터 NGO가 측정한 20-30만 명에 이르기까지 매우 다양하다. 그러나 대략 30만 명이 현재 중국의 각지에 숨어살고 있는 것으로 추정되고 있다. *The New York Times*, May 16th, 2002, p. A1.
10) Lester Brown, *Who Will Feed China ?*, New York : W.W. Norton, 1995.
11) Gary Gardner, 1996, "Asia is Losing Ground," (November 21st, 1996), p. 24.

6. 기후변화에 따른 문제

이산화탄소 등 기후변화가스의 다량 배출에 따른 범지구적인 기후변화 현상은 한반도에도 뚜렷하게 나타나고 있다.[12]

한반도의 온난화 추세는 각종 기상 관측결과를 살펴보면 그 현상이 매우 뚜렷하게 나타나고 있다. 우리나라의 기온은 1908년 기상관측이 이루어진 이래 꾸준히 상승하고 있는데 특히 1980년대 후반부터 기온이 현저하게 상승하고 있는 추세이다. 국립기상연구소의 보고서 「한반도 기후변화-현재와 미래」에 따르면 한반도 연평균 기온은 지난 100년 가까운 기간 동안 1.5℃ 상승했다. 반면 비슷한 기간 지구 전체의 평균기온은 0.7℃ 높아졌다. 한반도의 기온 상승 속도가 다른 지역보다 두 배 이상 빠른 셈이다. 한반도의 가파른 기온 상승세는 급격한 도시화 때문으로 분석됐다.

보고서는 이 같은 추세로 볼 때 금세기 말 한반도 평균 기온은 대기 중 이산화탄소 농도가 현재의 2배에 도달하면 지금 수준보다 4도 가량 높아지고 대부분의 지역에서 아열대 기후가 나타날 것으로 전망했다. 아열대 기후는 가장 추운 달의 평균기온이 18도 이하, 10도 이상인 달이 8개월 이상이다. 보고서는 오는 2050년까지 남해안 및 동해안 전 지역이 해당되고 2100년대에 이르면 일부 산지를 제외한 남한 전 지역이 아열대 기후로 바뀔 것으로 예상했다.

한반도의 기후변화 현상에 대해서는 우선 이 지역에서 배출되는 막대한 기후변화가스량을 지적해야 할 것이다. 중국의 경제개발에 따른 기후변화가스 발생량의 급격한 증가, 한국에서의 기후변화가스 발생량 감축의 어려움, 몽골·북한의 발생량 증가 가능성 등이 문제를 심화시킬 가능성이 있다. 동아시아지역에서 기후변화가스 발생량을 감축하는 것이 쉽지 않은 문제인 만큼 기후변화에 따른 한반도의 생태계 변화는 지속적으로 진행될 것으로 보인다.

이에 더하여 중국은 2008년 양자강 상류에 총길이 2,300m, 높이 180m, 저수용량 393억㎥를 가진 세계최대 규모의 삼협댐을건설 완료하고 50년 후 완성 예정으

---

12) 한반도의 기후변화와 생태계영향에 관해서는 정회성, 2004, "기후변화의 한반도 환경생태 영향에 관한 고찰," 에너지기후변화학회 창립총회 및 심포지움, '기후변화협약과 한국의 대응전략,' 2004년 12월 9일, 참조.

로 2002년 남북대수로의 건설에 착수해 양자강의 물을 북부지역의 농업 및 생활
용수로 공급한다는 계획을 실행에 옮기고 있다. 수로는 상·중·하류 3군데로 나
누어서 건설되며 황하의 물을 태원·삭주 등에 공급하기 위한 만가폭 공사도 진
행 중이다. 이 같은 대규모의 자연개조행위는 동아시아지역의 기후조건을 크게 변
화시킬 가능성이 있다. 특히 지구온난화가스 농도 증가에 따른 기후변화와 대규모
의 자연개조에 따른 효과가 상승작용을 일으킨다면 한반도 환경생태계에 커다란
부담이 될 것이다.

기후변화는 태풍발생의 빈도와 강도의 변화, 사막화의 진행과 생태계 변화, 해
수면 상승과 자연재해 등 다양한 영향을 줄 것으로 전망된다. 지구온난화에 따라
자연생태계의 변화는 물론 농·축산업, 산업활동, 해양, 도시환경, 교통 등 사회
전반에 영향을 미치고 있다. 또한, 가뭄, 홍수, 폭염 등의 기상이변에 따른 자연재
해에 대한 우려도 증폭되고 있는 실정이다.

🔍 참│고│문│헌

김정욱 외 7인 공저, 2004, 북한의 환경현황과 교류협력의 과제, 겨레사랑선교회 북한환경
　　　연구보고서 (1).

김정인 외, 1997, "동북아국가의 에너지소비와 월경성 오염문제 연구," 한국환경정책·평가
　　　연구원.

대외경제정책연구원 지역정보센터, 1993, "러시아 극동지역편람," 1994, "몽골편람" 류을렬,
　　　2004, 충북의 지구온난화 대책과 경제적 수법의 활용방안, 충북개발연구원.

변병설, 2001, "통일시대에 대비한 국토환경관리방안," 환경정책연구, 한국환경정책·평가연
　　　구원, 제7권, pp. 19-20.

이상준 외, 2005, "북한의 국토개발 및 관리실태에 관한 연구," 국토연구원.

정회성, 2004, "기후변화의 한반도 환경생태영향에 관한 고찰," 에너지기후변화학회 창립총
　　　회 및 심포지움.

정회성, 2006, "동아시아 환경 · 자원문제와 한반도 정세," 세계평화통일학회, 평화학연구, 제 7 권, 제 1 호, pp. 169-186.

정회성, 2007, "남북 환경협력의 추진실태와 향후과제," 생태지평 :「DMZ 평화포럼 I : DMZ 일원의 환경보전과 향후과제」, (7월), pp. 65-86.

정회성 · 강철구, 1995, 북한의 환경문제와 남북환경협력의 추진방향, 한국환경기술개발원.

정회성 · 강광규 · 강철구, 1996, 북한의 환경문제와 통일한국의 환경정책방향, 한국환경기술 개발원.

정회성 · 정회석, 2000, "동북아 환경협력의 과제와 발전방향," 국토계획, 제35권, 제 1 호(통권 106호), pp. 111-127.

중화인민공화국 국무원, 1996, "중국의 환경보호"

추장민 외, 2004, "동북아지역의 황사피해분석 및 피해저감을 위한 지역협력방안 I," 한국 환경정책 · 평가연구원.

추장민 외, 2005, "동북아지역의 황사피해분석 및 피해저감을 위한 지역협력방안 II," 한국 환경정책 · 평가연구원.

한상복, 1998, "바다환경은 아열대 초기징후를 보인다," KIST · IGBP한국위원회 공동주최, "기후 환경변화대응방안에 대한 심포지움," pp. 34-38.

한택환, 1994, "동북아 환경협력의 추이와 과제," 대외경제정책연구원.

현대환경연구원, 1999, "환경 VIP 리포트"

현인택 · 김성한 · 이근 공편, 2005, 동북아 환경안보, 서울 : 오름, pp. 143-182.

환경부, 1998, "환경의 시대, 일본의 환경정책"

Brown, Lester, 1995, *Who Will Feed China?*, New York : W.W. Norton.

ESCAP, 1994, Regional Environmental Cooperation in North-East Asia : Ecosystem Management, in Particular, Deforestation and Desertification and Capacity Building.

Harashima, Y. and Morita, T., 1998, "A Comparative Study on Environmental Policy Development Processes in the Three East Asian Countries : Japan, Korea, and China," *Environmental Economics and Policy Studies 1.*

IAEA, 2002, PRIS database, www.iaea.org.

Kim, J. W., 1995, 'Cooperation Strategies to Save Atmospheric Environment in East Asia,' '동아시아지역 대기문제의 현황과 대응,' 국제심포지움.

Schreurs, Miranda A., 2005, "해양환경보호를 위한 동북아 환경협력," 현인택 · 김성한 · 이근 공편, '동북아 환경안보,' 서울 : 오름, pp. 183-224.

Wang, Z., 1991, 'Reducing Air Pollution from Electric Power-Generation in China,'

Environmental Conservation 18.

Zarsky, L., 1995, 'The Prospects for Environmental Cooperation in Northeast Asia,' *Asia Perspectives*, Vol. 19(2), Fall-Winter.

Valencia, Mark J., 1995, "Northeast Asian Marine Environmental Quality and Living Resources : Transnational Issues for Sustainable Development," ftp : /ftp.nautilus.org /aprenet/Library /Papers /marinenv

PART 08

세계화·기후위기 시대의 녹색발전

제23장 세계화와 지구환경문제

제24장 지속가능한 발전과 추진전략

제25장 기후변화와 녹색발전

세계화와 지구환경문제[1]

제 1 절 개 관

오늘날 지구상에는 무려 200여 개의 크고 작은 국가들이 있다. 그리고 이들 국가에서는 교역을 통해서 하나의 세계경제로 통합되는 세계화가 급속히 진행되고 있다. 여기에서 세계화(globalization)는 '각 국가경제가 세계경제로 통합되는 현상으로 국가 및 지역간에 존재하였던 상품, 서비스, 자본, 노동, 정보 등에 대한 인위적 장벽이 제거되어 체계가 거대한 단일시장으로 통합되어 가는 일련의 과정'을 의미한다.[2] '80년대 후반부터 정보 · 통신기술의 비약적인 발달, 구소련체제의 붕괴로 인한 동유럽국가들의 자유시장 경제로의 편입, 그리고 '95년 세계무역기구의 출범 등은 세계경제의 통합추세에 가속도를 부여하고 있다.

비교우위 이론을 신봉하는 경제학자들은 자유무역주의의 신도들로서 자유무역의 장점 전파에 열중하고 있다. 경제학자들의 95% 이상이 자유무역정책을 지지하

---

1) 이 장은 (정회성 2002, "지속가능한 발전에 대한 세계회의 영향," 이론과 실천 엮음, 국토와 환경(권태준 교수 퇴임 기념논문집), 서울 : 한울아카데미, pp. 407-431)에서 발췌 정리하였다.

2) 세계화는 국제화와는 다른 개념이다. 국제화(internationalization)는 국제무역, 국제조약, 동맹관계, 의정서 채택 등 국가간 관계의 중요성 증대를 의미한다. 반면, 세계화는 주로 경제적인 측면에서 개별 국가경제가 세계경제로 통합되는 세계경제화를 의미하는 개념이다. 국제화에서는 주권국가의 개입이 가능하나 세계화는 주권국가의 통제가 불가능하다는 특성을 지닌다. 윤창인, 2002, "세계화 문제의 극복과 지속가능발전," 외교통상부 · 대외경제정책연구원, OECD Focus, 1권, pp. 10-21.

는 것으로 조사되기도 하였다. 이들에 따르면 자유무역은 자원의 효율적인 이용을 증대하고 인간의 재화에 대한 선택의 폭을 넓혀 주므로 인류의 복지후생 증진에 도움이 된다고 한다. 북한, 쿠바 등 폐쇄경제를 고집하고 있는 국가들의 경우 경제상태가 악화되어 절대빈곤상태를 벗어나지 못하고 있는 것은 이 같은 주장에 신뢰를 부여하는 일례가 될 수 있을 것이다.

그렇다면 1995년 WTO체제 출범 이후 가속화되고 있는 세계경제의 통합이 지구환경에는 어떠한 영향을 미칠것인가? 기후변화, 오존층 고갈, 생물종 다양성 감소 등 환경문제에 대한 우려가 깊어지면서 세계화가 환경문제, 보다 넓게는 지구의 지속가능한 발전에 어떠한 영향을 주는가 하는 문제가 심각한 논란이 되고 있다.[3] 이러한 의문에 대하여 전통경제학자들과 환경론자들 간의 견해가 극명하게 갈린다.

대부분의 주류 경제학자들은 자유무역은 무역당사국의 소득증대로 환경투자 여력을 주며 환경친화적 기술이전을 촉진하고 자원이용의 효율을 증대시켜 지구환경의 보전에 도움이 된다고 주장한다. 특히 후진국의 발전을 촉진시켜서 환경개선의 여력을 제공하며 후진국의 경제효율성 증진으로 자원고갈을 막아준다는 것이다. 다시 말해, 무역으로 새로운 기술의 이전을 촉진하고 자원이용의 효율을 높여주므로 자유무역의 확대 즉, 세계화는 환경개선에 긍정적인 영향을 준다는 것이다.[4]

반면 자유무역의 환경영향에 대해 비판적인 견해도 강력하게 대두되고 있다. 자유무역 즉 세계화에 비판적인 환경론자들은 자유무역이 국가 간 그리고 계층 간의 소득격차의 증대, 환경보전적인 전통사회와 가치체계의 붕괴, 환경오염산업의 범지구적 확산 등을 초래하여 환경파괴를 심화시킬 것이라고 한다.[5]

이처럼 자유무역의 환경영향에 관한 견해는 팽팽한 대립을 이루고 있다. 이에 이 장에서는 자유무역의 확대 즉 세계화가 지속가능한 발전에 어떠한 영향을 미

3) Finn Daniel, 1999, "Trade and the Environment," Desjardins, Joseph. Environmental Ethics : Concepts, Policy, Theory, Mountain View, California; Mayfield Publishing Company, pp. 502-517.
4) 윤창인, 2002, "세계화 문제의 극복과 지속가능발전." 외교통상부·대외경제정책연구원, OECD Focus, 1권(2002년 5월) pp. 10-21.
5) Herman E. Daly, 1998, "The Perils of Free Trade," Conca, Ken & Geoffrey D. Aabelko (eds.), Green Planet Blues : Environmental Politics from Stockholm to Kyoto(2nd ed.), Colorado; Westview Press. pp. 187-194.

치는지를 체계적으로 분석해 보도록 한다.

제 2 절 세계화의 지구환경 영향

열역학의 법칙들은 지구환경의 수용용량에 일정한 한계가 있을 수밖에 없음을 보여주고 있다. 대다수의 환경학자들은 지구환경이 종래의 비포화상태(an empty world)에서 이제는 수용능력의 한계에 이른 포화상태(a full world)에 이르렀다고 평가한다.[6] 그리고 자유무역이 지구수용용량의 급격한 감소에 기여하고 있다고 주장하고 있다. 물론 자유무역은 특정국가의 환경적 제약을 극복하는 데 도움을 줄 수 있다. 그러나 전세계적으로는 자유무역이 지구의 수용용량을 급격하게 고갈시키고 있다는 주장이다.

그러나 경제학자들은 지구가 포화상태에 있다는 점을 인정하지 않으며 오히려 환경용량이라는 개념 자체를 부정한다. 자연자원의 고갈이나 한계라는 개념은 자원의 개념에 대한 몰이해에서 오는 것이라고 강변한다.[7] 인간의 창의성과 기술개발 능력으로 말미암아 자원이 희소해지면 자원을 보다 효율적으로 이용하고 또 대체자원을 개발할 것이기 때문이다. 인구증가도 우려할 것이 못된다고 보는데 이는 인구증가는 보다 창의적이고 도전적인 발전의 가능성을 높여줄 수도 있을 것으로 보기 때문이다.[8]

1. 총 1 차 생산량의 이용과 생산기반

지구수용용량의 한계를 볼 수 있는 1차적인 지표는 광합성에 의한 생산량 즉

---

6) Brown Lester, 2001, Eco-Economy : building an Economy for the Earth, New York : W.W.Norton & Company.

7) Julian L. Simon, 1999, "Natural Resources are Infinite," Joseph Desjardins(ed.), Environmental Ethics : Concepts, Policy, Theory, Mountain View, California : Mayfield Publishing Company, pp. 60-65.

8) Julian L. Simon, 1984, "The Case for More People," Kent Gilbreath(ed.), Business and the Environment toward Common Ground(2nd ed.), Washington D.C.; The Conservation Foundation, pp. 167-173.

1차생산량으로 살펴볼 수 있다. 우리 인간은 현재 지구의 1차 총 잠재생산량의 27%(육지생태계 생산량의 경우 40%)를 이용·낭비·파괴하고 있다.[9] 또한 1990년대 초 유엔식량농업기구(FAO)는 세계의 17개 주요어업이 지속가능한 수준을 넘어서서 포획하고 있으며 9개 어업분야는 감소하고 있다고 밝힌 바 있다.

지구 인구의 수용용량에 핵심적인 식량생산을 위한 세계경지는 토양침식으로 매년 0.3-0.5%씩 파괴되고 있다. 이 같은 범세계적인 토양침식은 1945년 이후 미국이 주도하고 있는 세계경제통합에 의해 촉진되고 있다.[10] 커피, 오렌지, 바나나, 육우 등의 사육을 위한 열대우림과 저습지의 개발이 그 이유이다. 이러한 현상은 세계경제의 통합이 자연을 상품화하는 데 기여하고 특정 공급지역에 광범위한 수요가 집중되도록 하였기 때문이다.

2. 생물종 다양성 측면

생물종 다양성의 감소는 모든 생물종에 대한 지구의 수용용량의 감소를 초래하고 있다. 지구상에는 약 3,000만여 종의 생물이 존재하는 것으로 추정되고 있다. 생물종은 인간에게 새로운 식량, 의료, 에너지, 유전정보 등 다양한 혜택을 준다. 생물종 다양성은 또 환경오염물질을 흡수하여 물을 정화시키고 토양을 비옥하게 하며 적절한 기후조건을 유지하는 데도 기여한다. 생물종 감소는 그 생물종의 존재 유무뿐만 아니라 생태계의 안정성과 자정능력의 감소를 의미한다.

생물종 다양성은 산업혁명 이후 세계경제의 통합의 진행과 함께 급격하게 감소되고 있다. 윌슨은 매년 최소 50,000여 무척추종이 열대우림 서식지의 파괴로 멸종위기에 노출되어 있다고 밝히고 있다.[11] 특히 토착종(endemic species)과 열대종(tropical species)이 높은 멸종위기에 노출되어 있다. 세계자원연구소는 2020년까지 15%에 이르는 지구상의 생물종이 멸종할 수 있다고 경고한다.

생물종 다양성 감소의 원인으로는 열대 및 아열대의 우림 파괴로 인한 서식지

---

9) Tyler Jr. Miller, G., 1996, *Sustaining the Earth: An Integrated Approach(2nd ed)*, Belmont; Wadsworth Publishing Company.

10) McNeill, 2000, *Something New under the Sun*, New York; W.W. Norton & Company.

11) John C. Wison, 1992, "Conserving Biological Diversity," Lester R. Brown. et al.(eds.), *State of the World 1992*, London; W.W. Norton.

의 파괴를 가장 먼저 들 수 있다. 개발도상국의 세계시장을 향한 자원개발과 토지개간이 열대와 아열대 지역의 산림을 파괴하여 생물의 서식지를 파괴하고 있다는 것이다. 20세기 초에 약 50억ha였을 것으로 추정되는 지구의 산림면적은 현재 29억ha로 축소되었다.12) 또한 사막화 현상은 세계의 건조지역의 70%에서 진행중이고 지구 전체 육지면적의 1/4에서 발생하고 있다.

그리고 세계시장을 향한 대량생산은 작물종의 단순화를 초래하여 주요 작물 및 가축에 대한 의존도를 심화시키고 있다.13) 녹색혁명이 촉진한 농업의 기계화와 화학화도 작물의 단순화, 단작(monoculture)의 보편화에 기여하고 동시에 해충방제와 인공비료 사용을 범세계화하여 환경오염과 생물종 다양성의 감소를 촉진시켰다.

3. 자연자원의 고갈

지구자원의 한계에 대한 논의는 로마클럽의 「성장의 한계(Limits to Growth)」라는 보고서가 발간되면서 큰 논란을 불러온 바가 있다. 환경학자들은 미래의 인류 생존을 위협하는 자원고갈과 부족을 경고하는 보고서를 지속적으로 발표해오고 있다. 반면 경제학자들은 보강기술(backstop technology)의 개발가능성을 확신하면서 환경학자들의 비관론을 비판하고 있다. 지구 자원문제에 대한 비관론과 낙관론이 불러온 재미있는 일화가 있다. 비관론자의 대표격인 인구학자 에르리히(Paul Ehrich)와 낙관론자의 대표격인 경제학자 사이먼(Julian Simon) 간에 벌어진 내기에서 에르리히가 패배한 것이 그것이다.14)

---

12) 산림파괴는 임산물에 대한 수요의 증가나 산지의 농지로의 전환에 기인한 바가 크다. 그리고 이렇게 전환된 농지는 다시 토양침식에 의해 불모지화되고 있다.

13) 우리 인류는 3,000여 종의 생물종을 식량자원으로 활용하였었다. 그런데 이제는 40여 종의 동물과 100여 종의 식물만이 가축화와 작물화(domestication)로 그 성장지역이 확대되고 개체수가 증가하고 있다.

14) 그 내용은 다음과 같다. 사이먼과 에르리히는 1980년 자원고갈로 인한 원자재 가격의 급등에 대해 논란을 하면서 내기를 한 바 있다. 내기방식은 1,000달러로 살 수 있는 동일한 양의 원자재를 선택하여 10년 후에 동 광물의 가격변화를 평가하는 것이다. 만일 원자재 가격이 상승하면 사이먼 교수가 그 차액을 지불하고, 하락할 경우에는 에르리히 교수가 그 차액을 지불한다. 광물가격이 오를 것으로 전망되는 원자재는 에르리히에 의해 구리, 크롬, 니클, 주석, 텅스텐 등 5개 광물이 선택되었다. 그런데 에르리히가 선택한 5개 광물의 가격은 동 10년 기간 동안에 50% 이상 떨어져서 1990년 에르리히 교수는 사

자원낙관론의 승리에 대해 성장론자들은 자원의 희소성 증가에 따른 보강기술의 개발이 초래한 결과라고 주장하고 있다. 인간의 지적 능력은 어떤 자원이 희소해지면 대체자원을 개발하여 자원부족의 문제를 해결하여 왔다는 것이다. 역사를 통해 볼 때 산림의 황폐화로 목탄이 희소해지자 석탄과 석유를 연료로 사용하는 기술을, 그리고 화석연료가 고갈되면서 원자력, 태양열, 풍력 등 대체에너지 기술을 개발하는 것 등이 그 사례가 될 수 있다.

그러나 환경론자들은 아무리 기술이 발전하더라도 자연자본을 인위적으로 생산할 수는 없기 때문에 기술개발에 의한 자연자원의 무한한 대체가능성에는 근본적인 한계가 있다고 주장한다. 즉 자연자원이 유한하기 때문에 이들을 대체하는 기술개발에 한계가 있다는 것이다. 그리고 축적된 인조자본(man-made capital)이 자연자본(natural capital)을 대체할 수 있을 것이라는 데에도 여전히 의문을 제기한다.15) 종래 풍부한 자연자원이 존재하던 시대와 달리 자연자원이 희소해지고 있는 상황에서는 인조자원과 자연자원간의 관계는 보완관계로 바뀌고 있기 때문이라는 것이다.

제 3 절   세계화와 경제성장

1. 개   관

기초적인 의식주를 충족시킬 자원조차 없는 극빈국들의 경우 환경투자에의 여력이 있을 수 없다. 따라서 환경문제 해결의 출발점은 소득 증가를 기반으로 하는 환경의식 제고와 환경투자 여력의 확보라고 할 수 있다. 소득의 증가는 깨끗한 환경에 대한 수요를 증가시키고, 동시에 환경개선을 위한 규제강화와 공공투자 증대를 위한 정부의 능력을 제고시킬 수 있을 것이다.

여기서 첫 번째 이슈는 경제성장에 따른 소득향상이 환경오염문제에 어떠한

이몬 교수에게 576.07달러를 지불하여야 했다(Tierney, 1990).
15) Robert Costanza, et al., 1997B, *An Introduction to Ecological Economics*, Boca Raton, Florida; St. Lucie Press.

영향을 줄 것이냐 하는 것이다. 이는 경제수준의 향상에 따른 규모효과와 환경친화적인 기술발전에 의한 대체효과 중 어느 것이 더 큰지에 대한 질문이다. 경제와 환경을 대립적인 관계로 보는 기존의 사고에서는 전자가 더 크다고 보는 반면, 경제가 성숙되면 경제와 환경이 조화를 이룰 수 있다는 주장은 후자가 크다는 입장에 서 있다.

두 번째 문제는 과연 자유무역의 확대가 후진국의 경제성장에 도움을 주느냐 하는 것이다. 자유무역이 획기적으로 확대된 지난 반 세기 동안 세계는 높은 경제성장을 구가하였다. 때문에 자유무역의 확대는 적어도 범세계적인 경제규모의 확대에는 긍정적이라고 할 수 있다.

여기에서 후진국에서의 경제성장도 환경개선으로 이어지느냐 하는 문제가 다시 제기된다. 이에 대해 무역론자들은 세계화는 세계의 경제성장을 촉진하여 빈곤해소에 도움을 주며 결국 환경문제 해결에도 도움을 준다고 본다. 반면 자유무역 반대론자들은 자유무역의 확대는 환경적인 국제분업체계를 형성하여 후진국의 환경악화를 촉진할 것이라고 한다.16)

2. 공해천국가설

환경론자들은 자유무역시장에서 경제의 통합은 국가 간 환경기준의 하향평준화 경쟁을 초래할 수 있다고 우려한다. 생산활동이 초래하는 모든 사회적 또는 환경적인 비용을 상품의 가격에 내재화하는 데 소극적인 기업과 이들 기업을 보유하고 있는 국가들은 국제교역에서 비교우위를 점할 수 있다. 자유무역체제에서는 사회적 책임을 다하고자 하는 생산자들보다는 가장 저렴한 비용으로 제품을 생산하고자 하는 생산자들이 더 환영받는다. 때문에 직접투자를 포함한 국가 간 기술 및 자본의 이전이 선진국의 공해산업을 개도국으로 이전하도록 한다는 것이다. 환경파괴적인 기술이 환경규제가 엄격한 선진국에서 규제가 느슨한 후진국으

---

16) 후진국에서는 환경규제가 약한 자원을 주로 사용하는 제품을 중심으로 무역구조가 형성되고 전근대적이고 낙후된 기술이 지배적이다. 그러므로 이들 국가에서는 경제의 규모가 커지고 소득수준이 높아지면 환경오염이 심화된다. 반면, 선진국에서는 경제가 성장하면 깨끗한 환경에 대한 수요가 더욱 빠른 속도로 증가하여 이에 상응하는 무역 및 기술구조가 형성되므로 소득수준 향상이 환경개선을 가져오게 된다는 주장이다.

로 이전된다는 이른 바 "오염피난처 가설(pollution heaven hypothesis)"이다.

실제로 개도국의 경제발전 초기단계에서 산업의 오염집약도가 상승한다는 실증분석이 많다. 그러나 이들 연구들은 오염집약도가 상승하는 원인이 환경규제수준의 차이에 따른 오염산업의 이전 때문이라는 해석에는 다소 유보적이다. 루카스 등은 제조업의 유독물질 배출통계를 분석하여 1970년~1980년대에 개도국 산업의 오염집약도가 상승하고 있다는 것을 발견하였다.17) 그러나 이들은 오염집약도의 상승 이유를 오염산업의 이전(migration)보다는 산업의 확산(dispersion)에서 찾았다.

3. 기술이전 효과

국제교역이 환경 친화적인 기술이전을 촉진하여 환경보전에 공헌한다는 주장도 제기되고 있다. 라틴 아메리카를 대상으로 한 연구에 따르면 제3세계에서의 공해산업 비중이 높아지고 있다고 한다. 세계를 저·중·고소득국가로 나누어 볼때, 1980년대에 저소득국가는 고소득국가보다 상대적으로 더 높은 유해화학물질 집적도(toxic intensity)를 보인다고 한다. 그러나 같은 경제성장을 이루었더라도 개방체제의 국가는 폐쇄체제의 국가보다 더 낮은 유해물질 집적도를 보였다고 한다. 폐쇄국가에서는 초기 소득수준과 무관하게 높은 경제성장이 결국 높은 유해물질 집적도를 의미하는 것으로 나타났다. 연구는 이러한 현상을 개방경제, 특히 고도성장을 하는 개방경제는 개발국으로부터 급격한 청정생산기술의 이전혜택을 누릴수 있었기 때문이라고 분석한다.18)

---

17) R. E. B. Lucas, D. Wheeler, and Hettige, H., 1992, "Economic Development, Environmental Regulation and International Migration of Toxic Industrial Pollution : 1960-88," Patrick Low(ed.), International Trade and the Environment. World Bank Discussion Papers 159, World Bank, pp. 67-86.
18) Finn Daniel, 1999, "Trade and the Environment," Desjardins, Joseph. Environmental Ethics : Concepts, Policy, Theory, Mountain View, California; Mayfield Publishing Company, pp. 502-517.

제 4 절 세계화와 민주적 사회발전

세계화는 시장작동원리의 세계지배를 의미한다. 자유로운 교역거래는 공정한 분배가 뒷받침된다면 모든 사람에게 이득이 될 수도 있다. 그런데 시장에서의 공정성은 초기자원의 배분상태(즉 소유권의 보유상태) 등 교역조건의 영향을 받기 마련이다. 시장에서의 지배력 차이가 크면 클수록 교역의 결과는 효율성이나 공정성에서 멀어진다는 것이 경제이론의 일반적인 결론이다. 그런데 지금의 세계경제는 소수의 다국적기업이 지배하는 매우 불평등한 시장구조 하에서 작동하고 있다.

때문에 세계화는 국가 간 부의 격차는 물론 국가 내의 소득 불평등도 심화시킬 수가 있다. 소득분배의 불공정은 사회불안을 초래하고 이는 다시 경제불안으로 이어지는 악순환을 초래할 수도 있는 것이다. 또한 세계화에 따른 전통적인 생산체계의 붕괴는 환경파괴로 이어질 수도 있다. 특히 경제개방에 따른 교역의 증대는 도시로의 인구집중을 초래하여 환경오염의 특정지역 집적도를 높일 수가 있다.

반면 세계화에 따른 정보 · 통신 기술의 보급은 환경의식의 확산과 시장경제의 학습에 도움을 주어 환경재의 효율적인 이용에 기여할 수 있다. 개도국의 경우 교역에 따른 정보교류는 국민의 권리의식을 향상시키고 민주적인 가치를 확산시키는 결과를 가져올 수도 있다. 다양한 문화 상품의 교류는 문명의 진화에도 도움이 될 수 있다.

1. 민주적 지역사회 발전 측면

자유무역은 자원을 효율적으로 이용하는 시장경제를 학습하는 기회를 제공할 수 있다. 또 교역을 위한 정보교류는 주권재민 등 민주적인 가치를 개도국에 확산시키는 결과를 가져올 수도 있다. 다양한 문화 상품의 교류는 문명의 진화에도 도움이 될 수 있다. 자유무역 체제 하에서는 강대국이 약소국가에게 자신의 환경기준을 따르도록 압력을 가할 수도 있다. 강대국들이 수입 제한 등을 무기로 타국의 환경규제 강화를 요구한다면 이는 지구적 차원에서 환경을 개선하는 효과를 가져올 수도 있다.

그러나 세계화는 다양한 측면에서 사회발전에 부정적인 영향을 줄 수 있다. 우선 자유무역은 약자의 입장에 선 국가들의 정책자주성을 훼손하며 국가주권의 행사를 어렵게 하는 측면이 있다. 또 이들 국가들의 국내 환경정책상의 우선순위를 뒤바꾸어 환경정책의 효율성을 저하시킬 수 있다. 자유무역의 촉진을 위한 국제규약이 해당국가의 실정에 맞는 효과적인 환경정책의 수행을 어렵게 할 수 있기 때문이다. 세계경제의 금융화(financialization)도 이들 국가들의 국내정책에서 환경에 대한 고려의 여지를 축소시키고 있다.19)

그리고 자유무역은 환경변화를 막아주던 전통적인 공공자산 지배구조(common property regimes)를 파괴한다. 세계화는 전통사회의 붕괴를 초래하여 사회 불안을 심화시키고 가족농업, 고유음식 등 전통문화를 보전하고 식량안보를 확보하려는 국가의 노력을 방해할 수 있다. 실제로 수많은 개도국들이 세계경제의 통합과 함께 고유한 전통과 문화를 상실해 가고 있는 실정이다. 다국적 기업에 의한 이들 국가 내 산업기반 잠식도 전통적인 지역사회의 붕괴를 촉진시키는 요인이 될 수 있다.

2. 공정한 자원분배 가능성 측면

세계화에 대한 비판 중 가장 설득력 있고 현실적인 것은 자원배분의 불공정성 문제일 것이다. 교역조건에 있어서 절대우위가 없는 경제주체들은 보통 저개발국가들이며 국가 내에서는 빈곤계층이다. 자유로운 교역은 정치적·경제적 약자의 지위를 더욱 약화시키는 경향이 있다. 세계화로 인해 교역에 따른 경제적 이득이 불공정하게 배분되면 부와 권력이 특정국가나 계층에 보다 집중되고 이는 상대적인 빈곤감의 팽배로 정치·사회적인 불안정을 초래할 가능성이 높다.

국제적으로는 세계경제의 통합이 급격하게 진행되면서 극빈국은 더욱 가난해지는 경향이 있다.20) 다수의 최빈국가들은 장기침체와 내전에 따른 사회불안정으로 매우 낮은 경제성장률을 보이고 있으며, 환경오염과 자연파괴 또한 매우 심각

---

19) McNeill, 2000, *Something New under the Sun*, New York; W.W. Norton & Company.

20) Michel Chossudovsky, 1997, The Globalization of Poverty : Impacts of IMF and World Bank Reforms, Third World Network(IBON), 이대훈 역, 「빈곤의 세계화 : IMF 경제신탁통치의 실상」, 서울 : 당대, 1998.

하게 진행되고 있기도 한다. 이에 대해 무역옹호론자들은 이들 국가의 오랜 분쟁과 불안정한 거시경제를 원인으로 들지만 이 역시 이들 국가들이 세계시장에 노출되면서 초래된 측면이 없지 않다.

세계화는 국가 내부적으로도 부의 분배를 왜곡할 가능성이 있다. 국제교역에 치중하는 국가경제는 내수에 바탕을 둔 경제보다 국민의 생활수준 향상에 어려움이 더 많다. 자유경쟁을 기반으로 하는 국제교역에 정책역량을 집중하는 국가는 저임금의 압력을 더 많이 받게 되는 반면 내수를 위한 생산에 치중하는 경제는 저임금의 압력에서 더 자유롭게 마련이다. 많은 국가들이 경제개방으로 성장을 달성하는 데 성공하였으나 왜곡된 부의 분배로 성장의 성과를 쉽게 상실하기도 한다.21)

또한, 소득분배의 불공정은 자원배분을 현재의 이용에 집중시킬 가능성이 높으며, 빈곤계층의 소득증대라는 명목 하에 개발의 필요성을 과잉표출되게 할 수도 있다. 즉 현세대의 불평등한 부의 분배는 자연자원의 세대 간 배분 역시 현세대 우선으로 불평등하게 이루어지게 할 가능성이 높다. 또한 소득분배의 불공정은 사회 불안을 초래할 것이며 이를 해소하기 위한 맹목적인 경제성장의 추구는 다시 자원낭비와 고갈을 촉진시키게 될 것이다.

제 5 절 바람직한 세계화의 방향

지구 생태계의 생명지원 체계를 파괴하지 않고 지속가능한 발전을 달성하기 위해서는 인간과 자연이 공진화한다는 관점에서 생태계의 원칙이 존중됨과 동시에 사회 및 문화의 발전과 기술진보 등으로 경제활동의 효율성 향상이 이루어져야 한다. 인류문명의 지속가능성을 담보하기 위한 지구환경의 주요 기능 보전을 주어진 여건으로 하여 자원을 효과적으로 이용하기 위한 수단으로서의 '제한된' 자유무역의 확대가 이루어져야 할 것이다. 세계화의 방향이 환경적으로 우호적인

---

21) 예를 들어 아르헨티나는 경제개방의 확대로 1990년에서 1998년 사이에 40%를 넘는 고도 성장을 하였다. 그러나 1987년에서 1997년 사이의 상위 10%의 국민과 하위 10%의 국민 사이의 소득격차는 15대 1에서 24.8대 1로 크게 증가하였다. 그리고 1990년대 말과 2000년대 초 아르헨티나는 또 다른 경제위기와 사회불안에 직면하였다.

생산과 분배의 확산을 위한 상호 협조적이고 경제적 효율성을 증진시키는 것이 되어야 한다.

이를 위해서는 사회문화적인 고려를 토대로 한 보상체계의 개발이 필요하다. 향후 범지구적인 지속가능한 발전을 위해서는 다음과 같은 점이 고려되어야 할 것이다.

첫째, 국제무역협정은 생산의 생애주기에 걸친 환경영향의 평가와 규제가 필요하다. 특정국가나 기업의 관점이 아닌 지구전체 생태계의 관점에서 상품 생산의 환경성을 평가하도록 하여야 한다는 것이다.

둘째, 세계무역기구(WTO)의 기술기준에 환경적인 지속가능성을 포함시키도록 한다. 그리하여 자유무역의 성과가 특정국가나 특정집단의 전유물이 되고 그것의 대가인 지구환경 파괴의 피해는 대다수의 나머지 인류나 생물이 떠안게 되는 현상을 막아야 한다.

셋째, 궁극적으로는 세계환경기구(Global Environmental Organization)를 설치하는 방안을 검토하여야 한다. 동 기구는 국제환경협약 등 지구환경문제에 대해 평가하고 관리하면서 지구환경의 생명지원체계를 보전하기 위한 다자간 협력체제를 관리하는 것을 본연의 기능으로 하게 된다.

🔍 **참│고│문│헌**

손찬현 외 4인 공저, 1996, WTO체제의 정착과 신통상 의제, 대외경제정책연구원.
이대근 저, 1998, (전정판)세계경제론 : 세계 자본주의와 국민경제, 서울 : 박영사.
윤창인, 2002, "세계화 문제의 극복과 지속가능발전," 외교통상부 · 대외경제정책연구원, OECD
    Focus, 1권(2002년 5월) pp. 10-21.
정도영, 1976, 국제경제, 서울 : 박영사.
정회성, 1981, "한국의 경제성장과 공업화가 환경오염에 미친 영향," 서울대학교 환경대학원 석사학위논문.

정회성, 2002, "지속가능한 발전에 대한 세계화의 영향," 이론과 실천 엮음, 국토와 환경(권
태준 교수 퇴임 기념논문집), 서울: 한울 아카데미, pp. 407-431.

Athanasiou Tom, 1999, "The Second Coming of "Free Trade," Desjardins, Joseph(ed.),
Environmental Ethics: Concepts, Policy, Theory, Mountain View, California:
Mayfield Publishing Company, pp. 497-502.

Baily, Ronald, 1993, Ecoscam: The False Prophets of Ecological Apocalypse, New York:
St. Martin's Press.

Bhagwati, Jagdish, 1998, "The Case for Free Trade," Conca, Ken & Geoffrey D. Aabelko
(eds.), Green Planet Blues: Environmental Politics from Stockholm to Kyoto(2nd
ed.), Colorado: Westview Press. pp. 179-186.

Commoner, Barry, 1971, "The Environmental Costs of Economic Growth," Resources for
the Future Forum on Energy, Economic Growth and the Environment, Washington
D.C.(April, 20)

Costanza, Robert et al, 1997A, "The Value of the World's Ecosystem Services and Natural
Capital," *Nature* vol.387 no.6630(15, May): 2, pp. 53-259.

Daly Herman E., 1998, "The Perils of Free Trade," Conca, Ken & Geoffrey D. Aabelko
(eds.), Green Planet Blues: Environmental Politics from Stockholm to Kyoto(2nd
ed.), Colorado; Westview Press. pp. 187-194.

Daly, Herman E. and Farley, J., 2001, Ecological Economics: A Text Book, unpublished
manuscript.

Daly, Herman E., 1996A, "Introduction to Essays toward a Steady-State Economy," Daly
Herman E. and Kenneth N. Touwsend(eds.), Valuing the Earth: Economics,
Ecology, Ethics. Cambridge, Massathusetts, MIT Press pp. 11-47.

Daly, Herman E., 1996B, "The Steady-State Economy: Toward a Political Economy of
Biophysical Equilibrium and Moral Growth," Herman E. Daly, and Kenneth N.
Touwsend(eds.), Valuing the Earth: Economics, Ecology, Ethics. Cambridge,
Massathusetts, MIT Press pp. 325-363.

Daly, Herman E., 2001A, "Globalization and Its Discontents," unpublished manuscript.

Daly, Herman E., 2001B, "Uneconomic Growth and Globalization in a Full World,"
unpublished manuscript.

Daniel, Finn, 1999, "Trade and the Environment," Desjardins, Joseph. Environmental Ethics
: Concepts, Policy, Theory, Mountain View, California; Mayfield Publishing
Company, pp. 502-517.

De Groot, Rudolf S., 1992, Functions of Nature : Evaluation of Nature in Environmental Planning, Management and Decision Making, Groningen, *The Netherlands : Wolters Noordhoff BV.*

De Groot, Rudolf S., 1994, "Environmental Functions and the Economic Value of Natural Ecosystem," Jansson, Ann Mari, Monica Hammers, Carl Folke, and Robert Costanza(eds.), Investing in Natural Capital : The Ecological Economics Approach to Sustainability, Washington D.C. : Island Press. pp. 151-168.

Esty, Daniel C., 1999, "Economic Integration and the Environment," Vig, Norman J. & Regina S. Axelrod(eds.), The Global Environment : Institutions, Law and Policy, Washington D.C. : Congressional Quarterly, pp. 190-209.

Findlay, R., 1991, "Comparative Advantage," J. Eatwell. et al.(eds.), *The New Palgrave* (the World of Economics), NewYork; W.W.Norton.

Finn, Daniel(ed.), 1996, *Just Trading*, Abingdon Press.

Foster, John Bellamy., 1999, *The Vulnerable Planet : A Short Economic History of the Environment*, 김현구 역, 2000, 「환경과 경제의 작은 역사」, 서울 : 현실문화연구.

French, Hilary F., 1990, "Green Revolutions : Environmental Reconstruction in Eastern Europe and the Soviet Union," *Worldwatch* Paper 99. (November)

Grossman, G. M. and Krueger, A. B., 1991, "Environmental Impacts of a North American Free Trade Agreement," *NBER Working Paper Series* No. 3914, Nov.

Hinterberger, Friedrich, 1994, "Biological, Cultural, and Economic Evolution and the Economy/Ecology Relationship," Jervan C.J.M. van den Bergh, and Jan van der Straaten(eds), Toward Sustainable Development : Concepts, Methods and Policy, International Society for Ecological Economics, pp. 57-87.

International Institute for Sustainable Development., 1998, "Trade and Sustainable Development," Conca, Ken & Geoffrey D. Aabelko(eds.), Green Planet Blues : Environmental Politics from Stockholm to Kyoto(2nd ed.), Colorado; Westview Press. pp. 195-200.

Lester, Brown, 2001, Eco-Economy : building an Economy for the Earth, New York : W.W.Norton & Company.

Low, P. and Yeats, A., 1992, "Do 'dirty' Industries Migrate?," Patrick Low(ed.), International Trade and the Environment, World Bank Discussion Papers 159, World Bank. pp. 67-86.

Lucas, R. E. B., D. Wheeler, and Hettige, H., 1992, "Economic Development, Environmental Regulation and International Migration of Toxic Industrial Pollution : 1960-88," Patrick Low(ed.), International Trade and the Environment. World Bank Discussion Papers 159. World Bank, pp. 67-86.

McNeill, 2000, *Something New under the Sun*, New York; W.W. Norton & Company.

Michel, Chossudovsky, 1997, The Globalization of Poverty : Impacts of IMF and World Bank Reforms, Third World Network(IBON), 이대훈 역, 「빈곤의 세계화 : IMF 경제신탁통치의 실상」, 서울 : 당대, 1998.

Miller, Tyler Jr. G., 1996, *Sustaining the Earth : An Integrated Approach(2nd ed.)*, Belmont; Wadsworth Publishing Company.

Munn, R. E., 1989, "Toward Sustainable Development : An Environmental Perspective," F. Archibugi and P. Nijkamp(eds.), Economy and Ecology : Towards Sustainable Development, Dordrecht : Kluwer Academic Publishers : pp. 49-72.

Nicholas, Georgescu-Roegen, 1996, "Selections from "Energy and Economic Myths," Herman E. Daly and Kenneth N. Townsend(eds.), Valuing the Earth : Economics, Ecology, Ethics. Cambridge, Massachusetts : The MIT Press. pp. 89-112.

Norgaard, Richard B., 1994, *Development Betrayed : The End of Progress and a Co-evolutionary Revisioning of the Future*, London; Routedge.

OECD, 1998, *Globalization and the Environment : Perspectives from OECD Dynamic Non-Member Economies,* Paris : OECD.

OECD, 1998, *Open Markets Matter : The Benefits of Trade and Investment Liberalization*, Paris : OECD.

OECD, 2000, *OECD Analytic Report on Sustainable Development : Draft, Chapter 5 : Trade,* Investment, and Sustainable Development[SG/SD(2000)11].

Porter, Gareth and Brown, Janet Welsh., 1996, *Global Environmental Politics(2nd ed.)*, Colorado; Westview Press.

Rhee, Jeong J., 1975, "Economic Growth, Technological Changes, and Environmental Problems in Japan," Master's Thesis, Iowa State University.

Robert Costanza, et al., 1997B, *An Introduction to Ecological Economics*, Boca Raton, Florida; St. Lucie Press.

Seldon, T. M. and Song, D., 1994, "Environmental Quality and Development; Is There a Kuznets Curve for Air Pollution Emissions?" *Journal of Environmental Economics and Management*, Vol. 27, pp. 149-162.

Simon, Julian L., 1984, "The Case for More People," Kent Gilbreath(ed.), Business and the Environment toward Common Ground(2nd ed.), Washington D.C.; The Conservation Foundation, pp. 167-173.

Simon, Julian L., 1999, "Natural Resources are Infinite," Joseph Desjardins(ed.), Environmental Ethics : Concepts, Policy, Theory, Mountain View, California : Mayfield Publishing Company, pp. 60-65.

Snape, Richard H., 1992, "The Environment, International Trade and Competitiveness,"

Kym Anderson & Richard Blackhurst(eds.), The Greening of World Trade Issues, New York : Harvester/Wheatsheaf, pp. 73-92.

The World Resources Institute(WRI), 1997, Resources Flows : The Material Balance of Industrial Economics, WRI : Washington D.C.

Thompson, Peter and Strohm, Laura A., 1996, "Trade and Environmental Quality : A Review of the Evidence," Journal of Environment and Development vol. 5, no. 4 (December). pp. 363-388.

Tierney, John, 1990, "Betting the Planet," The New York Times Magazine(Dec. 2) pp. 52, 72, 81. re-cited from Ronald Baily, 1993, Ecoscam : The False Prophets of Ecological Apoca : ypse, New York; St. Martin's Press pp. 53-54.

Toma, Peter A. and Gorman, Robert F., 1991, *International Relations : Understanding Global Issues*, Pacific Grove, California : Brooks/Cole Publishing Company, Chapter 13.

Wison, John C., 1992, "Conserving Biological Diversity," Lester R. Brown. et al.(eds.), *State of the World 1992*, London; W.W. Norton.

Young, Oran R., 1989, *International Cooperation : Building Regimes for Natural Resources and the Environment*, Ithaca : Cornell University Press.

chapter 24 지속가능한 발전과 추진전략

제 1 절 배경과 발달과정

환경보전과 경제개발의 문제를 연계시켜서 보고자 한 최초의 국제회의는 1972
년 6월 스웨덴의 스톡홀름에서 개최된 '유엔인간환경회의(U.N. Conference on Human
Environment: UNCHE)'이다. 이 회의에서는 환경적인 제약을 적절히 배려하지 못한
경제개발은 낭비적이고 지속불가능하다고 강조하면서 27조의 원칙과 행동계획 등
을 발표하였다. 2년 뒤에 개최된 체코의 푸카레스트회의에서는 인구, 자원, 환경,
그리고 경제개발 상호간의 연계성을 고려한 통합적인 접근을 제안하였다.[1] 이어
생태개발(eco development)이라는 개념이 대두되나 급진적인 성향 때문에 정책적인
관심을 끌지는 못하였다.

'지속가능한 개발'이라는 개념을 처음 제시한 것은 1980년 국제자연보전연맹회
의(International Union for Conservation of Nature: IUCN)에서 채택된 세계보전전략
(World Conservation Strategy: WCS)이다. 동 전략은 "우리의 생존과 다음 세대를 위
한 자연자원의 수탁자로서의 임무 수행을 위해서 개발과 보전은 동등하게 필요하
다[2]"라고 경제개발과 환경보전의 조화를 강조하고 있다. 세계보전전략의 핵심적

---

1) 스톡홀름회의에서는 이들 문제를 다루기는 하였으나 개별적인 사안으로 다루었다(I.
Moffatt, 1995, Sustainable Development : Principle, Analysis and Policies, New York :
The Parthenon Publishing Group, p. 9).

2) "Development and conservation are equally necessary for our survival and for the
discharge of our responsibilities as trustees of natural resources for the generations to

인 목적은 필수적인 생태과정과 생명지원체계의 보전, 유전자적 다양성의 보전, 생물종과 생태계의 지속가능한 이용의 보장 등이다.

지속가능한 개발이라는 개념을 통해 환경보전과 경제개발에 대한 선진국과 개발도상국간의 의견을 접근시키려는 최초의 시도는 인간환경회의 10주년 기념행사인 1982년의 UNEP(United Nations of Environmental Programme)회의에서 채택된 「나이로비 선언」이다. 이 회의에서는 「환경과 개발에 관한 세계위원회(World Commission on Environment and Development: WCED)」의 설치가 결의되었다. WCED는 1987년 4월 「우리 공동의 미래(Our Common Future)」라는 보고서를 발표하여 지속가능한 개발을 환경보전과 경제개발을 동시에 추구하는 새로운 개발개념으로 정립하였다. 이 보고서는 WCED의 위원장을 맡았던 브룬트란트(Gro Harlem Brundtland) 여사의 이름을 따서 「브룬트란트 보고서」라고도 한다. 이 보고서는 인류 전체의 장래를 위협하는 주요인으로 대중적인 빈곤, 인구성장, 지구온난화와 기후변화, 환경질의 파괴 등을 들고 있다.

1992년 6월 브라질 리우에서 개최된 「환경과 개발에 관한 유엔회의(United Nations Conference on Environment and Development: UNCED)」에서는 지속가능한 개발이 본격적으로 거론되고, '리우선언문'과 「의제 21(Agenda 21)」이 채택되었다. 참가국들이 합의한 「의제 21」은 환경보전과 경제개발을 지구적 수준은 물론, 국가적·지역적 수준으로 연계했다는 점에서 의의가 크다. 이와 같이 지속가능한 개발을 포괄적이고 종합적인 측면에서 논의하고 추진방향을 제시한 UNCED는 "인간을 중심으로 지속가능한 개발이 논의되어야 하고 인간은 자연과 조화를 이룬 건강하고 생산적인 삶을 향유하여야 한다"[3]라고 지속가능한 개발을 공론화(公論化)하였다.

1992년 이후 10년이 지난 2002년 남아프리카공화국 요하네스버그에서 개최된 두 번째 정상회의(리우+10)에서는 빈곤, 물, 위생 등 지속가능발전 달성을 위한 분야별 세부 이행계획이 마련되었다. 이 회의에서 채택된 「요하네스버그 선언」에서는 기아문제, 영양실조, 분쟁, 조직범죄, 자연재해, 테러리즘, 인종차별, 질병 등을 지속가능한 발전을 위협하는 심각한 위협 요인으로 지적하고, 이 같은 환경과 보

---

come."(IUCN, 1980, World Conservation Strategy, Geneva)
3) "Human beings are at the center of concerns for sustainable development. They are entitled to a healthy and productive life in harmony with nature."

건 문제를 해결하는 방안으로서 다자주의(multilateralism)를 강조하였다.

2012년 6월 열린 리우+20 정상회의에서는 녹색경제(Green Economy)가 의제로 채택되고, 「우리가 원하는 미래(The Future We Want)」라는 제목의 최종성명이 발표되었다. 성명에서는 지구에 대한 위협요인으로 사막화, 어류자원 고갈, 오염, 불법벌목, 생물종 멸종 위기, 지구온난화 등을 명시하였다. 또 기후변화의 주범인 탄산가스 배출량을 줄이고 자원의 효율성을 높이면서 사회적 통합을 지향하는 새로운 경제모델인 녹색경제로의 이행을 강력하게 촉구하기도 하였다. 하지만 회의에는 버락 오바마 미국 대통령, 앙겔라 메르켈 독일 총리, 데이비드 캐머런 영국 총리 등 주요국 정상들이 참석하지 않았다.

2015년 9월 미국 뉴욕에서 개최된 제70차 UN총회에서는 2015년 만료된 새천년개발목표(Millenium Development Goals: MDGs)의 뒤를 이어 2016년부터 2030년까지 전 세계가 함께 이행할 공동의 목표인 유엔 지속가능발전목표(Sustainable Development Goals: SDGs)를 채택하였다. SDGs는 MDGs의 주요 목표인 빈곤퇴치에서 나아가 경제, 사회의 양극화, 사회적 불평등, 지구환경 파괴 등 각국 공통의 지속가능발전 위협요인들을 동시적으로 완화해 나가기 위한 국가별 종합적 행동의제들로 구성되어 있다. SDGs는 인간, 지구, 번영, 평화, 파트너십의 5개 영역에서 인류가 나아가야 할 방향성을 17개 주요 목표와 169개 세부목표로 제시하고 있다. 17개 목표는 다음과 같다.

1. **빈곤 종식:** 모든 곳의 모든 형태의 빈곤 종식
2. **굶주림 종결:** 굶주림을 없애고, 식량 안보를 성취하며, 영양 상태를 개선하며 지속가능한 농업 지원
3. **건강과 웰빙:** 모든 연령의 사람들에게 건강한 삶을 보장하며 웰빙 장려
4. **질적인 교육:** 양질의 교육 보장과 평생 교육 기회 장려
5. **성평등:** 성평등 달성과 여성과 소녀의 역량 강화
6. **깨끗한 물과 위생:** 모든 사람들에게 물, 위생의 이용 가능성, 지속가능한 관리를 보장
7. **깨끗한 에너지:** 신뢰가능하고 지속가능한 에너지 접근성 보장
8. **좋은 일과 경제적 성장:** 지속가능한 경제적 성장과 생산적 고용 촉진
9. **산업, 혁신, 인프라:** 지속가능한 산업화 지원, 혁신 육성, 재생가능한 인프라 건설
10. **불평등 감소:** 국가 간 및 국가 내 불평등 감소
11. **지속가능한 도시와 커뮤니티:** 도시와 주거지를 안전하고 지속가능하게 만들기
12. **책임 있는 생산과 소비:** 지속가능한 생산과 소비 패턴 만들기
13. **기후 행동:** 기후변화와 그 효과에 대응하는 긴급한 행동 취하기
14. **수중생물:** 해양 자원을 보존하고 지속가능한 방식으로 사용
15. **육지생물:** 육지 생태계를 보호, 복원하며 지속가능한 방식의 사용을 촉진, 사막화 대응, 토양 오염 및 생물 다양성 감소 저지
16. **평화, 정의, 강력한 제도:** 지속가능한 발전을 위한 평화롭고 포괄적인 사회 촉진, 정의에의 접근 보장, 효과적이고 책임 있는 제도 구축
17. **목표 달성을 위한 파트너십:** 지속가능한 발전을 위한 실행 수단 강화와 글로벌 파트너십 활성화

자료: https://www.ufi.org

제 2 절 지속가능한 발전의 의의

1. 빈곤 극복을 위한 개발의 불가피성

환경파괴와 오염의 원인에 대한 접근에 있어 지속가능개발론의 특징은 빈곤문제의 중요성에 대한 인식이다. 빈곤의 퇴치가 환경문제 해결의 출발점이 되어야 한다는 지적은 환경정책의 개발에 있어 매우 중요한 함의를 갖는다. 빈곤의 문제를 환경문제와 결부시킨 것은 범지구적 환경문제에 대한 선진국과 개도국, 그리고 저개발국간 타협의 산물이다.

　　국민의 다수가 빈곤과 기아에 허덕이고 있는 후진국이나 개발도상국의 입장에
서는 경제개발을 희생시키는 지구환경의 보전이라는 주장이 공허할 수도 있다. 그
런데 범지구적 공공재(global commons)의 보존은 선진국만의 노력으로는 안 되며
후진국과 개발도상국의 협조가 절대적으로 필요하다. 예를 들어 지속가능한 지구
를 형성하기 위해서는 무엇보다도 열대우림의 보존이 필요한데 빈곤상태에 있는
이 지역국가들은 경제개발을 포기할 수 없는 입장이다. 그러므로 범지구적 공공재
의 보전을 위해서는 후진국이 당면한 가장 시급한 문제인 빈곤의 문제를 해결할
수 있는 경제개발을 지속하면서 동시에 환경을 보전할 수 있는 철학과 전략이 필
요하다는 결론에 이르게 된다.

[그림 8-1] 쓰레기 매립장에서 재활용품을 찾고 있는 개도국의 빈민들

자료 : www.vietnamdreamforsuccess.org

2. 환경용량의 범위 내에서의 개발

　　지속가능개발은 빈곤 극복을 위한 경제개발은 인정하되 이러한 개발이 환경의
수용용량 범위 내에서 이루어지도록 하여야 한다는 것이다. 그런데 환경의 수용용
량은 자연이용, 기술수준, 사회적 부의 분배, 인간 활동의 공간적인 배분 상태 등
다양한 요인에 의해 좌우될 수 있다. 그런데 이러한 요인들에 대한 강조점의 차

이에 따라 각기 다른 견해의 지속가능발전론이 대두될 수 있다.

WCED의 보고서 「우리 공동의 미래」에서는 지속가능한 개발을 "미래 우리 후손의 욕구를 충족시킬 수 있는 능력과 여건을 저해하지 않으면서 현세대의 욕구를 충족시키는 개발4)"로 정의하고 있다. 우선, 자원의 남용과 환경의 파괴를 막고 문화유산을 보호하며 사회적 불안정을 해소하기 위해서는 절대적 빈곤의 해소로 현세대의 욕구를 충족시켜야 한다는 것이다. 그러나 지속가능한 개발은 인구의 증가와 성장이 생태계의 수용능력의 한계 내에서 조화를 이룰 때 추구될 수 있다는 것이다. 그런데, 그 한계는 자원탐사, 기술개발방향, 투자의 조정, 제도의 변화, 인식의 변화 등을 통해 달라질 수 있음을 의미한다.

[그림 8-2] **환경영향, 복지 그리고 지속가능성 경계**

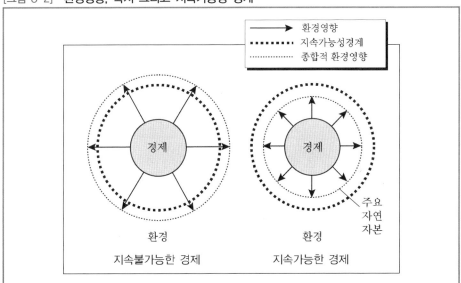

자료: I. Moffat, 1996, Sustainable Development : Principles, Analysis and Policies, The Parthenon Publishing Group, pp.179-180.

---

4) "Sustainable development is development that meets the needs of the present without comprising the ability of future generations to meet their own needs." (World Commission on Environment and Development, 1987, Our Common Future, London : Oxford University Press : 43)

약한 형태의 지속가능성과 강한 형태의 지속가능성

지속가능성에 대한 이론은 약한 형태의 지속가능성과 강한 형태의 지속가능성 이론으로 나누어 볼 수 있다.

약한 형태의 지속가능성(weak sustainability) 이론은 한정된 자원 하에서 성장과 기술진보를 다루는 경제 모형에서부터 발전되었다. 이는 주로 Solow(1974)와 그의 동료들에 의해서 발전되었다. 인간이 만든 자본과 자연자본의 대체가 가능하다면 자연자본의 소모를 일정 범위 내에 통제하여 자연자본 또는 인공자본에 대한 재투자를 통해 장래에도 일정한 수준의 소비수준을 유지하도록 하는 것이 지속가능성이다. 그러나 자연자본이 한정되어 있고 자연자본과 인간이 만든 자본 간의 대체가 제한되어 있는 상태에서 자연자본이 소모된다면 장래에는 증가되는 인구로 인해 일인당 소비수준이 일정하게 유지되지 못하고 줄어들게 되어 지속가능한 성장이 달성되지 못할 것이다.

반면 강한 형태의 지속가능성(strong sustainability)은 생태학에서부터 발전된 것으로 여기서는 수용력, 생물다양성, 생태적 회복성에 대한 생태적 필요성(ecological imperatives)을 강조한다. 이러한 관점에서 볼 때, 인공자본은 생태계의 불확실성, 비가역성, 비연속적이고 임계규모를 가지는 인과관계 등으로 인해 생태계에서 제공하는 서비스를 효율적으로 대체할 수 없다.

강한 형태의 지속가능성과 약한 형태의 지속가능성은 인간이 만든 자본과 자연자본의 대체성에 대한 인식의 차이에 의해서 구분되는 개념이라고 할 수 있다. 이들 간의 차이는 인간에 의해서 만들어진 자본이 자연자본에 의해 제공되는 서비스를 효율적으로 대체할 수 있느냐에 대한 믿음의 차이이다. 즉, 약한 형태의 지속가능성에서는 이 대체성을 높게 인식하는 반면 강한 형태의 지속가능성에서는 낮게 인식한다.

제 3 절 지속가능성의 기준과 조건

1. WCED의 시각 : 경제사회학적 관점

환경과 개발에 관한 세계위원회(WCED)에 의하면 지속가능한 발전은 개발이라는 개념, 그 자체가 함의하는 바와 같이 정적인 상태가 아니고 동적인 변화의 과정이다. 지속가능발전론이 종래의 환경보호론과 크게 다른 점은 매우 적극적이고 능동적으로 변화를 수용하고 있다는 점이다. 즉 자원의 효율적인 활용, 합리적이고 건설적인 투자, 인간 지향적인 기술개발, 그리고 사회구조의 발전이 서로 조화를 이루면서 인간의 욕구와 소망을 충족시키고 현재와 미래의 잠재력을 향상시키는 동태적인 변화과정이 지속가능한 발전이라는 것이다.

경제사회학적 관점에서 볼 때 지속가능발전론은 환경자원의 부존량이 현세대나 미래세대의 욕구를 충족시키는 데에 한계가 있다는 인식에서 출발한다. 그래서 지속가능발전을 자원이용, 투자방향, 기술개발방향이 유기적으로 조화를 이루어 변화하는 과정으로, 인간의 필요와 취향을 충족시켜 주고 현재와 미래의 잠재력을 제고시키는 과정으로 파악한다. 즉 인간의 후생증진을 위한 경제, 제도, 기술변화의 과정으로 지속가능개발을 인식한다.

「우리 공동의 미래」에 의하면 지속가능발전론에 따르는 환경보전과 발전전략의 핵심은 성장의 부활, 성장의 질적 변화, 직업, 식량, 에너지, 물과 위생에 대한 기초수요의 충족, 지속가능한 인구수준의 유지, 자원기반의 보존과 개선, 기술의 관리, 의사결정에 있어서의 환경과 경제의 통합 등이다.5) 지속가능한 발전을 이룩하기 위해서는 사회 각 부문의 효율적이고 유기적인 조화가 필요한 바, 효과적인 주민참여를 보장하는 의사결정체계를 지닌 정치체계, 스스로 잉여물을 산출하고 기술축적을 할 수 있는 경제체계, 불평등으로 인한 사회적 긴장과 갈등을 해결할 수 있는 사회체계, 생태자원보전의 의무를 준수할 수 있는 생산체계, 문제에 대한 새로운 해결책을 꾸준히 제시할 수 있는 과학기술체계, 자율교정능력을 지니는 유연한 행정체계 등이 필요하다는 것이다.6)

2. 생태경제학적 조건

1) 하딩의 생태경제학의 최고 전제

"공유지의 비극"으로 유명한 하딩(Hardin, 1991)은 생태경제학의 최고 전제(paramount positions)로 12가지를 제시하고 있다.7)

첫째, 인간이 이용할 수 있는 세계는 지구뿐이다. 아무리 과학기술이 발달해도

5) WCED. op. cit., p. 49.
6) Ibid., p. 65.
7) Garett Hardin, 1991, "Paramount Positions in Ecological Economics," pp. 47-57.

인간이 우주에서 살 수는 없다.

둘째, 세상에 공짜 음식은 없다. 세상의 모든 일은 그에 대한 대가를 요구하며 이러한 대가를 지불하지 않고 얻을 수 있는 것은 없다.

셋째, 우리는 단지 한 가지 일만을 할 수는 없다. 어떤 일이든 항상 의도하지 않은 결과를 초래할 수 있다.

넷째, 쓸모없는 것이라도 이를 버릴 적지는 없다. 전체 체계를 고려할 때 부 (wealth)는 계속해서 감소한다.

다섯째, '인간 × 일인당 환경영향 = 환경에 대한 인간의 총영향'이다.

여섯째, 때로는 보상할 수 있지만 규모효과는 피할 수 없다. 규모의 경제가 있지만 규모의 불경제를 무시해도 안 된다.

일곱째, 문화적 수용능력과 생활의 수준은 역함수 관계이다. 삶의 수준이 높을수록 보다 적은 숫자의 사람만이 이를 즐길 수 있다.

여덟째, 최대치가 최적치는 아니다. (물질적)삶의 질을 최대화하려는 것은 매우 심각한 오류이다.

아홉째, '최대 다수를 위한 최대의 선'은 넌센스이다. 우리는 지구상의 인간 수를 최대화할 것인지, 그들의 평균복지를 최대화할 것인지를 결정해야 한다.

열 번째, 완전히 신뢰할 수 있는 기계와 인간의 결합을 이루려는 노력은 필연적으로 자멸한다. 기계의 완벽성은 인간 업무수행의 불완전성을 필연적으로 수반한다.

열한 번째, 수용용량을 넘어서지 말라. 수용용량의 초과는 수용능력의 감소를 수반하게 된다.

열두 번째, 모든 공급의 부족은 동일하게 수요의 과잉을 의미한다. 증가하는 인구에 의한 어떠한 부족분도 궁극적으로는 공급량의 증가에 의해 충족될 수는 없다.

2) 델리의 지속가능성과 환경거시경제학의 운영원칙

델리(Daly, 1991)는 생태계에서 인간 존재의 물리적 규모가 최적수준을 유지해야 한다며 지속가능성과 환경거시경제학의 운영원칙으로 다음과 같은 네 가지를 제시하고 있다.[8]

첫째, 인간활동의 규모를 최적 규모 수준으로, 그러지 못할 경우에는 적어도 수용능력의 범위 이내로 제한하여 지속가능하도록 한다.

둘째, 지속가능한 발전을 위한 기술진보는 인간활동의 증가가 아니고 효율을 증대시키는 것이어야 한다.

셋째, 재생가능한 자원은 이윤극대화의 지속가능한 수확량 기준으로 이용되어야 하며 멸종이 되지 않도록 관리해야 한다. 이는 수확량이 재생산률을 능가해서는 안 되며 폐기물 배출은 환경의 재생가능한 자정능력을 초과해서는 안 된다는 것을 뜻한다.

넷째, 재생 불가능한 자원은 동일한 양의 재생가능한 자원의 대체율 범위 내에서 이용되어야 한다.

3. 경제학적 관점 : 타이텐버그의 지속가능성 원리와 기준

경제학적인 측면에서 보면 지속가능한 개발 전략은 자원의 희소성을 인정하는 가운데 자연자원과 환경을 장기적 순편익(long-term, net benefit)이 극대화되는 방법으로 이용하는 것을 의미한다. 따라서 지속가능한 개발은 보전만을 의미하는 것이 아니라 현세대와 미래세대의 복지를 함께 증진시키는 개발을 의미한다. 타이텐버그(Titenberg, 1996)는 이 같은 경제학적인 관점에서 지속가능한 개발을 구현하기 위한 네 가지 원리 및 세 가지 지속가능성 기준을 제시하고 있다. 지속가능한 개발을 위해서는 이 같은 원칙과 기준을 충족시켜야 한다고 주장한다.9)

1) 지속가능개발의 원리

지속가능한 개발의 4가지 원리란 전비용원리, 비용효과성의 원리, 재산권원리, 그리고 지속성원리 등을 의미한다.

첫째는 전체비용부담의 원리(full-cost principle)이다. 환경자원을 이용하는 사람이 그에 대한 모든 비용을 부담하여야 한다는 원리이다. 천연자원을 이용하는 사

8) Herman E. Daly, 1991, "Elements of Environmental Macroeconomics," pp. 32-46.
9) T. Tietenberg, 1996, Environmental and Natural Resources Economics, Haper Collins College Publisher, N.Y.

람은 자원이용에 따른 환경피해를 최대한 보전함과 동시에 자연자원이 사용되었기 때문에 미래세대가 이를 이용하지 못하여 발생하는 비용까지 부담하여야 한다는 것이다.10) 이 원리가 적용될 경우 환경에 피해를 주는 방법으로 생산되는 재화 및 용역의 가격은 상대적으로 비싸지는 데 반하여 환경친화적으로 생산되는 제품 및 용역은 가격이 싸지게 된다.

둘째는 비용-효과성의 원리(cost-effectiveness principle)이다. 공해방지라는 목적을 달성하기 위한 비용을 최소화하여야 한다는 원리이다. 경제학에서 투자사업의 타당성을 분석할 때 주로 비용-편익분석(cost-benefit analysis)을 사용한다. 그러나 환경개선에 따른 편익은 시장에서 결정되는 가격이 존재하지 않고, 복합적인 요인에 의하여 인과관계가 결정되는 경우가 많다. 따라서 비용과 편익을 화폐적 가치로 산출하기가 어렵다. 그래서 이 경우 사회적으로 받아들일 수 있는 공해수준을 목표로 설정하고, 이를 방지하기 위한 여러 가지 방법 중 가장 비용이 적게 드는 방법을 선택하는 것이다.

셋째는 재산권 부여의 원리(property right principle)이다. 재산권이란 특정한 물건의 소유자가 이를 배타적 · 비경합적으로 보유 · 이용 · 이전할 수 있는 일체의 권리를 의미한다. 재산권이 중요한 개념이 되는 것은 재산권이 부여될 경우 그 소유자는 자원을 보다 효율적으로 사용하고자 하는 강력한 동기를 갖기 때문이다. 자원을 공동으로 소유 · 이용하거나 재산권을 부여하지 않을 경우 자원의 무분별한 남용과 이에 따른 환경파괴를 초래한다.

넷째는 지속성의 원리(sustainability principle)이다. 자연자원의 부존량은 한계가 있으므로 우리 세대뿐 아니라 미래세대도 이용할 수 있도록 유지 · 관리되어야 한다는 것이다. 이러한 지속가능한 자원배분을 위해서는 자원을 절약함은 물론 생태계의 자정능력에 맞게 자원을 사용하고, 자연의 재생산능력을 배양하여 자연자본의 과실을 지속적으로 이용할 수 있도록 하여야 한다.

---

10) 현세대가 자연자원을 지속불가능하게 이용하여 미래세대가 이를 이용할 수 없게 될 경우 미래세대가 부담하는 비용을 사용자비용(user cost)이라고 하며, 지속가능한 개발은 자원의 가격에 이러한 미래세대의 비용을 포함할 것을 필요로 한다(D. W. Pearce and J. Warford, 1992, World Without End : Economics, Environment and Sustainable Development, Oxford University Press, Oxford).

2) 지속가능성 기준

이와 함께 타이텐버그는 지속가능성의 기준(sustainability criteria)으로 다음 세 가지 조건을 제시하였다.

첫 번째 조건은 후생의 감소가 없는 지속가능성(sustainability as nondeclining well-being)이다. 현세대의 행복을 추구하기 위한 자원 및 환경의 개발은 다음세대의 행복을 최대한 보장할 수 있는 범위 내에서 이루어져야 한다.11) 재생가능한 자원의 수확률(이용률)은 자연의 재생산 능력을 초과하여서는 안 되며, 환경에 버려지는 폐기물의 양은 환경의 자정능력 범위 이내가 되어야 이 기준이 달성될 수 있다.12)

두 번째 조건은 자연자본가치의 감소가 없는 지속가능성(sustainability as non-declining value of natural capital)이다. 자연자본을 인공자본으로 대체할 수 없는 경우를 상정한 것이다. 즉 자연자본과 인공자본의 대체성에는 한계가 있으므로 현재 남아있는 특정한 자연자본은 지속적으로 공급될 수 있도록 유지·보전하여야 한다. 열대 우림, 성층권의 오존층, 생물종의 다양성 등 인공자본으로 대체할 수 없는 자연자본은 고갈되지 않도록 지속적으로 보전하여야 한다는 것을 의미한다.

세 번째 조건은 선택된 자원의 물리적 서비스 흐름이 감소되지 않는 지속가능성(sustainability as nondeclining physical service flow from selected resource)이다. 이는 특정자원의 총체적인 물량 측면보다는 창출하는 가치의 흐름을 강조하는 개념이다. 즉 인간이 사용하는 자연자원이 창출해 주는 효용성이 일정하게 유지되도록 관리하는 것을 말한다. 예를 들어 수산자원의 부존량(stock)보다는 어획량(flow)이 일정하게 유지되도록 관리하는 것을 의미한다.

---

11) 여기에서 후생은 '삶의 질'을 의미하는 것으로 단순히 소득만이 아니라 실질소득에서 얻는 효용, 교육, 건강상태, 정신적인 복지 등을 포함한 일련의 요소들을 포함한다(D. W. Pearce & R. K. Turner, 1990, Economics of Natural Resources and the Environment, Harvester Wheatsheaf, p. 43).

12) 자본의 대체가능성을 인정할 때 위 조건은 자연자본(natural capital)과 인공자본(man-made capital)을 포함한 총자본의 양을 일정하게 유지할 경우 달성될 수 있다. 고갈성자원인 석유에너지를 태양열·조력·풍력 등 재생가능한 에너지로 대체할 경우 총에너지는 일정하게 유지될 수 있다. 이와 같은 후생수준의 감소가 없는 지속가능성은 기술개발을 통한 대체자원 개발이 중요한 과제가 된다.

제 4 절   지속가능발전의 전략

1. 경제개혁

1) 경제와 환경 관계의 재정립

지속가능한 발전을 위해서는 생태효율이 높은 경제사회를 구축하여야 한다. 보다 적은 환경이용으로 보다 많은 재화와 서비스를 제공할 수 있는 경제산업체계를 구축하는 데에 목표를 두고 꾸준한 개혁을 추진해 나가야 한다는 것이다.

환경과 경제는 동전의 양면과 같은 관계로서 건전한 경제의 틀이 있어야 환경보전과 개선도 용이해진다. 양질의 환경은 국민복지수준을 높여줄 뿐만 아니라 활력있는 경제활동의 원천이 된다. 지구환경문제와 연계된 각종 국제동향도 경제의 효율 증진, 즉 보다 적은 원료와 에너지 등 요소투입으로 보다 많은 제품과 서비스를 생산하는 효율적인 경제체제의 구축을 필수불가결한 것으로 만들고 있다. 즉 생태효율(Eco-efficiency)이 높은 경제체제, 즉 "저환경비용 고생산효율"의 사회체제로 개편하는 것이 필요하다. 생태효율이 높은 사회는 생산품의 유용성을 유지하는 동시에 원자재와 에너지의 투입을 현저히 줄여서 점진적인 탈물질화를 유도하는 경제를 지향한다. 물질투입에 과도하게 의존하는 경제는 생태효율이 높을 수가 없다. 물적 재화와 무관하게 고객의 이익을 만족시켜야 생태효율을 높일 수 있다. 누적적인 물적 재화의 공급은 생태효율을 저하시키기 마련이다.

따라서 21세기는 고생태효율의 경제비전으로 물적 재화보다는 생산품의 내구연한 등을 늘리고 제품을 서비스로 대체함으로써 생산성 및 자원이용의 효율성을 제고하는 경제체제를 추구한다. 즉 서비스사회로의 지향이 필요한데 이러한 경제체제는 결국 생산자가 요람에서 다시 요람으로 이어지는 생산품의 전 생애에 대한 책임을 지는 순환경제를 말한다. 이의 이상적인 모습은 재화를 오래 집중적으로 사용하여 순환의 시작도 끝도 없는 모습일 것이다. 끝이 없는 순환경제는 상품의 판매보다는 서비스의 거래가 경제활동의 중심으로 자리잡는다. 이러한 경제 모습은 정보화사회의 도래와 지식기반 경제로의 이행과정을 잘 활용함으로써 촉진될 수 있다.

2) 개발성과에 대한 정당한 평가

산업개발과 환경보전을 조화시키기 위해서는 경제개발 과정에서 환경의 가치에 대한 정당한 평가가 필요하다. 환경은 인간에게 심미적인 안락함을 주며 건강한 삶을 보장하여 직접·간접적으로 삶의 질에 공헌한다. 뿐만 아니라, 여가선용과 관광산업은 물론 오염방지산업에 대한 기회를 제공하고, 오염피해구제비용의 지출을 줄여줌으로써 경제성장에도 공헌한다. 전통적으로 경제활동의 성과를 측정하는 지표로 활용되어온 국민총생산지표는 환경오염과 자연파괴로 인한 국민복지의 감소를 잘 반영하고 있지 못하고 있어 경제성장에 대한 잘못된 정보를 국민에게 주고 있다.

국민총생산(Gross National Product: GNP) 또는 국내총생산(Gross Domestic Product: GDP)이 국민의 복지수준은 물론, 경제활동의 결과 또는 경제적 성과도 잘 반영하지 못하고 있다는 지적은 오래 전부터 제기되어 왔다. 이 지표는 환경오염으로 인한 국민복지의 감소를 잘 반영하고 있지 못하고 있어 경제성장에 대한 잘못된 정보를 국민에게 주고 있다.13) 특히 국민총생산은 환경오염으로 인한 국민복지수준의 감소와 자연환경의 파괴로 인한 부의 재생산능력의 감소를 반영시키지 못하고 있다. 예를 들어 산림자원을 채취·이용하였을 경우 환경이 파괴되고 국부가 감소하였으나 국민총생산 계정에서는 국민소득이 증가하는 것으로 나타나게 된다.

둘째, 환경오염으로 인한 건강, 재산의 손실 등을 고려하지 않는다는 점이다. 만일 국민총생산이 일정기간 동안의 경제활동 결과 생산된 소득이라면 이 소득을 만들기 위해 일으킨 각종 환경오염과 손실은 비용으로 제외되어야 하나 그렇지 않다는 것이다. 국민총생산의 산정에는 우선 경제활동의 결과로 초래된 환경오염과 자연파괴를 원상복구하기 위한 노력까지도 포함하여, 이중계산의 문제를 야기한다. 그리하여 환경오염과 파괴가 심하기 때문에 그만큼 원상복귀를 위한 투자를 할 경우 증가하는 것으로 나타나게 된다.

셋째, 자연자원이 다른 자본재처럼 국민소득계정에 포함되어 있지 않아 자연자본의 잠식이 소득으로 계산되고 있다는 문제가 있다. 산림, 수산자원, 토양, 지

---

13) 국민총생산에 대해서 제기된 문제점들에 대한 자세한 내용은 오호성, 1995, 환경과 경제의 조화 : 녹색사회로 가는 지름길, 조선일보사, pp. 212-214, 참조.

하수 같은 재생가능자원의 스톡은 자본재와 같은 역할을 할 뿐 아니라 더 나아가서 직접 국민후생과 소득을 창출해내는 특성이 있다. 그런데도 국민소득계정에서는 자본재의 감소는 감가상각을 인정하나 자연자본재의 경우에는 그렇지 않다.

그러므로 종래 국민총생산(Gross National Product: GNP)으로 파악되어 왔던 경제활동의 결과에 대한 평가방법을 수정하여 환경보전의 가치를 정당하게 반영하도록 하여야 할 것이다.

3) 녹색국민총생산(Green GNP)

국민총생산의 이 같은 문제점을 보완하여 환경의 가치를 바르게 평가하고 합리적인 정책결정에 도달하고자 하는 노력으로 경제학자들에 의해 주로 연구되고 있는 개념은 녹색국민총생산(Green GNP)이다. 녹색국민총생산에서는 다음의 세 가지 사항을 국민총생산에서 고려하고자 한다.

첫째, 오염방어지출(defensive expenditure)은 물론, 오염방지장치 및 오염으로 인한 의료비 지출 증가 등의 비용을 국민총생산에서 제외시킨다.

둘째, 실제로는 아무런 비용이 지출되지 않았으나 국민의 복지를 감소시킨 환경오염과 자연파괴는 그 피해의 정도를 금전적으로 추정하여 국민총생산에서 제외시킨다.

셋째, 국민순생산(Net National Product: NNP)의 계산 시 사람이 만든 자본재뿐만 아니라 자연자본재도 생산에 이용되어 감소됐다면 그 감소된 만큼 감가상각시켜야 한다.

4) 환경오염을 유발하는 산업분야별 보조금 폐지

환경적으로 왜곡되어 있는 모든 상품의 가격과 경제적인 인센티브를 친환경적으로 올바르게 고쳐야 한다. 우선 자원수요 및 환경관리에 대한 영향이 지대한 물 가격 및 에너지 가격에 대한 보조를 없애는 것이다. 물과 에너지의 과다이용과 비효율적 이용은 막대한 자연파괴와 환경오염을 유발한다. 이러한 자연파괴 및 환경오염은 엄연한 사회적 손실이므로 에너지 가격과 물 가격이 사회적 손실을 충분히 반영할 수 있어야 한다. 여기서 물 가격이란 단순히 용수의 가격만이 아니라 오염물질을 강이나 호수에 배출하는 물이용 행위도 포함한다. 물의 절약과 함께 물의 효율적 이용도 중요한데 이러한 가격현실화는 물과 에너지 절약에서 더 나아가 이들 자원의 효율적 이용에도 기여한다. 이러한 가격정책을 통해 자원을 잘 이용할 능력이 있는 사람들이 먼저 자원을 이용할 수 있는 여건을 마련하여 효율적인 자원배분이 이루어지도록 한다.

5) 제품 및 서비스 가격에 환경오염비용의 반영

환경친화적인 조세체계의 개혁이 필요하다. 21세기에는 노동이라는 생산요소가 전세계적으로 과잉요소로 변화될 전망이다. 반면 환경은 갈수록 희소한 재화가 되어 가고 있다. 세계경제화는 기업으로 하여금 치열한 국제경쟁에서 살아남기 위한 지속적인 경영합리화를 요구하고 기업은 그 대안으로 노동감축을 택할 가능성이 높다. 이는 사회안정의 관점에서도 부담이 될 것이다.

이러한 문제를 해결하기 위한 적극적인 대안으로는 환경오염에 대한 과세, 환경에 위해한 보조금 감축 등 조세를 환경친화적으로 개편하는 것이 필요하다. 그 골격은 전체적인 조세부담을 균일하게 유지하되 노동의 가격을 낮추고 환경과 자원의 가격을 높이는 것이다. 이러한 개혁은 생산 및 소비 행태의 환경친화적 전환뿐만 아니라 일자리 창출이라는 일석이조(一石二鳥)의 효과를 창출할 수 있다.

[그림 8-3] **생태적 조세개혁**

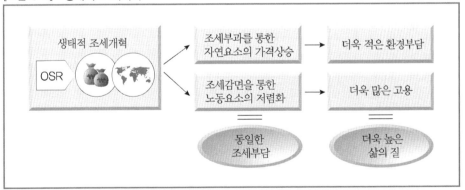

2. 지속가능한 생산 및 소비 정책

1) 지속가능한 생산과 소비 양식의 구축

지속가능한 개발이 가능하기 위해서는 지속 불가능하였던 생산과 소비 행태를 지속가능한 것으로 전환하려는 노력이 필요하다. 종래의 생산과 소비 생활체계는 과다한 환경오염과 파괴를 수반하였다. 그러므로 우리는 우리의 생산과 소비 양식을 개혁하여 환경적으로 건전하고 지속가능하게 바꾸려는 노력을 하여야 한다. 이를 위해서는 환경오염 방지와 청정기술의 개발로 산업생산양식을 지속가능하게 유도함은 물론 자원의 재생산성과 생태계의 순환성을 고려한 농업, 임업, 수산업 생산양식을 조성하여야 한다. 뿐만 아니라 생태도시개발, 생태관광의 보급 등으로 생활양식을 환경친화적으로 유도하여야 한다.

2) 지속가능한 생산정책

(1) 자원순환형 경제체제

폐기물 발생 저감과 자원화로 재생물질 순환시스템을 구축하여 궁극적으로는 환경오염물질 무배출체계를 확립할 필요가 있다. 이를 위해 폐기물 최소화와 생산자 포괄책임을 강화해야 한다. 폐기물의 감량, 재활용, 열병합 소각 등을 통하여 자원의 순환구조를 만들고, 최종 폐기물은 안전하게 처리하도록 한다. 위생적인 소각 및 매립 시설을 확충하고 안전처리 책임을 강화하며 재활용품 시장수요 확대, 재활용기술 개발과 시설 확충 등 폐기물 자원화 기반을 조성한다. 또한 생산·유통·소비의 경제활동 전 과정에서 폐기물 발생을 최소화하여 소비행태의 변화를 유도하며, 과학적인 폐기물 관리체계를 확립하여 재생물질의 순환을 촉진한다.

(2) 청정생산공정 및 제품의 환경성 혁명

청정생산공정 및 제품의 환경성 혁명이 일어나야 한다. 산업은 공정혁명(process innovation)을 통하여 천연자원을 조달하고 제조·유통·판매·이용·폐기 및 재활용의 각 단계에서 환경에 대한 부하를 저감시키는 것이 필요하다. 이를 위해 제품의 '전과정평가(LCA)'를 기초로 하는 환경친화적 설계(environmental design)가 뒷받침되어야 한다. 환경문제를 단순히 비용으로 간주하는 데서 벗어나 생산공정 혹은 제품에 의해 발생하는 환경적 피해를 줄이면서 경제적 효율성을 극대화할 수 있는 방안, 즉 오염의 사전적 처리방안들이 검토 및 시행되고 있다. 미래의 환경개선 패러다임은 정부와 기업이 생산요소의 사용과 생산공정의 단순화를 통하여 오염발생을 최소화하고 청정기술을 개발하여 청정생산을 촉진하는 것이다. 그리고 소득수준의 향상과 환경의식의 제고에 따라 갈수록 확대되고 있는 환경친화제품에 대한 개발과 관리에 주의를 기울여야 한다.14)

[그림 8-4] **환경오염물질 무(zero)배출의 개념**

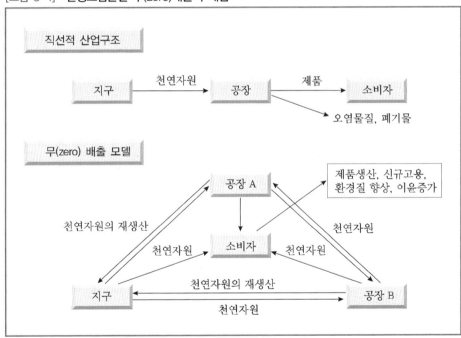

14) 참고로 미국에서 유기농산물의 판매량은 1980년에 $1억 8천만에서 1996년에는 약 $35억으로 19배나 증가하였다고 한다. 우리나라도 최근 환경적으로 안전한 농수산물에 대한 수요가 폭발하고 있음을 직시하여야 한다. 공산품의 경우에도 제품의 설계단계에서 당해 제품의 전생애주기에 걸친 환경친화도를 높이도록 배려하여야 한다.

청정생산이란?

청정생산(cleaner production)은 환경에 미치는 피해를 줄이고 동시에 경제적 · 보건적 편의를 추구하기 위하여 상품의 생산과정은 물론 소비 및 서비스에 이르기까지 종합적이고 예방적인 전략을 지속적으로 추구하는 것이다.

종래에는 청정생산의 개념을 제품의 생산활동에 국한된 공정기술이라는 소극적인 시각에서 파악하였다. 그러나 이제는 청정생산이 소비 및 재활용성을 고려한 단지설계, 생산공정, 공정폐기물의 재이용, 에너지의 절감, 관리의 효율화, 포장 및 수송의 효율화, 폐기물의 재활용에 이르기까지 전단계에 걸친 활동을 포함하는 포괄적인 개념으로 이해되고 있다.

청정생산은 생산시스템의 전환 및 이를 위한 공정기술, 기업의 생산활동 전반을 환경메뉴얼로 바꾸는 등 종합적 접근을 하고 있다. 그리고 ISO 14000 시리즈와 연계해 지속가능한 개발 및 생산 체계의 구축이 확산되고 있다. 구체적으로 폐기물 저감, 폐기물의 재이용, 정보시스템의 구축 및 운영 등 환경친화적 경영시스템으로 범위가 확산되고 있다.

(3) 환경산업의 육성과 청정기술 개발

청정공정기술과 환경산업기술 혁명이 필요하다. 환경벤처를 육성하여 종래의 사후처리기술의 개선과 함께 사전예방 및 환경복원 · 재생기술의 발전을 추진하면서 공정혁명(process innovation)을 유도하는 것이 필요하다. 그리고 에너지 자원이용의 효율화를 위한 기술개발을 촉진하여야 한다. 환경규제기준의 강화와 함께 적극적인 환경시장 확대로 환경산업을 육성하는 것도 필요하다.

참고로 미국의 환경기술정책은 '기술압박형'으로 엄격한 오염배출기준을 적용하여 산업계가 오염저감기술을 개발하도록 유도한다. 환경기준은 장래 실현 가능한 기술수준을 고려하여 설정하고 있으나 신기술 투자를 저해한다는 비판이 있다. 일본은 '계획과 확산지향형'으로, 정부는 중장기 계획을 주도하고, 민간부문은 기술개발에 참여하는 형태이다. 환경규제, 기술혁신, 산업발전을 동시에 추구한다는 다목적 전략으로 민간의 참여를 중시하고 기술확산을 강조하며 조정역할을 수행하고 있다. 독일은 '적용가능한 최선의 기술'을 이용한다는 원칙을 중시한다.

(4) 지속가능한 농업·임업·어업정책

농·어업 등의 1차 산업은 환경보전기능을 유지하고 강화하면서 재생가능한 물질을 공급하는 역할에 중점을 두어 그 형태와 기능을 혁신하는 것이 필요하다. 이를 위해 환경친화적인 영농체계를 구축·지원하는 등 환경친화적인 농업정책을 정착시켜야 한다. 즉 토지보전과 지력의 회복을 위해 토지의 생산성을 고려한 농업생산계획을 수립하며, 동식물의 유전자원의 보존과 국내의 고유종의 개발과 보급으로 지역에 적합한 농작물을 경작하여 생태계에 미치는 부하를 최소화한다. 그리고 농작물 경작 시 화학비료와 농약의 유해성을 저감시킬 관리체계를 마련해야 한다. 또한 환경친화적인 농산물 유통체계를 구축·지원할 필요가 있다. 정부인증 유기농산물에 대한 직접지불제 및 직거래제 실시, 정부인증 유기농산물에 대한 수요자 및 공급자의 DB화를 통한 인터넷 상거래 강화 및 정부인증 유기농산물 전용 판매장 개설·지원 등의 방법이 활용된다.

3) 지속가능한 소비정책

(1) 지속가능 소비의 정의

지속가능한 소비는 지속가능개발이 지향하는 두 지주인 "필요"의 개념과 "한계성"의 개념에 근거하여 정의될 수 있을 것이다. 이는 전 세계의 빈민층 또는 미래세대의 절대적인 "필요"를 소중히 하여야 하며, 이에는 "환경용량의 한계"라는 제약이 있음을 인식하는 것이다. 이러한 관점에서 지속가능한 소비는 "미래세대의 필요를 제약하지 않으면서 제품이나 서비스의 생애를 통한 폐기물과 오염물의 배출뿐만 아니라 자연자원과 독성물질의 사용을 최소화하는 동시에 인간의 기본적 필요와 더 나은 환경질을 가져올 수 있는 서비스와 이와 관련된 제품의 사용"으로 정의할 수 있다.[15]

지속가능성은 미래세대와 현세대 간의 형평성을 의미한다. 현세대의 복지증진을 위한 소비형태의 전환에는 국민계층 간·국가 간 형평성의 증진이 고려될 수 있다. 지속가능한 소비는 독자적으로 이해되거나 다루어질 수 없다. 이는 천연자원의 추출, 전처리과정, 제작과정, 제품의 구입·사용·처리에 영향을 미치는 요소 등과의 지속적인 연결이다. 그 이유는 연결된 과정에 따라 환경에 미치는 영

---

15) Symposium : Sustainable Consumption, 19-20 January, 1994, Oslo Norway, p. 10.

향이 다르게 나타나기 때문이다.16) 최근의 물질흐름(material flow)은 많은 오염, 자원고갈, 에너지소비, 생물다양성과 자연경관의 변화를 가져왔다. 이러한 현재의 손실은 어떠한 기준으로도 지속가능한 소비라고 볼 수 없다. 이에 대한 도전으로는 제품과 서비스 등의 전생애(life cycle)순환으로부터 오는 손실의 강도를 최대한 감소시키는 것이다.

결국 지속가능한 소비는 천연자원과 독성물질의 사용, 폐기물과 오염물의 배출 등 비환경적 소비활동을 최소화하는 동시에 미래세대의 필요량에 위협을 가하지 않으면서 현세대의 기본적 필요량을 충족시키고 더 나은 생활을 가져올 수 있는 물질과 서비스의 소비이다. 지속가능소비는 현세대의 필요를 충족시키고, 생활 수준을 향상시키고, 자원 효율성을 높이며, 폐기물을 최소화하고, 생애순환적 관점에서 평가하며, 세대 간 형평성에의 영향을 고려하는 등의 핵심요소를 함께 고려하는 포괄적인 소비 개념이다.17)

(2) 지속가능한 소비 촉진 정책
① 녹색소비자 활동과 녹색구매망의 강화

우선, 소비자들의 환경상품 구매를 권장하기 위한 인센티브제도를 확대하여 녹색소비자를 양성하는 것이 필요하다. 또한, 인증제도 보완을 통한 환경상품의 노출도 제고, 환경상품의 가격경쟁력 확보, 환경상품의 고품질화, 환경상품 구매에 대한 사회적 인식 확대, 사용 후 편리하고 경제적인 폐기 지원 등의 제도적 노력도 필요하다. 아울러 소비자와 생산자의 연결을 위해 중앙정부 · 지방자치단체와 시민단체 대상의 공공기관 우선구매제도 실시, 재활용 산업의 육성, 환경기술개발 지원, 기업의 환경경영 지원, 지역의 환경친화적 판매장 운영, 환경상품 평가 및 모니터링, 시민교육, 정부의 재활용정책의 감시 등 녹색구매 기반의 조성도 필요하다.

환경친화적인 생산과 소비를 원활히 하고 하나의 체계로서 뿌리내리게 하기 위해서는 환경상품의 생산자와 소비자를 연결해 주는 네트워크 구축도 필요하다. 녹색구매네트워크 구축의 관건은 소비자들의 구매행위를 둘러싸고 일어날 수 있는 모든 경제주체 간의 역할분담과 상호관계가 환경친화성을 확보하는 방향으로

---

16) Ibid.
17) Oslo Ministerial Roundtable Conference on Sustainable Production and Consumption, February, 6-10, 1995, p. 7.

나아가도록 하는 것이다. 이를 위해 기업과 소비자 간 녹색전자상거래(green - electronic commerce)를 위한 전자상거래망의 구축, 환경상품 전용 사이버 쇼핑몰의 구축, 이들 쇼핑몰의 공동물류체계 구축, 세계적인 녹색전자상거래를 위한 영문쇼핑몰 구축과 홍보 등이 시도되고 있다. 또 파급효과가 큰 기업간 녹색전자상거래를 위해 공공기관 우선구매의 전자화, 대기업에서 물품 선택 시 환경상품을 쉽게 선택하도록 하는업종별 DB화 및 전자화 등의 방안도 활용된다.

② 여가문화의 개선 : 지속가능한 관광

지속가능한 관광(sustainable tourism)이란 '미래의 기회를 보호함과 동시에 현재의 관광객의 요구와 지역의 요구에 부응하는 관광' 또는 '관광관련 문화활동이 오랫동안 지속될 수 있게, 그리고 관광의 경제적 효과가 감소되지 않으면서 아울러 자원이 영속적으로 유지될 수 있게 관광을 개발·관리하는 활동의 모든 형태'를 말한다.

지속가능한 관광이라는 개념에는 ① 현재의 관광객의 요구뿐만 아니라 미래의 이용기회를 보장하기 위하여 관광자원을 보호하는 것, ② 경제적 효과를 중심으로 한 관광의 지역에 대한 효과가 감소되지 않게 하는 것, ③ 관광관련 문화활동이 오랫동안 지속될 수 있게 관광을 개발 관리하는 것 등의 요소를 포함하고 있다. 지속가능한 관광은 본질적으로 양적 관광인 주류관광의 폐해를 줄이자는 대안적인 개념으로 생태관광, 자연관찰관광, 환경관광 등의 용어로 발달하고 있다. 생태관광은 관광이 국가산업의 큰 비중을 차지하는 코스타리카, 호주, 영국 등에서는 오래 전부터 보편화되어 있다.

③ 서비스 산업의 환경친화성 제고

3차 산업은 자본과 기술의 흐름을 조정하고 비물질계 순환을 추진한다. 특히 이 과정에서 2차 산업과의 연계를 강화함으로써 순환형 산업구조를 유도하고 궁극적으로 고생태효율의 경제체제를 구축한다. 한 예로 환경친화적인 금융산업을 들 수 있다. 즉 환경경영실적이 우수한 기업에 투자함으로써 자본의 흐름을 바꾸고 궁극적으로 기업들의 환경경영을 유도하게 하는 것이다.

[그림 8-5] **생산패턴의 변화**

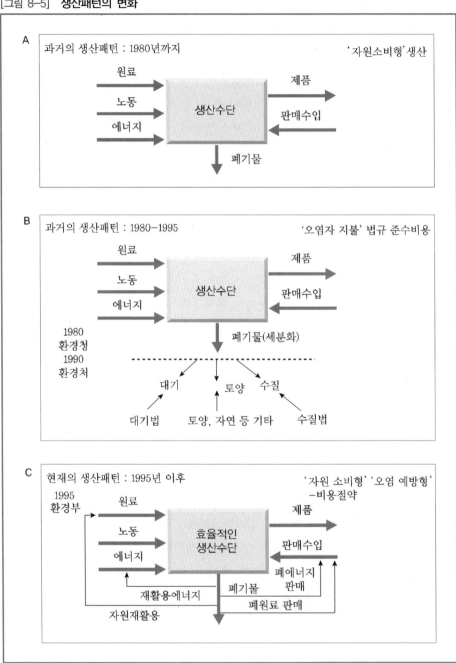

3. 환경경영에서 지속가능성 경영으로 확대

21세기에 접어들면서 기업의 지속가능성이 경영의 화두로 급부상하고 있다. 2002년 남아프리카공화국의 요하네스버그에서 개최된 지속가능한 개발에 관한 세계정상회의(World Summit on Sustainable Development: WSSD)에서는 지속가능한 발전을 달성하기 위해 정부, 국제기구, 시민사회 그리고 기업의 상호 파트너십 구축의 중요성이 강조되었다. 그리고 기업에게는 지속가능 소비 및 생산 패턴, 재생가능한 에너지 등 기술혁신, 지구온난화 방지, 유해화학물질 저감, 생물종 보호 등 지구환경보전 활동 등을 통해 그 사회적 책임을 다할 것을 요청하고 있다. 이제 지속가능성 경영은 기업에게는 선택이 아닌 필수과목이 된 것이다. 이에 우리나라에서도 기업의 지속가능성, 사회적 책임 등에 대한 논의가 본격적으로 전개되고 있다.

기업의 '지속가능성 경영(sustainability management)'은 인류의 지속가능한 발전 개념을 기업 경영활동에 접목시키는 21세기의 새로운 경영 패러다임이다. 기업의 지속가능성 경영은 경제적, 환경적, 사회적 성과를 높이는 경영활동을 추진하여 기업 가치를 증진시키는 경영전략이다. 과거에는 인류의 지속가능성과 기업의 지속가능성에는 명확한 구별이 있었다. 그러나 최근에는 글로벌기업을 중심으로 이 양자가 통합되는 추세에 있다. 과거에는 원가절감, 품질개선, 기술우위 등을 통한 제품경쟁력 확보와 재무회계 측면에서 유동성 및 부채 관리 중심으로 기업의 지속가능성에 치중하였다. 그러나 최근에는 기업의 사회적 책임이 강조되면서 다양한 이해관계자의 요구에 부응하며 인류의 지속가능성에도 기여하는 것이 강조되고 있다.[18]

이미 선진기업들은 환경경영을 더욱 발전시켜 지속가능한 발전, 지속가능성 경영을 실천하고 있다. 기업의 지속가능성에 대한 정의는 1994년 세계지속가능발전산업계협의회(World Business Council on Sustainable Development: WBCSD)의 전신인 BCSD가 발간한 「지속가능한 발전을 위한 경영전략」이란 보고서에서 처음 등장한다. 이 보고서에 따르면 기업에서의 지속가능성이란 "미래 기업 활동에 필요한 인적 자원과 자연자원을 보호하면서 현재 기업과 이해관계자의 욕구에 부합하는 수준의 경영전략 및 경영활동을 채택하는 것"을 의미한다.

---

18) 김태용 외(2005), 함께 가꾸는 푸른 세상, 환경부, pp. 224-227.

이제 기업이 21세기에도 계속 살아남으려면 경제성과는 물론, 환경성과와 사회성과에 더욱 많은 관심을 가져야만 한다. 경제적 번영과 환경의 질 그리고 사회적 형평성이 동시에 추구될 때 기업의 지속가능성은 유지될 수 있는 것이다.

🔍 참|고|문|헌

노영화 · 강성진, 1992, 환경보전을 위한 가정소비생활 개선방안 연구, 한국소비자보호원, pp. 12-14.

변병설, 2000, "국제환경협약에 대응하는 생태산업단지 조성방안," 새국토연구협의회, 우리 국토의 나아갈 길.

변병설, 2005, "지속가능한 생태도시계획," 지리학연구, 국토지리학회, 제39권, 제 4 호, pp. 491-500.

정회성, 1993, 지속가능한 개발과 실천 수단에 대한 고찰, 한국환경기술개발원, 기술현황보고서.

정회성, 1996, "지속가능사회를 향한 환경정책 발전방향," 환경정책, 제 4 권, 제 1 호, pp. 7-22.

정회성, 1996, 환경친화적 소비사회 구축방안, 한국환경기술개발원.

정회성, 2001, "기능위주의 도시에서 지속가능한 도시로," 도시계획의 새로운 패러다임, 경실련 도시개혁센터, 보성각, pp. 41-59.

정회성, 2002, 지속가능한 사회를 향한 환경규제정책의 발전방향, 한국환경정책 · 평가연구원.

최정석, 1995, 공단의 산업공생에 관한 산업생태학적 연구, 서울대학교 박사학위 논문.

황희연 · 변병설, 1997, 도시개발정책, 국토 제194권.

황희연 · 변병설, 1998, 21세기, 개발의 기본개념이 바뀌어야 한다, 환경과 공해.

Anderson, Kym and Blackhurst, Richard(eds.), 1992, *The Greening of World Trade Issues*, New York : Harvester Wheatsheaf.

Bartelmus, Peter, 1994, *Environment, Growing and Development : The Concepts and Strategies of Sustainability*, London; Routledge.

Breheny, M. J.(ed.), 1992, *Sustainable Development and Urban Form. London; Pion Limited*, Peter Nijkamp(ed.), 1990, *Sustainability of Urban Systems*, Aldershot : Avebury.

Daly, Herman E. and Cobb, Jr, John B., 1989, *For The Common Good : Redirecting the Economy Toward Community, the Environment and a Sustainable Future*, Boston; Beacon Press.

Daly, Herman E., 2001, *Ecological Economics*, Unpublished Manuscript.

Ehrlich, Paul R. and Ehrlich. Anne H., 1970, *Population, Resources, Environment : Issues in Human Ecology,* San Francisco : W.H. Freeman & Co.

Elkin, Tim McLaren, Duncan. and Hillman, Mayer., 1991, *Reviving the City : Towards Sustainable Urban Development*, London : Friends of the Earth with the Policy Studies Institute.

Friends of the Earth Netherlands, 1992, *Sustainable Netherlands Action Plan.*

ICLEI, 1995, *The Local Agenda 21 Planning Guide : An Introduction to Sustainable Development Planning.*

IUCN, 1980, *World Conservation Strategy,* Geneva : IUCN.

Kuik, Onno and Verbruggen, Harmen(eds.), 1991, *In Search of Indicators of Sustainable Development*, Dordrecht : Kluwer Academic Publishers.

Moffat, I., 1996, *Sustainable Development : Principles, Analysis and Policies*, The Parthenon Publishing Group.

Munn, R. E., 1989, "Toward Sustainable Development : An Environmental Perspective," F. Archibugi and P. Nijkamp(eds), *Economy and Ecology : Towards Sustainable Development*, Dordrecht : Kluwer Academic Publishers, pp. 49-72.

Nijkamp, Peter(ed.), 1990, *Sustainability of Urban Systems*, Aldershot : Avebury.

Opschoor, Hans and Reijnders, Lucas., 1991, "Towards Sustainable Development Indicators," Onno Kuik and Harmen Verbruggen(eds.), *In Search of Indicators of Sustainable Development*, Dordrecht : Kluwer Academic Publishers, pp. 7-27.

Owens, S. E., 1992, "Energy, Environmental Sustainability and Land Use Planning," M.J. Breheny(ed), *Sustainable Development and Urban Form*, London : Pion Limited, pp. 79-105.

Pearce, David Markandya, Anil. and Barbier, Edward B., 1989, *Blueprint for A Green Economy,* London : Earthscan Publications Ltd.

Repetto, Robert, 1989, "Economic Incentives for Sustainable Production," Gunter Schramm and Jeremy J. Warford(eds.), op. cit., pp. 69-86.

Sarafy, Salah El and Lutz, Ernst., 1989, "Environmental and Natural Resource Accounting," Gunter Schramm and Jeremy J. Warford(ed.), *Environmental Management and Economic Development*, Baltimore : The Johns Hopkins University Press, pp. 23-38.

UN, 1988, *Environmental Impacts Assessment*.

UN, 1990, *Environmentally Sound Planning in China*.

UN, 1994, *Guidelines for the Development of a Legal and Institutional framework to Prevent Illegal Traffic in Toxic and Dangerous Products and Wastes*, 1994.

UN, 1995, *Case-Studies on Principles and Methodology of Environmentally Sound and Sustainable Development*.

UN, 1995, *Guidelines on Environmentally Sound Development of Coastal Tourism*.

UN, 1995, *Planning Guidelines on Coastal Environmental Management*.

Wicke, L., 1993, *Umweltoekonomie*, 4. Auflage, Muenchen.

World Bank, 1992, *Development and the Environment : World Development Report 1992*, Oxford; Oxford University Press.

World Commission on Environment and Development, 1987, *Our Common Future*, London : Oxford University Press.

기후변화와 녹색발전[1)]

제 1 절 개   관

환경문제는 모든 사람들이 선이며 진보라고 생각했던 경제성장의 결과이다. 1만 년 전 인류가 농지를 개간하여 작물을 재배하고 야생동물을 길들여 가축으로 사육하면서 지구환경과 인간사회 사이의 갈등과 긴장관계는 출발하였다. 농경이 시작되기 이전에도 우리 조상들은 기후변화와 환경변화에 적응하면서 삶의 방식을 발전시켜 왔다. 그러나 농경의 시작 이후 소위 문명이 발아하면서 인류의 자연에 대한 대응은 보다 적극적이고 격렬해졌다.

문명이 발아한 이후 자연이 주는 혹독한 시련을 생각한다면 우리 조상들이 자연을 정복과 극복의 대상으로 삼았던 것은 이해되는 부분이 많다. 그러나 적어도 200년 전에 탄생한 산업문명 이전까지 인류는 기후와 환경에 예속되는 존재였다. 그러나 산업혁명으로 수억 년 전에 지구생태계가 기후와 환경을 조율하면서 생산하여 지하에 저장해 두었던 석탄, 석유 등 화석연료를 인간들이 발굴하여 소위 산업문명을 발전시키면서 인간과 자연의 관계는 180도 바뀌었다.

산업문명이 꽃을 피우면서 인간과 인간에 의해 창조된 문명이 기후변화와 지구환경의 창조자가 된 것이다. 이제 지구의 구석구석 인간의 손길이 미치지 않는 곳은 없으며 눈부신 문명 발달의 결과로 지구의 평균온도가 올라가면서 전례 없

---

1) 이 장의 내용은 (정회성(2008),「전환기의 환경과 문명」그리고 정회성(2009), "기후변화와 녹색성장")에서 발췌 정리한 것이다.

는 지구환경변화가 예상되고 있는 것이다. 그런데 문제는 문명이 기후와 환경의 창조자가 되면서 문명 그 자체의 존립이 위협받고 있다는 점이다. 현대의 산업문명이 계속된다면 수백 년 후, 아니 그 이전에도 인류문명이 심대한 타격을 입을 수 있다.

이는 그동안 문명의 발달과정에서 설정된 환경과 인간 간의 관계에 근본적인 결함이 있다는 점을 시사한다. 그러므로 환경과 문명 간의 갈등을 어떻게 해소하고 조화와 상생의 관계로 나아가느냐는 향후 우리 인류의 최대 과제가 될 전망이다.

제 2 절 기후변화의 역사적 배경과 향후 전망

1. 기후변화의 결정요인과 주요 기후변혁기

1) 기후변화의 결정요인

기후는 간단히 말해서 에너지 평형의 결과물이다. 지구에서 우주로 방출되는 열선은 흡수한 태양광선을 통해 그 균형을 유지한다. 그렇지 못할 경우에 기후가 변동한다. 그런데 이 같은 에너지 평형은 여러 가지 요인에 의해 변화된다.[2]

첫째는 태양 활동의 왕성도를 표현하여 주는 것으로 태양 흑점의 변화이다. 태양은 핵융합을 하는 거대한 원자로로서 막대한 양의 수소원자가 일련의 반응을 통해 헬륨으로 변하면서 막대한 에너지를 방출한다. 태양의 자기장으로 인해 생기는 태양 흑점은 대략 11년(8년에서 13년)을 주기로 변하는데 흑점 활동이 왕성하면 태양 표면의 폭발도 자주 일어난다. 태양 흑점의 주기가 짧아질수록 지구는 더워졌고 길어질수록 추워졌다.

둘째는 지구에 도달하는 태양광선의 강도에 영향을 주는 천문학적인 변동으로 밀란코비치 주기라고 한다. 지구의 태양순환 궤도의 편심성에 의한 이심율의 변화, 남 · 북극축의 경사에 의한 연각 변화, 춘 · 추분의 세차운동 등이 태양열이 지구에 유입되는 양과 위치에 변화를 주어 한랭기와 온난기를 반복해서 나타나게 한 것이다.[3] 밀란코비치 주기는 각각 10만년, 4만 1년, 2만 3천년 등의 간격으로

---

2) William F. Ruddiman, 2004, chap. 3 & 4 & 5 : 최덕근, 2008, pp. 325-329.

반복된다. 세 변수가 상호 작용을 하면 고위도 지방의 여름철 일조량은 최대 20%까지 변화될 수 있다.[4]

셋째는 대기 중의 투명도에 의한 입사 태양복사뿐만 아니라 지구 방출복사 강도의 변화이다. 이산화탄소, 메탄 등 기후변화 가스의 농도변화 또는 화산폭발로 인한 대기 중 먼지 농도의 변화도 기후변화를 초래한다.

넷째는 해양과 대기 내부 열수지의 변화와 순환에서 초래되는 기후변화이다. 대서양 해류의 흐름이 둔화되었을 때 유럽 등의 지역에는 한랭 건조 기후가 도래하곤 하였다. 몬순의 변화도 중요한 기후변화 인자이다.

다섯째는 다소 국지적인 것일 수도 있지만 지표와 지표 부근의 입사에너지의 흡수와 열복사의 변화가 초래한 기후변동이다. 사막화, 빙하, 산림파괴 등 지표면 자체의 성질 변화를 통해서 나타난 변화이다.

2) 지구역사상의 주요 기후변혁기와 특징

대부분의 지구상 생물들은 서식하는 곳의 온도, 습도, 강우량, 주변 생물과 무생물 등 다양한 자연조건에 적응하여 생존하게 마련이다. 이러한 생존조건의 변화는 지구상의 생명 출현과 번창 그리고 멸종 즉 지구생명의 진화에 영향을 미쳐왔다. 생물들이 급격한 환경변화에 의해 지구상에서 사라지면 생태계의 파괴와 함께 일정한 방향으로 진행되었던 생물계의 진화 방향이 무너지게 된다. 그러면 새로운 생태계에서 새로운 진화의 방향이 전개되곤 하였던 것이다.[5] 생명체의 생존환경이 크게 변할 경우 생명체들은 생존에 심각한 타격을 입게 되는데 기후조건이 특히 중요하였다.

지구의 기후는 다양한 요인에 의해 변동을 거듭하였는데 지구 평균온도의 자연적 기후변화 폭은 대략 섭씨 $\pm1 \sim 6℃$ 정도이었다. 현재 지구는 온난한 간빙기에 있다. 그리고 지구의 평균온도가 크게 변할 경우에 대규모의 생물종 멸종 사태가 벌어질 것이다. 지구역사상 주요한 기후변혁기는 5차례로 다음과 같다. 현재는 새로운 변혁기가 시작된 것으로 간주되고 있다.[6]

---

3) Stefan Rahmstort & Uans Joachim Schellnhuber, 2006, pp.41-46.
4) Huet, Sylvestre, 2000, Quel climat pour demain?, Paris : Les Editions Calmann-Levy(이창희 옮김, 「기후의 반란」, 궁리, 2002년), pp. 273-275.
5) 최덕근, 2008, 지구의 이해, 서울대학교 출판부.

첫째는 약 10억 년 이전에 진행된 빙하기로 광합성의 시작과 관련된다. 당시 높은 이산화탄소의 농도로 비교적 온난했던 지구는 광합성을 하는 식물의 출현으로 대기 중 이산화탄소가 감소하면서 기온이 떨어지기 시작하였다.

둘째는 수억 년 전 지구에서 화산폭발, 대륙이동 등 지각운동이 활발하게 일어났던 시기이다. 지각운동으로 지중에 있던 이산화탄소가 배출되어 지구 온도를 상승시킨 시기인데 당시 지구의 온도는 지금보다 평균 5℃ 정도 높았다. 고생대에는 4억 3천 500만 년 전과 2억 6천만 년 전 등 두 차례의 빙하기가 있어 바다 생물들이 멸종하였다.7)

셋째는 약 1억 년 전으로 지각운동이 잠잠해지면서 이산화탄소 배출량이 감소되면서 온실효과가 완화되고 기후가 다시 떨어지기 시작하였다. 그리고 6천 500만 년 전에는 대규모의 운석이 지구에 충돌하여 공룡과 암몬조개가 멸종하여 포유류의 시대가 열렸다.

넷째는 수백만 년 전으로, 수만 년을 주기로 단기의 빙하기(한랭기)와 간빙기(온난기)가 반복되었던 시기로 밀란코비치 주기로 설명된다. 가장 최근의 빙하는 1만 8천 년 전에 최고조에 달했고 그때부터 6천 년 전까지는 지금보다 훨씬 더 따뜻하였다.8)

다섯 번째는 약 1천 년 전 또는 그 기간에 나타난 소규모의 빙하와 간빙기의 반복으로 태양의 활동과 관련있는 것으로 추측되고 있다. 비록 기온변동 폭이 1.5℃ 정도로 적었으나 인류 문명에는 심각한 영향을 주어 역사적인 변혁을 일으켰다.9) 인간의 생존조건도 마찬가지여서 기후의 미묘한 변화, 즉 온도의 상승과 하락에 따라 많은 문명이 쇠락을 거듭하였던 것을 역사는 보여 주고 있다.10)

6) John T. Hardy : pp. 24-29 : Tim Flannery, 2005 : p. 78 : 장순근, pp. 186-194.
7) 2억 5천 200만년 전인 페름기-트라이아스기 멸종은 천체와 지구의 충돌에 의한 것인데 해양 생명체의 90%, 육상 척추동물의 70%를 멸종시켜 균류를 육상의 우점종이 되게 하였다.
8) 270만년 전에서 90만년 전까지는 대부분의 빙하기가 간혹 그 주기가 2천 200년인 경우도 있었지만 4만 1천년을 주기로 반복되었다(William F. Ruddiman, 2004, p. 42).
9) 1100년 기온이 최고에 이르렀던 중세 간빙기에는 영국 남부에서도 포도가 재배되고 바이킹도 얼음이 없는 바다를 건너 북아메리카에 진출할 수 있었다. 그리고 지금으로부터 약 200년~600년 전의 소빙기에는 지구 곳곳의 온대지방에도 혹한의 겨울이 자주 나타났다. 유럽의 일부지역에서는 한랭한 여름기후로 작물재배에 실패해서 극심한 기아와 빈곤을 경험해야 했다.
10) Hubert H. Lamb, 2004 : 劉昭民, 1994.

현재는 새로운 지구 기후변혁기라고 할 수 있다. 지난 150년간 지구 평균온도가 0.8℃ 그리고 고위도 지역에서는 보다 많이 상승하였고 현재 급격하게 상승하고 있다. 비록 최근의 기후변화는 그 변화폭은 작다고 할 것이나 오랜 지구역사에서 발생하였던 여타의 다른 기후변화에 비추어 볼 때 그 속도가 매우 빠르게 진행되고 있다는 점에서 우려를 자아낸다.

2. 기후 및 환경변화의 추이와 향후 전망

1) 기후 및 환경변화의 추이와 전망

20세기 후반 들어 급격하게 증가하고 있는 이산화탄소 등 기후변화가스의 대기 중 농도는 지구 대기 온도의 급격한 상승을 초래하고 있다. 대기 중 이산화탄소의 증가는 화석연료의 사용이 주원인이며, 메탄과 아산화질소 증가는 농업부문 성장에 따른 토지이용 변화가 가장 큰 요인이다. 지구온난화는 해수면 상승, 태풍, 해일 등 각종 자연재해뿐만 아니라, 농업 생산성 하락과 질병 등 보건 문제에 이르기까지 인류 생존 조건 전반을 위협하고 있다.[11]

대기 중 이산화탄소의 농도는 산업혁명 이전인 약 150년 전의 280ppm에서 2016년 403.3ppm으로 급증하였다. 이는 지난 80만 년 사이에 가장 높은 수준으로 이러한 이산화탄소 증가 속도는 마지막 빙하기가 끝날 무렵에 비해서는 거의 100배 수준인 것으로 평가됐다(WMO, 2017). 대기 중 이산화탄소 농도는 1800년에 이르기까지는 수천 년간 270~290ppm 범위 내에 있었다. 그러던 것이 1900년 295ppm, 1950년 310~315ppm, 1995년 360ppm, 2015년 400ppm으로 급증했다. 이 같은 농도는 산업혁명 이전, 즉 1750년 이전보다 45%가 증가한 것이다. 특히 최근 20년 간(1995~2015)의 증가속도는 연평균 2.0ppm으로 전례가 없는 수준이다.

2013년 발표된 IPCC 5차 기후변화 평가보고서에 따르면 온실가스는 지난 133년 간(1880~2012년) 지구 평균기온을 0.85도 올렸고, 지구 평균 해수면은 지난 110년 간(1901~2010년) 19㎝ 상승시켰다. 기온 상승 속도는갈수록 빨라지는 양상을 보이는데, 전 지구적 기온 관측이 시작된 1880년대 이래 지구 평균기온은 갈수록 높아져 2014년 이후에는 3년 연속 사상 최고치를 경신하고 있다.[12] 특히 2016년도

---

11) UNEP, 2008, 환경관리공단 · 환경운동연합, 2008.

에는 육지와 바다의 평균 온도가 섭씨 14.83도를 기록했는데, 이는 20세기 평균치인 섭씨 13.88도보다 0.95도 높은 수치다. 또 2015년의 섭씨 14.79도보다 0.04도가 오른 것이자 NOAA(미국해양대기청)에서 계측을 시작한 1880년 이래 최고 온도다. 대양 온도의 상승, 그린란드의 빙설과 북극 빙상 등의 용해로 해수면 상승 속도도 빨라지고 있다. 20세기 연평균 해수면 상승률은 1.7(1.5~1.9)mm인데 비해, 최근 20년간(1993~2013)의 연평균 해수면 상승률은 3.2(2.8~3.6)mm로 두 배 가까이 증가했으며 향후 이런 추세는 계속될 것으로 보인다.

2013년에 발표된 IPCC의 제 5 차 기후변화보고서는 다양한 기후변화 시나리오 모형을 작성하여 기후변화 추세를 예측하고 지구온난화 추세가 향후 계속될 것으로 전망하고 있다.13) 우선 인류사회가 대기 중 온실가스의 농도를 2000년 수준으로 동결시켰을 경우에도 향후 20년간은 연간 지구평균온도가 0.1℃ 정도씩 상승하고, 2090-2099년까지는 0.6℃(0.3-0.9℃) 정도 상승할 것으로 전망된다. 이 같은 추가적인 온도상승은 온도변화에 느리게 반응하는 해양의 영향 때문이다. 만일 온실가스의 배출량을 현재수준에서 억제하지 못할 경우 지구온난화가 훨씬 심해질 것인데, 만약 온실가스 감축 없이 현 추세가 지속될 경우 21세기 말 대기 중 이산화탄소 농도는 920ppm, 기온은 산업화 이전 대비 4.8℃까지 상승할 수 있는 것으로 보고 있다(RCP8.5 시나리오).

2021년 출범하는 신기후체제를 규정한 파리협정(2015년 체결, 2016년 11월 발효)에서는 2100년 지구 평균 기온상승폭을 산업화 이전(1850~1900년) 대비 2℃ 이내로 유지하고 1.5℃까지 낮추기 위해 노력한다는 데 합의했다. 이는 2℃를 넘어 지구가 점점 더 뜨거워지면 다시 원래대로 되돌리기 어렵게 되어 인류에 심각한 위협이 된다는 데 세계 모든 나라가 동의했기 때문이다.14) 그러나 2015년 대기 중 온

---

12) 국립해양대기청(NOAA)과 미국 항공우주국(NASA) 등 주요 기후관측 기관들은 공식 발표를 통해 2016년이 기상관측 사상 가장 더운 해였다고 확인했다(2017).

13) 보고서는 기존의 SRES 시나리오 대신 새로운 RCP(대표농도경로) 시나리오를 사용하였는데, 이는 기후변화 대응정책 수행 여부에 따른 온실가스 농도를 고려한 것으로 온실가스 감축 없이 현 상황이 지속되는 경우(RCP8.5 시나리오)와 인간활동에 의한 영향을 지구 스스로 회복가능한 경우(RCP2.6)의 두 극단과, 그 둘 사이에 2040년 이후 배출량 감소가 이루어지는 경우(RCP4.5)와 2080년 이후 감소가 이루어지는 경우(RCP6.0)의 4가지로 나누어 전망하고 있다.

14) 지구의 기온이 1.6도 상승하면 생물의 18%가 멸종 위기에 놓이고 2.2도 상승하면 24%, 2.9도 높아지면 35%의 생물종이 위험한 상황에 놓이게 된다. 바닷속 산호는 1도만 상승

실가스 농도는 이산화탄소로 환산해 485ppmCO$_2$ eq를 기록해 IPCC5차 보고서의 RCP2.6시나리오(파리협정의 목표 달성이 가능한 유일한 시나리오)의 2100년경 대기 중 온실가스 농도인 450ppm·CO$_2$ eq를 이미 넘어선 상태이다. 또한, 현재 각국이 UN에 제시한 감축 목표를 모두 달성한다 해도 21세기 말까지 3~3.5℃ 상승이 전망되고 있어 파리협정의 '2℃ 이내 상승' 목표 달성에 대해서는 회의적인 시각이 많다. 지구온난화의 치명적인 영향을 피하기 위해서는 모든 국가와 개인의 보다 적극적인 온실가스 감축노력 이외에 다른 길은 없을 것이다.

한편, 150년 전에 출범한 산업화 사회와 급격한 과학기술의 발달은 기후변화를 초래하기도 하였지만 기후변화에 적응하는 인간의 능력도 크게 향상시킨 측면도 있다. 그리고 역사적인 기록과 비교해 보면 현재의 지구온도 상승폭은 그다지 높지 않다고 할 수도 있다. 그러나 기온상승이 일어나는 속도가 매우 빠르다는데에 그 심각성이 있다.[15]

2) 기후변화의 환경·경제·사회적 영향 전망

지구의 물리적 환경 변화는 그것으로 끝나지 않고 다양한 분야에 걸쳐 인류 사회에 충격을 줄 것이다. 그리고 그 충격은 우리의 예상보다 훨씬 심각할 수도 있다. 인류의 문명사를 통해 볼 때 인간들이 별로 크지 않은(예를 들어 1~2℃) 지구 평균온도 변화에도 매우 민감하게 영향을 받았던 점을 고려할 때 말이다. 지구기후와 자연생태의 변화는 산림, 식량, 질병, 에너지, 수자원, 수산자원 등 인간 활동에 영향을 주는 모든 측면에 있어서 예전의 모습과는 다르게 나타날 것이다. 그리고 그 변화는 넓게는 대륙과 지역에 따라, 좁게는 국가 내의 국지적인 것에 이르기까지 새로운 양상을 보일 가능성이 있다.

우선 향후 기후 및 환경변화의 방향을 전망해 볼 때 특히 문제가 되는 것은 식량과 질병 문제일 것이다. 식량의 경우에는 증산 지역이 있는 반면 감산 지역

해도 멸종 가능성이 커지고 북극 생태계도 위험에 처한다. 2100년에 지구 평균기온이 3.5도 이상 높아지면 기온 상승에 가속도가 붙어 걷잡을 수 없게 돼 그린란드의 빙상이 거의 완전히 사라지고 결과적으로 전 지구의 해수면이 최대 7m 높아질 것으로 보고서는 전망하고 있다.(IPCC 5차 보고서)

15) 1도 올라가는 데는 100년이 넘게 걸린 지구온도 상승 속도가, 그 다음 0.5도 올라가는 데는 10여년에 불과할 정도로 가속화하고 있다.

도 있을 것이다. 그러나 그간의 과도한 개발행위로 인한 도시화, 사막화 등으로 농경에 사용할 수 있는 양질의 토양을 지닌 토지가 급격하게 감소하고 있는 상황이라, 식량여건은 크게 악화될 가능성이 높다. 뿐만 아니라 근세 이후의 식량증산이 전반적으로 화석연료의 사용에 의해 이루어졌다는 점을 고려하면 화석연료의 고갈과 함께 식량 문제는 더욱 악화될 것이다.

식량공급에 제약이 커지는 반면 중국, 인도 등 거대 인구 국가의 경제성장으로 식량수요가 폭발적으로 증가할 가능성이 높다. 특히 이 국가들의 경제성장으로 식량 소비 형태가 육류 위주로 바뀌면서 식량부족 현상은 더욱 심각해질 것이다. 물론 유전자 변형 식품(GMO) 등 질이 떨어지고 안전성에 문제가 있는 작물의 생산을 포함할 경우에는 감산 폭이 크지 않을 수도 있다. 그러나 소득 증대에 따라 눈높이가 높아진 양질의 식량 부족 문제는 크게 심화될 것이다.

이와 함께 전염병 등 질병이 크게 문제가 될 것이다. 기후온난화로 열대성(또는 아열대성) 기후 지역이 확대되어 미생물과 이를 질병으로 매개하는 곤충들의 종류와 활동영역이 크게 확대되고 이들의 성장조건도 좋아질 것이다. 도시화의 확산, 특히 위생시설이 극히 열악한 개발도상국가의 급격한 도시화로 엄청난 인구가 대규모의 전염병 위험에 노출되는 문제가 있다. 뿐만 아니라 교역과 교통의 급속한 발달로 질병이 범세계적으로 급격하게 확산되는 데 대한 안전장치가 사실상 부재한 현실도 문제다.

물론 의학과 기술의 발달로 질병의 예방과 치유에 대한 인간의 능력이 눈부시게 향상될 것이다. 그러나 식량원의 단순화와 육류화 그리고 유전자 변형 식품 등이 인간의 질병에 대한 내성을 약화시킬 우려도 존재한다. 생물종의 대규모 멸종 등 생태계의 균형 파괴도 전염병의 다양화와 확산에 크게 기여할 것이다. 종합적으로 볼 때 향후 우리 인류는 과거 전쟁과 교역에 따른 질병의 확산으로 역사의 방향이 바뀌었던 사례들보다 훨씬 더 심각한 대규모의 전염병 위험에 노출될 수 있다.

기후변화는 자연 생태계를 변화시키며 인간의 자원 이용 가능성에도 영향을 준다. 주목되는 것은 지구 생태계의 안전망이자 생명 진화의 핵심 요소인 생물종 다양성이 급격하게 감소되고 있는 점이다. 세계가 겪고 있는 급격한 산림파괴와 사막화, 생물 서식지의 파괴, 그리고 야생 생물에 대한 무분별한 남획 등의 결과이다. 지구역사에 나타났던 기온변화는 지금보다는 서서히 진행되었지만 대규모의 생물종 멸종을 초래한 바가 있다. 전문가들은 지금과 같은 급격한 기후변화로 수많은 생물종이 사라질 것으로 우려하고 있다.16) 생물 다양성의 감소는 지구 생태계의 생산성 감소와 기후변화 등에 대한 취약성의 증가로 이어져 지구의 수용 용량을 급격하게 저하시킬 수 있다.

이러한 상황에 어떻게 대응할 것이냐는 전적으로 우리 인류의 몫이다. 그리고 그 대응 여부에 따라 우리 미래의 모습은 크게 달라질 것이다.

기후변화가 초래할 지구의 100년 후 모습

우리가 새롭게 맞이한 1천년은, 지난 1만 8천년 전에 마지막 빙하기가 끝나고 온난화가 진행되던 시기처럼 지구의 기후와 환경이 요동칠 것이라는 것이 보편적인 예측이다. 그동안의 인류 문명이 야기한 과도한 자연개조 행위와 화석연료 이용으로 인한 온실가스의 배출로 기존에 우리가 역사를 통해서 경험하였던 기후 체계에는 적지 않는 변화가 올 것으로 예상되기 때문이다.

이에 따라 우리는 지구 기후의 변화에 따라 향후 100년 이내에 크게 달라진 지구의 물리적인 환경 변화를 보게 될 것이다. 물론 미래의 지구의 모습을 가상해 보는 것은 매우 어려운 작업이다. 무수한 불확실한 요인들이 작용할 것이기 때문이다. 그러나 지구의 기온 상승 현상은 그 정도에 차이가 있을 뿐 계속될 것이고 이에 따른 여러 부문의 영향을 감안하여 대략적인 그림은 그려 볼 수 있을 것이다.17)

우선 기온 상승으로 인한 변화는 열대 지방에서는 별로 크지 않겠지만 온대 및 냉대 지방에서는 엄청나게 큰 영향을 초래할 것이다. 북극 지방의 광대한 영구 빙설이 해빙되어 툰드라 지대가 줄고 나무가 나기 시작할 것이다. 지구 전체로는 다양한 기후 지역들이 전반적으로 150km에서 500km 정도 극지방으로 이동하게 된다. 고산 지역에서는 0℃ 등온선이 150m에서 500m 정도 상승하게 될 것이다. 반면 남극의 경우에는 비교적 기온 상승이 적어 전반적인 경관이나 생태계의 변화가 크지 않을 수도 있다.

---

16) 세계자원연구소는 지구상의 생물종이 매년 1만 7천 종에서 10만여 종씩 감소하고 있으며, 2020년까지 지구상 생물종의 15%가 멸종할 수 있다고 한다. 그리고 IPCC 과학자들은 1.5-2.5℃의 기온상승으로 생물종의 20-30%가 멸종위기에 빠질 수 있고 3.5℃가 넘는 기온상승에는 40-70%의 멸종가능성이 있다고 한다.

17) Huet, Sylvestre, 2000, Quel climat pour demain?, Paris : Les Editions Calmann-Levy(이창희 옮김, 「기후의 반란」, 궁리, 2002년), p. 211.

그리고 증발, 비, 하천 유입 등으로 이어지는 전반적인 물 순환이 가속화되고 집중 호우의 빈도가 증가할 것이다. 내륙 지방은 더욱 덥고 건조한 여름을 겪게 될 것이고 장기적인 가뭄의 위험이 커질 것이다. 몬순의 변화 폭은 커질 것이고 엘니뇨나 라니냐의 영향이 어떻게 변할지는 예측이 어렵다. 해수 온도의 상승과 영구 빙설의 해빙으로 해수면이 20cm에서 40cm 정도 상승할 것이다. 극지의 얼음 층과 바다의 반응 속도가 느리므로 해수면 상승 현상은 2100년 이후에도 여러 세기에 걸쳐 계속될 것인데 대기 중 이산화탄소 농도가 두 배가 되는 경우를 가정한다면 총 변화량은 2m에 달할 것이다.

스칸디나비아, 시베리아, 캐나다 등 빙하 시대 얼음판의 무게 때문에 물에 잠겨 있던 연안 지역은 융기되어 새로운 땅이 될 것이다. 지구 곳곳에서 지질 구조의 변화가 일어나 물과 땅의 경계가 바뀔 수도 있다. 그리고 지구 전역에 걸쳐 평야 지방에 위치한 해안 도시 등 고도가 낮은 지대는 침수될 위험에 처할 것이다. 지질학자들은 북미 지방은 2만km^2의 땅이, 일본의 해안 백사장은 90%가 사라질 것이라고 우려한다.

제 3 절   지속가능한 녹색문명으로의 발전전략과 과제

1. 개   관

인류 문명사를 돌아보면 인간들은 기후변화와 이에 따른 환경변화에 적응하면서 시련과 함께 문명을 개척해 왔다. 그리고 이러한 과정을 우리 인류는 진보와 발전으로 인식하고 조장하고 장려하여 왔다. 그런데 우리 문명이 진보와 발전이라고 믿었던 것들이 사실상 현재의 지구 환경문제의 직접적인 발생 원인이 되고 있다. 이제는 모두가 우리 문명이 지구 환경과 조화를 이루지 못해 문제가 있으며 지속가능하지 못하다는 점을 점차 인식하기 시작하였다. 우리 문명의 진행 방향이 항구적인 인류 생존을 보장해 주는 지속가능성에서 한참 떨어져 있다는 것이 분명해지고 있다. 그럼 그러한 문제의 핵심적인 원인은 무엇일까?

무엇보다도 중요한 것은 우리가 지금까지 문제 자체를 인식하지 못하고 있었다는 점이다. 우리 인류가 일구어 온 문명과 지구 환경과의 부조화 현상은 서서히 진행되어서 우리가 인식하지 못하는 사이에 갑자기 크게 악화된 측면도 있다. 가장 근본적인 원인은 우리 인간들의 지구 환경 또는 생태에 대한 그간의 무지와 이기심, 그리고 탐욕이다. 우리 인류는 지구 환경의 특성에 대해 너무 이해가 부족했다. 아니 지구 환경이 끊임없이 인류에게 각종 메시지를 보내왔지만 우리는 이를 인식하지 못하였던 것이다. 해당 지역 환경의 특성을 무시한 개발 및 과다한 이용 등은 항상 개개 문명의 파멸로 연결되었지만 우리 인류는 이러한 역사적 사실에서 교훈을 얻지 못하고 인류 문명 전체가 위험에 처하게 된 후에야 비로소 이를 인식하게 된 것이다.

우리는 그동안 지구 환경을 무한정 이용할 수 있는 대상으로 인식하여 왔다. 그리고 실제 지구 환경은 인간의 지식과 기술의 발달에 따라 많은 인구에게 물질적으로 보다 풍족한 삶을 제공하여 왔다. 그리하여 우리는 지구 환경의 제약 자체를 의식할 필요를 느끼지 못했다. 이러한 착오와 착각이 가능했던 것은 그동안 지구에 미개척지가 많았고 지구상의 환경과 자원에 관련된 문제들을 주위와 타인, 후세에게 이전해 버릴 수 있었기 때문이다. 교통과 통신 수단의 발달로 이러한 미개척지가 개발되면서 지구 환경에 한계가 없는 듯한 착각을 해 온 것이다. 그리고 이러한 한계에 대한 인식을 더욱 망각하게 한 것이 석탄, 석유 등 화석연료의 개발과 이용이었다. 과거 수억 년 전에 지구 생태계의 광합성작용의 결과로 생성되었던 화석연료의 개발과 이용은 비축된 자연자원으로서 지구 환경의 한계를 넘어서는 이용을 가능하게 하였다. 뿐만 아니라 화석연료는 화학에너지를 동력에너지화 함으로써 지구환경의 구석구석에까지 인간의 파괴와 정복을 용이하게 하여 주었다.

이제 비축된 화석연료는 고갈되어 가고 있고 화석연료가 흡수해 주었던 기후변화가스를 대기 중에 되돌려 보내 지구온난화가 야기됨으로써 우리의 산업문명은 일대 위기에 처해 있다. 이러한 산업문명의 위기를 극복하고 새로운 녹색문명을 설계해야 하는 과제가 우리 앞에 놓여있다. 이하에서는 향후 우리가 지향하여야 할 녹색문명의 주요과제와 방향에 대해 살펴보도록 한다.

2. 지구생명지원기능의 보전과 복원

1) 환경용량의 한계 인식

환경과 문명의 조화로운 발전을 위해 필요한 것은 무엇보다 생태계의 원리와 한계를 존중하는 새로운 문명을 설계하는 것이다. 우주선 지구호(the Spaceship Earth)에 맞는 지구 환경과 인간 경제계간의 새로운 질서를 창출하는 것인데 그 출발점은 지구 생태계의 한계를 존중하는 것이다. 지구 환경의 생명지원 기능을 항구적으로 유지하기 위해서는 지구 전체로는 물론 지역 및 국가의 경제 활동의 적정 규모(an optimal scale)에 대한 구체적이고도 진지한 논의, 검토와 확정된 규모에 대한 철저한 관리가 중요하다.

생태학적 관점에서 지구 환경 이용 시 적정 규모를 초과하지 않고 지구의 1차 생산량, 생물종 다양성 등 자원 기반을 보전하며 환경오염 문제가 적정 수준에서 관리되어야 한다. 그리하여 지구 환경의 수용용량을 존중하여 인간 활동의 규모를 최적 규모 수준으로, 그렇지 못할 경우에는 적어도 수용능력 범위 이내로 제한하도록 한다.18) 수질, 대기, 토양 등에의 오염물질 배출도 그 지역이 수송, 확산, 화학반응, 그리고 화학적 분해 등의 자연적 처리과정을 통해 처리할 수 있는 용량의 범위 내로 국한시켜야 한다는 것이다.

2) 생태적 순환의 복원

지구 환경은 생태적인 과정을 통한 물질과 에너지의 순환으로 생명이 영위되며 또한 생명을 지원하는 기능을 하고 있다. 그러므로 향후 지구 환경 개선을 위해 이러한 생태순환과정, 좀더 인간 위주로 표현하자면 에너지와 자원의 재생산 과정이 지속적으로 유지될 수 있도록 관리하며 파괴된 것을 복원하고 복구하여야 한다.

이를 위해서는 우선 자연자본(natural capital)의 중요성에 대한 재인식이 필요하다. 열대우림, 성층권의 오존층, 생물종의 다양성, 기후조율체계 등 자연자본이 고갈되지 않도록 지속적으로 보전 관리할 수 있어야 한다. 우리 인류의 진화와 생존의 기반이 되었던 이들 자연자본은 지구 생태계의 순환과정에 의해 창출되고 유지되고 있기 때문이다.

그리고 화석연료, 광물 등 재생 불가능한 자원은 동일한 양의 재생가능한 자원

---

18) R. E. Munn, 1989, "Toward Sustainable Development : An Environmental Perspective," F. Archibugi and P. Nijkamp(eds.), Economy and Ecology : Towards Sustainable Development, Dordrecht : Kluwer Academic Publishers : pp. 49-72.

의 대체율의 범위 내에서 활용되어야 항구적 이용이 가능하다는 점을 인식하여야
한다. 점차적으로 재생가능하거나 갱신가능한 에너지와 자원을 중심으로 우리의 경
제 체계를 점진적으로 개혁해 나갈 수 있어야 한다.

고전적인 경제학 이론이 믿어 왔던 인공자본과 자연자본의 대체가능성에는 근
본적인 한계가 있다는 점을 유념하고 현재 남아있는 특정한 자연자본은 지속적으
로 공급될 수 있도록 유지·보전하여야 한다.

3) 생물종 다양성의 보전

지구 환경의 생태순환과정의 보전과 복원에 있어서 중요한 요소의 하나는 생
물종 다양성이 보전되는 것이다. 다양한 생물이 생존하면서 진화할 수 있어야 생
태적인 순환과정이 원활하게 작동하는 것이다. 뿐만 아니라 어떤 발전이든 그 발
전은 다양성에 의존하고 있으며 오직 다양성이 보장될 때에만 미래의 발전가능성
이 보장된다.[19] 생물종 다양성의 보전은 진화론적인 정보를 풍부하게 하여 지구
생태계의 안정에 기여한다. 특히 재생가능한 자원은 지속가능한 수확량 기준이 존
중되어야 하며 멸종이 되지 않도록 관리되어야 한다.

그런데 다양성의 보존을 위해서는 생명에 대한 존중이 필요하다. 우리 인간들
에게는 어떤 특정종도 멸종시킬 권리가 없다는 인식이 필요하며 여타 생물종과
인간의 공존문화가 새롭게 창출되어야 한다. 오랜 진화과정의 산물로 대두된 인간
들이 다른 진화과정에서 창조된 생물종을 멸종시키는 것은 비윤리적이라고 할 수
있다. 그리고 그 후유증이 인간 사회에 바로 이전될 가능성도 높다는 점을 명심
해야 한다.

3. 자연친화적이며 효율적인 생산 및 소비활동

1) 자연에너지 시대로의 발전

지구상에서 인간 활동을 포함한 모든 생명 작용은 태양에서 제공되는 에너지

---

19) Franz F. Wuketits, 2003, Ausgerottet-ausgestorben : Ueber den Untergang von Arten,
Voelkern und Sprachen, S. Hirzel Verlag(두행숙 옮김, 「멸종 : 종과 민족 그리고 언어 사
라지는 것들」, 들녘, 2005년), p.189.

에 의존한다. 400만 년 전 지구상에 등장한 우리 조상들은 대부분의 기간을 현재의 태양에너지가 생산해 주는 먹을거리에 의존하면서 살아 왔다. 적어도 산업혁명 이후 석탄과 석유라는 화석연료를 발견하여 사용하기 전까지는 그랬다.

화석연료는 저장된 과거의 태양에너지라고 할 수 있다. 4억 1천만년 전부터 3억 3천만년 전까지 약 7천만 년 넘게 지속된 석탄기에 지구의 육지와 바다에서 울창하게 번성하였던 식물들이 지각작용으로 지하에 매립되면서 석탄과 석유로 바뀌었다. 우리가 사용하는 석탄, 석유 등의 화석연료는 1억여 년이라는 장기간에 걸쳐서 일어난 태양에너지의 저장작용의 산물이다.

그런데 우리는 이렇게 장기간에 걸쳐 형성되어 저장되어 있던 태양에너지를 발견하여 지난 200여 년간 흥청망청 사용하면서 잘 지내온 것이다. 현대 문명을 뒷받침해 온 화석연료, 석유는 이제 재고가 얼마 남아있지 않다. 인류는 문명의 초기에는 자신들이 활동하던 지역의 현재 에너지인 숲을 과잉개발하여 문명이 위기에 봉착하자 약탈과 정복으로 다른 지역의 현재 에너지를 사용하였다. 그리고 현재 에너지가 고갈될 위기에 처하자 석탄과 석유 등 과거 태양에너지를 발견하여 마구 사용해 온 것이다. 이제 인류는 저장된 과거 에너지마저 고갈될 상황에 직면하고 있으며 지구 생태계도 붕괴의 위험에 처해 있다. 긍정적으로 예측해도 석유는 50년 이내에 고갈될 위기에 처해 있으며, 더욱이 수억 년 전에 화석연료의 형태로 잡아 두었던 이산화탄소가 다시 대기 중으로 방출되면서 온난화 등 지구 환경변화가 진행되고 있기 때문이다.

그러므로 현재의 태양에너지, 보다 넓게는 자연에너지를 보다 효과적으로 이용할 수 있는 새로운 문명의 설계가 요구된다. 이러한 수요때문에 태양열, 태양광, 풍력, 지열, 수력, 바이오 등 자연에너지에 대한 관심이 크게 높아지고 있다. 그런데 문제는 비석유 기술의 개발에도 석유에너지가 요구된다는 점이다. 이러한 한계를 어떻게 극복하느냐가 향후 인류 문명의 향배를 결정할 것으로 보인다.

2) 생산 활동의 생태 효율 개선

인간의 생산 양식을 개선하여 생태 효율을 높이는 것도 중요한 과제이다. 효율적인 자원 이용은 한정된 자원의 적재적소에의 배분과 장기적인 자원 이용 기술의 발전을 요구한다.

한정된 자원을 이용하여 인류의 복지를 증진시키려면 자원을 적시적소에 투입하여 최소의 투입으로 최대의 효과를 가져올 수 있어야 한다. 자원 이용 기술과 환경 보전 기술의 발전으로 에너지와 자원의 이용 효율이 개선되면 그만큼 지속가능성은 증진된다. 갱신 불능 자원을 순환적으로 이용하는 순환적 재이용 기술의 개발과 보급은 한정된 자원의 고갈을 막아 줄 수 있다. 고갈성 자원에 의존하던 생산 양식을 갱신 가능 자원으로 대체하는 기술도 확대되어야 한다. 지속가능한 발전을 위한 기술 진보는 인간 활동의 증가가 아니고 에너지와 자원 이용의 생태 효율을 증가시키는 것이어야 한다.

그러므로 향후 인류 문명이 지향하여야 할 기술 발전 방향은 생태계의 순환성을 증진시켜 주는 기술, 태양에너지 등 자연에너지의 이용 기술, 식량 위기에 대응하는 기술, 전염병의 예방과 치료 기술, 자원 및 에너지 절약 기술 등이 될 것이다. 현대의 과학 기술 사회는 BT, IT, NT 등에 있어서 획기적인 진보를 이루고 있으나 이러한 기술에 대한 환경성과 지속가능성에 대한 엄격한 평가와 통제도 병행되어야 한다. 기술 개발에 대한 꾸준한 사전·사후 감시와 평가가 이루어져야 하며 이를 토대로 한 기술 관리 정책이 요구된다.

이에 더하여 자원 이용 형태를 종래의 재생 불가능한 자원에서 갱신가능한 자원으로 대체하되 해당 자원의 재생산성을 고려한 생산과 이용이 이루어져야 한다. 생태 효율이 높은 미래의 경제 활동은 석유, 석탄, 광물 등 저량(stock)이 한정되어 있는 자원에 의존하기보다는 지구 환경의 순환과정에서 창출되어 재생산되고 있는 자원에 의존하는 경제 체계를 구축하는 것이다. 그리고 지속가능한 경제 활동은 수산, 산림, 목초지, 경작지 등이 의존하는 생태계의 지속가능한 수확량을 존중해야 한다는 것이다. 특종 어종에 대한 생산량은 동 어종을 재생산량이라는 일정량 이하로 포획했을 때 지속적으로 유지될 수 있다. 그 이상을 계속 수확했을 때에는 그 자원을 생산해 주었던 생태계는 붕괴되고 해당 자원은 고갈되는 것이다.

3) 자연 친화형 음식 문화의 창출

우리 인류의 음식 문화도 재창출하여야 할 것이다. 인류의 건강과 지구 환경 보전을 위해 자연과 보다 잘 조화될 수 있도록 육식 위주의 식문화에서 곡물과 식물성 단백질을 위주로 하는 음식 문화로 전환(또는 복원)되어야 한다. 그리고 수산물을 식생활의 중심으로 끌어들여야 할 것이다.

물론 여기에는 화석연료에 과다하게 의존하고 있는 현대식 농법에 대한 혁신적인 개혁이 전제가 되어야 한다. 비료, 농약 등 석유 화학 제품에 과다하게 의존하는 기업식 영농법이 농촌의 부흥을 통해서 중·소량 생산의 지역사회 영농 방식으로 점차 교체되어 농업 부문의 탈석유화가 추진되어야 한다. 그리고 넓은 바다를 이용하는 지속가능한 수산 양식의 혁명으로 지구 환경문제와 식량 위기에 대비해야 할 것이다.

우선 급격하게 육류 위주로 바뀌고 있는 식생활에 제동을 걸어야 한다. 육류는 많은 자원과 에너지 투입이 필요한 환경 파괴적이며 비효율적인 식량이다. 현재 세계 곡물 생산량(특히 옥수수, 보리, 오트밀, 수수)의 약 38%가 가축의 먹이로 사용되고 있다. 특히 고소득 국가들은 대량의 곡물을 가축 사육에 사용하고 있다. 반면 저소득 국가들은 곡물을 주식으로 하고 있는데 그나마 부족하여 다수가 영양실조에 걸려 있으며 아사자도 적지 않은 실정이다.[20] 뿐만 아니라 육류와 유제품의 소비가 늘어남에 따라 지구온난화 물질의 하나인 메탄의 배출량도 늘어난다. 결국 육식의 감소는 지구 환경보호에도 크게 도움이 된다.[21]

그리고 식량 생산의 원천으로서의 바다의 기능을 재창출하여야 한다. 어류와 조개류 등 수산물은 농업혁명 이전부터 오랫동안 인간의 식량원이 되어 왔다. 현재 약 10억 명의 세계인이 물고기에서 동물성 단백질을 섭취한다. 그리고 약 3/4의 세계 어획량은 원양 어업에서 나온다.[22] 부족한 수산물을 보충하기 위한 수산 양식업은 수세기 동안 존재하였다. 현재 세계 수산양식 생산량의 약 80%는 아시아에서 수확된다. 2/3가 내륙호에서 행해지는 잉어 양식이고 그 외에 새우, 참새우, 연어 등이 연안 가두리 양식장에서 양식되고 있다.[23] 문제는 수산 양식업이

---

20) 예를 들어, 미국은 국내 곡류 생산량의 70%를 동물 사육에 사용한 반면 인도나 사하라 이남의 아프리카 지역에서는 단지 2%만이 동물 사육에 사용되고 있다.

21) 1990년 GIEC 보고서에 의하면 매년 1억~3억 톤의 메탄이 생성되는데 이중 절반은 논이나 자연적 습지에서 만들어지고 매년 8천만 톤 정도는 가축으로부터 배출되는데, 이 중 70%는 소에게서 나머지는 양에게서 나온다고 한다.

22) J. R. McNeill, 2000, pp. 243-249.

23) Lester E., Brown, 2001, *Eco-Economy : building an Economy for the Earth*, New York : W.W.Norton & Company.

1980년 이후 대형 사업으로 전환되면서 식품 위생, 수질오염, 종 다양성의 감소 등 적지 않은 문제를 초래하고 있다는 점이다.24) 그럼에도 불구하고 기후 및 지구 환경 대변혁기인 21세기 초반에 바다에서 지속가능한 수산 양식 혁명이 이루어지기를 시대는 절실하게 요구하고 있다.

우리 전통음식 문화의 친환경성

우리나라의 전통식단은 밥과 김치 등 야채 위주의 부식으로 구성되어 육류 소비의 비중이 낮은 것이 특색이다. 육류를 적게 소비하지만 콩, 팥, 어패류 등을 이용하여 필요한 단백질을 보충한 것이다. 그리고 계절별로 다양하게 생산되는 지역의 작물과 채소 그리고 산채를 두루 활용하였다. 이런 식문화는 건강에도 좋을 뿐만 아니라 환경보전에도 크게 도움이 된다. 무엇보다 우리 전통식문화는 육류에 대한 의존도가 낮다는 점에서 생태효율이 높아 환경친화적이다.

육류 위주 식단의 비 환경성을 살펴보자. 예를 들어 1파운드의 소고기를 생산하기 위해서는 16-21파운드의 곡류와 콩이 필요하며, 돼지고기 1파운드의 생산에는 6-8파운드가, 칠면조 고기 1파운드 생산에는 4파운드가, 닭고기 1파운드에는 3파운드가 각각 필요하다. 1990년 GIEC 보고서에 의하면 매년 1억-3억 톤의 메탄이 생성되는데 이중 절반은 논이나 자연적 습지에서 만들어지고 가축으로부터는 매년 8천만 톤 정도가 배출되는데 이중 70%는 소로부터, 나머지는 양으로부터 나온다고 한다.

이러한 통계는 환경오염, 자원고갈, 그리고 기후변화가 육류 위주의 서구식 식문화의 보급 때문에 크게 악화되고 있음을 단적으로 보여준다. 먹거리의 종류가 단순화 되는 것도 문제다. 자연에서 생산되는 다양한 먹거리를 활용함으로써 자연의 순환과정과 생태다양성을 유지할 수 있다. 일제침략 이전에 우리는 1천여 종이나 되는 벼 품종을 보유하고 있었다.

자료 : 정회성 외, 2009, 전통의 삶에서 찾는 환경의 지혜.

---

24) 존 험프리는 현대 사회의 산업화된 식량 생산의 문제점을 고발하면서 수산 양식업의 식품 안전성 그리고 환경 생태적인 폐해를 적나라하게 지적하고 있다. 그러나 향후 석유가 고갈된 이후에도 65억이 훨씬 넘은 인간들이 지구상에서 살아남기 위해서 GMO 등을 통한 육지에서의 해법을 찾는 모험을 하기보다는 넓은 바다를 이용한 치어 방류 등 양식 어업의 육성이 필수적이다. 다만 지금과 같은 양식 어업을 탈피하고 자연계의 순환과정을 복원하는 방향의 양식으로 식량을 확보하는 노력이 요구된다는 것이다.

4. 문명 발전과 진보의 방향 재정립

1) 행복한 삶을 위한 절제의 문명

지구 환경의 한계를 인식하는 것은 성장의 한계를 인식한 저성장 또는 정체 상태 경제(steady-state economy) 하에서 인간의 복지를 향상시킬 수 있는 방안이 무엇이냐 하는 문제 제기를 수반한다. 종래의 무분별한 물질적 성장 추구의 경제주의적인 사고를 피하고 발전과 행복한 삶에 대한 관심을 높여야 하는 것이다. 산업문명의 총아였던 국내총생산주의(GDPism)에서 하루 빨리 벗어날 수 있어야 진정한 진보와 발전을 이룩할 수 있을 것이다.

그런데 실질 총생산량이 항구적으로 성장할 수 없어 총량이 고정될 수밖에 없다면 어떤 개인이 누리는 물질적인 부의 최대량은 암묵적으로 제한될 수밖에 없을 것이다. 때문에 자원이나 재산권을 세대 내는 물론 세대간에 균등하게 배분하여 모든 인간이 기초적인 생활(basic needs)을 영위할 수 있도록 관리하는 것이 중요해진다. 종래의 성장 위주 사고에서 탈피해 분배적 정의를 제고하고 기회 균등을 확보하면서 물질 소비의 양보다는 문화생활의 질을 추구하는 사회를 구현하도록 해야 할 것이다. 즉, 소유권과 경제 활동의 성과물이 공정하게 배분되고 양적인 성장보다 도덕적인 발전이 우선시되는 사회를 구축하는 것이 필요해진다.25)

이를 위해 우선 자원 이용에 있어서 분배적 정의의 구현을 추구해야 한다. 분배는 효율적인 할당의 전제 조건이 될 뿐만 아니라 사회에 있어서 정의의 근본적인 영역이기도 하다.26) 소득 분배의 불평등은 사회계층 간 이혼율과 사망률 등의 차이를 초래하는 근본 요인이 된다. 분배적 정의를 구현하고 사회 구성원의 행복도를 높이기 위해서는 협력과 공생의 사고를 진작하고 사회관계에 있어서 유목문화적인 생활과 사고를 청산해야 한다. 지역에 뿌리를 내리고 항구적으로 삶을 영위해나가기 위해서 요구되는 공존과 공생의 정신이 살아 있는 지역사회 문화를

---

25) Herman E. Daly, 1996B, "The Steady-State Economy : Toward a Political Economy of Biophysical Equilibrium and Moral Growth," Herman E. Daly, and Kenneth N. Touwsend(eds.), Valuing the Earth : Economics, Ecology, Ethics. Cambridge, Massathusetts, MIT Press, pp. 325-363.

26) 정회성·남상민·추장민, 2003, "환경정책의 분배효과 논쟁과 정책적 대응," 환경정책, 제 11권, 제 1 호, pp. 5-28.

창출하여 저성장 또는 무성장 경제 하에서의 복지 증진 문제를 진지하게 검토하여 제도화해야 한다.

　이러한 공존·공생의 사회를 이루기 위해서는 정신문화를 창달하고 개인적인 욕망을 통제하는 사회적 가치가 필요하다. 석가, 공자, 예수 등 고대의 대성현들은 전쟁과 기아가 극심한 인류 문명의 위기 시에 차례로 출현하여 욕망의 억제 즉 이타의 정신을 설파한 바 있다.

부탄과 국민총행복(Gross National Happiness: GNH)

　국민총행복(GNH)은 부탄의 국왕이 제시한 개념으로 국민총생산(GDP)보다 국민의 행복이 중요하다는 생각에서 시작되었다. 부탄정부는 1972년 이래로 경제발전을 GNH로 측정해왔고, 2008년 부탄 헌법에 국민총행복이 채택되었다. GNH에서 행복은 "물질적 풍요, 마음의 성장, 영적인 성장의 균형"으로 정의된다.

　전통적인 개발 모델에서는 경제적인 자본을 중요시하는 반면, 친환경적 개발 모델에서는 생태적, 인적, 문화적 자본을 모두 고려한다. 세계 각국이 GDP 확대를 추구하는 가운데 부탄은 30여 년간 부의 분배, 환경보호, 선통보전 등 이상적인 정책을 고수하고 있다. 그렇다고 GDP를 완전히 무시하는 것은 아니다. 부탄은 실질적인 GNH 지표를 만들어 왔고 정책에 내재화시켜 왔다. 이 지표에 따라 부탄의 모든 정부 정책이 GNH와 연관이 되도록 하고 있다.

　국민행복의 4가지 요소는 평등하고 지속가능한 사회적 발전(Economy), 문화적 풍요(Culture), 천연환경의 보호(Environment), 좋은 정부(Government)를 계속해서 추구하는 것이다. 한 국가로서의 의무는 사람들에게 직접 행복을 주기보다는 사람들이 계속해서 행복을 추구하는 조건을 만들어주는 것이라고 본다. 측정기준은 9가지 분야로서, 삶의 질, 건강, 교육, 문화, 생태적 회복력, 다양성, 좋은 정부, 시간의 활용, 심리적 웰빙이다.

자료 : 돌지 왕디(Dorji Wangdi), 2010 ICLEI 세계환경회의.

새로운 환경혁명은 인간의 물리적인 욕망을 억제하는 데서 시작된다. 환경혁명을 위한 욕망의 억제란 인간뿐 아니라 환경을 포함한 지구상의 모든 존재를 고려하는 지구적 세계관을 사회구성원 모두가 공유하게 되는 것을 의미한다.

2) 자연 친화적 정주형 문명

도시의 생태적인 관리를 강화하여 지속가능성을 높이고 무분별한 도시의 팽창을 억제하려는 노력이 필요하다. 그러나 보다 시급하고 중요한 것은 농 · 어 · 산촌을 부흥시켜 인구와 산업을 분산하고 경제와 정주 체계에 있어서의 다양성을 높이고 도시 집중도를 낮추는 것이다. 이렇게 농촌이 부흥되어야 향후 예상되는 기후 및 환경 변화에 보다 잘 대응할 수 있을 것이다.

우선 농촌 사회의 복원으로 식량과 질병 문제에 대응할 수 있는 정주 생활의 다양성을 확보하는 것이 필요하다. 수요가 집중된 도시를 겨냥한 상업적인 대량 생산 체계가 불러온 작물의 단순화를 극복해야 한다. 농촌의 부흥으로 농업, 수산업 등 식량 생산 기반의 다양성을 복원하는 것이 지구온난화로 예상되는 식량 위기의 충격을 최소화하는 방안이 될 것이다. 그리고 농촌 재개발로 인구의 도시 집중을 막고 도시화의 부작용인 질병 취약성을 극복하는 것도 시급한 과제이다. 기후변화로 각종 미생물들의 활동 영역이 넓어지고 있으며 새로운 미생물들이 도시라는 공간에서 급격하게 확산될 수 있는 조건들이 강화되고 있기 때문이다.

농촌의 복원은 태양에너지, 풍력, 지열, 바이오, 수력 등 자연에너지의 생산과 이용 체제의 구축에도 도움이 된다. 또한 농촌의 복원은 화석연료 기반의 대규모 발전소 건설에 의한 중앙집권형 에너지 이용 체계에서 벗어나, 신재생에너지 기반의 중 · 소규모 발전 시설을 이용한 지방 분산적인 에너지 이용 체계를 구축할 수 있다는 이점도 있다. 분산형 자원 이용 체계는 고용 증진에도 도움을 주어서 세계화 시대에 심각하게 대두되고 있는 대량 실업의 사회적인 충격을 완화시켜주는 측면도 있다. 신재생에너지 산업 종사자를 위한 잘 정비된 전원생활은 화석연료 의존도를 낮춤과 동시에 국민의 삶의 질 개선에도 긍정적인 영향을 끼칠 것이다.

3) 공정성과 책임성에 기반한 상생과 협력의 문명

지배의 문명을 극복하고 협력의 문명을 창출하기 위해서는 민주적인 절차와 권한 부여 그리고 환경 책임에 대한 새로운 제도화가 필요하다.

기후·환경의 변혁기에 슬기롭게 대처하기 위해서는 사회의 공정하고 민주적인 의사결정과 자원분배 구조가 구축되어야 한다. 극심한 경제적 불평등은 사회적·정치적 불안정을 초래하며 경제의 효율 자체를 저하시킬 수 있기 때문이다. 공평한 분배도 민주적인 의사결정 체계의 보전과 전통적인 자원배분 구조를 보전함으로써 더욱 효과적으로 이룩할 수 있다. 특히 21세기의 고도로 정보화된 기술 사회에서는 합리적이고 민주적인 정보 관리와 기술 통제가 필요하다.

과학 기술의 발달이 견인해 온 현대 문명은 그 기술 때문에 위기에 처한 측면이 강하다. 그간의 과학 기술, 특히 산업 기술이 지구 환경의 속성과는 동떨어져서 오히려 오랜 세월에 걸쳐 진화해 온 지구 생태계의 근본 질서를 침해하는 방향으로 발전되어 왔기 때문이다. 그러나 미래 사회의 지속적인 발전도 과학 기술의 발달 없이는 불가능하다. 지구 환경의 한계를 인식하고 그 순환 원리에 부응하는 과학 기술이 인류 문명의 미래를 담보해 줄 것이다.

과학 기술이 인류 문명의 지속가능성을 담보할 수 있기 위해서는 민주적이며 합리적인 기술 평가와 통제가 필요하다. 새로운 기술이 초래할 수 있는 인체 및 환경에 대한 영향을 면밀하게 사전, 사후에 평가하여 이를 사회에 알리고 관리하는 절차가 제도화되어야 한다. 그리고 이러한 평가 체계가 원활하게 작동하기 위해서는 지구 환경을 이용하는 새로운 기술의 개발이나 지구 환경 이용 행위에 대한 개인, 기업, 국가의 환경 책임 원칙이 강화되어야 한다.

인간의 생존은 그 자체로 지구 환경 이용 행위이며 이에 따른 환경 영향은 불가피하다. 그러나 개인, 집단, 국가에 따라 이용 정도와 방식에 차이가 나게 마련이다. 때문에 지구 환경 이용자 책임 원칙을 강화하여 지구 환경에 미치는 영향 정도를 고려하여 책임을 부담시키는 방안이 강구되어야 한다.

제 4 절   결   론

1만 년에 걸친 인류 문명의 발달 결과 지구의 기후와 환경 조건은 과거와 크게 달라지고 있으며 앞으로 보다 다른 모습으로 변화할 것이라는 것이 전문가들의 일치된 견해이다. 산업혁명 이후 인류가 이룩한 문명은 전례 없는 풍요를 가져왔지만 그것은 기후와 환경의 급격한 변화라는 큰 대가를 지불한 결과이다. 기후와 환경에 대한 인간들의 영향력이 과도하게 커진 것이 현대 인류문명의 모습이다. 우리 문명은 기후 · 환경의 변화에 대한 인류의 대응 능력을 향상시켜 왔지만 동시에 취약성도 키워 왔던 것이다.

오랜 지구 역사를 살펴볼 때 지구의 기후는 여러 가지 자연적인 요인에 의해 빙하기와 간빙기를 반복하면서 변화를 거듭하여 왔다. 때문에 새 천년에 들어 인류가 맞이하고 있는 기후변화는 그 원인의 제공자가 대부분 인간이라는 점을 제외하고는 새삼스럽지 않을 수도 있다. 그런데 문제는 산업혁명 이후 우리 인류문명이 지구 환경에 너무 많은 인위적인 변화를 강요함으로써 지구환경의 생명지원 기능을 크게 위축시켜 왔다는 것이다. 지구 온난화를 초래하는 온실가스는 과도하게 배출하고 이것을 흡수하여 처리하는 체계는 급격하게 파괴하여 왔기 때문이다.

물론 산업문명이 우리에게 가져다 준 혜택이 결코 사소한 것은 아니다. 우리 인류는 농경 시작 이래 가장 풍요롭고 부유하며 자유로운 시대를 살고 있다. 그러나 이제 우리는 한계를 두지 않고 앞으로만 내달려 온 산업문명의 잔치를 끝내고 새로운 환경친화적인 문명을 설계해야 한다. 그간의 환경파괴적인 산업문명에서 벗어나 환경친화적인 신문명을 설계하고 구축해내지 못하면 인류는 더 이상 살아 남을 수 없기 때문이다. 우리가 창조해 내야 할 새로운 문명은 지구환경의 작동원리에 부합하고 그것과 잘 조화될 수 있는 것이어야 한다. 그래야만 그 문명이 항구적으로 지속가능할 것이다.

그러나 새로운 녹색문명으로의 전환을 위해 우리에게 주어진 시간은 그리 많지 않다. 망설이다 보면 돌이킬 수 없는 상황에 빠질 우려가 크다. 문명의 수레바퀴를 되돌려 녹색발전을 향해 나아가려면 지금 이 자리에서부터 우리 모두 합심하여 전 방위적으로 매진하여야 한다.

참|고|문|헌

김기협·김경수·신명교·김용진, 2007, 푸른 바다 붉은 해초 : 화석연료로부터의 자유, 성
　　남시 : 플러스미디어.

노경식·오민근·왕광익·변병설·최정석, 2010, "기후변화와 녹색성장," 도시정보, 대한국
　　토·도시계획학회, 제334권, pp. 3-13.

변병설·박현신, 2008, "기후변화에 대응한 에너지 자립도시 조성방안 연구," 수도권연구,
　　안양대학교 수도권발전연구소, 제 5 호, pp. 129-144.

변병설·채정은, 2009, "기후변화대응계획 지표 개발 연구," 지리학연구, 국토지리학회, 제
　　43권, 제 4 호, pp. 611-620.

변병설, 2010, "2010년 분야별 도시정책 전망 : 기후변화시대의 도시환경정책 전망과 과제,"
　　도시문제, 대한지방공제회, 제45권, 제494호, pp. 17-21.

월드워치연구소 엮음, 2008년 지구환경보고서 : 탄소경제의 혁명, 생태사회연구소 옮김, 환
　　경재단 도요새 발간.

이정전, 2008, 우리는 행복한가 : 경제학자 이정전의 행복방정식, 서울 : 한길사.

이필렬, 2004, 다시 태양의 시대로, 서울 : (주) 양문.

정회성·남상민·추장민, 2003, "환경정책의 분배효과 논쟁과 정책적 대응," 환경정책, 제
　　11권, 제 1 호, pp. 5-28.

정회성 외 4인, 2004, 환경정책의 불평등 해소를 위한 정책방안 개발에 관한 연구, 환경부.

정회성 외, 2009, 전통의 삶에서 찾는 환경의 지혜, 서울 : 서울대학교출판문화원.

정회성, 2008, "환경변화와 인류문명 그리고 지속가능발전," 환경논총, 제47호(이정전 교수
　　정년퇴임 기념호)(8월호), pp. 3-23.

정회성, 2008, 전환기의 환경과 문명 : 기후·환경과 인류의 발자취, 서울 : 도서출판 지우.

정회성, 2009, "기후변화와 녹색성장,"「제 1 차 Yes! 의왕 포럼」, (6월 12일) 기조연설, 3-32면.

정회성, 2009, "기후-환경 및 경제위기극복과 녹색발전전략,"「역낙이데아」, (여름호(통권
　　20호)), 61-80면.

정회성, 2009, "지구온난화 대응정책과 신성장동력의 발굴," 안양대학교,「한국의 지속가능
　　발전전략에 관한 세미나」, (11월 23일), 145-173면.

채정은·변병설, 2010, "광역도시의 기후변화대응계획 평가 -인천광역시와 울산광역시를 대
　　상으로," 지리학연구, 국토지리학회, 제44권, 제 2 호, pp. 167-179.

이시 히로유키·야스다 요시노리·유아사 다케오 지음, 2001,「환경은 세계사를 어떻게 바

꾸었는가?」, 이하준 옮김, 서울: 경당, 2003.

Alt, Franz, 1997, Das Ökologische Wirtschaftswunder, Berlin: Aufbar Taschenbush Verlag Gmbh(박진희 옮김, 「생태적 경제기적」, 서울: (주) 양문, 2004년 3월).

Ashworth, William, 1995, The Economy of Nature: Rethinking the Connections Between Ecology and Economics(유동운 옮김, 「자연의 경제: 생태학과 경제학의 만남」, 지봉출판사, 1998년).

ATTALI Jacques, 2006, UNE BREVE HISTOIRE DE L'AVENIR, Lidrairie Artheme Fayard(양영란 옮김, 「미래의 물결」, 위즈덤하우스, 2007년).

Brown, Lester E., 1996, *Tough Choices: Facing the Challenge of Food Scarcity*, New York; W.W.Norton & Company.

Brown, Lester E., 2001, *Eco-Economy: building an Economy for the Earth,* New York: W.W.Norton & Company.

Browner, Michael and Warren Leon, 1999, The Consumer's Guide to Effective Environmental Choices, The Union of Concerned Scientists, p. 63.

Clayton, Anthony M. H. and Radcliffe, Nicholas J., 1996, Sustainability: A Systems Approach, London; Earthscan Publications Ltd.

Commoner, Barry, 1971, "The Environmental Costs of Economic Growth," Resources for the Future Forum on Energy, Economic Growth and the Environment, Washington D.C. (April, 20)

Commoner, Barry, 1971, The Closing Circle: Nature, Man, and Technology, New York: Alfred A. Knopf(송상영 옮김, 「원은 닫혀야 한다: 자연과 인간과 기술」, 서울: 전파과학사, 1980년)

Costanza, Robert et al., 2001, "Ecosystems and Human Systems: A Framework for Exploring the Linkages," Robert Costanza et al. eds., Institutions, Ecosystems, and Sustainability, Boca Raton; Lewis Publishers, pp. 3-20.

Daly, Herman E. and Farley, J., 2001, Ecological Economics: A Text Book, unpublished manuscript.

Daly, Herman E., 1996A, "Introduction to Essays toward a Steady-State Economy," Herman E. Daly, and Kenneth N. Touwsend(eds.), Valuing the Earth: Economics, Ecology, Ethics. Cambridge, Massathusetts, MIT Press, pp. 11-47.

Daly, Herman E., 1996B, "The Steady-State Economy: Toward a Political Economy of Biophysical Equilibrium and Moral Growth," Herman E. Daly, and Kenneth N. Touwsend(eds.), Valuing the Earth: Economics, Ecology, Ethics. Cambridge, Massathusetts, MIT Press, pp. 325-363.

DeSimone, Livio D. and Popoff, Frank., 1997, Eco-Efficiency: The Business Link to

Sustainable Development, The MIT Press.

Dorji, Wangdi, 2010, 2010 ICLEI 세계환경회의.

Foster, John Bellamy, 1999, The Vulnerable Planet : A Short Economic History of the Environment(김현구 역, 「환경과 경제의 작은 역사」, 서울 : 현실문화연구, 2000년).

French, Hilary F., 1990, "Green Revolutions : Environmental Reconstruction in Eastern Europe and the Soviet Union," Worldwatch Paper 99. (November).

Hartmann, Thom, 1998, The Last Hours of Ancient Sunlight, Mythical Intelligence(김옥수 옮김, 「우리문명의 마지막 시간들」, 아름드리미디어, 1999년).

Huet, Sylvestre, 2000, Quel climat pour demain?, Paris : Les Editions Calmann-Levy(이창희 옮김, 「기후의 반란」, 궁리, 2002년)

Humphrys, John, 2001, The Great Food Gamble(홍한별 옮김, 「위험한 식탁」, 도서출판 르 네상스, 2004년 10월).

Pasternak, Charles, 2003, Quest : The Essence of Humanity, John Wiley and Sons, 서미석 역, 「호모 쿠아에렌스 : 자연과학자의 눈으로 본 인류문명사」, 도서출판 길, 2005년 7월.

Prugh, Thomas et al., 1995, Natural Capital and Human Economic Survival, Solomon, MD; ISEE Press.

R. E., Munn, 1989, "Toward Sustainable Development : An Environmental Perspective," F. Archibugi and P. Nijkamp(eds.), Economy and Ecology : Towards Sustainable Development. Dordrecht : Kluwer Academic Publishers : pp. 49-72.

Renner, Michael, 2001, "Assessing the Military's War on the Environment," Lester R. Brown. et al., eds., State of the World : A Worldwatch Institute Report on Progress Toward a Sustainable Society, New York : W.W. Norton & Company, pp. 132-152.

The Worldwatch Institute, 2007, Vital Signs 2007~2008, New York; W.W. Norton & Company.

Weizsácker, Ernst Ulrich., 1999, Das Jahrhundert der Umwelt, Frankfurt : Campus Verlag (권정임 · 박진희 옮김, 「환경의 세기」, 생각의 나무, 199년 11월).

Wright, Ronald, 2004, A Short History of Progress, Melbourne, Australia; The Text Publishing Company.

Wuketits, Franz F., 2003, Ausgerottet-ausgestorben : Ueber den Untergang von Arten, Voelkern und Sprachen, S. Hirzel Verlag(두행숙 옮김, 「멸종 : 종과 민족 그리고 언어 사라지는 것들」, 들녘, 2005년)

찾아보기

ㄱ

가치측정기법　212
감시·감독(monitoring)　182
감응도분석　209
감축불가능성　19
강제형 정부간 정책　262
강한 형태의 지속가능성　406
개발우선주의　258
개발제한구역(greenbelt)　136
거래비용　243
거버넌스　324
건강영향평가제도　236
경제개발　26
경제성 평가　55
경제이론　46
경제적 유인　56, 95
경제적 유인제도　148
경제협력개발기구　358
고전학파 경제학　46
공간성(spatial dimension)　253
공공선택론　244
공공재(public goods)　52
공동부담의 원칙　105
공동생산형 참여　289
공유재의 비극　20
공정 및 생산방식 규제　349
공해문제　79
공해세 이론　157
공해천국가설　390
국가간 공평성(inter-national equity)　64
국가환경종합계획(10)　124, 125
국내총생산　413

국민총생산　413
국부론　46
국제관습법　325
국제기상기구　308
국제사업재판소　326
국제연합　354
국제연합 총회　310
국제표준기구　359
국제표준화　351
국제표준화기구(International Standard Organization: ISO)　350
국제환경규제　323
국제환경규제의 원천과 이행　325
국제환경규제의 이행　326
국토환경조사　120
규제당국 측면　187
규제정책　88
규제집행　182
그레샴의 법칙　191
그린실(Green Seal)　171
그린피스(Greenpeace)　316
기능배분기준　264
기술기준　133
기술이전 효과　391
기초수요　86
기초적인 생활(basic needs)　444
기회비용　202
기후변화에 관한 정부간 패널(Inter-governmental Panel on Climate Change: IPCC)　327
기후변화협약　327

ㄴ ||

내부수익률　207
내분비계교란물질　13
녹색구매　420
녹색국민총생산(Green GNP)　414
녹색책자(green book)　200
농경문화　4
누적영향평가제도　235

ㄷ ||

대기배출부과금　152
대기오염　9
대리인모형(agent model)　262
대안의 비교　231
대안적 분쟁해소 기법　281
대안적 환경윤리관　67
데카르트　60
델리(Daly, 1991)　408
델리의 지속가능성　408
뎀보스키(Dembowski)　60
도가사상　70
도시화　23
도하개발의제　356
동심원 환경정의론　64
동아시아 환경문제　364, 373
동양적 자연관　70
드라이잭　18
디 그룻(de Groot)　37
DDT　14

ㄹ ||

람사협약　331
러브캐널　12
런던 스모그　11
레간(Regan)　67
레오폴드　67

레이첼 카슨　16
레짐　324
로마클럽　14
리카도(David Ricardo)　47
린 화이트　59

ㅁ ||

마글린(Marglin)　206
먹이그물　33
먹이사슬　33
멸종위기 야생동식물종의 국제거래에 관한
　　협약　330
명령-통제방식　95
목표지향적 자율협약　173
몬트리올 의정서　328
몽골　369
무임승차자(free-riders)　52, 245
물질의 순환　34
미나마타병　104
미래의 복지　206

ㅂ ||

배증기간　24
배출량 거래제도(Emission Trading
　　Programs)　161
배출량보고제도　169
배출량삭감신용(emission reduction credit)
　　162
배출률　133
배출부과금　150
배출시설　134
배출원 통합관리　142
배출허용권 거래　159
배출허용기준　133
보쉬　12
복잡성　18
본질적 가치　67

본질적인 불확실성   89
부과금제도   149
부탄과 국민총행복   445
북친(Murray Bookchin)   68
북한   367
분배적 정의   64
분해자   33
불교사상   71
불이행 제재수단   195
불이행벌과금(Noncompliance Penalties)
   257
불확실성   20
비경합성(indivisibilities)   52
비배제성(nonexcludability)   52
비법정계획   123
비생물적 요소   33
비용-편익분석   55, 200
빈곤과 환경파괴의 악순환   27

ㅅ

사막화 방지협약   332
사전예방의 원칙   104
사치재   86
사회생태주의   68
사회적 수단   96
사회적 형평성   62
사후관리   231
삭감인증권 거래   160
산업사회   8
산업혁명   8
생명공동체   67
생물다양성 협약   330, 340
생물종다양성   387
생물종다양성 협정   310
생물종간의 공평성   65
생산자   32
생산자책임의 강화   144

생태 및 생물중심주의   67
생태경제학   49, 407
생태계   32
생태계의 자정능력   41
생태발자국   43
생태여성주의   68
생태적 조세개혁   415
생태정의   66
생태파괴적 기술개발   27
생태학적 효율   34
생태효율   22
성과지향적 자율협약   173
성장의 한계   14
세계기업지속발전위원회   318
세계무역기구   354
세계보건기구(WHO)   236
세계야생생물기금(World   Wildlife   Fund)
   315
세계자연보전연맹   317
세계자원연구소(World Resource Institute:
   WRI)   15, 320
세계화(globalization)   384
세계환경보호연맹   15
세대간 공평성   65
세대간 정의원칙   215
소득분배효과   209
소득증가와 환경수준   87
소비자   32
속성가격법(hedonic price method)   212
수렵채집시대   3
수익자부담의 원칙   106
수질오염   11
수혜자부담원칙   107
순편익법   207
숲의 파괴   7
스코핑   232
스크리닝   229

스톡홀름회 307
시·공간적 가변성 19
시민참여 287
시장의 실패 51
식량자원 문제 377
신고전학파 경제학 48
신제도주의 243
10%의 법칙 34
CFC물질 333

ㅇ ‖

아담 스미스 47
아랄해 고갈 221
알 권리법 169
약한 형태의 지속가능성 406
에너지 이동 34
엔트로피 법칙 36
여타정책과의 갈등관계 89
여행비용법(travel cost method) 212
역선택의 논리 191
연방유역정부간위원회 200
열대우림 38
열역학의 법칙 35
열역학의 제1법칙 35
열역학의 제2법칙 36
영향예측 231
영향평가 231
예방적 조치의 원칙 22
예치금제도 154
예치요율 155
오덤(Odum) 40
오염물질 배출총량 133
오염배출원 96
오염배출원 감시·감독 97
오염원감시(source monitoring) 183
오염자부담의 원칙 102
오염피난처 가설(pollution heaven

hypothesis) 391
오존층 332
온돌방 73
온산병 277
올슨의 집단행동의 원리 292
외부경제 51
외부불경제 51
외부효과 51
요구(교섭)형 참여 288
요하네스버그 423
우리공동의 미래 405
우월재 86
월경성 대기오염 370
위반(violation) 188
유가사상 72
유엔기후변화협약(UN Framework Convention
    on Climate Change) 327
유엔인간환경회의(U.N. Conference on
    Human Environment: UNCHE) 400
유엔인구기금 24
유엔환경계획(UNEP) 311, 329
의정서(protocol) 325
의제설정 83
이따이이따이병 104
이분법적 사고 60
인간중심적인 사고 60
인간중심적 환경윤리 66
인간환경에 관한 UN회 308
인구론 47
인구증가 23
일반적 공동부담의 원칙 105
임계치 62
입지고정적(location-specific) 특성 253
0의 할인율 215
ISO 14000 시리즈 350
LA 스모그 11

ㅈ

자발적 특성   20
자발적 환경개선서약   175
자연자본(natural capital)   438
자연자원의 고갈   388
자연환경의 규율기능   39
자연환경의 매개기능   39
자연환경의 생산기능   39
자원경제학   49
자원순환형 경제체제   416
자원의 지속가능생산량   40
자유무역   345
자유무역 비판론   346
자유무역 옹호론   345
자율환경관리   167, 172
자율환경관리제   168
자율환경관리협정   168
자주관리형 참여   289
잠재적 파레토 개선   201
재분배정책   88
저감방안   231
저개발   26
저항형 참여   288
적정환경오염   53
전략환경평가제도   228
전생애평가   171
전통음식   443
전통적 분쟁해결 방법   280
정보의 부재   53
정보체계   120
정부·주민간 환경분쟁   275
정책결정기준   55
정책논의의 지역성   91
정책단계별 주민참여   289
정책수립   84
정책수요자의 불명확성   90

정책집행   84
정책평가   85
정책효과의 비가시성   90
제품부담금   150, 153
제품의 환경성평가   144
존 스튜어트 밀   47
죄수의 오류현상   259
주민 환경감시단   184
주민참여   256, 286
주민참여의 확대과정   290
준수(compliance)   188
중점의 원칙   108
지구감시연구소   319
지구위원회(Earth Council)   318
지구의 친구들   315
지구제일운동(Earth First)   314
지구환경기금   313
지구환경문제   307
지구환경의 기능   37
지대이론(rent theory)   47
지방의제 21   295
지방의제 21 추진절차   298
지방자치   253
지방행동 21   299
지불용의(willingness-to-pay)   202
지속가능 생태계 연구소(Sustainable
    Ecosystems Institute: SEI)   320
지속가능 소비   419
지속가능성 경영(sustainability management)
    423
지속가능성의 기준   411
지속가능한 개발   107, 400
지속가능한 관광(sustainable tourism)
    421
지속가능한 생산 및 소비정책   416
지속발전위원회   312
지속준수감시   183

지역간 갈등   257
지역의 수용용량   40
지역주민의 집단저항   271
지역통합관리   143
지역환경분쟁의 발생원인   272
직접규제   95, 132, 137
질량불변의 법칙   35
집중관리의 원칙   194
집합적 특성   20
GATT/WTO 체제   354

ㅊ

차별적 공동책임 원칙   334
참여적 환경계획   118
철학윤리이론   59
청정생산   418
초기준수감시   183
최적결합의 원칙   193
침묵의 봄   16

ㅋ

캘리포니아 주민제안 65   172
코오스의 정리   157

ㅌ

타이텐버그의 지속가능성 원리   409
토양오염   11
토지윤리론   68
토지이용의 규제   136
통합오염물질관리   141
통합오염예방   139
통합환경오염   139
투입유형별 주민참여   288
특정국가 사회내부의 공평성   65
특정행위의 금지   135
TMS(telemetering system)   185

ㅍ

편익·비용비   207
평가항목의 선정   230
폐기물   12
폐기물배출부과금   152
폐기물통합관리   140
폐수배출부과금   151
포디즘   12
푸른천사(Blue Angel)   171
피구(A. C. pigou)   157
피터 웬즈   64
PIMTOO   258

ㅎ

하딩   407
하버   12
한국의 전통적 자연관   72
할당정책   88
할인요소   203
할인율   202
할인율 결정이론   203
할인율 딜레마   213
할인율의 문제   213
할인의 횡포   213
해양오염   371
헬싱키선언   333
현재가치요소(present value factor)   203
협력의 원칙   108
협력형 정부간 정책   262
협약(convention)   325
협정서(agreements)   325
호모사피엔스   3
호모에렉투스   3
홍수방지법   200
화학물질   13
확대생산자책임   144

환경·교통·재해등에관한영향평가법   227

환경감시(ambient monitoring)   182, 183

환경경영국제규격   350

환경경제학   49

환경계획   113

환경계획과 공간계획의 연계   116

환경계획의 유형과 구조   122

환경계획의 체계화   117

환경과 개발에 관한 세계위원회(WCED)
   309, 406

환경과 개발에 관한 회의   309

환경관련 무역장벽   346

환경규제   249

환경기준   81

환경레짐   323

환경마크   171

환경문제   18

환경보전중기종합계획(5)   124

환경분쟁   270

환경분쟁의 관리 및 조정   278

환경분쟁의 예방과 해소원칙   278

환경분쟁의 유형   276

환경분쟁의 특성   275

환경산업   418

환경상계관세   348

환경서비스   211

환경영향평가법   227

환경영향평가제도   219

환경오염   80

환경오염물질 무(zero)배출   417

환경오염배출권의 종류   159

환경용량 보전의 원칙   107

환경용량   40, 404

환경운동   291

환경운동의 형성과정   293

환경의 질   62

환경적 선택(Environmental Choice)   171

환경정보   248

환경정보규제   169

환경정의   62

환경정책 실패   240

환경정책   78

환경정책의 구조   92

환경정책의 추진원칙   101

환경정책의 특수성   86, 88

환경조정   282

환경지표의 설정   230

환경쿠즈네츠곡선   87

환경표지제도   170

환경피해   21

환경피해의 역진성   61

환경호르몬   13

환류과정   85

흑사병   7

[공저자약력]

정회성
서울대학교 환경대학원 졸업
미국 West Virginia University 정책학 박사
한국환경정책·평가연구원 원장 역임
국가지속가능발전위원회 위원 역임
환경부 중앙환경보전자문위원회 위원 역임
일본 지구환경전략연구소(IGES) 이사회 이사 역임
한국환경정책학회 회장 역임
새국토연구협의회 공동위원장 역임
한림대학교 초빙교수 역임
(사) 환경과 문명 대표 역임

〈주요저서〉
「전환기의 환경과 문명: 기후, 환경과 인류의 발자취」 지모, 2009
「전통의 삶에서 찾는 환경의 지혜」(공저) 서울대학교 출판문화원, 2009
「녹색지구를 만들어요」 주니어김영사, 2010 외 다수

변병설
서울대학교 환경대학원 졸업
미국 University of Pennsylvania 도시계획학 박사
한국환경정책·평가연구원 연구위원 역임
국가지속가능발전위원회 정책위원 역임
국무총리실 신발전지역위원회 위원 역임
환경부 사전환경성검토 전문위원 역임
대한국토도시계획학회 녹색성장연구위원회 위원장 역임
한국환경정책학회 회장 역임
국토지리학회 부회장 역임
현 유엔지속가능발전교육 인천센터 센터장
　　인하대학교 행정학과 교수

〈주요저서〉
국토와 환경(공저), 법문사, 2011
환경계획학(공저), 보문당, 2005 외 다수

제2판

환경정책론

초판 발행   2011년   3월 5일
제2판 발행   2019년   9월 20일
중판 발행   2021년   9월 10일

지은이   정회성 · 변병설
펴낸이   안종만 · 안상준

편 집   우석진
기획/마케팅   손준호
표지디자인   박현정
제 작   고철민 · 조영환

펴낸곳   (주) 박영사
             서울특별시 금천구 가산디지털2로 53, 210호(가산동, 한라시그마밸리)
             등록 1959. 3. 11. 제300-1959-1호(倫)

전 화   02)733-6771
f a x   02)736-4818
e-mail   pys@pybook.co.kr
homepage   www.pybook.co.kr
ISBN   979-11-303-0856-2   93350

* 파본은 구입하신 곳에서 교환해 드립니다. 본서의 무단복제행위를 금합니다.
* 저자와 협의하여 인지첩부를 생략합니다.

정 가   28,000원